第三届中国近现代社会文化史国际学术研讨会合影

第三届中国近现代社会文化史国际学术研讨会论文集

The Third International Conference on Chinese Mondern Social and Cultural History

首都师范大学历史学院中国近现代社会文化史研究中心主办

梁景和 主编

社会科学文献出版社

SOCIAL SCIENCES ACADEMIC PRESS (CHINA)

目 录

生活质量：社会文化史研究的新维度

梁景和[*]

社会文化史发展至今，希冀把生活质量作为其研究的一个新维度，这是社会文化史研究的新理念之一。为什么要从史学角度来研究生活质量，主要研究哪些内容和问题，怎样进行研究，这是本文拟探索的主旨。

一 概念与价值

欧美国家在20世纪50年代末开始把生活质量作为多学科的研究领域与研究视角。[①] 20世纪80年代以后，中国的社会学、心理学、经济学、医学等学科也开始探讨生活质量问题，但至今为止历史学对此却鲜有研究。如果从史学角度来研究生活质量，可以开辟社会文化史研究的新维度。所谓生活质量是指人们客观生活的实际状况以及对生活的满意程度和幸福感受程度。[②] 这里既包含客观生活质量，即社会生活条件的实际状况，也包含主观生活质量，即生活满意度和主观幸福感。

研究生活质量有其重要的意义和价值。肯定和确立提高生活质量是人类社会的目的和欲求，是人类整体生活和人类个体生活的目的和欲求。生活质量既反映在社会生活条件方面，也反映在人们的主观幸福感上，幸福感是人类生活永恒美好的追求，正如休谟所说："一切人类努力的伟大目标

---

* 梁景和，首都师范大学历史学院教授。

① 美国经济学家加尔布雷斯于1958年在《富裕社会》一书中首次提出"生活质量"这一学术概念。

② 这个概念界定虽然与其他人文社会科学的界定没有本质的差异，但史学的研究方法和问题意识与其他人文社会科学比较则有自己的独到之处。

在于获得幸福。"① "对幸福生活之向往和追求,可以说是不同时代、不同经济和文化背景下人们的共同欲求。从这一意义上说,幸福似乎可以成为一种普遍主义的价值理想。"② 研究生活质量的意义和价值还在于要探寻生活质量在不同历史阶段的基本概念或界定;设计并确定生活质量这一崭新学术研究领域在不同时代的基本框架体系;探讨不同时代不同需求层次的人③对生活质量认识、理解和判断的合理性、差异性和谬误性及其造成此种现象的历史、文化和社会等的基本缘由;研讨客观生活质量与主观生活质量的联系与相互作用及其所产生的各种功能的基本根据;探求不同时期人类个体主观生活质量复杂性形成的基本原因;探索不同时代生活质量的主观满意度和幸福感表现出的层次相同以及"处于相同物质生活水平的人们,对其自身生活的评价和满意度可以大相径庭;反之,生活满意度相同的人,其实际物质生活水平可以相距甚远"④ 的基本因由;研究实现人的全面自由发展目标与提高人们生活质量要求的两者间内在的基本逻辑;等等。对上述问题的探究均具有重要的意义和价值。

当我们了解了生活质量的研究概念和研究价值之后,还可以进一步认识和理解它的学术承续。从宏观史学发展脉络看,历史学早期从关注"事件的历史"出发,主要是探讨政治的历史,研究政治军事和政权更迭的所谓大的历史事件;次之开始进一步关注社会的历史,主要探讨社会经济和社会生活的历史状态;渐次又进一步关注历史主体的内在观念和心理的历史,去研讨人的内心世界和情感感受。从西方兰克以前的政治史,到年鉴学派的经济社会史,再到后来的观念心态史、新文化史以及从中国的王朝史、清末的新史学,再到后来的社会史、社会文化史,大致基本反映了这样的一个学术历程。历史科学发展的这种脉络的客观性,是历史发展到某一阶段的客观需要决定的,就如中国的王朝史,它主要是在王朝时代为王朝的统治需要服务的;西方的新社会史也是为有益于民众群体和个体的生活改观服务的;中国社会史的复兴同样是为改造中国社会的实际问题服务

---

① 《人性的高贵与卑劣——休谟散文集》,杨适等译,上海三联书店,1988,第81页。
② 王露璐:《幸福是什么——从亚里士多德与密尔的幸福观谈起》,《光明日报》2007年11月13日。
③ 按马斯洛的理论,人的需求有五个层次,即生理需求、安全需求、友爱与归属需求、自尊需求和自我实现需求。
④ 冯立天主编《中国人口生活质量研究》,北京经济学院出版社,1992,第107页。

的。而今天从社会文化史的角度研究生活质量是中国当下社会注重群体与个体的生存状态，改善生活条件，提高生活满意度和增强主观幸福感的客观需要决定的。学术发展脉络承续的客观性是历史发展的客观需要决定的。

二　内容与问题

生活质量是社会文化史研究的新维度，它的研究内容，有初期起步与未来发展这一过程的前后变化，所以应当遵循先窄后宽、先易后难、先分解后综合的几个原则来进行。

首先，我们应当关注人类日常生活的第一主题。刚刚开始从生活质量的领域来研究社会文化史时，先要考虑的问题就是从庞博的社会生活中先选择什么样的具体内容来着手研究，社会生活的内容太广太繁，而且随着时代的发展，又会不断地添加新的内容。然而社会生活无论怎样庞杂多样，其中贯穿人类社会过往时代的基本范畴却是几种相对恒常的具体内容，那就是衣食住行、婚姻家庭、两性伦理、休闲娱乐、生老病死等，这些基本的内容和范畴就是人类生活的第一主题。[①] 这些最为基本的生活内容贯穿于长时段的历史阶段中，它们的现状以及发展变化恰恰与人们的生活质量息息相关，所以研究生活质量首先可以从人类日常生活的第一主题做起，即从这些社会生活的基本内容和基本范畴做起。虽然日常生活的第一主题，我们仅用上面的几句话就概括了，但它的具体内容还是相当的广博，所以我们研究的内容就不可能是单一狭隘的。比如衣食住行中的"食"就可以涵括着极其丰富的内容，包括食品原料、食品生产、饮食器具、饮食风尚、菜系品种、饮食思想、美食养生、食疗保健、茶酒饮料等；再如家庭一项就可涵括着家庭形式、家庭规模、家庭结构、家庭文化、家庭关系、家庭功能、家庭类别、个体家庭等；再比如生老病死中的"生"也涵括着极其宽广的内容，包括人生仪礼、教育成长、强身健体、求职就业、养家糊口、日常消费、友情社交、理想追求等。以上所举，说明仅是日常生活的第一主题就有着无限丰富的研究内容，从中选取任何一项，都可以把它作为生

---

① 参见梁景和、王峥《中国近代早期国人眼中的欧美生活》，《首都师范大学学报》2012年第1期。

活质量研究的一个起点。日常生活的第一主题以往有着丰厚的研究，如果转换一下视角，运用生活质量的维度再去思考这一主题，可能会发现很多有学术价值的新问题。

其次，我们研究的内容再向前伸展，可能会显得更为开阔和宏观，即我们也可以从政治、经济、文化、社会、环境等宏大的范畴去探索生活质量问题。诸如各个层次的政治管理、中央和地方的机构组织、军队、法律、监狱，这些政治因素的实施和运行对于不同阶层、不同类型的群体和个体的生活质量会有直接或间接的影响；诸如不同的经济制度、政策和经济措施、手段，不同的经济行政权力，生产力水平，中外贸易的发展，各类企业的发展壮大无疑对于不同阶层、不同类型的群体和个体的生活质量会有直接或间接的影响；诸如文化教育政策的发展变迁，社会信仰和社会思潮的变革，民族国家所宣扬的价值观、世界观和人生观对于不同阶层、不同类型的群体和个体的生活质量会有直接或间接的影响；诸如社会城乡的管理和调控，社会的保障和疏导，市政设施的建设和完善无疑对于不同阶层、不同类型的群体和个体的生活质量会有直接或间接的影响；诸如环境的污染和恶化及其美化和治理，对于不同阶层、不同类型的群体和个体的生活质量会有直接或间接的影响。综上所述，即便我们从宏观的政治、经济、文化、社会、环境作为视角同样可以研究人们的生活质量问题。诸如历代国家统治集团面对天灾、人祸、瘟疫所采取的一系列社会救济，与民众的生活现实与生活质量紧密相连；明清以来苏州的碑刻①中有关于赋役管理、商业管理、宗族管理、寺观管理、环境管理、市政管理的碑文，这些社会管理的功效，与民众的生活现实与生活质量紧密相连。革命家王稼祥曾给他的堂弟王柳华写信说："可怜我们受环境的压迫，婚姻不得自由，求学不得自由，择业不得自由，而且一盼前途，就觉茫茫毫无把握，不知自己的生活怎样才可解决。唉！这样的环境，难道不能或不应当把他打碎吗？不过这不是局部问题，乃是政治问题，政治改良，环境自不求自善。柳华，'人是政治的动物'，我们应当负改革中国政治的责。"② 从这样一份家书中，

---

① 参见王国平、唐力行主编《明清以来苏州社会史碑刻集》，苏州大学出版社，1998。
② 中共中央文献研究室编《老一代革命家家书选》，中央文献出版社、三联书店，1990，第10~11页。

我们可以看到参加革命，改革政治，同样也与民众的日常生活与生活质量紧密相连。当然，这样研究的范畴与上述第一点不同，它更显开阔性和宏观性。

最后，我们可以对生活质量涉及的诸多内容进行一种综合全面的研究，这是一种复杂研究，即便如此，这样的研究同样可以对不同阶层、不同类型的群体和个体生活质量的优劣高低做出基本的梳理、判断和评价，这就是进行这种复杂研究的价值所在。

上面研究内容所设置的三个梯度，只不过是研究生活质量初始阶段的一个一般性原则，按照这样的一个梯度，有助于我们研究的起步，但这并非绝对呆板硬性的研究秩序，根据研究队伍的状况以及研究者的兴趣、积累和能力，完全可以打破这样的原则秩序，提倡研究内容的宽窄、难易、分解综合的交叉、互动和提升。

那么，我们对生活质量研究的内容有了一个基本的理解和把握之后，我们再进一步思考研究生活质量的问题意识，能否做出这样的判断，研究生活质量的主要问题意识在于：探讨特定历史时期人们对生活质量的认识和理解；研究特定历史阶段的生活方式、物质发展以及特定时代生活质量的标准认同；探究特定历史阶段特定人群具体生活的实际状况以及客观生活质量和主观生活质量的实际状态；研讨为什么在特定的历史阶段，特定的人群会去追求那样的生活质量，会去那样的生活，会有那样的生活态度和生活向往，这一切是什么样的"社会存在、文化传统、历史经验等因素"[1] 决定的。只要对上述的问题意识有了诠释和回答，我们的研究才能彰显它的应有价值。

三　研究的方法

研究生活质量所采用的方法随其研究具体内容的不同以及问题意识的不同而有所不同，且随着研究的展开和不断发展，以及研究成果和研究经验的积累，还会不断创造新的研究方法。目前，我们首先可以关注如下一些研究方法。

---

[1]　王露璐：《幸福是什么——从亚里士多德与密尔的幸福观谈起》，《光明日报》2007 年 11 月 13 日。

（1）宏观微观的研究方法。关于生活质量，既可以宏观研究，又可以微观研究。① 宏观研究和微观研究主要关涉时间、空间、人群等相关概念。诸如既可以研究一个长时段的生活质量，也可以研究短时期的生活质量；既可以研究大区域的生活质量，也可以研究小区域的生活质量；既可以研究多群体的生活质量，也可以研究单一群体或个体的生活质量。关注不同时段、不同地域、不同人群、不同个体、不同问题的研究，有助于进行宏观与微观的研究，有助于研究的理论化以及细化和具体化。这种研究有着丰富的史料能够开启我们的思考，比如在地方志中有记载浙江人订婚习俗的，反映了浙江人富贵与平常之家的不同生活："订婚之始，谓之缠红。富厚之家，聘物恒用金饰，如手镯如意耳环戒指之类，加以绒线制成五色盆景，光艳夺目。满盛盘中，谓之花果缠红。平常人家，则无如是之财力，或用小纹银一锭，鎏金如意一事，取一定如意之意，或用鎏金八吉一对，镀金手镯一副，取有吉局之意。"② 民国时期河南安阳的衣着习俗，可见不同阶级之间的差异："境内习尚，认俭朴为美德，以装饰为浮夸。除资产阶级、官僚家庭以洋布为衣料，间或着绫罗锦缎外，余则均以自织之棉布加以颜色裁为服装，一袭成就，间季浣濯，直至破烂而后已。"③ 民国时期河北元氏县士商与农民使用着不同的交通工具，"凡出行，近时无论士商，必脚踏自行车，故自行车之销路，有一日千里之势。惟农民出门，多步行"。④ 20 世纪 20 年代的上海"以乘汽车为豪，每至礼拜日，必有许多少年男女，同乘一车，疾驰于南京路、静安寺路、福州路"。⑤ 这些地方志资料从宏观视角反映了具体领域的不同人群的社会生活和生活质量。我们再看民间歌谣中的史料，如反映明末农民苦难生活的歌谣："官府征粮纵虎差，豪家索债如狼豺，草根木叶权充腹，儿女呱呱相向哭，壮者抗，弱者死，朝廷加

---

① 宏观和微观都是相对概念，宏观是相对微观而言，微观是相对宏观而言，所以这里舍弃了中观的概念。

② 胡朴安：《中华全国风俗志》下篇卷四，《浙江·海宁风俗记》，中州古籍出版社，1990，第 27 页。

③ 丁士良、赵放主编《中国地方志民俗资料汇编》（中南卷·上），北京图书馆出版社，1991，第 102 页。

④ 丁士良、赵放主编《中国地方志民俗资料汇编》（华北卷），北京图书馆出版社，1991，第 127 页。

⑤ 胡朴安：《中华全国风俗志》下篇卷三，《江苏·上海风俗琐记》，中州古籍出版社，1990，第 139 页。

派犹不止。"① 民国时期有反映农民怨苛税的歌谣："种庄田，真是难，大人小孩真可怜！慌慌忙忙一整年，这种税，那样捐，不管旱，不管淹，辛苦度日好心酸，两眼不住泪涟涟。告青天，少要钱，让俺老少活几年。"② 如反映官僚权贵享乐富贵的生活："三年清知府，十万雪花银"③"出外做官，回家享福""千里做官，为的吃穿"④，这些也从宏观视角反映了具体领域的不同人群的社会生活和生活质量。清末竹枝词也是如此，带有宏观普遍性的风土民情和社会生活的记载，如富家女子从南京去上海的情景："火车当日达吴淞，女伴邀游兴致浓。今日司空都见惯，沪宁来去也从容。"⑤ 市民流行穿西装的情景："西装旧服广搜罗，如帽如衣各式多。工厂匠人争选买，为他装束便摩挲。"⑥ 此外，丰富的文艺作品，无论是小说、戏曲、诗词等，也能为我们提供从宏观视角研究生活质量的珍贵资料。以小说为例，陈寅恪认为，小说可以证史，小说虽"个性不真实，而通性真实"⑦。这通性之真实就是宏观之真实。⑧ 如傅桂禄编辑的三卷本小说《中国蛮婚陋俗名作选粹》就是很好的例证，三卷本《商人妇》、《活鬼》和《节妇》所收集的作品反映了中国社会典妻当妻、童养婚、人鬼恋、冥婚、老夫少妻等一幕幕的人间悲剧，是"旧中国蛮陋婚俗的缩影与概括"⑨，反映了一部分人群的婚姻生活质量。通过多方史料的相互印证，小说是可以反映社会生活的"通性之真实"的。综上所述，说明运用大量的史料是能够帮助我们从宏观的视角来研究生活质量问题的，那么从微观的角度同样如此。这在日记、书信、传记、回忆录等文献中就蕴藏着大量丰富的材料，例如《历代日记丛钞》是国家图书馆所藏五百多种宋、元、明、清以及民国年间的日

① 张守常辑《中国近世谣谚》，北京出版社，1998，第74页。
② 张守常辑《中国近世谣谚》，北京出版社，1998，第844页。
③ 张守常辑《中国近世谣谚》，北京出版社，1998，第855页。
④ 张守常辑《中国近世谣谚》，北京出版社，1998，第859页。
⑤ 朱文炳：《海上竹枝词》，顾炳权编著《上海洋场竹枝词》，上海书店出版社，1996，第203页。
⑥ 颐安主人：《沪江商业市景词》，顾炳权编著《上海洋场竹枝词》，上海书店出版社，1996，第167页。
⑦ 石泉：《先师寅恪先生治学思路与方法之追忆（补充二则）》，《陈寅恪与二十世纪中国学术》，浙江人民出版社，2000，第157页。
⑧ 齐世荣先生有专文论述小说的史料价值，《谈小说的史料价值》，《首都师范大学学报》2010年第5期。
⑨ 参见傅桂禄编《商人妇》《活鬼》《节妇》的内容简介，群众出版社，1994。

记进行的影印集成，这其中不乏对生活质量进行微观研究的珍贵资料。诸如王闿运的《湘绮楼日记》对"家常琐事，柴米油盐，无不一一记载"，①反映了一个家庭的物质生活水平。丰子恺在《法味》一文中提及他的老师李叔同曾经说过："我从二十岁至二十六岁之间的五六年，是平生最幸福的时候。此后就是不断的悲哀与忧愁，直到出家。"② 李叔同的这段话，为我们研究他个人一生的生活质量和主观幸福感提供了一个大致的线索。共和国成立初期，毛泽东成为国家的领袖，他的一些亲朋故友要来京见他，并希望解决工作或生活上的问题。处理这类亲情方面的事情，毛泽东有诸多难处。毛泽东在给亲属的信中，做了多方面的解释和抚慰工作，并要求亲友"不要来京"，或寄钱暂时解决一下亲友的生活困难③，从这些书信里能够感觉到毛泽东当年的心理感受。

（2）综合分解的研究方法。研究生活质量，既可以把客观生活质量与主观生活质量两者结合起来进行综合研究，也可以把客观生活质量与主观生活质量两者分开进行分解研究。综合研究既关注客观生活质量与主观生活质量两者的互动和影响，也关注影响生活质量的诸多因素，如物质生活、精神生活、政治生活、社会生活、环境生活、劳动生活、公民素质等多方面的相互制约、共同作用的综合结果，比如当代社会"居民收入增加、消费水平提高，但环境污染严重，社会保障程度很低，社会秩序恶化，则不能说生活质量好。所以，生活质量不仅表现在生活的某个或某几个方面，更重要的是物质、精神生活等各方面的综合"。④ 比如清代具体的饮食生活，宫廷、贵族、民间的饮食生活中的风尚、饮食品种、品种质量、饮食器具以及饮食的养生思想是不同的，这种具体的饮食物质生活与饮食观念和饮食诉求的多方面综合才反映了不同人群的总体性的饮食生活质量。⑤ 再如民国时期的居住生活，官僚权贵们居住的高级官邸、富商们居住的豪华别墅、

---

① 王锺翰：《〈历代日记丛钞〉序》，俞冰编《历代日记丛钞提要》，学苑出版社，2006。

② 丰子恺：《法味》，杨耀文选编《文化名家谈佛录——一日佛门》，京华出版社，2005，第49页。

③ 参见毛泽东给杨开智、文南松、毛泽连、毛远悌、毛宇居的信，中共中央文献研究室编《老一代革命家家书选》，中央文献出版社、三联书店，1990。

④ 王海敏、陈钰芬：《我国各地区城镇居民生活质量的综合评估》，《商业经济与管理》2004年第8期。

⑤ 参阅徐海荣主编《中国饮食史》卷五，华夏出版社，1999。

中产阶级居住的单元公寓、穷苦贫民居住的棚户区和茅草屋，这些物质的居住条件与居住者的宗教信仰、日常生活观念与生活目标要求的结合，构成各类人等的综合性居住生活质量。譬如中国末代的皇后和皇妃们，她们衣食住行的物质生活条件优越，但是她们悲惨的精神生活和婚姻生活，能说她们人生的生活质量高吗，显然不能。溥仪说，"长时期受着冷淡的婉容，她的经历也许是现代新中国的青年最不能理解的。……我后来时常想到，她如果在天津时能象文秀那样和我离了婚，很可能不会有那样的结局"。① 这段话道出了婉容一生的悲惨生活。可见优裕的物质生活未必一定就会生活幸福。而分解研究既包括对客观生活质量的研究，也包括对主观生活质量的研究，两种研究是分别进行的。其中客观生活质量的研究，主要是研究社会条件发展的程度和水平，社会的政治、经济、文化、社会、环境等社会的大范畴和大背景在具体的衣着、饮食、居住、交通、教育、就业、娱乐、医疗、健康、保险、养老等诸多方面为人们的物质生活和精神生活提供了什么，它反映了社会整体的发展状态和发展水平，诸如近代国人的娱乐生活，各类人等如何看戏剧电影，如何听书阅报，如何游乐购物，如何去酒馆茶馆，如何琴棋书画，如何跳舞打牌，如何进行体育活动，如何交往游历，这都能对人们的客观生活质量做出探索和评价。再比如近代以来交通工具的变迁，从传统的轿子到人力车、畜力车、西洋马车、自行车、机动车、火车、轮船、飞机等，近代交通工具的不断变化，同样也可以观察到各类群体客观生活质量的改善或提高。从餐饮地点也可看出不同人等的饮食生活质量，近代上海，"在饭摊、露天食堂、饭店楼下就餐的多是工人、黄包车夫、苦力等"②，而"只有穿长衫的人才上楼吃"③。的确，在哪儿吃，"吃的是什么菜，我就可以说出你是什么人"④。晚清民国上海闸北棚户区居民的住宿是茅草棚，"以污泥为墙，稻草为顶。而一行一行排列的距离，又极狭窄，普通不满两公尺，所以常常有一经着火，瞬息延烧千百余户的！在他们每一家的住宅里；都只有一进门就是外房也是工房的食喝于斯生死于斯的一大间，父母子媳六七口住在一个处所，煨水烧饭

① 长春市政协文史资料研究委员会编《末代皇后和皇妃》，吉林人民出版社，1984，第 2 页。
② 唐艳香、褚晓琦：《近代上海饭店与菜场》，上海辞书出版社，2008，第 200 页。
③ 陈存仁：《银元时代生活史》，上海人民出版社，2000，第 79 页。
④ 〔法〕图珊·萨玛：《布尔乔亚饮食史》，管筱明译，花城出版社，2007，第 15 页。

也在这一个地方，有时还得划出一小块地方来养猪，而他们的大小便也就在这喂猪的悃里了"①，这类人群悲惨的居住生活，一目了然。相反，梁实秋在上海和青岛做教授时的物质生活质量是很好的，"那时当教授收入较高，实秋兼职又多，所以家庭经济情况逐渐好转，俨然成为上海滩上的中产阶级了"。② 1928 年梁实秋在上海从"爱文义路的一楼一底中迁出，移居赫德路安庆坊，是二楼二底，宽绰了一倍"。1929 年"又搬到爱多亚路1014 弄，是一栋三层楼的房子，有了阳台、壁炉、浴室、卫生设备等等，而且处于弄堂深处，非常清静"。梁实秋很喜欢青岛，1930 年又到青岛大学任教授，他在"鱼山路 4 号租到一栋房子，楼上四间楼下四间。那里距离汇泉海滩很近，约十几分钟就可以走到"。③ 可见梁实秋那些年优裕的居住生活条件。而主观生活质量则注重生活满意度和主观幸福感的研究，这种心灵的感受更显至关重要，无论客观生活条件如何，内心的生活价值观左右着个体的主观生活感受，诸如有人崇尚"金钱未为贵，安乐值钱多""贫穷自在，富贵多忧""生死有命，富贵在天""命里有时终须有，命里无时莫强求"的人生理念，那么不管客观生活条件如何，因为他有着知足常乐的心态，所以他的主观感受或曰他的生活满意度和主观幸福感就不与他的客观生活条件成正比了。钱锺书说："'永远快乐'这句话，不但渺茫得不能实现，并且荒谬得不能成立。"④ 这与民间的"人无千日好，花无百日红"有相似的意蕴，是对主观生活感受的辩证态度。快乐幸福完全是精神层面的东西，所以它有相对的独立性。甚至面对病魔和灾难，人们都可以调整心态，坦然面对，所以钱锺书又说："于是，烧了房子，有庆贺的人；一箪食，一瓢饮，有不改其乐的人；千灾百毒，有谈笑自若的人。所以我们前面说，人生虽不快乐，而仍能乐观。"⑤ 而主观幸福感尤其与婚姻恋爱关系密切，由于与有真爱的恋人结婚而感到幸福，而与没有真爱的人结婚或与有真爱的恋人不能结婚都会给人带来内心极度的痛苦。林语堂曾经热恋一位至交的妹妹 C，C 生得其美无比，因 C 的父亲在一个名望之家为 C 物色了

① 陈问路：《大上海的劳工生活状况之透视》，中华全国总工会中国工人运动史研究室编《中国工运史料》（第二十七期），工人出版社，1985，第130 页。

② 鲁西奇：《梁实秋传》，中央民族大学出版社，1996，第107 页。

③ 鲁西奇：《梁实秋传》，中央民族大学出版社，1996，第107～109 页。

④ 钱锺书：《论快乐》，《钱锺书集·写在人生边上》，三联书店，2002，第20 页。

⑤ 钱锺书：《论快乐》，《钱锺书集·写在人生边上》，三联书店，2002，第21～22 页。

一名金龟婿，故林语堂与 C 的婚事无望，林语堂自述，"我知道不能娶 C 小姐时，真是痛苦万分。我回家时，面带凄苦状，姐姐们都明白。夜静更深，母亲手提灯笼到我屋里，问我心里有什么事如此难过。我立刻哭得瘫软下来，哭得好可怜"①。人世间这样的婚姻悲剧数不胜数。

（3）理论命题的研究方法。这种方法主要包括两个方面，其一是理论预设方法。所谓理论预设是指已经被社会和人们基本认可的理论，它是在社会发展过程中，人们对生活实践有了切身的感受，进而对社会生活有了切实的认识和理解，并形成被人们普遍接受的理论观点。比如客观物质生活相同的人们，其中主观幸福感却是截然不同的；相反，主观幸福感相同的人，其客观物质生活条件却是截然不同的。这些理论观点都是人们在社会生活实践中观察和感受到的生活真实，进而被总结、被概括、被提升，最终被人们所认同。而理论预设的研究方法是指，我们要依据这样的一些被公认的理论观点进行历史现象的研究，用历史的事实来印证这些理论观点的客观实在性，故而用这种理论预设的方法也可以研究人们的生活质量问题。清末民初剪辫子，客观事实相同，但给一些人带来了心情的兴奋和愉悦，也给一些人带来了极大的失落和痛苦；晚清以来，婚姻自由逐渐流行于社会，同是一个婚姻自由，给多少开放的年轻人带来了情感的愉悦和幸福，也给多少传统守旧的父母们带来了精神的创痛和苦楚；民国时期丧礼的改革，多少家庭因繁文缛节的革除而感到生活压力的减轻，也有多少人因不能接受新式丧礼观而痛楚不堪。如对上述问题进行研究，就可以回答客观物质生活条件相同的人们，而主观幸福感却是不同的这样的理论预设。相反，清末留美幼童，出国时穿一身华丽的长袍马褂，头戴一顶瓜皮帽，幼童们会感到那样的喜悦和快乐，而到了美国不久，他们改穿一身休闲服、又穿上运动鞋，他们仍然感到那样的洒脱和心怡，虽然内心的感受相同，但客观的装束已完全中西两异了。革命烈士陈铁军和周文雍在刑场婚礼上的感受与很多夫妻在婚礼上的感受，应当说是有着某种共同之处的，虽然他们的境遇完全不同，陈周面临的是死亡，而很多夫妻面临的是新的生活。类似的研究同样可以证明主观幸福感相同的人，其客观物质条件和生活境遇却是截然不同的这样的理论预设。其二是命题预设方法。所谓命

---

① 《林语堂自传》，河北人民出版社，1991，第 70 页。

题预设是指古往今来人们在社会实践生活的基础上总结出来的具有一定真理性并让人耳熟能详的一些概念，这些概念真实地反映了社会生活的实际和本质，甚或成为人们能够深刻认识社会生活的路径和方法，这些概念还朗朗上口，便于传诵。我们可以根据这样的命题去研究历史上的社会生活，去研究人们的生活质量，即运用真实的历史材料再去验证既往的命题，一方面给命题以历史的解释，同时也是对特定历史时期、历史地域和历史人群生活质量的研究。"朱门酒肉臭，路有冻死骨"[①] 这一命题叙述了富贵人家门前飘出酒肉的味道，穷人们却在街头因冻饿而死，说明了一个社会财富不均，贫穷差距大，穷人缺少保障的社会现象，也是典型的研究社会生活质量的命题。还有"富家一席酒，贫家半年粮"[②] "欲求生富贵，需下死功夫"等类似的命题，也能够进行社会生活和生活质量的研究。还有些命题，如"三年讨饭，不愿做官"[③]、"有子万事足，无官一身轻"[④] 以及民间的"老婆孩子热炕头"。这样的命题反映了一部分人的生活观念和追求的生活样式，并以此为生活乐事。曾国藩就希望自己的后代以耕读为要，不谋大官，他说"凡人都望子孙为大官，余不愿为大官，但愿为读书明理之君子"[⑤]。由于曾国藩追求这种以读书为要的生活理念，他的后人大多从事科学技术和文化教育工作而少谋官位。梁启超也认为做官不如做学问，他本人晚年也弃官从学，对其后代亦如此要求。1916 年他给女儿梁思顺的信中谈及女婿周希哲做官一事，认为"作官实易损人格，易习于懒惰于巧滑，终非安身立命之所"。[⑥] 1921 年 7 月 22 日他给梁思顺的信中又说："希哲具有实业上之才能，若再做数年官，恐将经商机会耽搁，深为可惜。"[⑦] 正是由于梁启超这样的人生理念和家风，他教育的子女有一代建筑宗师梁思成，有考古学家梁思永，有图书馆专家梁思庄，有经济学家梁思达，有火箭专家梁思礼。[⑧] 但也有与之相反的生活理念和命题，以传统的"学而优则仕"

① 杜甫：《自京赴奉先县咏怀五百字》。
② 张守常辑《中国近世谣谚》，北京出版社，1998，第 703 页。
③ 张守常辑《中国近世谣谚》，北京出版社，1998，第 852 页。
④ 张守常辑《中国近世谣谚》，北京出版社，1998，第 657 页。
⑤ 曾国藩：《字谕纪鸿儿》，张海雷等编译《曾国藩家书》上册，中国华侨出版社，1994，第 332 页。
⑥ 丁文江、赵丰田编《梁启超年谱长编》，上海人民出版社，1983，第 796 页。
⑦ 同上书，第 931 页。
⑧ 参见丁宇、刘景云编著《梁启超教子满门俊秀》，中华工商联合出版社，2002。

为代表，百姓中有"升官发财""穷不跟富斗，富不跟官斗""有权话真语，无权语不真"这样的生活民谚，以反映人们对"官"优越性的认同。以上所谈的理论命题的研究方法在一定程度上带有演绎法的特征。

（4）史料提炼的研究方法。这是与上述的理论命题相对应的研究方法，它没有事先的理论命题的概念预设，完全是通过对原始史料的阅读和诠释，进而研究生活质量问题。清代徐珂的《清稗类钞》，是从近人文集、笔记、札记、报章中广搜博采的关于清代掌故遗闻的汇编。全书分服饰、饮食、舟车、婚姻、疾病、廉俭、赌博、奴婢、盗贼、娼妓、丧祭等近百个种类，该书内容广博，特别是关于下层社会、民情风俗、日常生活的资料非常丰富，具有史料提炼的特点，可谓是研究生活质量的重要史料。晚清出版的《点石斋画报》以图文并茂的形式反映了晚清社会诸多的社会生活和民俗事象，是当时各阶层人群思想观念和日常生活的表述，与此相应，清末与民国时期大量的画报和摄影作品也都在一定程度上显示了各阶层民众的生活状态，为我们的研究提供了可资选择的大量史料。史料提炼是最为基本的研究方法，只要我们爬梳原始资料就能进行研究。比如我们通过对不同时代家训家规的研究，可以发现一个时代的家训家规反映了那个时代人们带有普遍性的家庭观念和生活观念，也可以对某个家庭的家训家规进行研究，把握具有这个家庭特点的家庭观念和生活观念，这一切都有助于我们研究一般家庭和特定家庭的生活理念、生活感受和生活质量。清末民初出版的《香艳丛书》，内容以"涉及女性活动的篇目为选取标准，广泛搜集汉、唐、宋、元、明、清各代的野史笔记、小说辞赋、传记谱录、民俗方志和鉴赏游戏等方面的著述三百二十余种，几乎反映了社会生活的各个层次"，"该丛书对于我国历史、文化、人物和风土民情的研究，提供了丰富的资料"①，这套丛书可以为我们研究中国女性的社会生活和生活质量提取有关的历史资料。胡文楷编著的《历代妇女著作考》是一部对历代妇女史著、诗词、文集比较全面的辑录和介绍，"凡见于正史艺文志者，各省通志府州县志者，藏书目录题跋者，诗文词总集及诗话笔记者，一一采录"②，"自汉魏六朝，以迄近代，凡得四千余人"③。以本书作为线索，爬梳相关的史料，特别是对一些诗词的解读，可从女性的视角探索相关社会生

---

① 《〈香艳丛书〉影印说明》，《香艳丛书》，上海书店，1991。
② 胡文楷编著《历代妇女著作考·自序》，上海古籍出版社，1985。
③ 胡文楷编著《历代妇女著作考·凡例》，上海古籍出版社，1985。

活及其生活质量的问题。20 世纪 30 年代编纂成书的《清代燕都梨园史料》，是张次溪以毕生之力，广搜博采，"对当时的戏曲演出活动、班子沿革、名优传略，以致梨园的轶闻掌故，搜罗备细"①的一部清代有关戏曲的著述，书中记述了处于卑微社会地位的优伶们的身世际遇，这部书对于探讨和研究清代戏曲演员的社会生活及生活质量有重要的启示作用，并为搜寻新资料有指引的作用。中国电影家协会和电影史研究部编纂的多卷本《中国电影家列传》在 20 世纪 80 年代由中国电影出版社出版。《中国电影家列传》全面介绍了"在中国电影发展史上作出贡献的编、导、演、摄、录、美、技术、音乐、评论家、事业家等约七百人（包括港台的著名电影艺术家）"②。该书"对电影家的生活经历、成长道路、艺术风格、创作特色、成就经验、失败教训等诸方面进行简略叙述和分析评价"，"我们可以看到他们在逆境中怎样磨炼意志，向困难搏斗，苦学技艺的顽强倔劲，最后在艺术创作中迸发出耀眼的火花"③。该套书既是史料又是线索，可以帮助我们在此基础上或再开辟新的史料资源，来进一步探讨电影家们的社会生活、生活经验、生活感悟和生活质量。此外，我们还可以通过大量移民和人口迁徙的史料来探寻这类人群的生活现状。以上阐述的史料提炼的研究方法就是通过对诸多史料的爬梳、查阅和提炼，去研究各个时代各类人等的日常生活及其生活质量，这种方法在一定程度上类似于归纳法。

（5）相互比较的研究方法。所谓相互比较的研究方法就是在两项或多项具有相同主题的事象中，选择在某个相同的领域进行比较，进而突显参与比较事象的各自特征，以反映某一事象的日常生活的实际状况。就一般情况而言，这种比较有不同阶层之间的比较，有相似人群之间的比较，有不同地域之间的比较，有自身纵向发展变化的不同比较，有不同问题意识之间的比较，有不同生活观念之间的比较，可谓能够多重的划分。就具体的生活观念和生活领域就可以进行比较研究，如在为人处事的观念上，有人认同言而无信不需礼之，有人认同宽宏大量与人为善；有人认同酒大伤身，有人却认同一醉方休；有人认同财大气粗，有人却认同贫穷自在；有人认同助人为乐，有人却认同闲事不管；有人认同"忠言逆耳利于行"，有人却认同"话不投机半句多"。这些观念影响日常生活，也影响日常生活的

①　张次溪编纂《清代燕都梨园史料·出版前言》，中国戏剧出版社，1988。
②　《中国电影家列传》第一集"内容说明"，中国电影出版社，1982。
③　《中国电影家列传》第一集"前言"，中国电影出版社，1982。

生活质量，通过比较可以探讨人们的不同心态以及制约这种心态的多重因子。相似的人群与相似的生活也可以比较，如妻子与小妾的生活比较；奴隶与婢女的生活比较；优伶与娼妓的生活比较；乞丐与盗贼的生活比较；流氓与土匪的生活比较；缠足与留辫的生活比较；赌博与吸毒的生活比较；风水与迷信的生活比较；典当与租赁的生活比较等，不一而足。这样的比较，能够把不同人群的社会生活和生活质量反映出来，甚至可以进行个体生活细节的比较，诸如胡适为了母亲的感受与旧式包办的妻子终生为伴，胡适在给胡近仁的信中说："吾之就此婚事，全为吾母起见，故从不曾挑剔为难（若不为此，吾决不就此婚。此意但可为足下道，不足为外人言也）。今既婚矣，吾力求迁就，以博吾母欢心。吾之所以极力表示闺房之爱者，亦正欲吾母欢喜耳，岂意反以此令堂上介意乎！"① 而顾维钧对父母包办的旧式婚姻采取协议离婚的方式，"协议规定，我们两人各执一份，另两份送双方父母。我们以一种十分友好的方式脱离了关系"②。我们对两者的婚姻选择还不能做出褒贬是非的评判，需要比较研究，这是非常有价值的比较研究课题，它涉及个体的生活感受和婚姻生活质量。说到婚姻，能够比较的太多太多，仅就重要的历史人物而言，就能随即举出一些，如康有为与梁启超的婚姻、孙中山与蒋介石的婚姻、李大钊与陈独秀的婚姻、鲁迅与郭沫若的婚姻、徐志摩与郁达夫的婚姻等，都可以进行比较。而且通过对官绅政要、名流贤达、文人墨客、商贾军阀、市井平民的婚姻比较，还能够对不同类型的婚姻以及婚姻生活做出深入的分析，从中引发更加深刻的思考。可见，比较的范围和内容非常之广。资产阶级革命家陈天华和杨毓麟都选择了蹈海自尽，两人均留有绝命书，那么通过对两人绝命书的比较，可以感受到两人投海前的内心世界。杨毓麟在绝命书中说自己"脑炎大发，因前患脑弱，贫服磷硫药液太多，此时狂乱炽勃，不可自耐。欲趁便船归国，昨晚离厄北淀来利物浦。今晨到车站，然脑迸乱不可制，愤而求死，将以海波为葬地"③。可见杨毓麟投海亡命是因为他无法忍受病魔的折磨，"愤不乐生，恨而死之"。④ 临终前的痛苦可想而知。而陈天华是在日本颁布

---

① 耿云志、宋广波编《胡适书信选》，外语教学与研究出版社，2012，第 56 页。
② 天津编译中心编《顾维钧回忆录缩编》上册，中华书局，1997，第 9 页。
③ 《致怀中叔祖书》，饶怀民编《杨毓麟集》，岳麓书社，2001，第 390 页。
④ 《致某某二君书》，饶怀民编《杨毓麟集》，岳麓书社，2001，第 390 页。

"取缔规则",引起留日学生总罢课并欲全体回国,而被日本媒体诋为"乌合之众""放纵卑劣"的情景下,对此一污蔑极为愤慨,欲以一死来唤醒留日学生忧国忧民之情怀,他在绝命书中说:"鄙人心痛此言,欲我同胞时时勿忘此语,力除此四字,而做此四字之反面:'坚忍奉公,力学爱国。'恐同胞之不见听而或忘之,故以身投东海,为诸君之纪念。"① 陈天华蹈海前与杨毓麟的内心感受不同,陈天华是怀着爱国救国之渴望而投海自戕的,《绝命辞》通篇政治理念的阐述都能够反映这一点。相互比较的研究方法,要有明确的比较主旨,即问题意识要显明清晰,比较的内容要具体明了,对比较的双方或多方,要依靠史料分别进行全面细致的探索,从而找出异同,并对此进行深入的原因分析。

(6)感受想象的研究方法。这是关注被研究者的主观感受并敢于大胆假设和想象的一种方法。研究生活质量问题,在关注社会生活与思想观念的基础上,进一步关注和研究群体或者个体的主观感受是至关重要的,主观感受的问题应当引起我们高度的重视。我们知道,感受与观念有不同之处,观念的主要特点是指人们对主客观事物的一种认识、判断、理解和评价,而感受则是客观事物作用于人的心灵之后,受其影响而产生的一种身心的反应和感觉,本文谈的感受还不是指那种一时的短暂的心灵波动,而是一种比较稳定、比较深刻的主观体验或体会,"比如,责任感、幸福感、荣誉感、骄傲感、廉耻感等,都较深刻地反映出个人意识或群体意识"②。那么,这种感受为什么会是长时段的,为什么会是稳定和深刻的,它无可避免地要影响到人们的主观生活质量,从这个意义上讲,我们所谓的感受由于与生活质量有着紧密的联系,所以它是可以成为社会文化史的研究对象的。从主观感受的视角去研究生活质量,就是从生活满意度和主观幸福感去进行研究。生活满意度和主观幸福感与客观生活质量有关,同时也与个体的世界观、人生观、价值观的趋向有关,与个体经济收入和生活状态的历史、现状和理想有关,与个体的期望值有关,③ 与个体的社会关系诸如

---

① 《绝命辞》,《陈天华集》,湖南人民出版社,2008,第231页。

② 沙莲香:《社会心理学》,中国人民大学出版社,1987,第185页。

③ 期望值理论认为,期望值与实际成就之间的差异与SWB(主观幸福感)相关,高期望值与个人实际差距过大会使人丧失信心和勇气,期望值过低则会使人厌烦。参见吴明霞《30年来西方关于主观幸福感的理论发展》,《心理学动态》2000年第4期。

婚姻关系、家庭关系、朋友关系是否和谐等有关，与个体视野的宽隘及与他人生存状态的比对有关，正如"自己优于别人，就感到幸福；低于他人，就感到不幸。许多研究发现，向上比较会降低主观幸福感，向下比较会提高主观幸福感"① 就是这个道理。可见通过研究主观感受来研究主观生活质量是有意义的。研究主观感受要敢于大胆假设和想象，这种假设和想象不是无根据的胡思乱想，是根据掌握的现有材料，根据研究者的知识结构、学识、经验和历史感悟，根据被广泛认同的理论和方法，去分析推理，去探寻被研究者内心感觉的奥秘，进而比较准确地把握被研究者的内心感受，再对其主观生活质量有一个基本的判断。有根据的假设和想象作为一种史学方法是被认同的。胡适说："治史者可以作大胆的假设，然而决不可作无证据的概论也。"② 彼得·伯克说："无论历史学的未来如何，都不应该回到想象力的贫乏中去。"③ 20 世纪 20 年代《申报》老报人雷瑾回忆报馆的住宿条件："当时申报房屋本甚敝旧。……若吾辈起居办事之室，方广不逾寻丈，光线甚暗。而寝处饮食便溺，悉在其中。冬则寒风砭骨，夏则炽热如炉。最难堪者臭虫生殖之繁，到处蠕蠕，大堪惊异，往往终夜被扰，不能睡眠。"④ 在这样恶劣的住宿条件下生活，我们可以想象得到这些报人当时内心的屈辱感受。20 世纪 40 年代，文学家朱自清在生活困难的情况下，还拒绝领取"美援"面粉，他在 1948 年 6 月 18 日的日记中写道："我在《拒绝"美援"和"美援"面粉的宣言》上签了名，这意味着每月使家中损失六百万法币，对全家生活影响颇大；但下午认真思索的结果，坚信我的签名之举是正确的。因为我们既然反对美国扶植日本的政策，就应采取直接的行动，就不应逃避个人的责任。"⑤ 我们按照逻辑想象一下，当时朱自清一家的生活是困难的，他的签名行动无疑对家庭生活是雪上加霜，但为了国家和民族的利益，虽然加重了自家生活的艰难，但作为一名敢于承担责任的中国学者，相信他内心的感受是欣慰和坦然的，这符合一位爱国知识分子的良知。

---

① 苗元江、余嘉元：《幸福感：生活质量研究的新视角》，《新视野》2003 年第 4 期。
② 耿云志、宋广波编《胡适书信选》，外语教学与研究出版社，2012，第 269 页。
③ 〔英〕彼得·伯克：《什么是文化史》，蔡玉辉译，杨豫校，北京大学出版社，2009，第 149 页。
④ 雷瑾：《申报馆之过去状况》，申报五十周年纪念《最近之五十年》，转引自王敏著《上海报人社会生活》，上海辞书出版社，2008，第 238 页。
⑤ 《朱自清全集》（第 10 卷），江苏教育出版社，1997，第 511 页。

余　论

生活质量作为社会文化史研究的一个新维度，是新提出来的一种研究理念和设想，还需要通过研究的实践去验证。所以上述谈的几种研究方法也只是一个最初的探索，也需要在研究实践中不断地修正、补充和发展。上述几种研究方法之间存在着内在的辩证联系，是你中有我、我中有你的关系，在运用上可能是多维交叉同步进行的。这种辩证关系不但是我们研究生活质量的一种思维方式，同样也是我们研究生活质量的一种研究方法。因为如何看待和评价生活质量的本身并不是一个平面的简单问题，它本身具有错综的复杂性，生活质量的优劣高低是会发展变化或是彼此相互生发的。比如眼下的逆境和困苦经过人们的奋力打拼，也许会给未来带来希望和光明，这叫作苦尽甘来；相反，贪图享乐到了忘乎所以，其中必然潜藏着极大的祸患，这叫作乐极生悲。"生于忧患，死于安乐"的民间谚语以及把病魔称赞为"教人学会休息的女教师"①，这些都反映着人们对生活质量的辩证思考。我们对生活质量的理解和认识要具有这样的辩证分析态度，因为历史与现实生活的事实本身就是如此。拙文只想表达一个粗浅的想法：希望把生活质量作为社会文化史研究的一个新维度。望能抛砖引玉，期待有同好者深入探索。

① 钱锺书：《论快乐》，《钱锺书集·写在人生边上》，三联书店，2002，第 22 页。

"麻城孝感乡"历史记忆中的
移民心态与策略

周积明[*]

在四川,有一句歌谣广泛流传:"问君祖籍在何方,湖广麻城孝感乡。"
而川人的族谱与县志亦以广泛的记载呼应这一歌谣。咸丰年间的《云阳县
志》载:"邑分南北两岸,南岸民皆明洪武时由湖广麻城孝感乡奉敕徙来
者。"民国《泸县志》载:"自外省移实者,十之六七为湖广籍(麻城孝感
乡)。"民国《南溪县志》言:"南溪经明季丧乱,土虚无人。康、雍之际,
粤、闽、湘、赣之民,纷来插占,而以麻城孝感乡为最夥。""今蜀南来自
湖广之家族,溯其始,多言麻城孝感乡。"民国《荣县志》言:"洪武二年,
蜀人楚籍者,动称是年由麻城孝感乡入川,人人言然。"20 世纪 40 年代,
史语所的研究员芮逸夫到四川叙永苗族地区进行田野考察,发现很多苗人
土司、大姓甚至一般民众,皆自称祖上来自于麻城孝感乡,他在田野日记
中写道,当地杨姓苗人告诉他"苗家原由湖广而来,系麻城县孝感乡大石
包来;此间青苗即由该处来"。20 世纪 70 年代,胡绍熙对合川、重庆、南
溪、广安、简阳等地以及川大图书馆馆藏族谱共 220 部进行省籍来源研究,
发现记载来自湖广的移民有 171 家,而其中来自麻城、麻城县的多达 141
家。傅昌志调查四川渠县明清 73 支移民家族,发现自称来自湖广的达 58
家,其中来自麻城孝感乡的达 21 支。其实何止四川,陕南也多处可以看到
"麻城孝感乡"的痕迹。在陕南安康,过年时,很多住宅家门都会挂上灯
笼,上面写有"麻城紫阳"字样。当地还流行"回麻城"的民歌,以及

"回麻城"的游戏。以至有论著认为:"明代陕南移民以湖北麻城孝感乡为主要来源之一。"

"麻城孝感乡"在如此广阔的地域范围内成为移民的祖籍地,这一现象早在清代起就开始引起疑窦。康熙七年(1668年),四川巡抚张德地在《再请招徕外省游民及鼓励文武官员招民入川疏》中说:"查川省孑遗,祖籍多系湖广人。……见存之民,祖籍湖广麻城者更多。然无可稽考,亦不敢仿此妄请。""无可稽考,亦不敢仿此妄请",道出了张德地心中的疑虑。民国《南溪县志》的钟朝熙也提出疑问说:"核其人数,即使尽乡以行,亦不应有若是之夥。……岂若大之川南,仅为一孝感乡人殖民之地乎?"

对于张德地和钟朝熙的疑窦,今日的移民史专家以及以凌礼潮为代表的麻城地方文史工作者从不同角度加以解答。"中转站"说称:麻城孝感乡如同山西洪洞县的大槐树一样,是一个移民集中的中转站,洪武时期的湖广地区的移民,必须到孝感乡集中,领取派发凭证,分编队伍入川。还有学者进一步补充,到麻城孝感乡集中的移民,不光来自湖广地区,更有大量的来自江西与其他地方的移民,他们不断补充到麻城,又不断经麻城迁徙往四川,这些经由麻城入川的移民因保留有对麻城孝感乡的记忆,故"溯其往始,多言麻城孝感乡"。"冒籍"说认为,明初入川的"麻城孝感乡"者,至清代已成为"旧家",不仅站稳了足跟,而且其中不乏显赫之家族,后来再入川之外来移民,为"求荫自庇",往往把自己的先祖说成是来自麻城孝感乡。"象征"说认为,"麻城孝感乡"实际上已经成为一个"文化符号",它不再是单纯的祖籍追溯,而包含了对自身历史的重构,是一个祖先来源的符号。如上研究,对于破解"麻城孝感乡"之谜无疑大有裨益。

本文并不试图再去论证,历史上的某个时期,是否有大批移民从"麻城孝感乡"或经由"麻城孝感乡"迁移往四川、陕南;也不去考察,是否有许多自称来自"麻城孝感乡"的移民,其实并非真正来自"麻城孝感乡",而是通过"冒籍""假托""粘连"等方式,加入"麻城孝感乡"的来自其他地方的移民。本文关注的是,在"麻城孝感乡"的历史记忆中,"人们以为发生过什么样的事",其移民心态背后,又隐藏有什么样的历史内容。

一　"奉旨入川"

　　检视有关"麻城孝感乡"的族谱家乘，大凡追溯到明初入川者，多有"奉旨填川"之说。如隆昌《韩氏族谱·序》云："元主北道，遂将麻城著土之民，诏令入川，吾祖……于洪武元年入川。"隆昌《王氏族谱》云："我父讳（保）九、母雷氏，亦历风尘跋涉之苦。先由河南地区随祖讳久禄，于洪武元年戊申十月内，至湖广黄州府麻城县孝感乡复阳村居住。新旧未满三年，奉旨入蜀，填籍四川。"内江《晏氏家乘》称："内邑旧户，多称祖籍系楚麻城，沿明洪武二年奉诏徙麻城。"内江《周氏族谱》称："洪武出治，四川空虚。我圣祖仁皇帝遂下诏旨今湖广黄州府麻城县孝感乡填实四川。我祖奉命襁负其子，入川于红合乡落业。"内江《黄氏族谱》云："（吾祖）原籍湖广黄州府麻城县孝感乡瓦子岗大堰口万㓲岩人氏。自大明三年，天下大乱，红军作耗，民不安生。迨至六年大定，始秦川陕人民余尽俱无，遵奉圣旨移民填籍。"咸丰《云阳县志》云："邑分南北两岸，南岸民皆明洪武时由湖广麻城孝感乡奉敕徙来者。"邹知新的《都碑记》亦载："当洪武初，太祖定迁民之策，迁诏至（麻城孝感乡）公署。"如此等等。对于这些奉旨之说，学者或有质疑：其一，"太祖平蜀在洪武四年，先尚为伪夏明玉珍所据，何由有此诏？"换言之，这些家族的"奉旨填川"是奉谁的旨？其二，洪武、永乐二帝未曾下旨麻城县孝感乡民入蜀，明中后期四川丁口渐实，更不可能诏饬孝感乡民填川了。其三，为迁民之事，皇帝诏书可以越过行省、府二级直达县署吗？明代是否有此类越级传文的制度？其实，笔者并不关心这些"奉旨"之说是否真伪，而是在从这些"奉旨"说中看到了移民家族，是如何以国家的符号象征，来宣示自己的权势和特性。为了使所谓的"奉旨"说更有说服力，内江《黄氏族谱》言："明洪武初，以为四川乃近西隅夷地，非德化不能测也，惟孝感乡人民可以化之。诏饬行专差逐遣。凡明初来者皆麻城孝感乡人也。"这一说法，不仅回应了为什么朝廷要专门诏饬麻城孝感乡移民填川的疑问，而且也更加突出来自"麻城孝感乡"的移民具有一种道德与文化上的优越性。值得注意的是，据梁勇的《"麻城孝感乡"：一个祖源地记忆的历史解读》，四川云阳县来自湖南的移民，其族谱多载有康熙皇帝颁给他们的移民诏书。诏书称："据御使温、卢等奏称：湖南民有毂击肩摩之风，地有一粟难加之势。即著该部，饬行川省、湖南等处文武官员知悉，招民徙蜀。"正如作者所质疑的："清政府的移民招徕政策，并没有省份之别。康熙皇帝似乎不可能单独给湖南入川开荒的民人颁以圣旨，而对其他省区的入川民人不闻不问。"可见利用国家话语加强自身地位，是入川移民的一个惯用策略。

二　"土著无遗存"

在有关"麻城孝感乡"的族谱家乘以及传说中，寻常可见的还有"土著无遗存"之说。如四川总督朱燮元撰写的《成都解围略节》记述："是时上下荡然，无复法纪。有一群人怒目向余曰：'成都自古不守，不见元人，以不蚤迎望帝遂无遗种乎！凡今生齿，皆黄陂孝感人也。'"此段文字中的"元人"即土著，"黄陂孝感"，或为"黄州孝感"，"怒目"对朱燮元放言的"一群人"则应是自称来自"黄陂孝感"的移民。据其说法，成都已是"土著无遗种"，定居者已更换为"黄陂孝感人"。又如《新津县乡土志》称："新邑自遭献贼之难，土著仅余数姓……其后插业之家，多自洪雅。询其原籍，概系湖广麻城孝感乡，是以湖广籍邑人几十居八九。"内江《黄氏族谱》："始秦川陕人民余尽俱无，遵奉圣旨移民填籍。"诚然，明清之际长期的战乱和严重的自然灾害，造成了四川人口锐减，此为不争之事实，亦正是湖广填四川的历史背景，但是亦有学者认为，"清初四川残存的土著人口比一般典籍和今日流行的判断要多得多"。原因之一是在明末清初的巨大战乱中，部分土著人口选择了深山老林或相对安全的异地他乡逃避，其数量当不在少数；其二是战乱中记录人口的户籍大量毁灭，战乱后人口统计失真不可避免；其三是当地读书人因敌视和偏见，极力夸大和过分渲染张献忠给四川造成的灾难。无论清初四川土著人口是如何状态，自称来自"麻城孝感乡"的族谱如此强调"土著无遗存"，实际上是在强调移民对移居地的理所当然的所有权。这种关于定居历史的叙述套路，实际上也常为移民所采用。

三　背手与脚趾甲复形

在山西洪洞大槐树的移民传说中，大槐树移民的著名标记是背手、脚趾甲复形。传说当年移民时，官兵用刀在每人小趾甲上切一刀为记。以致大槐树移民后裔的小趾甲都是复形（两瓣）。为防止移民逃跑，官兵把移民反绑，由于长时间捆绑，成了习惯，以后迁民们大多喜欢背着手走路，并沿袭到其后裔。而在"麻城孝感乡"的历史记忆中，这样的情节竟然也有出现。四川社会科学院的郭一丹 2009 年在四川多地对"麻城孝感乡"现象流传范围进行田野考察。她曾在崇州街子镇市场采访一群 70 岁以上的老大爷，这些老大爷都深信自己的老祖宗来自湖北麻城孝感乡，并讲述说：当年老祖宗是被绑入川，所以现在我们的手腕还有绳索勒过的印迹。有的老人还给我们学当年被绑入川的情景：双手被绑，反在后背，弯腰驼背一步一步艰难入川。老街茶馆的李大爷则声称："从湖北麻城孝感乡过来的人大拇脚趾盖是掉的。"兴之所至，那些老大爷还向郭一丹展示了手臂上祖辈遗传下来的印痕。赵世瑜曾分析说："'背手'和脚趾甲等体质特征传说，与其说是一个'有根'族群自我认同的限制，不如说是其他'无根'族群试图扩大认同的一种创造……寻找这样普遍的体质特征出来做认同标志，目的显然是扩大认同的范围。他们首先需要忘却历史，然后再重构历史，来弥补记忆的空白。"诚哉斯言。

关于"麻城孝感乡"的研究方兴未艾，还有较大的提升空间。笔者以为，与其花更多精力去发掘族谱和文献资料，对"麻城孝感乡"去证伪或证实，毋宁转换视角，关注在这场大移民中，移民们如何运用文化策略，提升自己的社会地位，取得主流文化的标记，建立自己的身份认同。只有进入这一层面，有关"麻城孝感乡"的移民史才会真正的丰满和真实起来。

（本文撰写过程中，四川社会科学院郭一丹副研究员慷慨提供田野考察资料，专此致谢）

简论劳动史研究的新视角

——以汉冶萍档案研究为例

郭　莹*

　　劳动史是 20 世纪缘起于欧洲的一种新史学思想。不同于传统的生产史或者技术史重生产过程以及技术分析的路径，劳动史更强调对人的关注，注重对社会层面的分析。法国年鉴学派代表人物布洛赫与英国著名马克思主义社会史学家霍布斯鲍姆都是劳动史研究的倡导者和实践者，尤其是霍布斯鲍姆，他于 20 世纪中叶完成的《劳动者》《工业与帝国》等专著关注 19 世纪欧洲的劳动世界，在劳动史的发展史上具有开风气的意义。法国学者罗贝尔·福西耶的《中世纪劳动史》则旗帜鲜明地打出"劳动史"的旗帜，从"劳动"一词入手，展现了欧洲中世纪各种劳动的情景，阐发了劳动的意义和作用。劳动史的新视角，无疑应为社会史研究者所关注。

　　在劳动史的视域中，"劳动"的概念并非如人们通常所说的狭义的劳动（即仅指体力劳动）或是广义的劳动（包括体力劳动和脑力劳动两种劳动），而是一个与职业、社会分工相联系的更为广泛的概念。如罗贝尔·福西耶所言，工人、农民、商人、教师、军人、家庭妇女、修道士、仆役等，"人人都在'劳动'"，都有体力、脑力的付出，都在创造社会价值。其中颇为值得重视的是他对劳动意义的强调：劳动不仅是劳动者赖以谋生的手段，劳动创造的财富也有利于他人和社会。这一概念不仅完全不同于诸如中国古代"劳心者治人，劳力者治于人"的传统理念及脑体对立的劳动观，而且令人信服地阐释了各类劳动对于社会发展和社会进步的意义。劳动史的

＊　郭莹，湖北大学教授。

新视角，无疑为社会史打开了一个新的研究空间。

以在中国近代工业史上具有标志意义的汉冶萍公司为例，迄今为止关于汉冶萍公司的研究，主要集中于汉冶萍公司的历史沿革、选址布局、经营方式、生产状况、失败原因、举借日债及与日本的关系等问题的讨论。自20世纪20年代中后期以来关于中国劳工问题和工人运动的研究，虽成果甚众，然其重心在于政治斗争和工运史。近年来，对工人群体的研究涉及工人生活、地缘政治等更为宽广的社会层面，显示出学者研究视野的拓宽和对多学科理论的综合运用。比较有代表性的专著有美国学者艾米莉·洪尼格的《姐妹们与陌生人：上海纱厂女工1919–1949》和《苏北人在上海1850–1980》、裴宜理的《上海罢工——中国工人政治研究》（江苏人民出版社，2001）、宋钻友等的《上海工人生活研究（1843–1949）》（上海辞书出版社，2011）、黎霞的《负荷人生：民国时期武汉码头工人研究》（湖北人民出版社，2008）等（其中如裴宜理著作中从上海工运中的行业差别，以及同一企业内部不同类型工人之间的差异，推导出"不同的工人有不同的政治"的结论，富于新见和启发意义）。但究其研究视角（基本以下层产业工人为主）及其理论运用，仍难与"劳动史研究"等量齐观。因此，就劳动史的研究而言，无论是在总体研究还是个案研究方面，都有诸多空白领域有待填补。

在劳动史的新视角下观看汉冶萍公司及其档案研究，我们看到的不仅有中国第一代体力劳动型产业工人，而且还有中国第一代新式企业技术层、管理层（含企业的商业、金融经营）及服务层劳动者。这样一个全新的社会组织及其社会阶层是在什么样的社会条件下进行劳动？又是如何劳动并创造社会价值的？依靠对档案的发掘，从劳动史角度对劳动者群体和劳动制度展开深入研究，是既往汉冶萍研究中有待填补的空白。如汉冶萍劳动者的层级构成、性别构成、来源构成、进入公司途径、开始劳动年龄、退休年龄、劳动者受教育史、作息制度、考核体制、奖惩制度、晋升机制、福利制度、劳动保障制度（如是否有保护劳动者的法规）、劳动工具、月薪多少，每周上几天班，有没有休息日等一系列与劳动相关的因素，都是很有意义的话题。这样的研究无疑是富于新意的。

例如，从档案看，20世纪初至30年代大冶铁矿的内部分层十分复杂，不是简单的"工人"概念。而是称为"职员"以及"包工制工人""领工制工人"。"职员"中又分"在编"和"不在编"。职员内部按照学识和能力的高下分甲乙丙三级，甲乙丙内部又再次进行分级，甲等职员的月薪分为三个等级，乙等职员分为八个等级，丙等职员分为十二个等级。其用工特点是只有特别重要的技术工人和拥有一定地位的管理或者财务人员才会有机会成为公司"在编"的正式职员，即"常工"。其余职员相当于"合同工"。"包工制工人"也分两种，一种是由矿局直接雇请的工人，由矿局直接按日或者按月发放工资；另一种是矿局把没有什么技术含量的工作如采矿、运矿按照工程量包给冶矿把头（矿山主或者地头蛇），把头再雇工人，然后按月或按日给工人计发工资。这些工人其实就是临时工。"领工制工人"是 1927 年矿局为减少把头的中间剥削环节，实行改革，取消了施行多年的包工制，由矿工自己推举领工，并将工价公开，称为领工制。档案显示，当时大冶铁矿最高工资与最低收入相比，前者是后者的 83 倍，劳动者待遇极为悬殊，在编职工享有较高的固定薪资、住房、娱乐等较好待遇，而在铁矿工人群体中占多数的包工制工人从事着最辛苦的工作，拿着最微薄的工资，处于最底层，其中多有亦工亦农的农民在农闲时来铁矿打工补贴生活。参与革命的也主要是以这部分工人为主。对这种层级构成和待遇差异及其背景进行分析，我们就可以了解当时中国的社会结构和分层，从中获得新的发现和认识，产生富于新意的研究成果。

民国时期华北乡村教育的
转型与困境（1912～1937）

朱汉国[*]

　　关于民国年间华北的乡村教育，人们在研究乡村建设运动时常常论及。如晏阳初在河北定县的教育实验，梁漱溟在山东邹平的教育实验等，但往往被置于乡村建设运动中。近年来也有学者开始基于教育本体来研究华北的乡村教育问题，如郑起东的《近代华北的乡村教育》[①]、袁滢滢的《民国时期山东乡村小学教育研究（1928-1937）》[②]、许庆如的《变革与传承：近代山东乡村教育研究（1901-1937）》[③] 等。但从总体上讲，无论是关于华北乡村教育的整体研究，还是关于乡村教育所包含的办学理念、办学机构、课程设置、师资问题、经费问题等，都有待于进一步研究。本文试以所掌握的资料，较为系统地考察民国年间华北乡村教育由旧式教育向新式教育转型的表象、内容及困境。力图通过其考察，加深人们对民国时期华北乡村教育的认识，以裨当今中国乡村教育的发展。

---

[*]　朱汉国，北京师范大学历史学院教授。
[①]　郑起东：《近代华北的乡村教育》，山西大学历史系等《华北乡村史学术讨论会论文集》，2001 年。
[②]　袁滢滢：《民国时期山东乡村小学教育研究（1928-1937）》，博士学位论文，北京师范大学，2011 年。
[③]　许庆如：《变革与传承：近代山东乡村教育研究（1901-1937）》，博士学位论文，华东师范大学，2012 年。

一　华北乡村教育的转型

华北乡村教育由旧式教育向新式教育的转型，肇始于清末，具体反映在办学机构的变革与课程内容的变化上。

旧时中国，地方办学机构一般可分为书院和学塾两大类。书院由地方官府所建。科举制度实施以来，华北各地与其他地区一样，在各府、州、县大多设有书院。各地的书院是旧时中国较高层次的教育机构，其主要功能重在谋取进仕做官的资格，容纳的人员有限。真正起到"基础教育"作用的是大量存在于乡村的"学塾"。旧时乡村办学塾，大致有三种情况：一是有钱人家聘请教师在家里教授子弟，称为坐馆或教馆；二是教师在自己家里设馆教学，称为家塾；三是由地方上出钱聘请教师，在公共场所设塾教学，一般称为村塾或义塾、义学。学塾因其办学性质与官府的书院不同，又被称作"私塾"。

由于不同的培养目标，书院和私塾有着不同的教学方法和内容。书院以帮助学生考取功名为目的，其授课方式一般采取自学辅导的教学方式。入院的儒生大多有熟读儒学经典的基础，具备了自学条件。因而教师的授课方式以宣讲报告、专题讨论、问卷答题为主。科举时代盛行的各种《文选》以及各省的朱墨卷，为儒生必备资料。私塾主要承担对学童的启蒙教育任务。就教学内容来说，私塾的初级课程为《三字经》《千字文》《百家姓》《幼学琼林》；高级课程为《四书》《五经》《纲监》《唐诗》，以及时文小楷。就教学方式来说，私塾注重的是识字与背诵，不问其意义。但不论是书院，还是私塾，学习内容都是以儒学经典为主，以博取功名为最高目标。

清末，随着西学东渐，中国的旧式教育开始受冲击。1898 年，光绪帝在"百日维新"期间发布上谕："将各省府厅州县现有之大小书院，一律改为兼习中学西学之学校。"① 由书院改为学校的办法在华北各地逐渐实施。1901 年，山东利津县将"东津书院"改为学堂，名为"利津县高等小学堂"，时称"书院小学"。② 1903 年，山东昌乐县在营陵书院旧址上改建小学；潍县在维阳书院旧址也开办高等小学堂。华北的直隶及河南、山西等

---

① 朱寿鹏：《光绪朝东华录》（五），中华书局，1958，总第 4126 页。
② 胡式浚：《东津书院和书院小学》，《利津文史资料》（第三辑），1989，第 139 页。

地也纷纷将书院改建为新式学堂，或另建新学堂。据记载，至 1909 年，山东新式小学堂已达 3536 处，共有小学生 46174 人。[①] 1909 年，直隶有新式高等小学堂 162 处，初等小学堂 10259 处，两等小学堂（完全小学）148 处。1909 年，河南有新式小学堂 2405 处，学生达 81304 人。[②] 此时的新式小学的教学内容在原有传统课程外，大多增加了西式科学课程。如山西乡宁县的高等小学堂开设八门课程："曰修身、曰经学、曰地理、曰国文、曰算学、曰历史、曰图书、曰体操。"[③] 初步改变了旧式教育专读儒家四书五经的课程设置。由此可见，在清末的华北乡村教育，旧式教育在衰落，新式教育已萌发。

华北的乡村教育由旧式教育向现代意义的新式教育真正转型是民国时期。

20 世纪初的中国，有两件大事直接推动了旧式教育向新式教育的转变。一是 1905 年科举制度的废除，彻底根除了旧式教育以博取功名的办学理念。二是辛亥革命推翻了君主专制制度，开始由旧式教育的儒学教育改变为新式教育的国民教育。

1912 年，民国政府教育部相继颁发《普通教育暂行办法》、《学校系统令》（即"壬子学制"）、《小学校令》、《中学校令》等文件，要求革新学制、取缔和改良私塾。尤其是南京国民政府建立后，加大了对乡村教育的重视。1928 年 5 月，第一次全国教育会议，通过了《厉行全国义务教育案》《乡村小学师范学校标准案》和《推广乡村幼稚园案》等一些有关乡村教育的议案，使得之前主要由民间社会力量推动的乡村教育，变为政府行为。在民国政府的推动和社会各界的支持下，华北的乡村教育开始了向新式教育的急剧转型。这突出地体现在四个方面。

1. 新式学校得到迅速发展

民国时期，华北各地政府都比较重视发展乡村教育，加大了对教育的投入。如直隶省 1912 年用于初等小学的经费为 1880623 元，至 1927 年，增

---

① 山东省地方史志编纂委员会编《山东省志·教育志》，山东人民出版社，2003，第 73 页。
② 郑起东：《近代华北的乡村教育》，山西大学历史系等《华北乡村史学术讨论会论文集》，第 6 页。
③ 牛文琴：《乡村心血教育的兴起与发展》，《晋阳学刊》2004 年第 1 期。

加到 4070194 元。① 1928 年，河南省政府发布庙产兴学通令，要求各地通过没收庙产新建乡村学校。同时，河南省政府还为发展乡村教育，决定征收教育附加税，每丁银一两附加教育费二角至八角。地方教育经费由此"有巨量之增加，而乡村各初等小学亦定考察成绩优劣，按等给予补助费办法，因而逐渐发展"②。国民政府时期，山东省政府还把乡村教育的好坏作为考察县长政绩的重要内容。各县由此都加大教育经费。1930 年，山东省各县每年教育经费是 300 多万元，1931 年后，每年则增至 400 多万元，1935 年增至 500 多万元。③

政府重视乡村教育，振奋了社会教育风气。如在河南孟津县，"各村多能利用神社底款，筹办教育，凡往昔迎神赛会之需，均移作兴学育才之用"④。

纵观民国年间华北的乡村教育，各地都有显著的发展，新式学校已成为乡村教育的主体办学机构。表 1 是民国成立后华北各省小学发展情况。

表 1　1912–1916 年华北各省小学统计表

年度 种类 数量 省市	1912		1913		1914		1915		1916	
	校数	学生数	校数	学生数	校数	学生数	校数	学生数	校数	学生数
山西	5715	154881	7730	209452	9235	280587	11103	320402	11615	310080
河南	4606	111259	6100	158855	6279	159517	7604	200498	9065	240430
直隶	12488	304488	13319	357080	14492	420852	16991	523862	19323	598177
山东	5155	114367	10056	239827	13454	323241	14851	380504	17080	452642

资料来源：《第一次中国教育年鉴》（丁编教育统计），开明书店，1934，第 171～173 页。见陈学恂主编《中国近代教育史教学参考资料》（下册），人民教育出版社，1987，第 352～353 页。

1928 年国民政府把发展乡村教育作为县政建设的重要内容，极大地促进了乡村教育的发展。表 2 是国民政府初期山东省各县小学发展概况。

---

① 河北省教育厅编《河北省教育概况》，1935 年。
② 王春元等：《原武县教育视察报告》，《二十三年上期河南地方教育视察报告》，1934 年。
③ 《山东民国日报》1936 年 1 月 13 日。
④ 王春元：《孟津县教育视察报告》，《二十三年上期河南地方教育视察报告》，1934 年。

表2　1929-1931年度山东省各县市小学统计

年度	1929		1930		1931	
	初级小学	高级小学	初级小学	高级小学	初级小学	高级小学
校　数	25987	954	28723	1188	31810	1288
班　数	45032	2033	52738	2695	57588	2542
学生数	387371	65326	974492	77957	1127732	81819

资料来源：《民国二十二年十月教育部视察员视察各省市教育报告汇编》（山东省），1933，第11页。

2. 私塾得到有效控制和改良

私塾是中国旧式教育的方式之一。清末办新式学校之风兴起，私塾开始受到冲击，但一直到民国时期，私塾仍大量存在。民国政府曾试图用行政办法来取缔私塾。但当取缔之路走不通时，政府把对私塾的政策改为以"改造"为主，试图通过改良旧式私塾教育，使之最终与乡村小学日趋并轨。

1912年，民国政府教育部制定私塾管理办法，主张改良私塾，将考试合格的塾师甄录为小学代用教员，成绩不合格者入塾师传习所学习。但由于政局混乱，同时由于乡村旧有势力对私塾教育的依赖，民国政府整改私塾的办法，在乡村并未见大的成效。

南京国民政府成立后，改良私塾工作进入比较实质性的阶段，比如塾师培训、塾师的资格检定、取缔不合格私塾等工作广泛开展。1931年，国民政府教育部颁发《乡村小学充实儿童学额办法》，规定："乡村小学学额不足时，其附近一公里内，不得另设招收九周岁以上儿童之私塾。其有设塾影响于学校招生时，得由校长呈请主管教育行政机关勒令停闭之。"[①]1935年6月14日颁布的《实施义务教育暂行办法大纲施行细则》中，规定"限令各地将原有私塾整理改良，一律依照短期小学或普通小学课程办理，改称改良私塾；其较优者，得径改为短期小学或普通小学"[②]。1937年6月1日，国民政府教育部颁布《改良私塾办法》，更是规定了设立私塾的原则：

---

① 《乡村小学充实儿童学额办法》，宋恩荣、章咸主编《中华民国教育法规选编（1912～1949）》，江苏教育出版社，1990，第218页。

② 《实施义务教育暂行办法大纲施行细则》，宋恩荣、章咸主编《中华民国教育法规选编（1912～1949）》，江苏教育出版社，1990，第302页。

"（一）不违背中华民国教育宗旨及其实施方针者。（二）塾师文理精通，常识丰富者。（三）塾舍宽敞，光线空气充足，并有空场足资学生活动者。（四）能遵用教育部审定之教科书者。（五）收容学龄儿童及失学儿童，不妨碍当地小学学额之充实者。"并明确要求，"主管机关对于所辖私塾，除已核准改称改良私塾者外，其成绩较优者得酌改短期小学、简易小学或代用小学"。"主管机关应依照上项基本课程及补充课程，并斟酌当地情形，订定课程简表，发交各私塾实施。"① 《改良私塾办法》充分体现了国民政府对改良私塾的力度。

按照国民政府的统一要求，华北各省都相应地采取了改良私塾的措施。山东省也制定了《山东各县市改良私塾办法》。从民国年间华北乡村教育的情况看，各地仍普设私塾。表3是1935年度华北各省的私塾开设情况。

表3 1935年度华北各省私塾概况

省市别	私塾数	塾师数	学生数
河北	4287	4313	65520
河南	8952	8952	152219
山东	3588	3588	40211
山西	628	628	9111

资料来源：《教育统计·全国各省市私塾概况》，《教育杂志》1936年第26卷第12期，第137页。

由此可见，民国时期华北各省的私塾，其数量和学生虽不及新式小学，但仍大量存在。不过，应该看到，此时的私塾已不是旧式教育的私塾，无论是学制，还是学习内容，已是经过改良的新式私塾，已是国民教育的组成部分。

3. 改变课程设置，革新课程内容

1912年9月，民国政府颁布《小学校令》，规定初等小学校之教科目，为修身、国文、算术、手工、图画、唱歌、体操；女子加缝纫。高等小学

---

① 《改良私塾办法》，宋恩荣、章咸主编《中华民国教育法规选编（1912~1949）》，江苏教育出版社，1990，第317~320页。

校之教科目为修身、国文、算术、本国历史、地理、理科、手工、图画、唱歌、体操；男子加农业，女子加缝纫。[①]　由此可以看出，民国初年小学的课程设置，较旧式教育已有重大改革：读经科一律废止，手工改为正式科目。"课程内容有不合共和宗旨的，均逐一改正"[②]。

国民政府时期，政府对小学课程又有改革。1933 年，国民政府教育部公布《小学课程》，规定高、初小均开设公民训练、卫生、体育、国语、社会、自然、算术、劳作、美术、音乐等十科，只是高、初小授课时数不同。1936 年，国民政府教育部修订课程标准规定：初小的社会、自然两科并为常识课；一二年级的劳作、美术并为工作课；音乐、体育并为唱游课；取消卫生课，自四年级起添加珠算。[③]

民国时期华北乡村学校的教学内容，尽管各地都有其自身的特点，但是作为新式教育，大体上仍遵循了全国统一课程设置。如在临沂县乡村教育实验区埠前店小学，"课程按照部颁课程标准"[④]。在滋阳城南十里常庆屯小学，课程表如表 4。[⑤]

表 4　滋阳城南十里常庆屯小学课程表

级别	科　目	每周节数
高级	算术、国语、自然、卫生、史地、美术、劳作、体育	35
中级	算术、国语、自然、卫生、美术、劳作、社会、体育	35
低级	算术、国语、卫生、常识、唱游、习字	35

总的来说，民国时期华北乡村学校在教学内容上的变化，主要有三。一是取消读经讲经课，代之以国语课。不再向学生灌输忠君、尊孔思想，而代之以民主、自由思想。培养的学生不再是封建王朝的顺民，而是具有

① 《视察第一区（直、奉、吉、黑）学务总报告，直隶部分》（1913 年），舒新城：《中国近代教育史资料》（上册），人民教育出版社，1981，第 445 页。
② 《视察第一区（直、奉、吉、黑）学务总报告，直隶部分》（1913 年），舒新城：《中国近代教育史资料》（上册），人民教育出版社，1981，第 444 页。
③ 聊城地区教育志编纂办公室：《聊城地区教育志（1840-1988）》，1989，第 88 页。
④ 董传玉：《临沂县乡村教育实验区埠前店小学概况》，《山东滋阳乡师半月刊》1935 年第 7 期，第 6 页。
⑤ 张爱吾：《服务工作报告：滋阳城南十里常庆屯小学》，《山东滋阳乡师半月刊》1935 年第 8 期，第 9 页。

民国道德基础的新国民。二是重视体育、美育教育。三是增强动手能力的培养。开设园艺、缝纫等实践课程，有意识地培养学生的生存技能，为将来的从业做好准备。

4. 女子教育的兴起

在旧式教育中，无论是书院，还是私塾，女子是不享有受教育的权利。民国成立后，华北各地或设女校，或发布文件，鼓励女子接受教育。1929年，河北省赞皇县经县政会议决议："男校内每一女生，由县款津贴十元上下，以示提倡。"[1] 河南省偃师县也规定，乡村学校招收女生一名，即按月奖金一元。因此，在偃师各乡村学校，都兼收女生。单独设立的女小也有10余处。[2]

据统计，河北省 1928 年各地乡村有女小学生 30776 人，到 1931 年增至 77076 人。河南省 1928 年各地乡村有女小学生 9367 人，1930 年增至 35983 人。[3]

综上所述，民国时期华北的乡村教育已由旧式教育逐渐转变为符合现代要求的新式教育。即使是那些仍挂名私塾的办学机构，也已赋予了新的意义。

二　华北乡村教育的困境

民国时期华北的乡村教育虽取得了显著的成绩，但也应看到，在由旧式教育向新式教育转变过程中，华北的乡村教育仍存在着种种问题，面临种种窘境。这些问题和窘境严重制约了华北乡村教育的发展。

1. 新旧教育观念的冲突

在旧时中国，私塾为乡村教育的主要办学形式。民国年间，随着新式学校的大量创建，私塾与学校之间的冲突开始凸显。学校与私塾，实际上代表新旧两种教育模式。这两种教学模式从教学内容、教学方式、教学功能到学制体系等，方方面面，都形成了严重的冲突。

---

[1]　贾栖：《河北赞皇县训政纪略》，1929，第 81 页。

[2]　王春元：《偃师县教育视察报告》，《二十三年上期河南地方教育视察报告》，1934。

[3]　郑起东：《近代华北的乡村教育》，山西大学历史系等《华北乡村史学术讨论会论文集》，第 10 页。

　　一是新旧教育内容的冲突。旧时乡村私塾，教学内容是单一的，偏重识字教育和经学教育，其知识结构显然不能适应现代社会的要求。虽然在学校不足的情况下，私塾的存在能够在一定程度上发挥"识字教育"的功能，但"在现代社会上，只是识字而不注意公民常识的灌输，是不够应用的"①。所以，在改良私塾问题上首先要改良的一点就是私塾的课程和课本。在课程设置上要求私塾教学必须符合国民教育的要求，公民训练、国语、常识、算术、体育等都是必修课。在课本使用上，随着国家政治的日益正规，乡村私塾也被要求采用越来越规范化的部审课本，"不得教《百家姓》《千字文》，及其他不合儿童心理和违反教育宗旨的杂书"②。

　　但是由于观念落后或新式教材自身的缺陷等多重原因，乡村社会对新的教学内容难以接受。乡村民众相信私塾教育才能培养出社会需要的技能和德性，至少不会把孩子教坏。"上几年私塾就能写个字，记个账，知礼义，识诗书，文言文是助人上进的，将来就是不做官，也是候补绅士，书香子弟，表表人物。"③ 林茂研究济南近郊段店一带的私塾情况时指出："私塾所以如此之多皆因承办人在他们的脑筋中，以为私塾里读的是圣人的书，学校里念的书，净些白话，没有实学！他们又说：学堂里光玩，下了班一阵乱嚷，还能念出书来了吗？总之在他们的意思中，凡学校里一切游戏唱歌，他都认为不应该！总不如斯斯文文到有点古意。"④

　　二是新旧教育方法的冲突。新旧教育在教学方法上的差距也是很明显的。在新式人物看来，私塾教育方法的缺陷很明显，"私塾教法的陈旧，人人皆知，儿童整日枯坐塾中，死读书本，一概朗读背诵，既无其他方法指导儿童，足以促其进步，又无休闲活动机会，足以恢复儿童的疲劳，以致儿童在塾中，形同木偶，往往入塾数年，尚不能写明白一封白话信者，皆因为教法的不得其当的缘故"⑤。但旧派人物也不习惯新式学校的教学方法。比如新式教材教法往往注重趣味性、启发性，这在一些塾师看来则是多此一举。

---

① 吴鼎：《推广国民教育与私塾改良》，《教育通讯周刊》1940 年第 3 卷第 5 期，第 14 页。
② 梅焕涑：《闲话私塾》，《江西地方教育》1941 年第 215～216 期合刊，第 34 页。
③ 廖泰初：《动变中的中国农村教育——山东汶上县教育研究》，个人刊，1936，第 36 页。
④ 林茂：《谈一谈济南市的私塾问题》，《基础教育》1936 年第 12 期，第 711 页。
⑤ 吴鼎：《推广国民教育与私塾改良》，《教育通讯周刊》1940 年第 3 卷第 5 期。第 14 页。

教学内容、教育方法的差异，导致新旧师资队伍的互不认同，互相看不惯。新式学校教师批评乡村私塾先生的知识陈旧、教学方法落后；旧派人物指责新式学校教师浮夸无用、无学术根基、道德低下。

三是新旧教育组织形式的冲突。新教育学制长，在学校组织和管理方面体现出一种工业社会的规范化、严谨化的倾向，而旧式乡村私塾教育则适应乡村农业生活的节奏，表现出灵活、简便的特点。新旧教育模式两相对比，农民就对新学制很不适应；而从新教育的角度看来，私塾的教学质量很难保证。如私塾教学环境之差、教学设施之简陋常被新教育方面所诟病。

新旧教育在节假日安排上的差异所造成的冲突也很明显。农村学生有他们适应农业生活节奏的特有的生活规律，而新学制是以城市生活节奏为归依的，它不适应乡村的地方很多。所以，许多农村家长对于新式学校每周末都固定地放假这件事也不接受。为避免他们的非议，许多乡村小学周末也不放假，但教师又不甘心放弃这个休息机会，于是"便形成了一种明不放假暗放假的情形。在星期天教师尽管不上课，儿童可以在教室里呆坐一天"。①

总之，民国社会主流舆论都认为，旧式私塾教育不能承担起国民教育的重任，但在事实上它又受到乡村民众的信任。因为作为有悠久历史的乡村私塾，它对于乡村生活具有先天的、高度的适应性。被赋予了"现代化"合理性的新式学校教育即使在政府的强力支持下，也不被乡村民众认可。

由于新旧教育观念的冲突，在华北各地常常出现毁学事件。如 1915 年直隶南乐、范县等地发生了焚毁学舍事件。1916 年直隶武邑等地出现了砸毁学堂事件。② 还有的地方出现学校招生难、失学多的现象。河北省沧县乡民"宁愿使自己的孩子失学，给他个筐儿拾粪打柴，也绝不肯让他上洋学堂以坐吃山空"③。乡村儿童每到农忙时期，大半要随着家长去田间工作；就是在平常时期，亦断不了旷课。正如时人指出，农民认为读书识字是升

---

① 左绍儒：《乡村小学实际问题十四谈》，《基础教育》1936 年 12 期，第 702 页。
② 郑起东：《近代华北的乡村教育》，山西大学历史系等《华北乡村史学术讨论会论文集》，第 9 页。
③ 毕问尧、解质文：《沧县徐官屯村概况调查》，《津南农声》创刊号，1935 年 1 月。

官发财的捷径，于生活无甚关系。故教育之有无，发达与否均不关己，不在意中。[1]

2. 教育经费严重短缺

民国时期乡村学校经费是由乡村民众与政府共同分担经费的，主要来自县教育财政与乡村自筹经费两项。但从民国时期华北各地县以下乡村学校经费来看，学区、村镇则要承担本地的兴学和筹资的主要责任，县财政只负责少量的补助。

表 5 是 1928 年河北省定县东亭乡 62 个自然村中共计 63 个乡村小学的经费来源一览表。

表 5　定县东亭乡 62 村小学收入之来源

收入来源	小　学　数		全年收入总数（元）	百分比（％）
	有此项收入	无此项收入		
地亩租金	49	14	6804.63	40.75
地亩摊	46	17	3916.37	23.46
地　用	50	13	1838.50	11.01
补助金	14	49	1451.00	8.69
基金利息	16	47	1047.00	6.27
学　费	44	19	1020.85	6.11
牙　捐	5	58	620.00	3.71
总　合			16698.35	100.00

资料来源：李景汉《定县社会概况调查》，中国人民大学出版社，1986，第 174 页。

就东亭乡的调查结果，就可见定县一般乡村自筹教育经费的来源情况。表中所列"地亩租金，就是学校学田租出所得的租金"，"基金利息，是学校基金所生的利息"，这两种大约属于当地公有教育所有。"地亩摊，是学校经费不足时，由村中各家按地亩多少，平均摊纳，以维持学校"，"地用，是农民买卖地亩所纳的经费费用，村中每年以 25％归各校，用在经费"，"牙捐，是由青菜类所得的牙捐内抽出一部分拨作学校经费"，这三类大约属于当地特定的教育捐税或摊派。学费是各校按照不同标准收取的学费，

① 余家菊：《乡村教育之危机》，《中华教育界》1920 年第 10 卷第 1 期。

也属于当地自行筹划的一类教育费。"补助金，是县政府每年所补助各校的经费"，就表中统计反映，63 个村小学中只有 14 所有县财政补助，其中应该包括 4 所初高两级小学。[①]

有人对 20 世纪 30 年代初山西省 22 个县 50 个乡村 65 所乡村小学（其中包括一所私塾）的调查显示，其经费来源概况如表 6。

表 6　山西省 22 县 50 个乡村 65 所乡村小学经费来源调查

经费来源	学校数目	百分比（%）
摊　款	48	74
摊款及学费	3	4.6
摊款及村基金	2	3
摊款及县助	2	3
村基金	2	3
桥　款	2	3
县　款	3	4.6
学　费	2 私塾平遥曹家堡小学	3

资料来源：宋震寰《山西乡村教育概况之调查》，李文海主编《民国时期社会调查丛编·文教事业卷》，福建教育出版社，2004，第 104 页。

由表 6 看出，山西省乡村小学的经费来源有这样四种形式。一是村民摊派是主要的经费来源，因为有 48 所学校纯粹由村民摊派支撑。二是村款资助，称为"村款""河桥款""村基金"或"基金生息"。"所谓村基金者当然出诸村民。桥款一部分系往来过桥行人负担，然其主要来源，依然出于村民。"三是学费。四是县款。"完全由县款办理者仅 3 校，由县助款者 2 校，是以村民对教育经费之担负极重。"[②] 由此看出山西乡村学校经费主要靠自筹。

在乡村自筹经费中，除了学生的学费是比较固定的收入外，另两项来源各地差异很大，而且很不稳定。特别是地方教育捐税部分，往往"捐款名目繁多，重窗叠架，迹近苛细，往往不易征收"[③]。如河北省徐水县村小

---

① 李景汉：《定县社会概况调查》，中国人民大学出版社，1986，第 206~207 页。

② 宋震寰：《山西乡村教育概况之调查》，李文海主编《民国时期社会调查丛编》（文教事业卷），福建教育出版社，2004，第 104 页。

③ 张仲慎：《区教育经费问题应如何处理》，《浙江教育行政周刊》1935 年第 6 卷第 34~35 期，第 67 页。

经费中官地和监证牙用两部分，各村小学基本都有，但各村官地之多少是不一样的，"监证牙用"之多寡也需视年景的丰歉程度而定，所以这两类收入都是不稳定，只有学生学费是固定的。

　　因此，民国时期华北乡村教育普遍存在经费不足问题。经费短缺首先受影响的就是乡村教师的薪金。华北有些地方乡村教师待遇低到几乎难以为继的地步。以1930年代山东省汶上县来说，"每校每月由县府支给十元"，以当时的生活水平论，这十元全充作教员的薪金，也只够他一个人生活的，"每年一百二十元的薪金，维持一家数口则不足"。而1935年之后，汶上县教育经费由独立局面改为一切经费由县府统支统收，这年七月份起，因水灾严重，县款收入锐减，所以"薪公一律七折发给"，县立初小还要裁减1/3，结果七、八、九、十月，"每县立初级小学，每月只领得四元八角五分"①。乡村教师待遇低，薪水甚至"不够一己生活之维持"，所以乡村教职的吸引力是很低的，乡村教师的整体质量也可想而知。正如当时有人指出："稍微有路可走的小学校员便扬长向外面跑了，对于教育有热心有研究的精神的优良教师也就都不愿到穷乡僻壤去服务了。剩下的便多为无路可走或知识幼稚的分子，以这般精神涣散，知识贫陋的分子来办理教育，教育还会有成绩吗？还会有希望吗？"②

　　更甚的是，由于经费短缺，出现了一些学校无以为继而停办的现象。据对20世纪30年代山西乡村小学校址情况的调查显示，65所学校中没有一所小学的校址是特建的；除了偶尔有一两所是租用民房之外，65所乡村小学中有39所明确标明设在各类寺庙里，有21所小学没有填注校址或对校址填注模糊（比如只含糊注明"村北""村南"等），并不排除设置在寺庙的情况。③"庙宇房屋古旧，深大而黑暗，一面有窗而小，故不论就空气、光线，哪一方面说，均极不适宜。徒以外县小学教育经费，均不充裕……是以学校不得不因陋就简，其办公、设备、杂费尚如彼之少，倘再新建校舍，则学校根本办不成矣。"④经费不足尤疑限制了华北乡村教育的发展。

---

① 廖泰初：《动变中的中国农村教育——山东省汶上县教育研究》，个人刊，1936，第58页。
② 柳均卿：《整理乡村教育发微》，《中华教育界》1930年第18卷第1期，第1页。
③ 宋震寰：《山西乡村教育概况之调查》，李文海主编《民国时期社会调查丛编·文教事业卷》，福建教育出版社，2004，第97～102页。
④ 宋震寰：《山西乡村教育概况之调查》，李文海主编《民国时期社会调查丛编·文教事业卷》，福建教育出版社，2004，第117页。

3. 教育设施简陋短缺

学校是从事教育的重要场所。民国以来乡村教育虽有很大发展，但小学教育仍未做到普及，许多村庄尚未设立学校。1928 年度，河北省 124 县共设初级小学 19940 所，而其中的 113 县拥有村庄 23921 个。如果其他 11 县也按 113 县的平均村庄数折算，则河北的村庄总数应再增加 2321 个。如此算来，19940 所初级小学便要分布在 26242 个村庄之中。如果此数无误的话，那么可以确定，大约 1/4 的河北村庄未设小学。[①] 这仅是从全省总体来看，某些具体县未设小学的村庄比例会较此数高出许多，如 1932 年，保定"全境四五百村，而未设立学校之村庄，竟达十分之三四，女小尤寥若晨星"[②]。表 7 是 1928 年度河北省未设初级小学村庄情况。

表 7　1928 年度河北省宛平等县未设初级小学村庄比例

县别	村数	初级小学数	未设小学村庄比例（%）	县别	村数	初级小学数	未设小学村庄比例（%）
宛平	441	206	53.29	滦县	541	381	29.57
武清	352	240	31.82	平山	320	198	38.13
盐山	413	212	48.67	易县	478	127	73.43
南皮	394	98	75.13	涞水	136	54	60.29
河间	417	213	48.92	东明	345	89	74.20
献县	347	277	20.17	长垣	357	90	74.79

资料来源：村数来自河北省政府秘书处 1930 年编印《河北省省政统计概要》1928 年度，第 76~77 页；初级小学数来自卜西君、齐泮林编《河北省各县普通教育概览》1928 年度，河北省教育厅，1929，第 9~15 页。

由表 7 可见，南皮、易县、东明、长垣等县未设初级小学的村庄均在 70% 以上，其他在百分之四五十以上的县也为数不少。

河南、山东的情形也与此类似。仅以山东禹城为例，"该县村庄九百九十余处，学校只有一百八十余处，合五个村庄有一学校"[③]。两省的总体情

---

① 卜西君、齐泮林编《河北省各县普通教育概览》1928 年度，河北省教育厅，1929，第 108 页。

② 《保定强迫教育》，天津《大公报》1932 年 9 月 17 日。

③ 《山东省政府教育厅视察报告（第二集）》上编，1931，第 15 页。

况未必均如禹城一样严重，但可以肯定的是，两省中尚未设立学校的村庄一定不在少数，因为教育部督学在视察河南、山东两省过程中多次提到了学校过少这一问题。1934 年出版的山东长清县志，对全县村数与学校数做了比较（见表8）。

表 8　山东省长清县村数与设学村数比较表

50 户以上村数		100 户以上村数		150 户以上村数		200 户以上村数		总　　计	
村数	设学数	村数	设学数	村数	设学数	村数	设学数	村数	设学数
441	183	413	301	125	125	25	36	1004	645

资料来源：《长清县志》（卷八），学校志下，《现代教育》，1934。

由此可见，山东省长清县 1004 村共设学校 645 所，以一个村庄设一个学校计，未设学校的村庄 359 个，占村庄总数的 36%。长清县 150 户以下的 854 个村庄中，设立学校 484 所，未设学校的村庄占到了总数的 43.3%，而其中 100 户以下的村庄设立学校者仅为 41.5%，尚不及半数。

相对于开设学校来说，校内的设置虽已属次要问题，但也影响教育甚重。华北乡村的初级小学虽有一部分属于自建，但更多的可能是借用民房或由庙宇改建。山东省长清县 545 处乡村初级小学中，自建者 381 处，借用民房者 120 处，由庙宇改建者 24 处，其他 20 处。[1] 像这样自建比例能达到 70% 的并不多见，清河试验区 31 所学校中，由庙宇改建者 26 处，特别建筑者 2 处，在教员家中者 3 处，特别建筑者仅占 6.45%。由庙宇改建的校舍不但不适于卫生，而且各村村公所、保卫团也大都设于庙内，"其杂乱亦不言而喻"[2]。不论是自建、改建抑或借居民房，光线不足、通风不畅、教学设备简陋都是各所学校的通弊。此外，即便这样的房间也并非充分。教育部督学在河南、山东所视察的各个乡村小学，绝大部分仅有教室一间，采用一、二、三年级合班的复式编制教学。这种局面的形成固然与学生人少、教员稀缺有关，但毫无疑问，这种粗陋不堪的设施对乡村教育的发展并无促进作用。

---

[1] 《长清县志》（卷八），学校志下，《现代教育》，1934。
[2] 《清河镇左近四十村学校概况》（中），天津《益世报》1934 年 5 月 21 日。

4. 师资的匮乏和教师素质整体不高

民国时期历届政府还是比较重视乡村教师的培养和教师队伍的建设。1912 年 9 月教育部颁布的《小学校令》规定：小学教员须经检定合格，否则不准执教或只能"代用为小学校副教员"①。1916 年 4 月，教育部公布检定小学教员规程，从教育程度、录用标准、在职年限等环节，规定了小学教师资格认定。

南京国民政府时期对教师来源与认定又做了新的要求。小学教员均由校长聘任，报县行政长官认可。教师则规定要在"师范学校或教育总长指定之学校毕业，或经小学教员检定委员会检定合格者"，即获得"许可状"者方可聘用，未获得"许可状"者代用为副教员（助教员）。

应该说民国时期，在制度层面上，国家对于初等教育教师的选用还是相当严格的。但是，在近代中国贫穷落后的状态下，教育是不发达的，乡村社会的教育更是落后，乡村教师实际的选用远没有规定的那样严格。迫于乡村教师缺乏的现状，各地不得不变通处理，尽力满足用人需求。一般来说，乡村教师主要由大学生、师范讲习所和师范学校的毕业生、中小学毕业者、前清生员及塾师，还有部分职业学校毕业生和一些肄业者组成。表 9 为 1934 年山西乡村教师的构成来源情况。

表 9　山西乡村教育教师资格（1934 年）

教师资格	人数	百分比（%）
女子高小毕业	2	1.9
前清生员	4	3.8
高小毕业	38	37
六年师范毕业	25	24
二年师范毕业	12	11.6
中学毕业	14	13.6
专门学校教育学院医农工商	7	6.8
大学毕业	1	0.97
总　计	103	100

资料来源：宋震寰《山西乡村教育概况之调查》，《新农村》1934 年第 13～14 期合刊，第 18～19 页。

---

① 陈景磐：《中国近代教育史》，人民教育出版社，1979，第 224 页。

　　从表 9 可以看出在山西的乡村教师中，占比例最多的是高小毕业生。

　　另以廖泰初调查的山东省汶上县为例，五年的资料表明，汶上县的乡村教师绝大部分是师范讲习所和教员养成所毕业的，具体情况见表 10。

表 10　汶上县历年教师资格表

资格 ＼ 年度	1929 年	1932 年	1933 年	1934 年	1935 年
大学毕业					2
高中毕业			18	8	17
旧制中学毕业	3				
后期师范毕业					
前期师范毕业	2	57	15	22	
旧制师范毕业	9				
师范讲习所毕业	80		28	83	94
初中毕业	2			3	
单级教员养成所	65		12	8	
甲种职业学校毕业	15		7		
乙种职业学校毕业	6				
警察学堂毕业			1	1	
小学毕业			53	59	27
党义教育训练班毕业			6	5	6
县立农业学校毕业				4	2
其他学校毕业		85			
非学校毕业		3			
其他			5	17	23
共计	182	145	145	210	171

　　资料来源：廖泰初《动变中的中国农村教育：山东汶上县教育研究》，个人刊，1936，第 67 页。

　　河北省无极县抗日战争前的小学教师 80% 以上为高小文化，初高中毕业生或师范生很少。[①]

[①]　无极县教育志编纂委员会编《无极县教育志》，河北人民出版社，2004，第 3 页。

当时就有人尖锐地指出："师范生不愿下乡到农村工作，因此在乡村从事教育的人多半是小学毕业生，虽然有县立师范讲习所，但是受此种训练的人数并不多。……我国乡村师资的缺乏和程度的低浅，已经造成了乡村教育衰落的现象。"① 这可以说是民国时期华北乡村教师的真实写照。

总之，民国年间新旧教育观念的冲突、教育经费的短缺、教育设施的简陋和残缺，以及师资队伍整体素质低下等问题，无不制约着华北乡村教育向现代教育的转型。

三　华北乡村教育的评估

纵观中国近代乡村教育发展的历程，1912 年至 1937 年的华北乡村教育，正处于旧式教育向新式教育转型过程中。这种转型，最基本的特征，一是具有现代意义新式学校的创办；二是象征旧式教育的书院停办或改建为新式学校；三是旧式的私塾虽遍布华北各地，但得到有效控制或改良；四是乡村学校的课程设置和教学内容，已废弃儒学教育的传统，以培养新国民为主旨。这种转型反映了社会的需求和时代的进步。

然而，在华北乡村教育的转型过程中，曾面临种种困境。一是旧有教育势力和旧有教育观念对新式教育的抵触和阻挠，使新式教育的推进步履艰难。二是由于农村经济的贫困，使华北乡村教育经费严重短缺。经费的不足，导致基本教育设施得不到配置和改善，同时也不能有效地吸引优秀教师投身于乡村教育。三是师资整体素质低下，不能满足乡村教育发展的需要。所有这些，无不制约着华北乡村教育的发展。

从总体上论，民国时期华北的乡村教育虽有发展，但仍较落后。其落后特征突出体现在乡村学龄儿童失学率高。

在华北农村，学龄儿童的失学率相当惊人，这也是造成教育滞后、成年农民识字率低下的前奏。1935 年 1 月，河北省教育厅第一区视学员在卢龙视察后，称此县"各乡村庄失学儿童极多，约达十分之九"②。

表 11 为河北省教育厅 1928 年度对河北省一百余县学龄儿童失学率的统计。

---

① 陈侠、傅启群编《傅葆琛教育论著选》，人民教育出版社，1994，第 160 页。
② 《卢龙失学儿童十分之九》，天津《益世报》1935 年 1 月 12 日。

表 11　1928 年度河北省各县学龄儿童失学比率比较

县别	失学比率（%）	县别	失学比率（%）	县别	失学比率（%）	县别	失学比率（%）	县别	失学比率（%）
天津	87.1	滦县	82.6	容城	73.1	无极	87.6	南和	76.5
赵县	87.3	青县	92.7	乐亭	47.5	定县	70.4	藁城	83.2
平乡	82.5	柏乡	83.5	南皮	94.4	临榆	69.6	蠡县	90.6
新乐	90.3	巨鹿	89.4	隆平	80.2	盐山	86.3	遵化	89.6
雄县	84.4	易县	73.9	尧山	83.9	高邑	50.7	河间	94.1
丰润	67.2	安国	77.8	涞水	85.6	内邱	86.9	临城	58.1
献县	97.1	玉田	94.8	束鹿	63.6	涞源	87.2	任县	75.9
宁晋	82.3	阜城	94.4	文安	87.6	安新	87.4	定县	62.4
永年	86.9	大兴	60.4	肃宁	40.0	大城	71.8	高阳	70.5
曲阳	92.4	曲周	79.6	房山	93.5	任邱	79.3	新镇	75.4
正定	82.2	深泽	77.8	肥乡	67.6	三河	85.5	交河	90.6
宁河	58.7	获鹿	55.3	武强	89.3	鸡泽	92.4	蓟县	88.9
宁津	61.9	清苑	84.6	井陉	98.0	饶阳	76.9	成安	93.8
香河	70.7	景县	57.6	满城	65.6	阜平	67.3	安平	69.5
威县	92.3	永清	85.3	吴桥	70.7	徐水	51.8	栾城	63.5
大名	80.8	清河	72.2	平谷	81.2	东光	61.3	定兴	56.8
行唐	82.8	南乐	88.6	冀县	60.8	密云	85.7	故城	85.9
新城	78.7	灵寿	89.9	清丰	93.3	南宫	71.2	迁安	86.8
唐县	86.3	平山	59.9	东明	79.9	新河	58.6	抚宁	59.9
博野	67.7	元氏	71.2	长垣	82.3	枣强	60.8	昌黎	89.8
望都	54.9	晋县	83.4	沙河	86.2	武邑	67.4	总数	77.1

资料来源：卜西君、齐泮林编《河北省各县普通教育概览》1928 年度，河北省教育厅，1929，第 1～8 页。

由表 11 可见，1928 年度河北省各县学龄儿童失学率普遍居高，青县、南皮、献县、阜城、交河、玉田、蠡县、井陉等县均在 90% 以上，多数在 80% 左右。

表 12 是国民政府教育部 1930 年度对冀鲁豫三省教育状况的调查。

表 12 1930 年度冀鲁豫三省入学儿童比率

省　别	已入学儿童统计		
	学龄儿童总数 （以该省总人口 1/10 折算）	已入学儿童数	已入学儿童百分比 （%）
河　北	2840726	769375	27.08
山　东	2830486	461495	16.30
河　南	3056565	612214	20.03

资料来源：教育部普通教育司编制《民国十九年度全国初等教育概况》，南京大陆印书馆，1932。

　　如此高的学龄儿童失学率，不能不说民国时期华北各省的乡村教育仍很落后。

　　民国时期华北乡村教育的发展及其遭遇的困境告诉我们，要发展乡村教育，首先要转变人们的观念。新学校的建设固然重要，但没有新的教育观念，没有新的教育环境，新教育的发展仍会阻力重重。其次，必须发展乡村经济。华北乡村教育滞后的一个重要原因是办学经费短缺。政府虽有政策和要求，但没有实实在在的资助，发展教育只能是空中楼阁。最后，要大力培养师资，加强乡村学校的师资队伍建设。教师是教育的主体，有优秀的教师，才能有优质的教育。但如何培养乡村师资，如何吸引更多的优秀教师投身于乡村教育，不仅在民国时期的乡村教育中显得重要，在当今的乡村教育发展中同样重要。

试论国民党政权下
选拔陆军大学学员制度

〔日〕细井和彦*

前　言

民国时期的陆军大学（以下简称陆大）是由清政府创办的陆军学堂演变而来的。作为当时军事教育的最高学府，陆大负责培养高级军事人员。陆大还专门聘用了来自日本、德国、俄罗斯、美国等国的教官教授西方军事思想和理论。

陆大翻译了大量的有关军制、军事史、军事理论和技术等方面的国外书刊，这对于中国的军事研究贡献颇丰。从 1906 年到 1949 年招收学生共23 期，毕业生总计 2438 人。详情为一至七期在北京计 622 人，八至十九期（国民政府时期）计 1225 人，二十至二十三期（解放战争到学校停办）计 500 人。特殊班共八期计 1018 人毕业，将官班甲、乙两班计 657人毕业。人数上与日本、欧美各国相比可谓非常之多。中日战争期间，陆大毕业生中有 2100 人参与作战，甚至还有人担任各战区、各集团军、各师的主要长官。从军事委员会的参谋长到各师的参谋长几乎都是陆大的毕业生。[①]

本稿主要针对国民党政权下的陆大学员选拔考试加以考察。在切入正题之前，首先提出三点分析背景。

＊　细井和彦，铃鹿国际大学国际人间科学院院长、教授。

①　戚厚杰、林宇人：《陆军大学发展史略》，江苏省政协文史资料委员会、中国第二历史档案馆编《民国时期的陆军大学》，《江苏文史资料》第 79 辑，1994，第 49 页。

1. 中国实现现代化和国家统一与军事因素密不可分

始于 19 世纪 60 年代的洋务运动①在硬实力方面——军事方面的近代化已逐渐影响到软实力。19 世纪 80 年代清朝的军事力量的近代化开始奏效，通过武力解决了一系列问题。左宗棠平定新疆叛乱后 1884 年新疆设省。这已经可以看出朝贡册封体制本身的大转变。

近代化（即西方化）对起到国家统一作用的"国民意识"的形成不可或缺。它将一个年代的学生集合到一个场所，对其进行时间上学习内容上便于管理的"学校教育"，效果是非常显著的。同时，"军队"也跟学校一样发挥着相应作用。

通过教育形成的拥有统一意识的"国民的创造"，也是实现现代化的一个不可或缺的因素。所谓实现"国民的创造"的文化因素，可以列举出像统一语言（制定普通话）、共享传统（每年例行的活动或相同仪式）和共享祖先传说（拥有相同的祖先神话）、民族的创造（比如中华民族）等等。和平时代，指的是一般的学校教育；战时，指的是通过军事组织和军事学校形成的教育体系。可以总结为以下观点。

创造国民需要的近代"常识"，而将其制度化的载体是学校和军队。学校和军队又成为形成近代国家的尖兵。二者构成画像的表里。教育具有同一性，将很多同一年龄层的人们集合到一起，这一点很重要。虽然画像的外表是平时见到的学校，但其内部却隐藏着非日常化的军队。战时，这种优势就显现出来。现代常识指的是科学、学习、健康、卫生、能力主义、出人头地等。这些同时也是学校和军队的课题。②

2. 20 世纪前半期是由传统教育制度到近现代教育制度转变的过渡时期

清末 1905 年，废除了延续 1300 年的曾作为文人发迹门径的科举制度。尽管废科举是一件如此轰动的大事，却找不到由文人们发出强烈抗议的史实。理由有两点。第一是单凭儒教文化已经难以应对社会的变化，文人们开始逐渐失去对科举的青睐。第二是出现了代替科举出人头地的新途径。实际上，当时已经实施了科举以外的新式教育，甚至已经出现了在学堂里

---

① 洋务运动系清朝为实现富国强兵的近代化政策。同时期（1868 年）日本也采用近代化政策实施明治维新。以鹿鸣馆为代表，日本的近代化政策也影响到了国民的日常生活。

② 〔日〕原田敬一：《国民军的神话成为士兵》，吉川弘文馆，2001，第 5～7 页。在引用时，将"常识"改为《常识》。

学习的学生。在通商口岸有外国人创办的学校，甚至有人选择去海外留学作为出路。20 世纪初，出现了日本留学的热潮。也就是说，科举已经不再是发迹的唯一途径了，古老的旧式教育开始逐渐转向崭新的新式教育。不过，实现近代化教育还是需要些时间的。

3. 为提高社会地位，可以选择当职业军人作为发迹途径

军事教育也成为新式教育的一种。特别是甲午中日战争之后。为了让近代化取得很好的成果，需要职业专门人士（高级职业人士、专家）。渐渐的，军人的地位也就提高了。经陆军小学、陆军中学升至士官学校、保定陆军军官学校的这种求学路径从清末开始已经得以强化。从中可以推断出当时陆大是那些想要成为高级军官并跻身社会上流的一个必经之路。但是，政治、军事两种权力尚未分化的社会特征阻碍了专业意识的渗透和功能化，当时的教育并未摆脱中国社会依靠地缘、血缘的传统要素。

因为是考试，所以竞争是相当激烈的。拿到陆大的毕业证可以说是发迹的一个阶段。实际上，也有经过多次考试才合格的陆大考生。20 世纪 30 年代所谓的南京国民政府时期，是政府投身于近代国家建设的时期，这已成为不争的事实。当时国家处于暂时安定的状态，为了提高自己的社会地位，军队内报考陆大的人数大为增加，竞争就变得更加激烈了。

本稿主要采用以下基本史料。（1）考生自身的回忆录；（2）郭汝瑰的回忆录；（3）陆大发行的月刊《陆大月刊》上登载的考试规定和问题集；（4）陆大考试参考书，孟恒昌编《投考陆大指南》（民国 31 年军学编译社发行）——从（1）中，找出关于各个考生的逸闻趣事，比如考生的来源、考生参考时的艰苦经历以及考试合格后的情形等，这主要从考生方面来考察。在（2）中，介绍的是陆大第十期兵学研究院毕业生、曾在陆大执教的一位老师。看他如何讲述陆大考试这件事。在（3）中，主要从制度方面分析考试如何进行。在（4）中，想要弄清为何要出版考试参考用书以及当时所采取的考试策略这两个问题。日本也有类似的考试参考用书，这里想通过对比以分析相关内容。

第一章　陆大概要

在本章中，我们首先纵观一下从清末到民国这段时期的陆大历史。如

果聚焦于陆大与政权变迁的相关性的话，大体上可以将其历史分为以下五个时期①。

第一个时期：创办时期（1906—1913）：由袁世凯创办的陆军行营军官学堂改名为陆军预备学堂、陆军大学。

陆大起源可以追溯到清末。袁世凯通过与清中央政权交涉将创设陆大事实化。1906 年（光绪三十二年）陆军行营军官学堂在保定建校。之后，又将其更名为陆军预备学堂、陆军大学。辛亥革命后将其所在地由保定移至北京，直属参谋总部。教学计划和科目由当时聘用的日本总教官安排。第一、第二期计 143 名毕业生。

第二个时期：北洋政府时期（1914—1928）：制定《陆军大学条例》。

从 1914 年到 1928 年的北洋政府时期陆大设在北京。《陆军大学条例》得以制定，组织原则和教育制度得以明确。尽管当时军阀频繁更替，但是陆大的运营并未受此影响还是维持下来了。第三期到第七期计 479 名毕业生。

第三个时期：南京国民政府时期（1929—1937）：蒋介石兼任陆大校长，发布《教育大纲》《陆军大学组织法》，陆大成为当时的最高学府。②

1929 年到 1937 年由于南京国民政府的成立、北伐的继续以及国民革命军 1928 年占领北京这一系列事件的出现，陆大由原来的北京政府管理改由南京国民政府管理。除了个别时期，都是蒋介石在兼任校长一职。之后，在蒋介石的主导下陆大于 1932 年从北京移至南京，并发布《教育大纲》《陆军大学组织法》，同时，修正和明确了教育方针、教学内容和目的以期与南京国民政府的政治目的保持一致。此时，杨杰正好是教育部长（当时作为校长），于是被委任经营管理陆大。在与日军发生正式武力冲突之前的这段时间，是南京国民政府积极努力地促进近代国家建设，持续促进经济发展，并取得一定成果的时期。第八期到第十六期（1940 年 9 月毕业），总

---

① 以上的时期划分，参照了前面所讲戚厚杰、林宇人《陆军大学发展史略》。也可以按照所在地不同加以区分，但是由于基本上等同于政权变迁的划分，所以在本稿中采用了政权变迁的划分方式。国民政府时期加之形式变化分为三个时期。

② 详细内容参考了以下两篇文章。《杨杰经营管理陆大》（立命馆大学人文学会《立命馆文学》第 608 号，2008，第 184～200 页）、《南京国民政府时期的陆军大学——以其组织结构与教学内容改革以及兵学研究院为探究对象》[《武汉科技大学学报》（社会科学版）第 13 卷第 2 期，2011，第 218～222 页]。

共向社会各界输送了930名毕业生。

第四个时期：抗战（重庆国民政府）时期（1938—1945）：陆大转移至军令部管辖之下，经南京→长沙→遵义→重庆→南京的迁移路线。①

1938年到1945年是抗战时期。南京国民政府迁都重庆成立重庆国民政府。陆大转至于军令部的管辖之下。伴随着重重战火，陆大从南京移至长沙、遵义，最后移至重庆。第十七期至第十九期计295名毕业生。

第五个时期：国共内战时期（1947—1949）：公布《陆军大学组织法》，计划将其划分到国防大学、参谋大学。

1947年到1949年为国共内战时期。1945年国民政府公布《陆军大学组织法》，对陆大组织进行了改编。不过之后国民政府效仿美国的制度成立国防部，军事教育制度也大为变革。同时国民政府决定将陆大划分到国防大学、参谋大学。正当两校筹备之时，国民政府迁移至台湾而结束了在大陆的生涯。第二十期到第二十三期（1951年9月毕业）预定毕业生计500名。

第二章　各项规定里呈现的陆大学员选拔考试的机制

在本章中，我们首先运用各项法律规章来考察陆大学员的选拔考试制度。②

1. 陆大的考试资格

陆大的考试资格在《陆军大学条例》（民国三年）公布施行的学员之资格（第二十三条、二十四条）里有所阐述。③

　　第二十三条　陆军大学校候补学员以陆军步骑炮工辎各兵科之上校以下军官，且曾毕业于陆军军官学校（或与此相当之学校），服军职二年以上，身体强健，勤务热心，才学开展，操行高尚，经直属长官保送，受参谋本部之初审暨再审试验及第者为合格。

　　第二十四条　各团长（在独立营则营长，在衙署局所学校则所属

① 参见《日中战争时期的中华民国陆军大学》，《军事史学》第45卷第3号　特集《日中战争的时代》，平成21年12月，第47~68页。

② 分析对象为学业年限满三年入学考试合格的正规生（正则班）。此外陆大学员中还存在特别生（特别班）（修业年限3年）、将官生（将官班）、非正规学员的旁听生（旁听生）制度。

③ 前述，《民国陆大》，第223~224页。

长官以下准此）应查照此项条例，选拔有前条之资格者，调制陆军大学候补学员名册，经军阶次序呈递所管长官，由所管长官附以意见，于每年一月末日以前转呈参谋本部。

可见选拔陆军大学候补学员，各团长负有完全担保之责任。

从陆大学员候选人考试资格中可以看出在军队中有级别、学历为军官学校（士官学校）、在部队有工作经验（军历）是必要条件。而且可以了解到最重要的是要有所属部队长官（主团长）的强有力的推荐，如果没有此推荐的话，即使有考试资格也不能参加考试。不难想象，即使考生满足了必要条件，但是由于与所属部队长官相处不融洽而不能参加考试的现象也是存在的。

通过参照日本的《陆军大学条例》，本稿想要针对资格方面进行一下简单的比较。① 对应第二十三条的是日本《陆军大学条例》的第九条，"经直属长官保送，受参谋本部之初审暨再审考试及第者为合格"这一项日本没有，民国条例里除了没有日本的"宪兵科"以外，内容大体上是一致的。对应第二十四条的是日本《陆军大学条例》的第十条，两者如出一辙，甚至可以认为是来自日本条例的直译。

《陆军大学组织法》（1929 年 8 月公布，1932 年 4 月、1934 年 7 月、1935 年 8 月修正）中，也阐述了陆大学员的考试资格。② 从中可以看出跟《陆军大学条例》第二十三条的内容基本相同，但是南京国民政府时期的年龄条件限制在 30 岁以下。后面将要提到的《陆军大学暂行初试复试规则》里规定为 35 岁以下。这可以说是当时的临时举措，但又好像是原封不动地加以固定下来似的。这是因为在中日军事冲突被预料到的形势下，有意在陆大培养尽可能多的下级军官。1945 年 4 月制定的《陆军大学组织法》变更为 32 岁。③ 在 1882 年（明治 15 年）11 月制定的日本《陆军大学条例》

---

① 〔日〕町田纯一：《关于中华民国初期的〈陆军大学条例〉——条文试译和与日本的条文的比较探讨》（《立正大学研究生院年报》第 20 号，平成 15 年）表，使用中华民国、日本《陆军大学校条例》的对应表。再有，日本的《陆军大学条例》制定于明治 15 年 11 月，应形势变化在各个时期共计改编 20 多次。（〔日〕上法快男编/稻叶正夫监修《陆军大学》，东京，芙蓉书房，昭和 48 年，第 231 页）。町田论文中使用了明治 36 年 4 月版的条例制作成表。

② 前述，《民国陆大》，第 223 ~ 224 页。

③ 前述，《民国陆大》，第 231 页。1945 年的《陆军大学组织法》重新规定直属司令部，并导入一院六系体制。一院指兵学研究院，六系指战术系、机甲战术系、空军战术系、后方勤务系、战史系、军制系。教育内容专业化的发展，表明中国已经有了近代战争的意识。

里对年龄限制的规定是 30 岁以下。① 我们从中可以推测出《陆军大学组织法》对年龄的限制是参照日本的旧《陆军大学条例》制定的。

北洋政府制定的《陆军大学条例》规定可以报名的军队级别为"上校以下"，与此相比，按国民政府规定的《陆军大学组织法》是"少校以下中尉以上"，降低了级别。"上校"是校官，属中等军官，一般被任命为团长，可短时间单独实施作战，是能够成为指挥团、营、大型军舰、飞行战队的高级士官，等级仅为将官之下，地位可以说相当高。在此可以看出北洋政府时期报考陆大的将校不太多。《陆军大学组织法》的等级是从校官的少校到尉官的中尉，相当于少校、上尉、中尉这三个等级，可以看出降了一个级别。少校通常被任命为营长或特殊兵连长。可以看出，国民政府这时非常重视军事教育，尽量降低报考的军阶，让更多的指挥官和参谋得到及时的培养。从世界各国的情况看，中国陆大毕业生的数量是很大的。②

再回过头和日本比较一下。日本《陆军大学条例》第九条只规定"中尉或少尉"。此官级属中级军官，比中国的《陆军大学条例》低一档。与中国《陆军大学组织法》相当。但是日本《陆军大学条例》比较苛刻的是在第十二条里规定初试开始前升为"大尉"者不具备考试资格。不过，杨杰报考日本陆大的时候，隐瞒了自己的等级，顺利入学，从中可以看出这个制度并不是那么严谨。

第六条　陆军大学校学员，须具有左列资格经试验及格者：

一、现役步、骑、炮、工、辎等兵科之军官，曾毕业于国内外陆军军官学校，或同等之学校，其修业期间继续在一年半以上者，或曾毕业于国内外军事航空学校，现任航空军官者。

二、曾服军役二年以上，少校以下中以上尉之军官，确有现职底缺者。

三、品行端正，身体强健，确有成材之希望者。

四、年龄在三十岁以内者。

---

① 〔日〕上法快男编/稻叶正夫监修《陆军大学校》，东京，芙蓉书房，昭和 48 年，第 233 页。

② 参见文公直《最近卅年中国军事史》（上册）（文星书店，1962）和军事学术中国军事百科全书编审委员会《中国军事百科全书》（军事科学出版社，1997）

2. 选拔考试的步骤和形式

选拔考试的步骤在《陆军大学条例》初（再）审考试（第二十五、二十六、二十七条）里有所说明。其中有三个特点，分别是：参谋总部负有选拔的最终权力；成立以陆大校长为委员长的考试委员会组织；分初试和复试两个阶段进行选拔。①首先，参谋总部下达指令、组成以陆大校长为委员长的委员会，统一制定考试问题。②各军事机构募集候补学员，于6月1日举行初试。③初试的答案和相关文件一并交至考试委员长处，由考试委员会审查，参谋总部最终决定考试合格与否。参谋总部将初试合格人员名单公布给各机关，并通知复试时间。④考试委员会于11月中旬在陆大举行复试，并将考试结果名单化。⑤参谋总部参照名单负责最终决定考试合格者和入学时间，并负责传达给陆军部和各军事机关。

第二十五条是日本《陆军大学条例》的第十三条的直译。第二十六条、二十七条除了考试时间日期以外，基本上跟日本的相关内容一致。日本《陆军大学条例》的第十一、十四、十五、十六条与以上条款相对应。

第二十五条　参谋本部为检定陆军大学候补学员之学力起见，临时组织试验委员会，以陆军大学校长为委员长，施行左之试验：

一、初审试验；

二、再审试验。

第二十六条　初审试验每年概定六月一日各省暨各机关同时举行。先由参谋本部命令试验委员长核定试验问题，于试验开始二个月以前呈部审定，即由部移知陆军部并分别密移各省督军（无督军者则该镇守使军师长等以下准此）。各省督军按照部定试验期日，召集所管候补学员，以参谋长或各等参谋监视之下，严密实行笔试试验。试验既竣，由该省督军汇集各员答案书类，迅寄参谋本部交由试验委员长查阅。

试验委员长接受此项答案书类，督同试验委员查核成绩，调制候补学员顺次名册密呈参谋本部。参谋本部准据试验委员长所呈名册，分别决定初审去取员数及再审试验期日，移知陆军部暨各省督军。

第二十七条　再审试验每年概定在十一月中旬，于陆军大学校施行之。试验委员长督同试验委员，考查再审试验各员成绩调制名册密呈参谋本部。参谋本部据试验委员长所呈名册，分别决定初审去取员数及再入学日期，移知陆军部暨各省督军，并传知试验及第各员届期入校，遵章肆业。

3.《陆军大学校暂行初试复试规则》

初试复试，关于其步骤、形式、详细内容的规定。《陆军大学校暂行初试复试规则》① 即是这一规定。虽然可能只是临时性质的规定，但是在各军事机关的初试志愿者人数分配上、考试实施步骤详解上、附表出示证明信等方面都很用心。在日本，与陆大这方面相关的法规由于战火而烧毁或丢失，没有留下制定选拔考试详细内容的相关文件。

《陆军大学校暂行初试复试规则》

第一条　陆军大学校入学试验分为初试、复试二种。

第二条　初试由参谋本部分别咨令全国各军事机关及各部队最高长官自行办理之；复式由参谋本部办理。

第三条　各军事机关及各部队办理初试，应按照陆军大学校组织法第六条召集应考人员举行之（1. 应慎重选拔具有下列资格之人员举行之）（2. 应召集具有左列资格之人员举行之）。

附录陆军大学校组织法第六条如左：（没有 1. 2.）

陆军大学校学员，须具有左列资格经试验及格者：（没有 1. 2.）

一、现役步、骑、炮、工、辎等兵科之军官，曾毕业于国内外陆军军官学校或同等之学校，其修业期间继续在一年半以上者（没有 1. 2.），或毕业于国内外军事航空学校，现任航空军官者。

二、曾服军职二年以上（1. 自军校毕业，除见习外，曾充队附、勤务二年以上），中校以下、中尉以上之军官，确有现职底缺者。（按组织法第六条第二项原文阶级为少校以下，本届奉军委会特准改为中

① 确认存在以下三个史料。可以断定基本属于同一时期。（1）《参谋总部公布修正陆军大学校暂行初试复试规则令（1936 年 2 月）》［中国第二历史档案馆编《中华民国史档案资料汇编》第五辑第一编军事（一），江苏古籍出版社，1998，第 373～375 页］。附带说明"本规则曾于 1931 年 7 月由参谋总部总字第十六号部令修正公布"。（2）《陆军大学校暂行初试复试规则》（前述，《民国陆大》，第 257～259 页）。（3）《陆军大学校暂行初试复试规则》（《陆大月刊》第一卷第二期　杂录）（1）（2）基本相同，多少存在跟（3）中条文进行替换、词句变化的差异。以下，只有（3）存在附表，因此，本稿主要使用（3），同时也一并说明跟（1）（2）的个别不同之处。

校以下）（1.2. 少校以下中尉以上之优秀军官，确有现职底缺者）

三、品行端正，身体强健，确有成材之希望者。（1. 确能造成伟器之希望者）

四、年龄在三十五岁以内者。（按组织法第六条第四项原文年龄三十岁，本届由本部按照上届成例临时改为三十五岁）（2. 三十岁）

第四条　各军事机关及各部队初试选送员额如左：

军事委员会　十八员（航空委员会及各行营在内）（1. 航空委员会在内）

军事委员会北平分会　六员（1. 重庆行营　四员）

参谋本部　八员

训练总监部　二十四员（所属各军事学校在内）

军政部　十二员（1.2. 十六员）

军事参议员　三员

国府参军处　二员

宪兵司令部　二员（所属部队在内）（1.2. 四员）

各绥靖公署　二员

各省保安处　二员（所属部队在内）

豫鄂皖三省剿匪总司令部　二员（没有1.2.）

各路剿匪总司令部　一员（1. 各剿匪总司令部或督办公署　二员，没有2.）

各军部　一员

各师　二员（1.2. 三员）

各独立旅　一员

第五条　各军事机关及各部队选送初试录取学员，应为其所属现任之军官，不得有假借名义顶补名额情事。（只有1.2. 各部队选送学员之初试，由其驻在地之直属高级机关［1. 如行营、绥靖公署、总司令部等］［2. 如军分会、行营、绥靖公署、总司令部等］）认真举行之，但各机关部队须按规定名额，预选三倍以上之人员与试。

第六条　各军事机关（2. 各初试机关）及各部队（2. 初试机关）将初试录取各员出具证明书，（如附表第一）连同各该员试卷，初试成绩表，毕业文凭及四寸半身军服，（不戴军帽着军阶领章）照片两张。务于二十四年一月二十日（1. 二十五年七月一日　2. 二十四年八月一日）以前送到参谋本部（1.2. 以凭审查资格）。初试录取各员，务于二十四年二月五日以前至参谋本部报到，听候复试。（没有1.2.）如有毕业文凭遗失者，应有各该管最高长官出具保证者（如附表第二）。

第七条　每届复试有参谋总长特派复试委员长及（1. 副委员长）委员，组织复试委员会，按照陆军大学校组织法举行复试，其复试委员会规则另订之。（1.2. 第八条）

第八条　复试员会将初试录取人员之试卷、成绩表、证明书及毕业文凭（或保证书）、照片等；审查合格者，呈请参谋总长准于复试。（1.2. 第七条　参谋本部应先组织资格审查委员会，将各军事机关部队送到之初试录取各员文件详加审核，其资格合格者，听候参谋本部通知各原送机关部队，转饬各该员遵照规定日期（2. 于九月十五日以前）至参谋本部报到，听候复试。）

第九条　复试毕，由复试委员会调制复试成绩次第名册并拟定入校员名，呈请参谋总长核准后，由参谋本部令知陆军大学校，并通知各军事机关者及各部队；其复试不及格，由复试委员会呈请参谋本部咨回原送机关。

第十条　复试录取之学员，在校肄业期间其原送机关或部队应按照陆军大学校组织法第八条之规定，仍支原薪保留原资，其应晋级者仍得晋级。

第十一条　初试及复试课目如附表第三。

第十二条　应考各员因初试及复试旅行得准据陆军旅费规则（1. 规定），由原送机关发给往返旅费。

第十三条　本规则如有未尽事宜得随时修正之。

第十四条　本规则自公布之日施行。

首先，映入眼帘的是初试中明确规定各军事相关机关的招聘人数定额（第四条）。训练总监部和军事委员会管辖下的人数最多占到24名到26名。仅次于此的是军政部12名到16名。由于训练总监部的定员人数是由分配到各军校的人员组成的，所以可以说并不是很多。分配到各个军事机关的人数也就是一二名，因此，即使有足够的考试资格但是由于在推荐、选拔这一关漏选而未能参加初试的士官也是可能会有的。可想而知，竞争在考试以前就已经开始了。由于实施初试机构方必须要集合募集定员三倍以上的人员组织初试，所以有必要提前选拔有考试资格的军官。

接下来，实施初试的各机关，还要为复试申请做准备，需将初试合格者的①陆军大学初试人员录取证明书②初试答案③初试成绩表④毕业证（丢失的情况下要提交陆大初试录取人员遗失文凭保证书）⑤半身军装照两张（大小指定）这些文件在规定的日期内送交参谋总部（第六条）。参谋总部成立资格审查委员会逐个审查初试合格者，并实施复试考试资格认定（第七条）。然后由参谋总长最终批准复试考试。复试结束后最终由参谋总长批准合格者，并由陆大通知各个机关（第九条）。

附表一《陆军大学初试人员录取证明书》是初试合格者参加复试考试的资格确认文件，同时也是面试用资料，会被用于陆大入学后的档案资料。"姓名、年龄、籍贯、出身、现职、家庭概况、经历、赏、罚、备考（一、体格　二、品行　三、工作　四、学术以及特殊技能　五、懂某种外语　六、交际状况七、应注意的诸件）"是需要填写的项目。签名盖章（中华民国　年　月　日证明人　某某　印　选拔机关最高长官　某某　印），备考栏有"备考一、出身须填明某地某校第某期某某兵科某年毕业　二、证明者系录取人直属长官"两项。

日本也有《陆大学生候补名单》①（以下称为《名簿》），在此试加比较，仅供参考。《名簿》上需要记载陆军士官学校毕业顺序，除此之外还必须详细记载在军队内的等级和任官时期、战历等，看上去似乎多少有些不同，日本的备考栏里的《名簿》上也需要填写"一、性格、决心、气概、体格。二、毕业前的经历以及毕业时的状况。三、工作。四、学术及特殊技能。五、责任心及品行。六、家事、家计。七、交际状况。八、过去到现在的变化以及对未来的展望。九、语言。十、考试语言。十一、需要特别注意的诸项"等十一项，虽然比陆大的多了几项，但是内容基本相同，所以很有可能"证明书"是参照《名簿》制作的。

附表二《陆军大学校初试录取人员遗失文凭保证书》一开始就准备好了，对于这一点笔者也很感兴趣。比如会不会是因为有很多人都丢失了毕业证呢。因为一般来讲，毕业证书的再次颁发是不现实的。或者我们可以从中推测出当时根本就没有发给学生毕业证。需要记载事项有"姓名、年龄、籍贯、出身、修学概略及经验、文凭遗失原因、同期毕业学友三人之

---

① 〔日〕晴轩居士《陆军大学　入学准备和研究法　附大正六年初审试题》（兵事杂志社，大正6年9月），第3~5页。通过国立国会图书馆用近代数字图书馆下载后阅览。

证明（签名、盖章）、附记"。而且，有签名盖章（中华民国　年　月　日　证明人某某　印　选拔机构最高长官某某　印）一栏，"备考　一、出身须填明某地某校第某期某兵科某年毕业　二、保证者系录取人直属长官　三、证明人除签名盖章外并须现在何地任何职务"等注意事项也需要填写。特别有趣的就是需要同期毕业的三名同学的证明。

在本章中，笔者从法规角度整理了陆大选拔考试的情形。经与日本的陆大有关规则进行比较发现，这些法规是参考了日本的法规制定的。陆大第十期生郭汝瑰曾说过"陆大的募集学员的方法完全仿效了日本的陆军大学"[1]。陆大的创办是在清末到民国初期，由于当时日本的影响力非常强，因此很有可能在这方面受到了日本的影响。不过，日本的陆军大学是聘用德国教官梅克尔少佐之后逐渐创办起来的，因此，认为日本的陆军大学是德国式的陆军大学也一点不为过。

第三章　通过考生的经验之谈分析选拔考试的情形

要想成为陆大学员，是有条件（考试资格）限制的，而且还需要所属长官的推荐。资格审查完毕后还必须通过参谋总部管辖下实施的第二阶段的选拔考试，因此，考试竞争的激烈程度可想而知。因此，在本章中，笔者将探讨初试和复试的考试科目和日程并摘出陆大学员的考试经验谈，并将其进行多种分类，目的是为了从考生角度来探寻初试和复试的状况。最后，再介绍一下现存的当时一些考试参考用书。

1. 初试复试的考试科目和日程

《陆军大学校暂行初试复试规则》（《陆大月刊》第一卷第二期杂录）的附表三《初试暨复试课目一览表》明确记载了考试科目。由于没有区分为初试和复试，因此可以认为初试复试考试科目相同。日本的《大正　年　陆军大学学生候补初审考试日程表》《大正　年　陆军大学学生候补再审考试心得》[2]相当

---

① 郭汝瑰：《郭汝瑰回忆录》，四川人民出版社，1987，第73页。在郭汝瑰《郭汝瑰回忆录》（中共党史出版社，2009）里，有1997年版的后记，并说明了对1949年之后的部分加以润色的经过。这次使用的陆大时代的记述中看不出两者的异同，因此就直接采用了1987年版的记述。

② 前述，〔日〕晴轩居士著《陆军大学　入学准本和研究法　附大正六年初审试题》，第84～85、92～94页。〔日〕荒武者：《大学考试之告白》（兵事杂志，大正5年6月），第125～126、139～141页也附带了同样一张表，讲述了陆大考试迫近时的心得。通过国立国会图书馆用近代数字图书馆下载后阅览。

于中国《初试暨复试课目一览表》，也就是说在没有个人信息的准考证上记载的主要是考试日程和时间等注意事项。由于分为"初审考试日程表"和"再审考试心得"这两项，并按日程顺序配置考试科目，因此更容易把握考试状况。

中国《初试暨复试课目一览表》中，第一项是"身体检查"，紧接着就一一列举出"党义、军事学（基础战术　应用战术　军制　兵器　筑城　交通　地理）"、"普通学（代数　几何　三角　物理　化学　地理　历史　国文　外国文语）"。军事学被记载为"军事学以最近中央陆军军官学校教程为准"，普通学被记载为"普通学准照新学制高中课程"。外语方面还规定要从英、日、德、法、俄五国语言中选择一种。只有复试最后还有口试。第十期生的初试中文也列入了出题范围。①

日本"初试考试日程表"上，明确记载了以"初级战术（甲）（乙）（丙）、筑城学、兵器学、地形交通学、语学（甲、乙、丙）、数学（甲）（乙）"的顺序实施考试。"再审考试心得"中分为"战术－图上战术、初审战术、阵中要务令相关事项三回合、兵器学、筑城交通学、地形学、数学、外语学（从英美德俄汉五国语言里选择）、体检、口试应答"。

从中可以看出，除党义外，中日双方考试课目基本相同。中国的初试人员集聚一堂进行体检，腾出一天发表检查结果。合格者获得参加初试的资格。日本相反，体检在再审时外语考试之后进行。两国只有这一点不同。"党义"科目的设置是中国的特色。这是检测学员能否正确回答国民党的政党理论的一个科目。

日本在考试时间方面的规定是：初审定在4月份。连续5天进行。每天都是从早上8点开始（只有最后一天是9点）中间加上午休的一小时到下午4点（只有最后一天是3点半）。因为旷日持久，可以想见是一场多么让考生感到疲惫的考试。中国方面虽然初试日程不明确，但因考试科目相同，一般可以认为跟日本相同。关于再审日程由于是在陆大进行，所以有的考生需要留宿。日本"再审考试心得"中的注意事项里规定：考生各自需要向学校申请住宿地点。再审将考生分成9个班，从上午8点开始一直持续10天，是一场不亚于初试的、对体力要求极其严格的考试。每次考生到场

---

① 《陆大月刊》第一卷第二期"杂录"。

后，还被要求将写有本人所在部队和其在部队中的等级的名片交给门卫。我们见到了中国第十五期学生的复试日程。① 第一天考历史地理、党义国文和应用战术；第二天考地形学、交通学、筑城学、兵器学；第三天考军制学、基本战术、代数、几何、三角、理化、外语。第十九期的复试在重庆举行，时间从 5 月 10 号开始到 17 号结束，总共 8 天时间。这些都跟日本一样，无疑是一场相当复杂的考试。

2. 围绕陆大学员考试回忆录分析当时考试情形

以下，笔者从陆大学员的回忆录中选出跟考试相关的内容，并将其加以分类稍做解说。

据说，从第十期到第十四期，南京中央各军事机关和学校联合组成初试委员会共同实施初试，并负责将初试结果报告参谋总部。② 初试结束后，将会花一个多月的时间进行判分，因为是中央各军事机关的考试，所以考试结果会贴在参谋总部的正门上。据记载，复试在初试一个月后实施，复试方法、考试科目、考试顺序跟初试基本相同。③ 这一点再次证明了之前我们曾谈到过的初试和复试都是按照规定进行的这个说法。

考场内是个什么样的状况呢？在南京举行的复试中，考生先将照片放在桌子上。这是为了防止替考。④ 关于这张照片跟申请复试时提交的那两张穿军装的半身照是否相同就不得而知了。

考场内也有来自考官的说明。考官会说：由我来担任第十七期考生的中央各军事机关的考试委员。之后开始考试。考试委员会聘请的考官全体进入考场，考试前禁止外出、禁止与人会面、禁止跟外界联系，处于一种完全封闭的状态。考题由考官在考前按照考试内容分别出卷，然后放到存放考题用的信封里，开考前一小时由主考官取出考题让人去印刷。规定只

① 《陆大月刊》第二卷第十二期"杂录"。
② 《陆军大学概况》中国人民政治协商会议全国委员会文史资料委员会《文史资料存稿选编（16）·军事机构》（下），中国文史出版社，2002 年收录，第 244 页。以下简称《存稿选编》。
③ 赵秀昆《陆大漫忆》，《民国陆大》，第 92 页。赵秀昆（1912～?），第十三期生，河北景县人，河北军事政治学校第一期步兵科毕业。（陈予欢编著《陆军大学将帅录》，广州出版社，2009），第 717～718 页。以下人物简历均出自《陆军大学将帅录》，因此只记录页数。
④ 姚江冷「对陆军大学第十二期的回忆」（《存稿选编》），293 页。姚江冷（1907～1994）第十二期生，河南浚县人，黄埔中央陆军军官学校第四期炮兵科毕业，兵学研究院第五期研究员，毕业后任陆大教员（第 670 页）。

进行一次打分。答案被密封。据说这样一来就完全跟选拔进士的考试一模一样了，甚至成为笑料。① 科举的乡试也是一旦进入贡院直到考试结束都不能出考场，陆大学员考试正是采用了这种严格的管理方法。不过，也有人指出这是出于蒋介石主张的中央军优先路线等私情原因。②

同时，也能看到有关口试情形的描写。复试最后的口试很难。以下将讲述1939年秋在重庆，陈子衡参加由军令部主办的第二次考试时的情形。

从一开始就听说口试很难，当时非常紧张。考场是重庆中学的教室里。三名考官坐在长椅上。正中间的是主考官周亚卫，左边是副考官，姓名不详，为陆大重兵战术教官，右边是第十七期学生班主任军令部处长侯腾。首先由左侧考官就欧洲史进行提问，紧接着是侯腾关于地中海的地理知识的提问，这些全都回答上来了。于是周亚卫突然问到："来到考场这段路上，总共经过了多少个土堆？"这个问题也做了确切回答。后来听说周亚卫对我的回答非常满意。看到合格考生公示栏里登载着我的名字，心情大好，如愿成为第十七期陆大学生。③

日本的陆军大学口试也是超难的。在《续·陆军大学校》里收录了明治时期陆军大学的基本战术讨论。④ 不是别的，正是再审的口试笔头记录，其描写栩栩如生，简直让人有身临其境之感。三名考官给考生提出难题，并判断考生回答的内容是否合理。不仅如此，考官还着眼于考生的手势动作，以此来观察他们是否适合做指挥官。这些在读过评价考生合格与否的"评语"之后就能了解到。

那么，试题的难易度又如何呢？本人在参加了由南京军事委员会

---

① 史说《也谈陆军大学》（《民国陆大》），第79页。史说（1910~1994）第十期生。浙江富阳县大源人。浙江省立师范学校、南京军事委员会交通技术学校、南京中央陆军军官学校第六期交通科毕业（141~142页）。

② 比如，赵秀昆《陆大十一期的点点滴滴》（《民国陆大》），第84~85页。

③ 陈子衡《我了解的陆军大学十七期》（《民国陆大》），第118~119页。陈子衡（1905~?）第十七期生，贵州贵阳城内人，贵州陆军讲武学校步兵科毕业（第530页）。

④ 〔日〕高山信武著、〔日〕上法快男编《续·陆军大学校》，东京，芙蓉书房，昭和53年，第299~401页。

组织的初试之后，又在北平参加了复试。为参加复试，四个集团军和各省推荐人数达约 1000 人。招聘人数为 120 名，必然大多数不合格。这个时期，特别班也开班了。由于设立了特别班，所以军级上有从中尉到上将的区别；职位上有从排长到军长的区别；年龄上有从 20 岁到 40 岁的区别；往来学校的交通方式上有步行、人力车、自行车、汽车的区别，在各方面的差异很大。①

正式班的入学考试之所以很难，据说是由于军校的毕业生太多。黄埔第六期有 3500 名毕业生，而陆大无论是在北平还是在南京都只募集 100 名。竞争对手又多，又有想要通过关系入学的人。②事实上，很多回忆录中都指出了参加考试人数多录取率低这个问题。因此，有人证言，第十九期存在预试。考生可以自由申请参加考试，该考生所属机关内共有六人申请报名，结果经预备考试委员会举行的预试之后，有五名考生获得了初试资格。③因此可以认为大家都动用了可以动用的关系。有人曾利用叔父（爸爸的弟弟）的关系向筑城学教官马龙文请教考试对策，他所指出的内容在考题中都出现了。因为马龙文是筑城学的出题者兼判卷人。中央直属军师的初试只是"装点门面"的形式性考试，据说与其他的初试相比并不算严格。④

从第十三期的初试开始就增加了实战指挥这一考试科目。这是由于之前曾出现过文职者虚报学历参加考试的事件。方法是让考生实际指挥一排人。考官出题后，考生或指挥或更正动作。之所以增加日本也没有的这个科目，还是因为在重学历的社会里陆大的人气不断高涨。

竞争的激烈程度正如上述所讲。多次挑战的志愿者、多次参考者也是存在的。接下来将讲述其中的案例。

① 杨焜：《北平陆军大学第九期回忆》（《存稿选编》），第 274 页。杨焜（1905～1975）第九期生，湖南邵阳人，中央陆军军官学校第三分校第二期步兵科毕业。
② 史说《也谈陆军大学》（《民国陆大》），第 78 页。
③ 孟恒昌：《陆大十九期纪实》（《民国陆大》）、140～148 页。孟恒昌（1910～？）第十九期生，河北深县人，南京中央陆军军官学校第十二期步兵科、中央陆军军官学校洛阳分校军官训练班第二期毕业（第 600 页）。
④ 赵秀昆《陆大漫忆》（《民国陆大》），第 92 页。

（我）1932 年 9 月在任四川第二十八军（军长邓锡侯）参谋一职时，参加了第十一期考试。初次考试合格，复试会场在南京，赶往途中，由于刘湘、刘文辉之间发生内战没能赶到南京而导致复试缺席。接着在 1935 年秋，想要参加第十四期考试，但又由于出现了学历上的限制（只有中央陆军军官学校、日本陆士、东北讲武堂、云南讲武堂、西北军官学校的毕业生可以参加考试），可能是由于必须严格对应以上条件，所以没能通过复试的资格审查。[①]

刘学超毕业于刘锡侯创办的国民革命军第二十八军军事政治训练处。结果，于 1936 年冬天成为陆大特别班的一员并成为陆大第十四期学生。

接下来再列举出一个叫杨伯涛的人。他曾于 1935 年申请过陆大第十四期学生。杨是黄埔第七届毕业生，被分配到了陈诚的第十八军第十四师当上尉连长。第十八军隶属南昌行营管区，于是参加了南昌行营的初试。这次已经是第三次参加陆大的考试了。第一次是在 1932 年，第二次是在 1934年，都通过了南昌的初试，但都是在参加南京复试时由于申请人数众多、竞争激烈而没能通过。尽管复试失败了，但其没有丝毫的灰心丧气、意志消沉。正如"自助者天助之"这句话所讲的那样，最终还是在第三次挑战中顺利通过。在合格者公示表的中间位置记载着他的名字。[②]

这样的例子很多，但也应该有落榜之后多次挑战最终也没能通过考试的人。

3. 陆大考生参考书的存在

孟恒昌编的《投考陆大指南》（民国 31 年军学编译社发行）相当于陆大的考试参考用书。

编者为陆大第十九期学生。该书民国 35 年 11 月再版，可知其需求之大。同时也有记载说大量订购会有打折优惠，可见当时销售这本书利润颇丰。书

① 〔日〕司马辽太郎《坂上之云》（八）（文春文库，新装版代 25 刷，2008），第 311 ~ 312页。

② 杨伯涛：《陆军大学十四期二三事》（《民国陆大》），第 102 ~ 104 页。杨伯涛（1909 ~2002）第十四期生，湖南芷江人，侗族，中央陆军军官学校第七期步兵科毕业、陆军大学将官训练班第一期结束（第 480 ~ 481 页）。

的基本内容为第十九期考试之各地的初试和复试问题的解答方法。书的序言说道："今当战时，戎马倥偬，而素具有入陆大深造之优秀军官，但恒苦准备之为难，或者无书，抑或旧本，抑或尽有，亦感携带之困难，故为适应青年军官之上进，受搜索陆大之试题，及准备之范围，约八百题。"① 由于各地备考存在差异，为了消除这种差异，出版这种参考书是可以理解的。②

日本也曾存在这类参考用书，不过要追溯到大正时期的 1917 年左右，这类参考用书、考试指南曾大量出版。③ 日本的考试指南用书内容大体类似于《投考陆大指南》，但是除了记载考题解答方法之外，还有自己的特点。比如，书上记述了很多关于学习方法、日程管理以及如何调整精神状态等一些技巧和精神方面的知识。实际上，《投考陆大指南》的第一篇是"考试注意事项"。（一）赴考场前的准备；（二）备考要领；（三）考试过程中的注意事项。各项都很简洁。日本的考试指南用书在这个部分写得都很翔实。这一点恐怕跟两国的文化差异有关。

序中讲到"陆大者，国家军事之最高学府也，故凡军官，皆有以进陆大研究之必要，俾修习高等用兵学术，面备国家之用，故陆军大学组织法曾云……，由此可知陆大之为国拔取真才之至意矣"④。作为一般理论能理解，但是成为陆大学生是作为军人的职责这一点在笔者个人看来，只不过是指出了能够进入陆大学习就意味着在军队内的等级提高了，或者说社会地位提高了，实现了出人头地、飞黄腾达。

---

① 孟恒昌编《投考陆大指南》（民国 31 年，军学编译社发行），第 1 页。

② 比如，按出生地来看第十一期考生，湖南 23 人、四川和浙江 11（12）人，其他地方 10 人以下。河南、陕西、云南、新疆 0 人。学校出身为黄埔第六期生最多占一半。保定出身 10 余人，日本陆士，东北讲武堂，山西、四川的地方军事学校，孙传芳开创的金陵军官学校等等很复杂。空军 3 人，海军 0 人。年龄从 20 岁到 50 岁，阶级上尉最多；少校次之。高一点的是少将，低一点的是中尉，甚至还有排长和当过旅长的人。待遇（经济条件）也不同。有按阶级规定全部或者 80% 由国费支付的人，有从出生地所在省拿津贴的人，还有从自己的直属长官接受补助金的人。某时，何健来了，由于给了湖南籍学生 100 元，据说这个学生经济上就很充裕了。（刘颈持：《陆军大学第十一期内幕》，"存稿选编"，第 284页）。刘颈持（1904～1988）第十一期生，浙江青田县人，南京中央陆军军官学校第六期交通兵科毕业，国民党军第七十六军第二十四师长、整编第五十七师长、第九十八军军长（第 198～199 页）。

③ 晴轩居士著《陆军大学 入学准备和研究法 附大正六年初试试题》、同样、前述、荒武者著《大学考试之告白》（兵事杂志社，大正 5 年 6 月）等等。

④ 孟恒昌编《投考陆大指南》（民国 31 年，军学编译社发行），第 1 页。

结束语

本稿从法规和制度方面分析了陆大学员的招聘制度，并通过真实的陆大学员回忆录分析了陆大考试情形。其结果正如本文中所述，可以总结为几个要点。

据论述考察，可以将陆大学员的入学动机（理由）分为四类。[①] 这四种分类形态反映出了当时作为教育阵地的陆大的缩影。一方面阐明了陆大的重要性；另一方面，也可以说在某种程度上反映了民国时期中国的社会状况。因为在本稿中探讨过正式班的考试制度，四种分类中的前两种是适合于本稿的。单纯持有第一种入学动机的考生志愿者还是占极少数。笔者认为，同时持有第一种和第二种入学动机从人类欲望角度讲是正当合理的。因此，之所以公开走上陆大学员选拔考试之路，是为了提高自身社会地位，满足自己发迹欲望。为何即便是中日战争期间考取陆大仍然竞争激烈，从这很容易得到答案。对于将校们，能成为陆大毕业生是实现自身飞黄腾达的一条可靠之路。于是就塑造了当时的一种流行趋势，即"当时社会上颇重视学历，国民政府时期更甚，并出于派系利益，用人唯亲，故社会上流传着'黄马褂（黄埔），绿（陆之谐音）袍子（陆大）缺一不可'，所以考录取陆大，就有'一登龙门，身价百倍'的气概。因而尽管陆大每次招收人员有限，军官们都跃跃欲试，趋之若鹜，认为职业军人不入陆大，难有前途"[②]。这一点很符合当时的社会风气。

本稿还明确了一点，即有必要着眼与日本陆大的比较。本来，中国的陆军大学在教学内容、制度、法规上仿效了日本的可能性就很大。中国的陆军大学中也曾活跃着日本的陆军大学毕业生。如果将围绕着陆大这个学校组织展开的个别人的人生集合起来的话，或许会呈现一个一体化的趋势。

司马辽太郎在长篇小说《坂上之云》中，通过秋山兄弟和正冈子规的

---

① 刘勤磊《陆军大学群体考查》（吉林大学硕士学位论文，2009 年 4 月），第 15～16 页。刘勤磊分类到陆大学员的入学原因：（1）为了掌握更多的知识及更好地胜任工作而要求入学的。（2）为了名利或更好地升官发财而要求进入的。（3）国民党由于裁编军队或其他原因而无法安排工作的军人往往被推荐或保送进入的。（4）蒋介石为了拉拢地方部队或打击地方部队而把地方部队里一些高级军官以储才深造的名义安排进入的。

② 戚厚杰、林宇人：《陆军大学发展史略》（《民国陆大》，第 19 页）。

生存方式描写出明治国家之主题的。正冈子规大学预科之后立志考取东京帝国大学，其实走的是一条为了能够实现自己将来成为国家大臣、出人头地的人生目标的路线；秋山兄弟之所以选择军人这条道路，也是选择走的一条进入免除学费的穷人子弟也能上得起的一所士官学校学习的道路。司马辽太郎在结尾语的一节里这样写道①：

> 明治时代是极其官僚主义的时代，对于我们来讲，再也不愿经历那种国家制度了，但是对于当时的新国民来讲，根本不确定在他们的潜意识里是否真的厌恶那些制度。不分社会阶层、不论出身，只要具备获得某项资格的必要的记忆力和耐心，就有可能成为博士、官吏、军人、教师。即便能够获得这些资格的人总归为少数，但在剩下的大多数人不管是自己抑或是自己的子女只要有志随时都能够获取资格这一点上，是拥有保有权利的充实感的。对于这种"国家"机构拥有开放胸怀的重要性，即便是再伟大的思想家知识分子都不会抱以怀疑。
>
> 而且，只要获得一定的资格，就会被委以对于国家发展的初级阶段来讲非常重要的职责。不夸张的讲，甚至能够被赋予像传说中的神谕般的能量将国家的某个部分进行再创造。正是这种不讲究出身的普通百姓的应有的理想状态。再加上国家规模不大。

即将结尾，笔者想要陈述一下今后的研究课题。当时是出于什么样的考题？难易度如何？还有，虽然通过资料已经证明考试中确实存在"不正当行为""关系、私情"的推荐、直接定为合格等现象，但是如果能够进一步深层次了解并弄清这些问题的话，就能够为人们展示出另一番中华民国时期的社会状况。笔者对以上问题趣味颇深。再有，在陆大毕业生之间是否产生过成立将校集团的想法？国民党政策中是否存在这种推动将校集团成立或者促进某组织成立的政策？笔者也想针对这些问题进行研究。在西欧，贵族意识形成了士官俱乐部这种将校团体；在日本，大和魂及武士道精神在形成将校集团精神上起了决定性作用。中国在北伐初期曾经存在过

---

① 〔日〕司马辽太郎《坂上之云》（八）（文春文库，新装版代25刷，2008），第311～312页。

将校集团精神，但在中途即消失。① 从结果上看，中国并未能形成超越地缘、血缘的将校团体意识。但是，中国形成一种有别于日本和西欧的将校集团意识也是有可能的。我们经常听到的就是中日战争中，陆大学员的同学意识以一种不同于其他军事学校毕业生的形式得以发挥。这到底是一种怎样的形式？如果能够将其描绘出来的话，那么这对于分析是否存在将校集团意识以及陆大的价值都将是意义非凡的。

附言：

陆大发行的杂志有以下内容。除了部分卷号外，基本上可以在北京的图书馆找到。

（1）在北京大学图书馆确认过的《陆大周刊》（陆大周刊编辑委员会发行·北平）（第一期于民国 18 年 10 月 10 日发行、第六期于同年 11 月 12 日发行、第十四期于民国 19 年 1 月 15 日发行、第十五期于同年 1 月 20 日发行、第十六期于同年 1 月 29 日发行、第十九期于同年 2 月 26 日发行）。

（2）北京大学图书馆馆藏《现代军人》创刊号（陆军大学特别党部出版·民国 23 年 3 月 31 日出版·南京）中未找到与陆大相关的记事（而且，第二号似乎藏于中国社会科学院近代史研究所，笔者未见）。

（3）陆大月刊编辑委员会编《陆大月刊》（陆大月刊社发行）（月刊·南京）民国 24 年 1 月至民国 26 年 7 月、第一卷第一期到第三卷第七期发行。

《陆大月刊》第一卷第二期的“杂录”中登载有作为陆大暂行初试复试规则、各期学员入学复试试题的陆大第十期学员复试试题集（附中央各军事机关陆大初试联合委员会试题）、陆大第十一期学员复试试题集（附中央各军事机关陆大初试联合委员会试题）、陆大第十二期学员复试试题集（附中央各军事机关陆大初试联合委员会试题）。这是民国 20 年至民国 22 年的考试题。

第一卷第四期的“杂录”中登载有第十三期入学复试题。

---

① 陈志让：《附录　士官团和士官团精神》（陈志让《军绅政权　军阀统治下的中国》，东京岩波书店，1984，第 229～239 页）。陈志让在书中提道：红军是提倡平均主义的军队，以民主集中制和大众路线、游击战术为主体，因此不需要将校集团精神。他们有严格的政治训练和军纪，频繁进行小组讨论、批评和自我批评，以此培养共同一致的精神。因此可以得出，红军即使没有士官团体意识的存在，也可以培养凝聚军队的共同精神。

第二卷第十二期"杂录"中登载有第十五期入学复试题。可以看出复试第一天的问题是历史地理和应用战术；第二天的问题是地形和交通学、筑城和兵器学；第三天的问题是军制和基本战术、代数、几何、三角系数、理化、英法德日等各种外语。

拙稿《〈陆大月刊〉目录和题解》（立命馆东洋史学会《立命馆东洋史学》第 34 号，2011 年 7 月，第 23 ~ 99 页）。

（4）《陆大季刊》（创刊号于民国 30 年 11 月 1 日发行，共发行 12 期）"杂录"中有"陆大近况"一项，但并非每期都有记载，而且，不包含入试相关内容。

（5）《陆大季刊》复刊（第一期于民国 32 年 8 月 31 日发行，共发行 12 期）中，只记载了军事学术论文和翻译，不包含入试相关内容。

（6）陆军大学该社编《现代军事》（陆军大学出版社发行）（月刊·重庆）（民国 34 年 7 月至民国 37 年 8 月）（V. 1，No. 1 ~ V. 3，No. 8）中未记载入试相关内容。

之所以不再登载入学考试相关信息，一种可能性是由于中日战争爆发，形势发生变化；另一种可能性就是由于入学考试信息管理周密化了或者松弛化了。

北洋时期基层司法经费的
来源、支取与分配

唐仕春*

近代法制建设中诸多问题似乎都源于司法经费的缺乏：清末筹建各级审判厅、1912～1913 年许世英的司法计划、1917 年筹设司法公署与地方分庭计划、1919 年"添设厅监分年筹备"计划等都因司法经费的缺乏而举步维艰，甚至夭折；1914 年基层审判厅大裁并，推行县知事兼理司法制度都以司法经费缺乏为由。那么，不同司法制度下司法经费到底有什么变化？其变化在多大程度上左右了司法制度的变迁？司法人员薪俸是高还是低，它如何影响司法独立、司法官品行操守？

关于司法经费问题的研究，1937 年阮毅成指出："一般人每只注意其数额，以为所占太少，与其他国家支出相比，百分比过低，深为扼腕；或又只注意其在各省各县未能十足发放，致使司法人员独不能赡养家庭，维持生活，抑且时有断炊枵腹之虞，又不禁深为叹息，认为司法官清苦不可为。其实，现在的司法经费问题，并不只是在数额与拖欠，而是在与行政的关系过分密切，换言之，即系未能于行政方面获得独立的保障。"① 现在，学界关于近代法制建设中司法经费的研究，大体上仍强调其比例小，数额低。② 司法经费尤其是基层司法机关的经费从哪里来，如何支取，用在何

---

* 唐仕春，中国社会科学院近代史研究所副研究员，研究方向为近代社会史、法制史。
① 阮毅成：《行政与司法的关系》，《中华法学杂志》新编第 1 卷第 4 号，1937 年。
② 参见韩秀桃《司法独立与近代中国》，清华大学出版社，2003；李启成：《晚清各级审判厅研究》，北京大学出版社，2004；俞江：《近代中国的法律与学术》，北京大学出版社，2008；李超：《清末民初的审判独立研究》，法律出版社，2009；张仁善：《论司法官的生活待遇与品行操守——以南京国民政府时期为例》，《南京大学法律评论》　　（转下页注）

处，司法人员的收入状况到底如何，其中许多环节尚缺乏实证研究，而这正是讨论司法经费与司法制度变迁的前提。不仅如此，既有的研究主要针对专门审判机关，且多集中在清末和南京国民政府时期。北洋时期未设法院，各县司法经费的来龙去脉尤为值得关注。在此笔者即以基层档案、地方志等为主要资料分析北洋时期基层司法经费的来源、支取与分配，进而讨论其与司法制度变迁的关系。

一　司法经费的来源

清朝旧制，州县处理讼事所需经费多无专门名目，且由国家支付的数额甚少。清末司法改革试图另建专门的司法系统，新建司法机关的开办费、日常运作经费如何筹措便呈现在时人面前，司法经费作为独立的经费门类也随之出现。法部于宣统元年七月十日（1909 年 8 月 22 日）提出"度支部统一财政未实行以前，筹措之权应归督抚督同藩司或度支司任之"①。于是筹措司法经费的任务落在了各地行政机关的头上。

民国建立后，司法部也把筹措司法经费的任务交到都督、民政长手里。由地方行政机关筹措司法经费直至北洋末期仍未改变。1926 年《法权会议报告书》称："据本委员会旅行团之报告，各省司法经费，几全藉司法机关收入及司法机关由省政府所领之款项，故中央政府对于司法机关经费渐已无权支配矣。此种经费无着之状况，于司法界人员恐难免不良之影响，而有才能者将不愿服务于司法界也。"②

中央政府无力支配司法经费，而由地方行政机关筹措司法经费，各县如何获取司法经费呢？

北洋时期，基层司法制度种类繁多，除了地方、初级审判厅，还包括

（接上页注②）2002 年春季号；张仁善：《略论南京国民政府时期司法经费的筹划管理对司法改革的影响》，《法学评论》2003 年第 5 期；吴燕：《理想与现实：南京国民政府地方司法建设中的经费问题》，《近代史研究》2008 年第 4 期；毕连芳：《北洋政府时期法官群体的物质待遇分析》，《宁夏社会科学》2009 年第 1 期；杨天宏：《民国时期司法职员的薪俸问题》，《四川大学学报》2010 年第 2 期。

①　《法部筹办外省省城商埠各级审判厅补订章程办法折并单》，《大清法规大全·法律部》卷7。

②　《法权会议报告书》，《国闻周报》第 4 卷。

审检所、县知事兼理司法的县公署、司法公署、地方分庭等。北洋时期全国 1800 余县中设审检厅之处不足 10%，未设法院之县在 90% 以上。国家预算的地方司法经费主要是指各省审判厅和监所的经费，县知事兼理司法所需经费并不包括于上述经费内，而是包含在行政经费里。起初，行政经费里也没有司法经费之类的名目，到 1921 年，有的地方行政经费才划分为内务、司法经费，并重新厘定司法、监所经费预算。其中司法经费内仅有承审官、书记、录事、承发吏、检验吏、法警、丁役等薪工及办公费的预算；监所则有管狱员、看守生、丁役等薪工及囚粮、囚衣、杂费等支出。① 1923 年，法权讨论委员会在司法考察报告中指出，以 1919 年度预算而言，除西南各省因政治分立导致岁出岁入未经列入预算外，其有预算之省，如京兆、直、鲁、晋、豫、湘、鄂、赣、皖、苏、浙、闽、陕、甘、新疆、奉天、吉林、黑龙江、热河、察哈尔、绥远 21 省区关于各县司法经费与其他行政经费略为划分，列入预算的只有直、奉、皖、赣、浙、热河、察哈尔 7 省区，其余各省区虽或间有列入县承审员及旧监经费，然大都未将县司法经费与其他行政经费划分列入预算。②

无论预算是否单列有各县司法经费，实际操作中总需要支出司法经费。各县司法经费来源一般由两个部分组成，一为行政经费中包含的司法经费，一为司法收入。

第一，有的省规定司法经费从行政经费中支出，向省财政厅请领。

江西省临江县 1913 年奉司法部训令创办审检所，所内月支公费及薪俸在田赋项下支领。③ 黑龙江青冈县的审检所司法费自省库领支。④ 黑龙江嫩江审检所的书记员由县雇员费内拨给月薪，雇员、检验吏、承发吏由县原支承发吏工食改给。⑤ 大赍县署中帮审员薪俸等经费按月呈请民政长核发。⑥

直隶文安县司法经费除管狱员应支经费外，承审员薪俸、检验吏及书记、司法巡警的工食都在行政经费项下开支。⑦ 福建省龙岩县所支出经费包

---

① 参见顺义县档案 2—1—351。
② 参见法权讨论委员会编《考查司法记》，北京日报馆，1924，第 585 ~ 587 页。
③ 参见民国（1917 年）《临江县志》卷十五《营建》。
④ 参见民国（钞本）《青冈县志》第 6 章《财政·各项经费出入》。
⑤ 参见民国（钞本）《嫩江县志》第 3 章《政治》。
⑥ 参见民国（1913 年）《大赍县志》第 6 章第 5 节《财政·各项经费出入》。
⑦ 参见民国（1922 年）《文安县志》卷十二《治法志·司法》。

括承审员薪俸，按月造送支付预算书及领款凭单向国库支取。① 江苏高邮县的正税以八成解省，二成留支本邑行政、征收、巡警等费，司法经费于解省八成正税中提拨。② 贵州桐梓县承审员薪水等县署公经费指定由契、屠两税项下支给，1926 年由征收局照拨。③

甘肃省临泽县司法公署的司法经费每年由粮石项下附加征收，1930 年奉令扩充经费，改由地亩项下征收，由县政府代为征收拨交。④

第二，有一些省规定县司法经费由财政厅拨发一部分，再由司法收入补助一部分，甚至由县知事自筹司法经费。

自清末司法改革，在刑事上有罚金之规定，在民事上有讼费之规定，始有司法收入可言。此项收入在各承审机关向资以为挹注，而并无成数可稽，且无稽核之法。随着 1914 年司法收入作为特别会计，以及《整理司法收入规则》和《县知事征收司法各费稽核规则》的公布施行，到 1915 年间司法收入的征收开始进入正轨。各县的司法收入中，没收款项及没收物品卖得金等数量极少，以罚金和五成状纸费为主。罚金伸缩余地较大，数额也大，还可以留用，因此各县常以此为财源。

河南省确山县司法人员的薪俸为行政经费与司法收入各五成。1913 年 2 月知事郭名世改差役为司法巡警，经费在国家税项下准支五成，其余五成由司法收入项下弥补。1921 年 9 月知事吴仁麟呈准审判厅委任承审员专理词讼案件，其薪俸由国家税项下准支五成，其余五成唯恃罚款以为补助。⑤

山西省兴县司法人员中的承审员、录事、检验吏的薪俸由行政经费开支；承发吏和司法警察的薪俸由司法收入支出；写状生的薪俸从写状费支出。⑥ 翼城县署行政经费，包括承审员、书记员、检验吏等薪俸，由地丁正赋内留支；司法经费中录事、承发吏、警察、临时费各款由司法罚款项下报支。写状处经费由钞录费项下开支。⑦

庆城县审检所的司法经费除书记与雇员的薪水由县署津贴外，其余在

①　参见民国（1920 年）《龙岩县志》卷十一《度支志》。
②　参见民国（1922 年）《三续高邮州志》卷八《民赋》。
③　参见民国（1929 年）《桐梓县志》卷九《食货志·经费》。
④　参见民国（1943 年）《临泽县志》卷六《民政志·司法处》。
⑤　参见民国（1931 年）《确山县志》卷八《时政·司法要略》。
⑥　参见民国（1927 年）《合河政纪》卷二《司法篇》。
⑦　参见民国（1929 年）《翼城县志》卷九《田赋·关于县衙一部分支出经费统计表》。

本省高等检察厅具领。①

1924 年前后浙江省各县司法经费统由财政厅拨发。各县依照定额开支，如有超出均自行赔补。如各县原有司法经费内不敷支配，有的县由县知事自行酌加津贴。②

1924 年前后安徽省各县司法经费由行政费划分四成及各县全年收入罚没两款组成。承审员的俸给随各县缺等级分甲乙丙丁戊五等，其丁、戊级县缺诉讼事件多由县知事兼理，承审员俸给未定，如县知事请委承审员，其俸给则由该县司法收入项下从最低级开支。③

第三，有一些县的司法经费主要从司法收入下开支。

1924 年前后湖北省各县司法经费均在司法收入项下开支。④

1924 年前后江西省兼理司法者共 77 县，全年司法经费共约 105600 元，除财政厅拨发 38396 元外，其余呈准由各县留用罚金、没收及状费内开支。⑤ 司法收入占司法经费的比例在 60% 以上。

东北等地的司法经费常在司法收入项下支给。绥化县裁审检所后由知县事兼理司法，设主任承审各员，其薪水由司法收入项下支给。⑥ 宁安县司法经费按月报请高等厅由县署司法收入项下抵扣。⑦ 呼兰县于县署设司法科，准请委承审员一员或二员，以资佐理，其经费由司法收入项下支用。⑧ 不少县的司法收入较多，除了抵扣司法经费，盈余部分还报解高等厅。兴城县 1924 年民事收入 3210 元，除划抵司法经费外共余 1678 元，尽数报解高等审判厅。⑨ 新民县常年进款约计收入 1 万元，常年经费预算支 6360 余元。⑩ 岫岩县 1927 年度民事收入 56739 元，除划抵司法经费外尽数报解高等审判厅，刑事收入 21549 元，除划抵监狱经费外尽数报解高等检察厅。⑪ 锦西县 1928 年度的办公常年司法经费为 19885 元，民事收入为 59622 元，除

---

① 参见民国（钞本，无年份）《庆城县志》第二编《建置志·司法行政》。
② 参见法权讨论委员会编《考查司法记》。
③ 参见法权讨论委员会编《考查司法记》。
④ 参见法权讨论委员会编《考查司法记》。
⑤ 参见法权讨论委员会编《考查司法记》。
⑥ 参见民国（1920 年）《绥化县志》卷三《司法略》。
⑦ 参见民国（1924 年）《宁安县志》卷三《度支》。
⑧ 参见民国（1930 年）《呼兰县志》，《司法志》。
⑨ 参见民国（1927 年）《兴城县志》卷六《司法》。
⑩ 参见民国（1926 年）《新民县志》卷三《建置·司法公署》。
⑪ 参见民国（1928 年）《岫岩县志》卷二《政治志·司法》。

划抵司法经费外尽数报解高等审判厅，刑事收入6660元，除划抵看守经费外尽数报解高等检察厅。①

有的县司法经费不同时段内或由行政费拨支，或司法收入项下开支，或由行政费与司法收入项下开支。②

由于行政费往往不敷，故司法收入在各县司法经费中起着举足轻重的作用。

二　司法经费的支取

司法经费或向国库支取，或在各县司法收入项下拨补，那么支取或拨补的程序是怎样的呢？下面以顺义分庭为例加以说明。

顺义县顺义分庭的司法经费每月为656元，由两部分组成，即行政公署拨助456元，该庭司法收入项下拨补200元。具体支取过程以1925年12月份顺义分庭领取司法经费为例予以说明。

第一步，顺义分庭备具"印领"，向京师高等审判厅、检察厅呈送请领司法经费支付通知书。

第二步，京师高等审判厅、检察厅发出指令："准将14年12月份司法经费财政厅支付通知书计洋456元，本厅支付通知书计洋200元，令发该庭。"

第三步，顺义分庭一般会给办事人员做出如下批示："财厅通知书应备文转送县署取款后交会记科存。"接下来分庭将致函县公署："本庭12月份司法经费财政厅支付业经奉到京师高等审判第438号令发到庭，相应检送贵县，即希查照定章、迅将此项银款如数拨发……计呈送14年12月份财政厅第40号支付通知书一纸。"

第四步，县署按照财政厅的支付诵知书把钱拨给分庭。③

广东省赤溪县领取司法经费的程序与顺义县大体相似。由广东高等审

---

① 参见民国（1929年）《锦西县志》卷四《司法》。
② 参见民国（1926年）《泗阳县志》卷十四《司法》；民国（油印本）《讷河县志》卷四《吏治志·司法》；法权讨论委员会编《考查司法记》；民国（1920年）《赤溪县志》卷四《经政志·禄饷》；民国（1943年）《大埔县志》卷六《经政志》。
③ 顺义县档案2—1—351。

判厅按月向财政厅请领，财政厅照填支付通知单，咨送高审厅具领转发。不敷之款由高等审判厅在各县司法收入项下拨补。①

顺义分庭的领款过程有时很顺利，有时则充满了曲折。

1926 年因军事影响，法收不旺，县署应拨经费积欠 4 个月。顺义分庭因开支无着，将具体情形面陈京师高等审检厅并请设法维持。之后他们又向京师高等审检厅借经费。京师高等审判厅、检察厅为此而咨京兆尹暨京兆财政厅。得到答复称，已经饬令该县知事尽先拨给。京师高等审判厅还继续为顺义分庭的经费而努力。这时顺义处于镇威军的控制下，京师高等审判厅又函商镇威军。② 镇威军 8 月 14 日给予答复。8 月 16 日京师高等审判厅书记室即将该函转给顺义分庭，函称："查是承询顺义县地方分庭经费一节，查前据该县呈请到处，业经核定，准予照拨。惟因军团部需款孔亟，该县收入未畅，未便一次全发，应将 6 月以后仍照原案由钱粮项下拨发。其三四五三个月经费俟征收畅旺再行补发。指令该县遵照办理在案。"③

镇威军仅同意 6 月以后仍照原案由钱粮项下拨发。顺义分庭的经费问题并未得到很好解决，县署仍在拖欠应拨司法经费。无奈，顺义分庭再次求助于京师高等审检厅，呈明经费困难情形："职庭由县署划拨经费自 3 月起至 10 月止计八月，仅由刘知事拨发一月……此数月中所有职庭急切开支除留用少许司法收入外，均由赊借而来。近因各种欠款屡至，偿还日期不能依约履行，以致借无可借，赊无可赊……庭员薪水本属微薄，兹因积欠太多，更属困苦万状，即日用伙食亦且难于维持。所有职庭经费困难情形理合呈明钧座，只请俯允设法饬县从速照案拨发，以资应用。"④

京师高等审判厅继续函商镇威军。1926 年 11 月 17 日京师高等审判厅、检察厅指令 7187 号将函商结果告知顺义分庭："所请业经本厅函商镇威第三四方面军团司令部政务处饬县划拨去后，兹准复函称，迳复者顷准贵厅函开，顺义县地方分庭经费自本年 6 月以后县署仅拨到 1 月有余，请令县按月如数拨交……地方分庭六七两月份经费共洋 912 元，业经本部指令准支在案。准函前因，除转知该县速予拨交外，相应函复即希转知该分庭赴县具

---

① 参见民国（1920 年）《赤溪县志》卷五《职官表·文职》。
② 时东北军奉军控制顺义县，镇威军为奉军之一。
③ 顺义县档案 2—1—351。
④ 顺义县档案 2—1—351。

领可也，等因到厅，合行转令该庭仰即遵照办理可也。"①

　　顺义县的情况表明，在司法经费为定额的情况下，由于种种原因从县署拨发的那部分司法经费仍不能得到很好保障。不仅如此，高等审检厅尚无法有效地直接指令县署照章拨发司法经费，还需要与县署的直接上级行政机关协商。从某种意义上，不仅县司法机关因为司法经费要频频与县行政公署交涉，就是高等审判厅因为县司法经费问题亦不得不仰行政机关之鼻息。

　　北洋政府被国民政府取代后，上述司法机关因司法经费而受制于行政机关的情形依然存在。1937 年，阮毅成指出，"因各地司法经费，须由省或县行政机关发给，故关于发给的方法，数额的多寡，时间的迟早，能否与其他行政经费获得同等的比例，司法方面完全须仰行政方面的鼻息，而在平时，尤不得不与主管财务行政的地方机关，周旋联络……行政兼理司法之名虽除，而行政高于司法之实，反因而确立"②。

　　县财政收入的多寡与稳定性，行政机关的长官与司法人员的关系都影响到司法人员的薪俸的领取。因此，即使规定了司法人员的薪俸标准，但其领取到的实际数目仍不稳定，司法人员的经济保障往往是脆弱的。

三　司法经费的分配

　　无论国家预算如何，各县都要支出司法经费，那么，实践中司法经费的分配情况如何呢？

　　第一，职员的薪俸、工食与办公费的比例。

　　清末司法改革之后，之前办理诉讼的知县、幕友、家丁长随、六房书吏、班役等角色改换了新名称，承担司法事务的人员为推事、书记、检察官、承审员、录事、检验吏、承发吏、写状生、司法警察等。正如1924 年京师高等审判检察厅给顺义等县的布告所指出"近年以来本厅令行已设之县司法公署及县知事将房差一概革除，改用书记员、录事、承发吏、检验吏、司法警察人等，每人给有薪资"③。这些新式司法人员有了合法的薪俸收入，但他们的薪俸名称、数目、来源往往不一样。

---

①　顺义县档案 2—1—351。

②　阮毅成：《行政与司法的关系》。

③　顺义县档案 2—1—242。

　　清代知县等官有俸，而门子、皂隶、马快、民壮等有工食银，官俸与工食通常都进行明确的区分。北洋时期有的县司法人员的经费并无名称上的差别，不少县则进行了区分。支给司法人员的经费在名称上主要有薪俸和工食两类。支给薪俸的包括审检所的帮审员、书记；县知事兼理司法制度下的承审员和管狱员；司法公署中的审判官、检察官、书记官；地方分庭推事、检察官、书记官等。支给工食的是法警、庭丁、公役等。录事、承发吏、检验吏等有的县支给薪俸，另一些县则支给工食。

　　支给司法人员的经费在名称上予以区分，其实蕴含了对其身份和地位加以区分的意图。支给薪俸的司法人员与清代旧制领取官俸的官相对应，而支给工食的司法人员则与清代旧制领取工食的吏役相对应。支给薪俸的司法人员相对比较固定，他们在北洋时期基本完成了身份转换，这也突破了知县独理诉讼的结构。录事、承发吏、检验吏等已经处于变动之中，不过尚未明确定位，有的县其地位上即支给薪俸，有的县其地位没有上升则支给工食。

　　薪俸、工食在整个司法经费支出中占较大比例。

　　直隶威县审检所月需司法经费共 339 元，其中薪资为 289 元，杂费 50 元。薪资占总支出的 85%，杂费占 15%。

　　直隶房山县和湖南省慈利县在县知事兼理司法时期各类司法经费分配比例比较接近。房山县 1925 年月支司法经费 270 元，其中薪俸为 230 元，办公费 40 元。[①] 薪俸占司法经费总数的 85%，办公费占 15%。湖南省慈利县的司法经费月支 174 元，薪资为 142 元，勘验费和办公费为 32 元。薪资占总支出的 82%，勘验费和办公费占 18%。

　　吉林省宁安县司法公署的月支司法经费为 439 元，其中薪俸工资为 334 元，办公费 76 元，杂费 29 元。[②] 薪俸占司法经费总数的 76%，办公费和杂费占 24%。

　　京兆顺义县地方分庭每月支出 656 元，其中薪俸 424 元，工食 142 元，办公费 90 元。薪俸占司法经费总数的 65%，办公费占 35%。

　　审检所、县知事兼理司法、司法公署和地方分庭等几种基层司法制度下，职员的薪俸、工食与办公费占司法经费的比例都比较接近，分别占80% 和 20% 左右。职员的薪俸、工食是司法经费的主要支出部分，办公费

---

① 参见民国（1928 年）《房山县志》卷四《政治志·经费》，第 6~9 页。
② 参见民国（1924 年）《宁安县志》卷三《度支》，第 5~8 页。

所占比例较小。

第二，司法人员与县内其他职员薪俸数量的比较。

司法人员领取的经费数量不仅需要从其绝对数量上加以衡量，而且更应将其与该县其他职员加以比较，从而确定其在整体结构中位置。

职员经费在名称上有薪俸和工食之类的划分，其数量与名称也存在一定相关度。职员领取的薪俸较多，而工食则较少。在此即将一县之内领取薪俸和工食人员分别进行比较。①

民国初年，司法人员类别相对简单，有的县署内设司法科与其他各科，各科科员的月薪出现差别。

民国初年山东省各州县分科治事体制中列有司法经费一项。山东省于1912 年 9 月颁布了《山东州县暂行分科治事章程》，与之相配套还颁布了《规定山东各州县等级表》和《山东各州县俸给及行政经费每月支出表》。当时山东全省分为 22 个一等州县、52 个二等州县、32 个三等州县。

山东省一等州县长官支 300 元；司法科一等科员支 50 元，总务科一等科员支 30 元，民政科、财政科科员支 30 元；司法科二等科员支 30 元，总务科二等科员月薪 20 元。②

二等县如馆陶县知事支 250 元；总务科、民政科、财政科科员支 30 元；司法科一等科员支 50 元，二等科员支 30 元。③

三等县各科科员薪金同二等县。

由此看来，山东省各县司法科科员月薪要高于总务等科的科员月薪。

民国元年，赤溪县已设专审员。知事支 250 元，专审员支 80 元，总务课课员支 70 元，民政课、教育课、实业课、财政课课员支 55 元；文牍员、监狱员支 40 元。④ 赤溪县专审员的薪水低于知事，但高于其他职员。

威县等曾设有审检所。其中知事的薪俸通常达到 200～300 元，帮审员支50～80 元，科长支 20～60 元，典狱官、管狱员支 25～60 元。知事的薪俸远远

---

① 文中职员支给经费的数量指每名职员的经费，且均以月为单位。科长与科员并存，则将科长与帮审员、承审员列为同一组，科员与书记等列为同一组进行比较；如果只有科员，则将科员与帮审员、承审员列为同一组。

② 参见民国（1921 年）《续修巨野县志》卷二《食货·山东各州县俸给及行政经费每月支出表》，第 6～7 页。

③ 参见民国（1936 年）《馆陶县志》卷二《政治志·制度》。

④ 参见民国（1920 年）《赤溪县志》卷四《经政志·禄饷》。

高于帮审员，帮审员的薪俸则等于或高于其他科长以及管狱员的薪俸。书记支 10 ~ 36 元，检验吏等支 5 元左右。书记薪俸低于帮审员，但高于其他职员。法警、庭丁、看守、狱丁所支最少，约 5 元。① 检验吏、狱丁等所支绝对数本身就非常少，因此，检验吏等所支虽高于狱丁等，但相差的数目并不多。

宿松等县在县知事兼理司法时期县知事支 200 ~ 300 元；承审员支 40 ~ 80 元；科长支 40 ~ 80 元，管狱员支 30 ~ 40 元。毫无疑义，县知事是各县支给薪俸最多的。承审员、科长通常高于或等于管狱员的薪俸。承审员高于或等于科长薪俸的有直隶盐山县、贵州省桐梓县、黑龙江省望奎县、直隶房山县、吉林省桦川县、江苏省泗阳县；承审员低于科长薪俸的有福建龙岩县。其他司法职员如书记支 17 ~ 32 元，承发吏支 8 ~ 10 元，检验吏支 10 ~ 20 元，法警、丁役等支 6 元左右。司法与行政两方面的吏、警等职员领取的经费相差不大，都在 10 元上下。②

吉林省宁安县、农安县、扶余县司法公署与县署职员的收入状况如下。司法公署中知事支 300 元，审判官支 80 ~ 100 元，科长支 80 ~ 100 元。审判官的收入等于或多于县署的科长等。司法公署中的书记监、书记支 25 ~ 70 元；检验吏支 20 元，承发吏支 10 元，法警、庭丁、公役 8 元。③ 与书记监、书记收入相当的是县署的科员、文牍员、会计员、统计员、收发员、庶务员等。与司法公署检验吏收入相当的是县署的稽查员、一等雇员、雇员长。与司法公署承发吏收入相当的是县署二三等雇员，与司法公署法警、庭丁、公役收入相当的是县署的夫役。

顺义县地方分庭推事、检察官支 120 元，书记官支 35 ~ 50 元，雇员支

---

① 参见民国（1929 年）《威县志》卷七《政事志中·财政》；民国（1920 年）《沛县志》民国新志卷一《俸饷》；民国（1915 年）《重修蒙城县志书》卷四《食货志》；民国（1921年）《宿松县志》卷十三《职官表》；民国（1933 年）《昌黎县志》卷四《行政志·司法·经费》；民国（1935 年）《重修和顺县志》卷五《赋役·国家岁出》。

② 参见民国（1921 年）《宿松县志》卷十三《职官表》；民国（1916 年）《盐山新志》卷十《法制略·新政》；民国（1929 年）《桐梓县志》卷十六《食货志·经费》；民国（1920年）《龙岩县志》卷十一《度支志》；民国（1919 年）《望奎县志》，《政治志·望奎县司法经费支出预算表》；民国（1923 年）《慈利县志》卷八《财政·国家财政收支表》；民国（1940）《沙河县志》卷三《经政志上·职官表》；民国（1928 年）《房山县志》卷四《政治志·经费》；民国（1928 年）《桦川县志》卷五《财政·国家岁出》；民国（1926 年）《泗阳县志》卷十七《田赋下》。

③ 参见民国（1924 年）《宁安县志》卷三《度支》；民国（1927 年）《农安县志》卷六《度支》；民国（油印本）《扶余县志》第 20 章"现状及将来"。

16 元，承发吏、检验吏支 10 元，司法警察支 8 元，庭丁支 7 元。[①]

从以上各县司法人员的俸给来看，承审员俸给每月一般在 50～70 元，一些分庭的推事、检察官更高一些，月薪达到 120 元。其他司法人员的月俸给则多在 10 元左右，而且各地相差并不大。承审员俸给明显高于其他司法人员。1914 年《京话日报》在评论一起崇文门外上二条胡同一个办小学的教师因房涉讼的事件时指出，一个私塾师，每月所进的学费，顶多不过 10 元上下。[②] 民国初年，京师的基层巡警，每月只有 6 元收入。[③] 县司法辅助人员的月薪多在 4～10 元，一般而言，生活还能过得去。至于承审员在各地已经是高工资了。

威县囚粮每名月给 2 元 1 角，这应该是当时维持生存的最低费用了。那些月薪 5 元上下的司法人员，虽然月薪为囚犯的两倍多，其月薪绝对数还是比较低的。

县里多数司法人员的薪俸，其绝对数并不高，但也不是太低。与县其他行政人员的横向比较显示，承审员的薪俸仅低于县知事，而高于其他人员。

第三，不同地域的承审员薪俸数。

不少省根据县的等级支给承审员相应的薪俸。

安徽省承审员的俸给随各县缺等级为差别，全省 60 县分甲乙丙丁戊五等，如甲级县缺，承审员月定 60 元；乙级县缺，月给 50 元；丙级县缺，月给 40 元；丁戊级县缺诉讼事件多由县知事兼理，承审员俸给未定。如县知事请委承审员，其俸给则由该县司法收入项下从最低级开支。[④]

江苏省承审员的俸给，按照 1921 年度县司法经费预算案月支 80 元。承审员的设置以各县司法经费的等级为标准，全省兼理司法的 57 县，仅武进等 11 县及崇明、外沙司法办公所各设承审员一员，其余县如请委承审员，须由县知事自筹经费，故俸给数无定额。1922 年度各县司法经费预算时以诉讼繁简为承审员设置与否及其员额多寡之标准。诉讼繁多之县设两位承审员，其中主任承审员月支 80 元，普通承审员月支 60 元。设承审员一员，

---

① 参见顺义县档案 2—1—351。
② 《京话日报》1914 年 1 月 19 日第 3 版。
③ 京师警察厅编《京师警察厅法律汇纂》（总务类），撷华印书局，1915，第 203～204 页。
④ 参见法权讨论委员会编《考查司法记》。

月支 80 元。年诉讼案件不满 300 起的县责成县知事自行兼理，不设承审员。当年设置两承审员者 7 县，设置一员者 30 县。①

山西省承审员的俸给依该省县知事公署月支薪费支配表分为三等，一等 60 元，二等 50 元，三等 40 元。②

直隶省的承审员俸给分为两等，如涞县、濮阳、定县、邢台四个特等县的承审员月各支 60 元，其余不分县缺繁简，概支 50 元，也有的县增至 80 元或 100 元。③

山东省各县帮审员俸给原定 50 元，或因县缺大小及彼此感情关系有增至六七十元或 80 元不等。④

江西省的司法经费已设承审员的一等县每月各 160 元，二等县每月各 120 元，未设承审员之三等县每月各 80 元。⑤ 由于司法经费包括司法人员的俸给薪饷、勘验、递解及司法上一应款项，故承审员的俸给少于司法经费的数额。

少数省由县知事酌量支给承审员薪俸。如河南省各县承审员的俸给月支五六十元或七八十元不等。⑥ 浙江省承审员的俸给未定有等级，均由县知事酌量支给 40 元至 80 元不等。⑦

总的来看，各县承审员薪俸的数量可能各不相同，但通常在 40 元至 80 元之间。地域差别并不大。

第四，不同司法制度下的司法经费总额。

北洋时期审判厅改为审检所，司法经费会减少；审检所改为县知事兼理司法，司法经费会进一步减少。

江苏省川沙县司法制度变化了数次。在民国初年设有审判厅。审检两厅自 1912 年 10 月 21 日成立，至 1913 年 3 月 30 日改组审检所止，计实支经常费 7502 元，临时费 739 元，平均月支约 1600 元。1913 年 3 月 24 日，江苏司法筹备处令川沙地方审检两厅，改组为审检所，以县知事兼理检察

---

① 参见法权讨论委员会编《考查司法记》。
② 参见法权讨论委员会编《考查司法记》。
③ 参见法权讨论委员会编《考查司法记》。
④ 参见法权讨论委员会编《考查司法记》。
⑤ 参见法权讨论委员会编《考查司法记》。
⑥ 参见法权讨论委员会编《考查司法记》。
⑦ 参见法权讨论委员会编《考查司法记》。

事宜，设帮审员长一员，帮审员一员，月支银 554 元。11 月 9 日，奉省令裁去帮审员缺，由县知事兼理。裁撤川沙审检所后司法经费一律停止。1923 年 7 月，省定司法经费分四等，川沙列入丁等，月支经费 200 元。1926 年 7 月，省方以川沙民刑诉讼月在 300 起以上，升入丙等，其经费例得设承审一员，经县知事严森呈准，但仍由县知事兼理，至 1931 年 3 月始行添设，经费由每月 292 元渐增至 380 元。①

泗阳县 1912 年设立法院，地方审判厅全年额支经费 9960 元，地方检察厅全年额支经费 11928 元。1913 年 4 月裁审检两厅，设审检所，11 月废帮审员长及帮审员，改置审判官，全年额支 4668 元。1914 年 5 月裁审检所，司法职务完全归知事兼理，全年额支经费 3660 元。1923 年定泗阳司法经费全年额支 3504 元。②

审判厅改为审检所，川沙县每月司法经费减少 1000 元左右；泗阳县减少 600 元。审检所改县知事兼理司法，川沙县每月司法经费减少 200～300 元；泗阳县减少 80 元左右。

不同司法制度下，司法经费总数通常会发生变化。司法人员的配备、数目、薪俸标准的变化，司法机关运作成本的变化，以及物价的变动都会推动司法经费总量的变化。

审判厅改为审检所或县知事兼理司法，司法经费减少较多。审检所或县法院配备的司法人员原本官等、官俸不高，人员又比较少，改为县知事兼理司法后司法经费减少幅度并不大。

结　论

司法人员的薪俸一定程度体现了他们在县署的地位。各县审判人员的薪俸是司法辅助人员的数倍，甚至超出县署其他部门的长官。他们通常不如县知事强势，但一县之中，他们往往在县知事一人之下，而在众人之上。各县录事、司法警察等司法辅助人员的薪俸相差并不大，月薪多在 4～10 元，其绝对数并不高，但也能维持生计。

各县无论是哪种司法制度，办理司法时一些人员都是必备的，如审判

---

① 参见民国（1936 年）《川沙县志》卷二十《司法志》。
② 参见民国（1926 年）《泗阳县志》卷十四《司法》。

人员、录事、检验吏、承发吏、写状生、司法警察等。1914 年各省都督、民政长以财政困难为由通电要求废除地方各级审判厅。县知事兼理司法时期的司法人员数额往往并不比审检所少，司法经费支出相差不多，因此，为节省司法经费而裁撤审检所，改为县知事兼理司法，其理由并不充分。

北洋时期，中央财政无力负担各地司法经费，由地方行政机关负责筹措款项，同时以司法收入补助司法经费。正是通过上述措施一定程度上缓解了司法经费的缺乏问题，使司法活动得以展开。司法部对司法收入尤其看重，在其各年办事情形报告中论及司法收入时称，"历年预算上之溢额，莫不藉此以为弥补"①，"近年各省司法事务之得以积极进行者，实赖此司法收入之补助也"②。

由地方行政机关筹措司法经费，以司法收入补充司法经费，进而维持司法运作，是国家财政困难情形下的无奈选择，虽有积极作用，但也带来一系列不良后果。

第一，中央司法建设计划往往落空。各地行政机关筹措司法经费也十分困难，于是为了化解筹措司法经费的压力而拖延筹设审判厅，甚至裁撤审判厅，推行县知事兼理司法等。如民国初年河南民政长电称该省财力奇绌，请予裁撤外府审检厅。③ 1914 年各地方大员联名电请停办地方、初级审检两厅及各县审检所帮审员，所有司法事件，胥归各县知事管理，以节经费。1922 年，司法部再次试图推动筹设司法公署。各地回复称，因经费未磋商妥当而不能办理。

第二，司法权的地方化。对司法部、各地司法机关而言，各地行政机关握有司法经费拨付权。为了获得司法经费的拨款，司法部、各地司法机关与行政机关频频交涉，往往使地方司法受制于地方行政，造成司法权的地方化，进而妨碍全国范围内司法统一的实现。

第三，重罚和状费加价盛行。除了司法经费的数额与拖欠，以及阮毅成所强调司法经费不能从行政方面获得独立的保障外，北洋时期的司法经费问题还与司法收入息息相关。不仅地方司法经费仰仗司法收入，司法部

---

① 《关于整理司法收入及核准各省留用事项》，《司法公报》第 98 期，第 259 页。
② 《关于司法经费之核定及概算事项》，《司法公报》第 110 期，第 217 页。
③ 参见《令河南民政长地初各厅暨各县帮审员暂缓裁撤文》（1914 年 3 月 17 日），《司法公报》第 2 年第 8 期，1914 年 5 月，"公牍"。

也指望地方司法收入能补充中央司法经费的不足。于是，司法中征收各项费用的初衷发生改变，筹集司法经费成了征收司法收入的主要目标。司法机关和司法人员为了自己的生计和部门利益，各地便有可能出现加价收取状费、征收罚金扩大化等现象。其结果是增加了诉讼成本，造成司法机关和司法人员借司法而牟利的恶劣情形，进一步伤及司法制度的根基。

司法活动面临停滞还是发展的抉择，时人选择由地方行政机关筹措司法经费，以司法收入补充司法经费。这样的选择使司法活动确实得到延续、发展，当司法部每年都在其办事情形报告中满怀欣喜与自豪地对自己的"正确"选择津津乐道之时，是否应该反思其选择背后的陷阱呢？

被恢复与被改造的传统

——1940 年代华北根据地、解放区的乡村庙会

韩晓莉*

在中国传统社会，庙会作为集信仰、商贸、娱乐等诸多功能为一体的民俗活动，遍及中国大多数城镇乡村，是最具号召力和狂欢色彩的地方节日。20 世纪初，随着近代民族国家的建立，以庙会为代表的民间传统被视作现代文明的对立面受到了来自官方的压制，而政局动荡下的经济困顿也加剧了这时期各地庙会活动的颓势。抗日战争爆发后，为繁荣地方经济，缓解物资供应不足的困难，中国共产党对各抗日根据地的庙会活动采取了改造性恢复的政策。政权力量的支持在使庙会这一民间传统得以延续的同时也改变了庙会与乡村社会的原有关系，庙会不再只是与信仰、习俗相联的民间活动，也成为革命政府领导下的经济事务和教化手段。

庙会研究一直是民俗学和人类学研究的热点，近年来，随着社会史研究的兴起，越来越多的历史学者对庙会表现出了浓厚兴趣，他们尝试从庙会入手观察中国社会，寻找社会变迁的内在轨迹。就现有研究而言，主要集中于从社会生活层面对前近代庙会文化的探讨，而少有研究者关注 20 世纪时代变革对庙会传统带来的冲击和影响。[1] 笔者在前人研究的基础上，以

---

* 韩晓莉，首都师范大学历史学院副教授。

[1] 相关研究成果包括：〔美〕太史文著《幽灵的节日：中国中世纪的信仰与生活》，侯旭东译，浙江人民出版社，1999；赵世瑜：《狂欢与日常——明清以来的庙会与民间社会》，三联书店，2002；习五一：《近代北京庙会文化演变的轨迹》，《近代史研究》1998 年第 1 期；朱小田：《传统庙会与乡土江南之闲暇生活》，《东南文化》1997 年第 2 期；朱小田：《民间记忆方式与社群关系的成长——以一个江南乡村庙会为案例的跨学科考察》，《史学理论研究》2003 年第 4 期；谢永栋：《近代华北庙会与乡村社会精神生活——以山西平鲁为　（转下页注）

1940 年代华北根据地、解放区的乡村庙会为对象，考察革命政权改造下，庙会对乡村社会的意义变化，并从庙会的变与不变中思考政权力量究竟该以何种方式介入民间文化中，又该如何与地方社会共享这种文化，进而实现社会治理与文化承继的和谐统一。

一　庙会的恢复与骡马会的兴起

庙会亦称"庙市"，唐代就已存在，是中国民间市集形式之一，流行于全国大部分地区。庙会一般于神诞节庆之日举行，地点在寺庙内或其附近，其间组织有敬神、娱乐和商贸活动，久而久之，演变成具有狂欢色彩的民间节日。20 世纪初，受时局动荡、经济萧条的影响，各地庙会活动多已不如往日繁华，再加上 1928 年国民政府开展破除迷信运动捣毁了大量庙宇，将寺庙殿堂改做他用，也直接造成了乡村庙会活动的衰落。到抗战爆发时，在华北乡村除一些有影响的大庙会外，很多中小庙会因难以为继而被迫停办。

1937 年华北各根据地相继建立，庙会并没有引起共产党领导的革命政府的关注，甚至从社会治理的角度对其多有限制。在政府看来，庙会中的迎神祭祀活动代表了落后的封建迷信思想，应当受到批判和禁止；此外，庙会期间的游艺节目和走亲访友也必然带来人力、物力的消耗，不利于根据地建设工作的开展。这时期华北各根据地的乡村庙会仍由地方社会所主导，庙会规模、形式和热烈程度主要取决于社会经济状况和乡村精英的组织能力。

从 1940 年起，情况发生了变化。物资匮乏和日军的经济封锁导致了当时根据地内部走私盛行、出超严重，经济缺乏活力，为解决这些问题，华北各根据地普遍开始建立和健全商业贸易机构，制定和实施了一系列发展商业的政策和措施，以推动物资交流，平抑物价，保障军民生活必需品的供给。在经济政策调整的大背景下，庙会原有的商贸功能开始受到根据地

（接上页注①）个案》，《史林》2008 年第 6 期；岳谦厚、郝正春：《传统庙会与乡民休闲——以明清以来山西庙会为中心的考察》，《山西大学学报》2009 年第 1 期；张天虹：《从"市"到"场"——唐代长安庙会的兴起与坊市制度的破坏》，《首都师范大学学报》2010 年第 6 期；等等。

政府的重视。1941 年 3 月 1 日，《太岳日报》就恢复集市、庙会、骡马市发表社论，承认由于过去贸易政策执行中的某些偏向导致了各地市集长期处于停滞萧条状态，"直接造成了和助长了农民生活的贫困，农业生产和农村副业生产的低落，金融市场的呆滞，大大桎梏了生产建设的长足进展。在对敌经济斗争上，我遂陷于不利的被动地位"①。在政府看来，恢复庙会、骡马市的目的就是要发展商业，繁荣市场。围绕这一目的，政府对组织庙会活动提出了指导意见，包括：庙会前要开展大范围的宣传动员，保证农具、牲畜的供给；庙会中正确执行"对外统制，对内自由"的贸易政策，保护来根据地做生意的商贾利益；公营商业机关应利用庙会、集市机会，有计划地组织出入口，收购根据地的剩余副产品及特产，从敌占区换回日用必需品。②

　　从社论可以看出，推动地方商贸发展是政府支持和恢复庙会活动的主要动因，在这里庙会被置于和集市相同的地位，突出了其商品交易平台的作用，至于庙会原有的信仰、娱乐等功能，在官方话语中几乎没有涉及。不管怎样，由于获得政府支持，自 1941 年起，华北各地乡村庙会陆续得以恢复，关于各地庙会的报道开始频繁见诸报端。在太岳区沁源县，自 1941 年 2 月 28 日召开区长大会决定恢复旧有庙会起，沁源城关三月会、七月会、交口五月会、柏子七月会相继筹办。③ 1942 年初，晋察冀边区政府恢复了当地颇有影响的龙华南城司庙会，吸引了易、涞、龙三县民众前往赶会。④ 到抗战后期和解放战争时期，随着根据地范围的扩大，一些过去影响广泛的大庙会再次出现了繁荣景象，如 1946 年 5 月 7 日张家口地区规模最大的赐儿山奶奶庙会恢复举行，赶会民众达七万人。⑤ 5 月 17 日到 19 日的营城子奶奶庙会单日赴会人数 20 万，"为过去数十年所未有"⑥。

　　在华北各地的乡村庙会中，骡马交易一直是庙会交易的大宗，一些骡马交易集中的庙会也经常被称为骡马会。民众对庙会中骡马交易的看重与根据地政府借民间传统形式发展地方贸易的初衷不谋而合，因此，在恢复

---

①　《论恢复集市、庙会、骡马市》，《太岳日报》1941 年 3 月 21 日。

②　《论恢复集市、庙会、骡马市》，《太岳日报》1941 年 3 月 21 日。

③　《沁源庙会、骡马市区长决定恢复》，《太岳日报》1941 年 3 月 9 日。

④　《龙华南城司恢复庙会》，《晋察冀日报》1942 年 7 月 21 日。

⑤　《昨赐儿山庙会盛况空前，赴会市民达七万人》，《晋察冀日报》1946 年 5 月 9 日。

⑥　《营城子庙会盛况空前，三天内观众达二十余万》，《晋察冀日报》1946 年 5 月 21 日。

传统庙会的过程中，一些地方政府尝试将传统庙会直接改为骡马大会或骡马百货大会进行宣传发动。1941 年 3 月 6 日太岳区绵上县召开干部大会，决定从 3 月 22 日起在郭道镇，4 月 2 日起在韩洪镇，分别举行骡马大会 10天。"现已通知各商店、合作社，以及平、介、灵各县民众，运贩当地特产和□□业副产来赶会交流根据地与游击区的货物。"① 同时期，安泽县唐城镇也决定恢复农历三月十八日的骡马大会，并提前成立了筹委会，向各地发出通知。② 1941 年农历三月三日，沁源城关附近的豹羊岭奶奶庙大会被改为骡马会。③ 1941 年 9 月，太行区兴县骡马大会恢复举行。④ 1942 年 3 月，武安县阳邑镇农历二月初五的传统庙会改称春季骡马大会。⑤ 抗战后期到解放战争时期，随着根据地政权的巩固和共产党乡村治理能力的提高，越来越多的庙会在行政干预之下被改作骡马大会重新兴起于乡间。1945 年 10 月20 日至 24 日，邢台城将原有的火神庙会改为骡马大会。⑥ 12 月 12 日至 18日，高邑城将原有的城隍庙会改为骡马大会。⑦

　　将传统以各路神仙命名的古庙会更名为骡马大会有着革命政府从文化改造角度移风易俗、破除迷信的考虑，但更重要的原因则在于战争环境下骡马等大牲畜对地方生产、运输、支前等方面极为迫切和紧要，政府希望以此种方式引导民众的消费和投资方向，并吸引敌占区商民前来交易。关于这一点从太行区林北县政府针对骡马交易制定的种种优惠政策中可见一斑。1946 年农历二月初二，林北县政府召开全县骡经纪（即牙行）会议，决定将全县所有旧庙会一律改为骡马大会，并对民间购买和繁殖牲畜做出了奖励规定，包括："一、对于专为交配之公驴公马，经过批准后，免除差役，所赚之钱不负捐。二、对下驹之牲口，生产前后两月不支差，所生的驴驹骡驹在负捐中扣除消耗。三、对于互助伙买的牲口，六个月内不支差。四、凡本年度所买之牲口，计算负担一律扣除消耗，骡马一石，驴牛五

---

①　《郭道、韩洪大会十天》，《太岳日报》1941 年 3 月 9 日。

②　《郭道、韩洪大会十天》，《太岳日报》1941 年 3 月 9 日。

③　《豹羊岭庙会三月三开市》，《太岳日报》1941 年 3 月 9 日。

④　《兴县骡马大会》，《晋西大众报》1941 年 9 月 13 日。

⑤　《武安、辽县牲畜农具市场旺盛》，《新华日报》（华北版）1942 年 3 月 31 日。

⑥　《邢台城解放后首次恢复骡马大会》，《新华日报》（太行版）1945 年 12 月 3 日。

⑦　《准备开展大生产，高邑举行骡马大会》，《新华日报》（太行版）1946 年 1 月 9 日。

斗。"① 政府鼓励措施的成效直接体现在骡马大会期间牲口的上市和交易量方面。据会后不久林北县三、五区两个骡马大会的统计，到会牲口就达521头，全县购买了155头。②

根据地、解放区政府恢复庙会的举措，得到了地方社会的积极响应，民众以极大的热情参与其中，他们携妻挈子、呼朋唤友赶赴庙会举办地，买卖商品，添置日用所需。1941年9月13日，《晋西大众报》对兴县骡马大会的盛况做了报道，"在开会期间，每天都有五六千人参加，街头贴满了红红绿绿的标语漫画和'物美价廉'的广告。看吧，东一个骡马集场，西一个粮食集场，还有什么瓜果茶饭场，公联商店销货场，把一个平日宽大的街道，挤得水泄不通，各商店都减价出售，各种货物都很便宜"③。1942年3月21日至24日的武安县阳邑镇春季骡马大会同样是一幅热闹场面。"大会上的牲畜市场拥挤着成群的牛、马、驴、骡以及大猪、小猪、山羊等；农具市场上陈列着犁、耧、筐、担、耙、罗、锯、锹、瓮、缶、锅、勺等；东桥广场内还临时搭建着许多饭棚，以供赶会的人们吃饭。在街道的两旁，还排列着许多土布摊位、棉花摊位、粮食摊位等等。这种传统的骡马及物资的交流大会，每日贸易总额，平均比2月份反扫荡以前，增长5倍以上。"④ 在1944年2月24日兴县的骡马大会上，云集了来自兴县、临县及神府三地的民众一万多人，上市的牛驴骡马达千余头。⑤ 1945年的襄垣城东关骡马大会吸引了襄垣新老解放区、黎城上遥、潞城黄碾相距六七十里地的群众三四万人。⑥ 1945年10月20日，邢台城骡马大会举行首日，从周围各县赶来赴会的群众就达四万人。⑦ 1946年3月22日丰镇举行的骡马大会甚至可用盛况空前来形容，据官方统计，这次大会的参会群众超过25万人，贸易总额达4000余万元。⑧

作为传承已久的民俗活动，庙会虽然举办次数有限，持续时间短，但它对地方社会的号召力和影响力却是巨大的，一些大的庙会辐射范围甚至

①　《各地骡马大会群众踊跃购买牲口》，《新华日报》（太行版）1946年3月27日。
②　《各地骡马大会群众踊跃购买牲口》，《新华日报》（太行版）1946年3月27日。
③　《兴县骡马大会》，《晋西大众报》1941年9月13日。
④　《武安、辽县牲畜农具市场旺盛》，《新华日报》（华北版）1942年3月31日。
⑤　《兴县开骡马大会，一万多人赶会热闹极了》，《晋西大众报》1944年3月12日。
⑥　《襄垣城关骡马大会空前热闹》，《新华日报》（太行版）1945年11月7日。
⑦　《邢台城解放后首次恢复骡马大会》，《新华日报》（太行版）1945年12月3日。
⑧　《丰镇骡马大会盛况空前》，《晋察冀日报》1946年4月11日。

遍及周围数百公里，吸引着周边各省行商前往交易。就地方经济而言，在主要依靠游商小贩，缺乏商品流通渠道的乡村社会，庙会在解决民众日用所需，尤其是如骡马、农具之类的大件、贵重商品的需求方面显得尤为重要，这也正是共产党领导的革命政府支持恢复庙会、组织骡马大会的动因所在。从当时赶会的人数和贸易总额可以看出恢复后的庙会对活跃市场确实起到了积极推动作用。尽管处于战争环境，地方社会对庙会依然表现出极大热情，然而与政府借庙会发展地方商贸的目的不同的是，民众对庙会传统有着更多物质之外的精神诉求，他们在贩鬻货物、互通有无的同时，也借赶会满足着信仰、娱乐、人际交往的需要，而这也就导致了官与民在庙会这样一个公共空间中既合作又对抗，既亲密又紧张的复杂关系。

二　庙会中的"庙"与"会"

传统时期，庙会在乡村社会之所以具有强大的号召力和影响力，宗教在其中发挥了重要的作用。尽管庙会的举办地往往是一个地区中心的村庄或城镇，为城乡间的贸易提供了便利的机会，促进了经济的发展，但不可否认的是，庙会总是围绕着一个寺庙来安排的，首先是社区祭祀寺庙主神的仪式。"宗教能够在经济结构中扮演重要的角色，就在于宗教仪式的力量可以吸引社区的民众，而不在乎其个人的经济利益和社会利益。人群一旦聚集起来，自然就为贸易和其他社会活动提供了机会。相反，那些主要是为做买卖而来的人们也会进入寺庙叩拜庙会的保护神。"① 可以说，庙会中宗教和经济两个方面的内容交织在一起，吸引着各路民众，庙会商业的繁荣与民众信仰的虔诚紧密相关。

根据地建立后，虽然从发展经济角度出发，由政府组织恢复了许多在乡村社会影响广泛的传统庙会，但政府对庙会活动始终怀有一种爱恨交加的复杂情感，既希望通过庙会推动地方经济的发展，又担心庙会将助长民间的迷信和浪费风气，不利于根据地建设。按照官方对庙会活动的设计安排，庙会中的"庙"与"会"被尽可能分割开来，"庙"只是承担聚揽人气的场域功能，体现商贸功能的"会"才是需要大力宣传组织的工作。政

---

① 〔美〕杨庆堃：《中国社会中的宗教：宗教的现代社会功能及其历史因素之研究》，范丽珠等译，上海人民出版社，2007，第88页。

府在以开放的态度欢迎赶"会"的商贾乡民的同时，也始终以批判的眼光关注着围绕"庙"所进行的宗教活动，并尝试用科普宣传来取代"迷信"仪式，通过改造为庙会传统注入具有现代意义的革命内容。

武邑县青塚庙会是一个当地颇有影响的传统庙会，每年农历三月会期都会有很多民众去庙里求神许愿。当地政府在恢复庙会后，特意为各个庙宇殿堂编写了新对联以遮盖原有的宣扬神力的旧对联，如：破千年旧俗，立一代新风；烧香烧不走日本鬼，拜佛拜不来粮油盐；等等。① 除改写对联外，在庙宇内外设置文教展览室也是各地政府组织庙会时的普遍做法。1944年到1945年太行全区开展了大规模的纺织运动，在1945年3月15日黎城县西顶山的庙会上，当地政府专门设立了纺织展览室向群众宣传纺织生产成绩，并由太行合作英雄郎凤标亲自做纺织技术讲解，三天会期内有一万多民众前去参观。在这次庙会上政府还对12个纺织模范组、11个模范技师、6个模范纺织领导者进行了表彰。② 1946年农历三月二十三日武乡县窑上沟的庙会上，庙宇大殿被布置成文教宣传展，吸引了很多农民前去参观。③

针对庙会上民众请神治病，尤其是妇女们烧香求子的旧俗，政府也组织了很多活动进行抵制。在1945年农历三月十八日襄垣县水碾村的庙会上，当地政府就安排了23位中西医大夫在会场为群众看病，包括妇科、小儿科、杂病科等。抗战家属和穷人免费治疗，一天就看了133个病人。④ 1946年5月8日是张家口地区赐儿山庙会的正日，医大学生和当地医救股30多人利用庙会聚集的人气，组织了妇婴卫生展览，向到会的妇女解释卫生科学常识，并为她们安排免费的妇产科检查，受到了民众的欢迎。⑤ 太行涉县索堡镇每年的庙会上都会有各地的妇女赶来坐夜或下神，当地政府曾多方动员劝阻，但没有什么效果。1946年，索堡民兵剧团想出了在庙里演广场剧的方法教育群众。剧团的演员装扮成男巫到庙里下神，另一个人装病人，找男巫治病。那个男巫就下起神来，要病人许多少愿才肯治。看到很多民众

① 魏长举、田金霞：《武邑县的抗日文艺宣传队》，河北省文化厅文化编辑办公室编《晋冀鲁豫革命文化史料》，河北省新闻出版局内部刊发，1991，第92页。

② 《黎城举行纺织展览》，《新华日报》（太行版）1945年5月11日。

③ 《赶会》，《新华日报》（太行版）1946年5月17日。

④ 《襄垣武北庙会上，中西医给群众看病》，《新华日报》（太行版）1945年5月7日。

⑤ 《赐儿山庙会上的卫生宣传》，《晋察冀日报》1946年5月14日。

围观后，病人当众声明，他原来并没有什么病，揭穿了男巫的欺骗，并当场展开了斗争。① 民众是否从中受到教育不得而知，但可以看出政府为改造庙会中的"迷信"活动可谓颇费苦心。

尽管在复兴庙会的过程中，政府试图将有悖于现代观念的传统因素，尤其是迷信部分从活动中剔除出去，凸显商品流通的市场意义，但庙会作为已融入民众日常生活的民俗事象，其多重功能是很难被完全分割的。民众对庙会活动的热衷恰恰在于它满足民众日用所需的同时，也为他们表达信仰、放松身心、联络情感提供了契机。很多时候，民众并不是单纯为了买卖商品才去赶会，更多是为了感受人群汇聚下狂欢热烈的气氛，寻求精神慰藉，这在各地关于庙会报道的字里行间也可体会一二。1945 年底高邑城隍庙会改为骡马大会后，《新华日报》关于大会的报道中说道："赶会人的拥挤，不仅表现了买卖的繁荣，也是群众喜悦的象征，许多妇女儿童虽然不买什么东西，也穿起新衣服远道赶来闹热闹。"② 1946 年初武乡县农历三月二十三日窑上沟的传统庙会从筹备之初就充满了节日的狂欢色彩，"大大小小远远近近二十四个编村的老百姓都在兴奋的情绪中忙起来。谁家不粉上斗八升玉茭，推上几斤白面或莜荞面，蒸上些干粮准备去赶会呢？"庙会举办地窑上沟的青年人更忙着布置会场，准备闹红火，他们"又是搭台台，又是插牌牌"，"老人们都忙着为自己的闺女、女婿、外甥、亲家，和干干表表的亲戚们铺床铺，做吃喝"。庙会这日，附近村乡的男女老幼都穿着节日的盛装赶赴会场。"青年的妇女和小伙子们，头上包着新织的白毛巾，小女孩子们，穿着深深浅浅、红红绿绿、条条格格的各种颜色的衣服。在她们梳得光亮的头发上，夹着闪光的白卡子。连老太婆们也换上她们洗浆得板板整整的布衫，扎上新腿带，拄着拐杖，愉快的夹在行人的行列里。"③ 对于乡民来说，"热闹"是他们衡量庙会成功与否的主要标志，而这种热闹不仅只是商贸繁荣，也包括庙里香火旺盛，戏台锣鼓喧闹，家中高朋满座。

从官方宣传可以看出，地方政府在恢复传统庙会的过程中始终有意识

① 朱穆之：《"群众翻身，自唱自乐"——在边区文化工作者座谈会上关于农村剧团的发言》，《山西文艺史料》（第三辑），第 210 页。
② 《准备开展大生产，高邑举行骡马大会》，《新华日报》（太行版）1946 年 1 月 9 日。
③ 《赶会》，《新华日报》（太行版）1946 年 5 月 17 日。

地弱化"庙"对于乡村社会的象征意义，而只突出"会"的重要性，但也有例外，如五台山的六月会、北京郊外的妙峰山会，以及内蒙古多伦的六月庙会。五台山的六月会在全国享有盛誉，因寺庙云集，民众赶会多为求神许愿，宗教色彩十分浓厚。1945 年八路军解放五台山地区后，政府从振兴商业、交流物资、繁荣解放区经济的角度考虑，决定恢复六月会。1946 年 5 月 30 日，《晋察冀日报》刊登了政府恢复五台山六月会的报道，报道特别提道，"每年阴历六月，四方各地的商旅善士，香客僧侣，男女老幼，汉满蒙回，都远途赶来，参加盛会。有朝山拜佛的，有跑马贸易的，有交换粮布的，有贩卖牛驴骡马的，一直要红红火火的热闹一个月"①。可见，政府承认五台山六月庙会对民众的最大吸引力在于"朝山拜佛"，除商人外，善士、香客、僧侣是庙会的主要参加者。在关于庙会宣传中也并没有出现惯常的文教卫生展览等内容，而是提出政府会在"打通贸易路线，组织和动员私人商贾，充分调剂各种牲畜货物"的同时，组织精彩的文娱、武术节目，活跃会场气氛。②

与五台山六月会情况类似的还有妙峰山会。妙峰山会是北京地区最富有代表性，也是规模最大的民间古庙会，"朝顶进香"祭祀泰山女神碧霞元君一直是当地民众赴会的主要目的。妙峰山地区政府利用民众"朝顶进香"的热情，对妙峰山会进行了保护，热烈欢迎国统区的香客前来赶会，借此宣传解放区的政策，争取民心。"距北平七十华里的妙峰山庙会，在我政府保护下照常举行，阴历四月一日开庙以来，各地香客络绎不绝，国民党地区的香客，冲破一切蒋匪的阻挠，赶来参加庙会，受到我军民的热情招待与保护。"③ 此外，针对少数民族聚居区的庙会，政府也多从尊重当地习俗出发，对庙会中的一些传统仪式性活动有所保留。1946 年，革命政府决定恢复内蒙古多伦的六月庙会，在 6 月 21 日《晋察冀日报》为庙会刊登的广告中特别提道，"会期有大戏一台并由赛马跳鬼、摔跤等各种游艺表演"④。在当地的特殊环境下，这样的庙会活动不仅要承担繁荣地方经济的目的，

---

① 《今年五台山恢复六月大庙会》，《晋察冀日报》1946 年 5 月 30 日。
② 《今年五台山恢复六月大庙会》，《晋察冀日报》1946 年 5 月 30 日。
③ 《妙峰山庙会》，《晋察冀日报》1948 年 5 月 30 日。
④ 《多伦六月庙会筹备委员会启示》，《晋察冀日报》1946 年 6 月 21 日。

更要体现解放区"蒙汉回亲如一家"①的团结景象。

对比其他地区性庙会，五台山的六月会、北京地区的妙峰山会以及内蒙古多伦六月会，由于历史渊源和地域特点，其宗教色彩更显浓厚，进山朝圣一直是大多数赴会民众重要目的，他们对寺庙里供奉的神佛表现出虔诚的信仰。对这样的庙会活动，革命政府并未像组织一般乡村庙会那样开展破除迷信的文教宣传，甚至对民众的敬神活动采取了默许的支持态度。究其原因就在于，这类在乡村社会具有广泛影响的传统庙会表现出"庙"与"会"的高度统一，甚至在民众眼中，"庙"的象征意义要远远凌驾于代表商品交易的"会"之上，割裂二者的关系可能会引起民众的反感和抵触，进而不利于聚集人气，密切政民关系。所以，政府对庙会中的民间宗教活动表现出妥协和让步。

从1940年代开始，庙会作为推动商贸繁荣的平台受到了共产党领导的革命政府的重视，在鼓励贸易，发展生产，抵制"迷信"，宣传科学的指导思想下，政府对根据地、解放区的庙会活动总体表现出了理性支持的态度。在恢复和支持庙会活动的过程中，政府也试图对传统庙会中的"庙"与"会"进行分割，批判"庙"所象征的"封建""落后"的部分，扩大"会"所代表的市场、财富的部分。对庙会文化的这种既发扬又摒弃的态度是与政府发展地方贸易，提倡现代科学生活方式的官方意识形态紧密相关的。与革命政府对庙会所表现出的爱恨交加的复杂情感不同的是，乡村社会始终对庙会怀有一贯的热情，就民众看来，庙会是不可剥离的复合体，在参与庙会的过程中，既可表达信仰、放松身心，也能交易商品、交流信息，是传统生活方式和乡村秩序的延续。于是，他们一方面对庙会上的各种科普宣传活动表示认可，乐于接受医生的诊治，积极参与庙会中的商品交易活动；另一方面也照例会在庙会上烧香许愿，敬神祈福，借庙会走亲访友，游玩看戏。

三　庙会的组织与领导

在中国传统社会，庙会作为社会宗教生活的主要部分，多由地方精英组成的社区组织负责，他们在组织庙会活动的同时也掌握对宗教之外的乡村事务的领导权。杜赞奇在对20世纪上半期对华北乡村的权力结构进行考

---

① 《多伦庙会好热闹，蒙汉回亲如一家》，《晋察冀日报》1946年8月12日。

察后提出，宗教圈构成村庄公务范围，为乡绅们提供了施展领导才能的场所；虽然经济分化，但乡绅们经常以代表全村的身份进行祭祀活动，从而使其地位高于一般村民，并自然担当起对乡村社会的领导职责。① 因此，即使战争环境下，由乡村精英组成的地方组织仍对庙会活动充满着热情。

华北乡村的庙会活动多由乡村中的社来承办。在传统社会，里是基层行政区划，社是民间自治组织。"与里同时存在的有里社。里社有社首，由推举产生。里社设在大庙，主管春秋祭祀、庙宇创建及维修、祈雨、庙会、看庄稼、巡更查夜等事项"，社首还"负责村民事调解"②。1930 年代，李有文在对山西省徐沟县农村社会组织的调查中说道，"社首是大社的领袖，主持全村的公务……社首现代的名称应当叫做村长……社首大半是村中负众望、有能力、有势力、有财产的人……"由社首主持的村社主要负责村中祭祀神灵，组织庙会，管理庙宇、苗田及一切公共建筑、用具等公产。此外还支应官厅、执行村规、经营渠道、办理教育、对外交涉等，"社内各户以社为单位参加村中迎神赛会等公共活动"③。抗战初期，华北各根据地流传下来的庙会多由此类村社自发组织。较早被开辟为根据地的太行区赞皇县的任家洞村在庙会活动方面就一直保持着村社自发组织的状态。"逢年过节，老人、妇女们都会到庙中焚香祷告、祈祷去灾降福或多子多孙。每当天旱无雨，村民们便会自发组织跳'山鼓'求雨，即几个人身穿彩服，手持山鼓，边舞边唱，词的大意就是恳求龙王爷发慈悲，行好降雨"④。

在现有文史资料中，关于根据地乡村庙会具体组织情况的记载较少，关于此大约可以从同时期华北地区日军占领区的乡村庙会中推断一二。太原乡绅刘大鹏所生活的赤桥村，抗战时期被日军占领，但庙会活动却被最大限度地保留下来，在刘大鹏看来，这主要归于地方精英的组织，他们往往借庙会强化对乡村社会的领导和趁机渔利。1938 年太原地区已被日军占领，但农历六月十五祭祀晋源水神的传统庙会还是在晋祠、纸房、赤桥三

① 〔美〕杜赞奇：《文化、权力与国家——1900～1942 年的华北农村》，王福明译，江苏人民出版社，2010，第 118 页。
② 赵振华、赵铁纪主编《郭峪村志》，《郭峪村志》编纂委员会 1995 年印，第 43、46 页，转引自王守恩《诸神与众生——清代、民国山西太谷的民间信仰与乡村社会》，第 257 页。
③ 李有文：《山西徐沟县农村社会组织》，转引自王守恩《诸神与众生——清代、民国山西太谷的民间信仰与乡村社会》，第 265 页。
④ 魏宏运编《二十世纪三四十年代太行山地区社会调查与研究》，第 558 页。

村村长的组织下照例举行，庙会经费由地亩分摊，"每亩按一角七分起费"①。1939 年晋祠庙会仍以三村合祭的形式举行，各种敬神仪式被一丝不苟地遵循着。农历六月十二，三村村民都到文昌宫准备祭品，六月十五是庙会正日，"祭品三桌，只是伶工鼓吹，三村之村长副参拜行礼……文昌宫设宴待客。又请驻扎晋祠镇堡中之日军十有三名，另备盛馔二席，其余均为八碟、八碗之席，共二十余席"。农历六月二十一，三村村长副安排庙戏祭祀晋源水神，"凡种总河之田者每亩派摊大洋六角五分"②。

　　由乡村精英自发组织的庙会活动在共产党领导的根据地也经常可见。农历六月十三是沁源县圪合头村祭祀龙王的会期，1941 年庙会前一天村里就抬出了三个红、白、黑脸的泥塑像，宰猪杀羊，抬搁迎神请龙王爷。这次庙会活动受到了晋察冀边区机关报《晋西大众报》的批评。显然，庙会没有得到政府的支持，是乡村社会沿袭惯俗的自发行为，那么庙会在组织和费用摊派方面必然是由旧有宗教组织和乡村精英负责。③ 兴县旧历四月初八的小麻山庙会是当地颇具影响的传统庙会，辐射范围包括小麻山周围几十个村子，直到 1945 年庙会仍然是由小麻山山主和会首领导。④ 传统庙会活动中，筹集会费是村社领袖的主要工作。"每遇某村庙会临近的时候，村子里办事的人就召集会议，讨论庙会的办法。商量好了办法，就按村中住户的贫富，地亩的多少，按家敛钱，作为办庙会的经费。如果所敛的钱不够，再按户分摊；如果敷余，把所余的款项存在公差局，就是村公会，算为公款。"⑤ 以河北定县最大的老庙会——北齐庙会为例，每次筹办需要费用 120 元左右，这在村中属于一笔不小的款项。"每次庙会，村子都向大小商户敛钱，充做演戏的经费。每次戏价约开销六十元，搭棚与别的杂费约开销五十元。有时除用费外还有敷余，就归入村中公款。"有些时候，庙会活动也需要由村民分摊部分费用以补不足。1941 年，李伯钊在总结华北敌后文艺运动概况时，专门提到，每次庙会赶集的日子，群众便从自己的腰

① 刘大鹏：《退想斋日记》，乔志强校注，第 529 页。
② 刘大鹏：《退想斋日记》，乔志强校注，第 545～546 页。
③ 《水淹龙王庙》，《晋西大众报》1941 年 9 月 13 日。
④ 《蔡家会主意出的好，破除迷信取消庙会》，《晋西大众报》1944 年 5 月 27 日。
⑤ 李景汉：《定县社会概况调查》，第 422 页。

包里掏出钱来接旧戏班子演戏，或者是串演社火和秧歌。①

抗战中后期，各根据地政府从发展地方经济的需要出发，加强了对社会影响广泛的传统庙会的组织领导，并逐渐接管了一些大庙会的领导权，使这些庙会从地方精英主持下的乡村宗教活动变成了革命政府领导下，以繁荣市场为主要目的的商业文化活动。庙会主导权的转移在很大程度上改变了庙会在乡村社会的存在状态。

设立专门的组织管理机构是革命政府领导庙会的惯常做法，通过行政化的管理，政府组织下的庙会活动不仅表现出秩序井然，而且在物资调配方面具有较大优势，各项商贸和宣传活动能够在庙会上按部就班地开展。1946 年 5 月 4 日，张家口市政府为保障当地赐儿山庙会顺利召开，在庙会前召集全市各机关团体，成立庙会管理委员会，下设治安股、宣教股、小商股、医教股、商裁判股五个股，负责庙会的各项管理工作。庙会管理委员会成立后，对庙会活动进行了整体规划，委员会成员"到赐儿山查看地形，划分地区，并与该庙和尚商讨，地区划分：演戏区、宣传区、各机关部队参观区，并设计群众休息区等等"②。1946 年 5 月底，革命政府决定恢复五台山六月会，并组织五台山各界成立了"五台山六月大会筹备委员会"，决定打通贸易路线，组织和动员私人商贾，充分调剂各种牲畜货物。③1947 年春，涉县筹备举行庙会，首先由县府民、建、教三科及县联社、各学校特指派专人组成县春季四大庙会筹备委员会，负责庙会期间的农具、种子、牲口的贸易调剂与时事卫生宣传。④政权力量的介入改变了传统庙会惯常的组织形式，在某种程度上削弱了乡村精英对地方社会的影响力，为庙会文化增加了充满政治意味的现代色彩。

1948 年初，冀中行署下发了关于恢复繁荣庙会的指示，指示要求，一切对交易和生产有关系的都要恢复。"有庙会的地方，在县工商局直接领导下，设庙会管理委员会进行筹备，并为庙会服务。城镇由工商联合会和正当商人组成，乡村由新农会集委会和对管理庙会有经验的公正人士组成。"针对过去乡村会首对庙会的组织以及借庙会敛财的行为，《指示》中特别强

---

① 李伯钊：《敌后文艺运动概况》，太行革命根据地史总编委会《太行革命根据地史料丛书：文化事业》，山西人民出版社，第 530 页。

② 《赐儿山庙会明日开始》，《晋察冀日报》1946 年 5 月 6 日。

③ 《今年五台山恢复六月大庙会》，《晋察冀日报》1946 年 5 月 30 日。

④ 《准备春耕防疫，涉县左权组织庙会》，《新华日报》（太行版）1947 年 3 月 17 日。

调，"管委会是为了便商利民的，所以旧时的一切封建剥削必须废除，一切不必要的管制也要防止"。4 月 10 日，《晋察冀日报》就各地春季庙会的领导问题进行讨论，并对如何组织庙会活动提出指导意见。"首先应建立庙会委员会，领导推动庙会工作。委员会要有具体分工：设正副主任，负责推动全面工作，下设四股，其任务是：（一）宣传股，负责庙会的宣传工作和检查旧艺人的活动。（二）募集股，负责募集庙会的必要开支。要本取于民用于民的精神，事先做预算，不能铺张浪费，事后拉清单公布账目。（三）纠察股，负责维持庙会的秩序，如庙会上打架、争吵、纠纷及维持戏台的秩序和检查不合法的行为，如抓□要钱等骗人的勾当。（四）招待股，负责招待各种任务宣传队员喝水，及远来机关吃饭住宿等。庙委会的成立，县区宣教部门应派专人去指挥。"① 从行署颁布的指示到庙会管理意见可以看出，庙会已经由乡村社会主导的民间活动成为政府领导下与经济、宣教紧密相关的革命工作。

演剧敬神是传统庙会活动中必不可少的内容，民众对庙会的热衷很大部分是源自对庙会中以演剧为代表的娱乐节目的喜爱，久而久之，有会必有戏也就成为乡村庙会的惯俗。传统社会，请戏一般由庙会组织者，即乡村领袖来安排。请戏时，乡村领袖首先会征求当地民众的意见，结合当时的戏价和物价情况，尽可能请较有名气的职业戏班来演出。由于戏为神而唱，又以娱乐乡民为目的，所以戏班演出内容多是由乡民选定的传统剧目，这样，既表达了对神灵的敬畏之心，又满足了民众的娱乐需求，这也成为庙戏受到民众热爱的主要原因。政府在掌握庙会的主导权后，从聚集人气、繁荣市场的角度出发，对庙会中的演剧部分并未一味禁止，甚至还积极组织演剧活动以活跃庙会气氛。所不同的是，随着庙台上由谁演、演什么的决定权转移到政府手中，庙戏不再简单以娱神或娱人为出发点，而要求突出革命宣传的教育意义。于是，部队剧团、乡村剧团排演的现代革命剧代替了传统旧戏活跃在村庙戏台上，庙戏在烘托会场气氛的同时，更多成为民众接受革命教育的手段。

1943 年，河北易县遭遇了严重的旱灾，群众教育工作遇到了困难，县区干部就组织了当地的几位民间艺人和高小剧团到庙会上做演讲、说大鼓、

---

① 《庙会宣传的领导问题》，《晋察冀日报》1948 年 4 月 10 日。

拉洋片、变戏法、唱歌、演戏，"内容都是配合当时生产渡荒的任务编写的，反映了群众切身的痛苦，也指出了群众应走的道路"①。同年 6 月，大众剧社也出现在了兴县龙泉寺的庙会上，演出的节目有民间形式的新剧《买卖》《十二把镰刀》《掺砂》《母女行》及坠子《王有才交公粮》等。②在 1945 年春冀晋区各县大的庙会上差不多都有剧团演戏，曲阳县半年 15 个庙会上活跃着 20 多个剧团，在下河庙会期间，各村剧团组织联合演出，有六万多名赶会的民众观看了演出。阜平县形成了每逢大庙会就进行联合公演的新传统。③ 1945 年开春，兴县组织骡马大会，作为晋绥边区直属剧社的七月剧社排演了新剧《闹对了》为大会助兴，农历四月初八兴县天台山传统庙会上，七月剧社又连续演出了六天反映时事的革命新剧，受到民众的欢迎。④ 1946 年，在张北市农历四月二十八日的万佛寺庙会上，由察北师范学校、各级妇女组织等机关学校干部 120 余人组成宣教队，进行演戏及时事宣传，极大活跃了会场气氛。5 月 20 日，阳原县举行庙会，除演出旧剧之外，完全小学学生还演出了《大生产运动》和《改造懒汉》的话剧。涞源县在恢复农历四月十八庙会时，同样安排了演剧活动以聚揽人气。⑤

从社会动员和政权建设的角度出发，共产党领导的革命政府对根据地、解放区的庙会传统表现出强烈的改造愿望，试图通过行政化手段将其纳入革命的话语体系内。从当时的媒体的宣传看，这样的改造颇具成效。然而，囿于当时的社会经济状况和战争环境，地方政府很难对乡村社会的所有庙会进行组织，而只能选择影响广泛的地区性庙会加以领导和支持。1946 年 5 月，成立不久的张家口市政府提出，为维护社会秩序，将保障本月张家口市的三个大庙会，并成立庙会管理委员会对庙会活动进行组织。⑥ 同样，涉县政府针对当地每年三四月份的四大庙会成立庙会筹备委员会，负责庙会

---

① 白瑛：《晋察冀乡村文艺运动点滴》，河北省文化厅文化志编辑办公室编《晋察冀、晋冀鲁豫乡村文艺运动史料》，河北新闻出版局，第 54 页。

② 《晋西北抗日根据地文艺活动记事》，《山西文艺史料》（第二辑），第 279 页。

③ 曼晴：《冀晋区一年来的乡村文艺》，《晋察冀、晋冀鲁豫乡村文艺运动史料》，第 58 ~ 60 页。

④ 文蔚、柳淮南：《忆晋绥七月剧社二队》，王一民、齐荣晋、笙鸣编《山西革命根据地文艺运动回忆录》，第 119 页。

⑤ 《张北、阳原、涞源庙会盛况空前》，《晋察冀日报》1946 年 6 月 8 日。

⑥ 《赐儿山庙会明天开始》，《晋察冀日报》1946 年 5 月 6 日。

期间的贸易调剂和时事卫生宣传。① 至于更多的中小庙会在很长时期依旧处于由村社组织领导的自发状态，宗教色彩仍很浓厚，民间社会也仍然对此表现出极大兴趣，甚至出现了为举办庙会与政府周旋的情形。上文提到的兴县小麻山庙会，一直以来就是由乡村社会推选的小麻山老山主会首和周围48个自然村自发组织的，"往年庙会唱三天戏，附近二十里内的五十几个村子，到四月初八正会那天，人们都闲下牛犋，去拜神看会"②。直到1948年冀中安国县五区东南各堡村祭祀龙王的庙会仍在悄悄举行。当年7月地方借政府要求地方开"七七"纪念会的机会，唱戏祭祀龙王来求雨。区公所的干部到村里后，庙会活动就停止了，干部一走，村里又唱了好几天敬神戏。③ 乡村社会对庙会传统的坚守有组织者维护其自身权威或渔利的考虑，然而主要源于民众延续原有社会秩序和生活方式的意愿。就更多乡村庙会在根据地、解放区的存在状态而言，乡村社会并没有完全失去对庙会活动的主导权，庙会对乡村社会的意义仍然是复杂而多元的。

繁荣市场，发展地方经济，开展社会动员工作，是根据地建立后，共产党领导的革命政府恢复和组织庙会活动的初衷。政府在复兴传统庙会的过程中，试图抽离庙会原有的民俗文化脉络，赋予其政治新貌。在官方的思维模式下，庙会上的烧香祈福、吃喝游戏、敬神演戏等活动被认为是迷信、浪费的行为，物资交易成为庙会的最主要内容，政府组织的文教宣传、科普展览、革命剧演出活跃在会场内外。于是，庙会的经济功能被放大了，原有的信仰和娱乐功能被削弱了，组织庙会逐渐成为革命政府实现乡村治理的手段之一。正如民俗学家高丙中所指出的，民间社会常常主动接纳官方的信仰符号，而国家也会征用曾被否定的民间信仰仪式。在国家与社会的仪式互动中的民间信仰的复兴，实际上就是自下而上的符号借用和自上而下的"治理"演练过程。④ 这种对传统文化的政治性改造随着革命政权的巩固不断被强化，长久以来，各地政府组织下所谓"文化搭台，经济唱戏"的活动随处可见。当然，在政权力量对传统庙会的改造中并非没有阻力。

---

① 《准备春耕防疫，涉县左权组织庙会》，《新华日报》（太行版）1947年3月17日。

② 《蔡家会主意出的好　破除迷信取消庙会》，《晋西大众报》1944年5月27日。

③ 《不该借着七七，求雨唱戏》，《冀中群众报》1948年7月20日。

④ 参见高丙中《民间的仪式与国家的在场》，《北京大学学报》（哲学社会科学版）2001年第1期。

作为沿袭已久，并被赋予多重功能的民俗事项，庙会在民众日常生活中占据重要地位，并非简单的商品交易所能涵盖。民间社会对传统的坚守和政府的改造长期并存，并在会场内外表现为既合作又对抗的张力。也正是由于这种张力的存在，使得庙会原有的民俗文化的某些特点在乡村社会得以保留，而一旦公权力对地方公共文化空间的控制有所减弱，庙会必然会再次回归到由地方社会主导的民间宗教节日中来。事实上，无论是战争时期共产党领导的革命政府对庙会的改造性恢复，还是 20 世纪 80 年代以来庙会作为宗教节日的再次复兴，其背后无不体现了国家与社会互动关系的调整与变化。

追求大历史与个体生命的融合

——社会文化史研究方法探析

李慧波[*]

本文聚焦于新中国成立初期乡村女教师的职业生涯，运用生命历程分析框架探究新中国成立之初乡村女教师群体的职业进入、流动与变换的路径及其影响因素。研究发现，个人、组织与环境，在乡村女教师的职业生涯中发挥着错综复杂的作用。笔者认为，研究社会文化史应该引入生命历程的概念，进而将人的主观能动性、历史时空观、生活时机及相互关联的生活与个体的生命历程发展联系起来。

一 选题缘由

新中国成立前的小学教师主要由初等师范学校培养。20 世纪 50 年代以后，取消了初等师范学校，小学教师主要由中等师范学校培养。当然也有很多地方的小学教师是由具有一定文化程度但没有经过中等师范学校培养的人来担任的。本文选择的是新中国成立之初从事乡村教育工作的女教师群体。根据"出生队列"的概念来看，个体在出生时间所处的历史时代中的位置，一组人群共同构成了一个出生队列。将此定义进行延伸，新中国成立之初从事乡村教育工作的女教师群体也可作为一个队列。这批乡村教师一般都出生在 20 世纪 30 年代末 40 世纪初。这个出生队列意味着她们的童年经历的是战乱、饥荒和动荡。新中国成立之初，她们刚刚从动荡的环

---

* 李慧波，中华女子学院图书馆馆员。

境中稳定下来。新的社会时机为其生命历程创造了一个新的环境。本文根据她们职业发展情况来看，她们有的在不同的乡村之间流动，有的则离开乡村。离开乡村有两种类型：转到城市工作和转行。前者仍然留在教育行业内；后者则是彻底地离开教师行业，去其他机构就职。不管是哪种类型，个体的职业生涯都发生了转变。坚守或离开虽然只是个体一时的理性决策，但这种选择的背后却与女教师长期的职业状态有着密切的关系。这正是本文以生命历程的研究途径探讨乡村女教师职业生涯的原因。所谓生命历程，艾尔德①说，是"个体在一生中会不断扮演社会规定的角色和事件，这些角色或事件的顺序是按龄阶②排列的"。龄阶或龄级角色随着时间变化而出现，并受到文化和社会变迁影响。个人生命历程的范围可从多个层面来探讨，职业生涯也是其中的一个重要面向，乡村女教师的职业路径及各种影响职业生涯转变的因素均会在其个人的生命历程中显现出来。简单来说，职业生涯就是一个人从首次参加工作开始的所有的工作活动与工作经历按时间顺序组成的那个过程，是个人在职业发展过程中的流动和分层。它既是一个过程也是一种结构：从过程来看，职业生涯包括了教育、职业进入、职业发展策略、职业流动与升迁和最终的职业位置；从结构来看，职业生涯是人们在职业发展过程中占有的社会位置。③ 本文对调查乡村女教师职业生涯的研究采用的是生命历程分析框架，它强调分析运动着的工作过程，即随着时间的推移，人们的职业位置如何经过个人的能动性参与而实现了一系列的社会角色和社会地位，它包括了人们的成长过程、受教育过程、职业社会化过程以及人们进入的最初职业和每次的职业变动与升迁过程。④ 借鉴这一分析框架，本文把乡村女教师的职业生涯简化为四个过程：第一是职业进入过程，即她们如何开始从事小学教育工作的；第二是其进入乡村就职的原因；第三是职业流动过程，即分析她们如何在不同的学校间流动；第四是职业转变过程，即分析她们如何离开乡村教师工作岗位的。以此来探讨这个群体在国家话语，政治理论嵌入她们的日常生活中，她们在教育

---

① 他的代表作还有《生命历程动力学》《动乱时代的家庭》《时空中的儿童》《在环境中审视生活》《生命历程研究方法》《孩子们的土地：美国农村儿童的逆境与成功》。
② 龄阶或龄级在社会学和人类学领域是指一种组织形式，以生命历程一系列年龄分类形式出现，如"知青""80后"。
③ 佟新：《职业生涯研究》，《社会学研究》2001年第1期。
④ 同上。

教学以及个体生活中遇到了哪些困境，除了概括上述四种过程的一般路径外，本文还将讨论影响乡村女教师选择与放弃从事乡村教学工作的诸多因素。在此基础上，笔者试探索社会文化史的研究方法，即如何实现大历史与个体生命的融合。本文的研究资料来源于中华女子学院中国女性图书馆所收藏的口述史资料。以 70 岁以上、从事乡村教师行业的女性的口述资料为研究依据。

二　乡村女教师的职业生涯路径

（一）崔淑英（1945 年出生于北京市怀柔区北房镇安各庄村）

（1）职业进入：我 1964 年 7 月初中毕业以后就上通县师范学校了。当时本来我想上大学来着，我上师范还是因为家里条件困难，我爸爸也岁数大了，他就说，"谁挣钱了，你问他，供你，你就上大学，不供你，你就上师范吧。"另外，我哥我姐工作了，也是老师，他们就说上师范吧，我就上师范了。

（2）职业流动：我丈夫在部队。当时是两年见一次面。1971 年，他退伍了，转业到上海的海上地质队，也是长期处于两地分居，只能靠通信。当时一般在山里待时间长的就该往回调了，不像现在说什么合同制，要多少年以后才可以。假如领导来巡查，你提示提示，说我该回去了，没准儿就因为这句话就回来了，也不用递申请。我跟领导说："我都（在这儿）好几年了，这孩子都这么大了，回家也好有人看着。"就给我调回去了，就那么一句话。后来我从七道河小学调到了宰相庄小学，那是为了孩子，孩子刚一周多，属于生活照顾，从山区调平原，我自己递的申请，申请完了，然后再批。后来，到 1976 年，因为中学缺数学老师，我在中学的时候数学比较好，起码在前三名，所以教我数学的老师就推荐我上罗山中学教数学了……1980 年初到 1982 年，我又从宰相庄中学调到了宰相庄小学。我是第一年教了一个"大五"毕业班，教数学、语文，还当班主任。那时候教材就给安排到五年，它给你安排什么就是什么……我 1982 年从宰相庄小学又调到东关小学。1984 年我调到南关小学工作了 5 年……1989 年整个南关（小学）、东关（小学）要合并，合并成怀柔镇中心小学。

（二）郭素琴（1938 年出生于长春河西）

（1）职业进入：1956 年我初中毕业正好赶上文字改革汉字简化，如果不上就相当于白学了，要是学呢就得花钱，挺闹心（困扰）的。老师说我的条件上高中是可以的，最后给我出主意上师范院校。那时候我并不愿意当老师，但是师范院校不要钱啊，也就上了。我比较野，喜欢地质和游山玩水啊。上了两个月后要求退学，退了三次也没给退。主要是因为我学习好，另外我美术、体育什么的全面发展。我就又硬着头皮念下去。

（2）职业转变：我 1959 年从师范院校毕业开始当老师，当时我在师范院校念了两年，正好需要大专生，就参加了一年的速成班，之后分配在长春当老师。我那时候是优秀辅导员、优秀教师，二道河子文教部部长经常去听我讲课。……"文化大革命"的时候我就离开了教师界，到工厂上班。自行车有里胎和外胎，我就在制造里胎的车间工作。

（三）章碧云（20 世纪 40 年代出生）

（1）职业进入：我家公（外公）原来教私塾，是个秀才。我妈妈都没有念书，我家公讲女孩子念书念得没有用。我妈妈两个兄弟都认得字。他根本不教女孩子。而我父亲比较赞成女孩子读书。他讲，一个女孩子不进女师（女子师范学校）就进女职（女子职业学校）。那时候没有解放，我父亲还是思想进步的。当时，我父亲给我们姊妹几个都找个事情容易得很，他不要我们做事，女的一般在行政上各方面做事哦，那叫"花瓶"，是摆着看的。所以，我姐姐和我们才没有出去工作。公安干校我也考取了，公安干校要在南京学习，我家里不同意，我妈妈不同意，我妈妈讲当警察做什么事呢，算了算了，哪有女的当警察哦。所以，考取了师范。

（2）分配到乡村原因

我在安庆师范的时候，我在女生当中不算差的。我分配工作的时候，我跟一个同学很要好，她跟一个同学谈恋爱，我们那个队长就找我去问她的情况。我当时吓得要命，我说，"那我不晓得"。他就讲我包庇。当时真是不根据实际情况，她谈恋爱，问我情况，应该问她去啊，人的思想（怎么这样）。以后分配工作的时候，分配到安庆市的没有我……文教局的科员就最后一个说，"岳西也是中国的大陆，分到岳西也是一样，岳西的有，章碧云"。我们同学就跟队长讲，"你这个分配不大很公平，章碧云你不能分啊，她学习条件好得很，又是军属，各个方面条件好的很。"队长说，"那我们就在这里面（办公室）待着，她要是不愿意可以来跟我们讲，我们再给她换地方"。有个同学就推了我一下，讲"你到办公室里去，方队长在办公室里坐着，你何必呢，分到岳西，那个大山区去做什么事呢，你尽早去换一下"。我说："我不去，岳西不也是中国大陆啊。"我个性强，我说我到岳西去。我那个同学作风极不正派……搞到了岳西去。当时真是不根据实际情况，她谈恋爱，问我情况，应该问她去啊……我母亲讲，到岳西去就不去，考试的机会多得很。机会确实多得很，以后我姐姐还考了银行，但我还坚决去了。

（四）郑素芸（20世纪40年代出生）

（1）职业进入：到第三年的时候，学校取消大专班，我们又改成中专班。面向小学，开始学习手工劳动、唱歌、体育。

（2）分配到乡村原因：1963年6月，三年的师范生活结束了。正赶上"精简下放，充实提高"的国家政策，在人员下放、机构精简的情况下，我们的毕业分配遇到了困难。我是第一批分配的，被分到姚王庄小学。

（3）职业流动：1963年6月，我被分到姚王庄小学，在那待的时间不长，正赶上放秋假，工委调整老师，就把我调到了南圈小学。

（4）职业转变：南圈小学没有科班出身的老师，在每年的小学升初中考试中都没有升学率，基本上一个人也考不上。我是真正的滦师毕业，教学教法都学过，音体美各方面都会。到这以后，让我接六年级，当时六年级已经上了一个月的课，又面临着考学。接手以后校长让我先搞一次摸底测验，我就出了几个题摸底，当我订正题的时候，有个学生就举手了，"老师，你做错了！"我一看，没有错，就说没错啊，"那，张老师这么着做的，你看……"本儿就拿来了。我拿过本子一看，张老师让他们做的题根本就不对，咱又不能说张老师错，我就说"你就照着我这个做！"学生们聪明的很，看我语气这么坚定就明白怎么回事了，下课往外一走，他们就喊"啊，张老师教错了"，我一把抓住他，我说"你说什么呢？"他小眼睛瞪着我，我说"不能说这个话啊！"孩子们都很聪明，就不说了。从那以后我的威信就建立起来了，下课的时候我教他们唱歌，还教他们打少年初级拳，还教他们其他的，弄得非常热闹。后来，体育运动会我们班第一，音乐比赛也是第一，整个班级的学习热情都上来了，学生们学得非常认真。到升初中考试的时候，我们班 36 个学生考上了 18 个，50% 的升学率，仅次于滦南县第一实验小学，全县排名第二。紧接着文教局派人找我写材料，问我有什么经验，我也说不出什么经验来，就是让干什么就干什么。后来他们会总结，又总结经验又出简报。正逢团中央召开"九大"，选拔年轻团干部，向教育上要人，他们觉得我这个人挺年轻，工作业绩这么大，正好提拔脱产当干部，就把我推荐到团县委工作了。

（五）虞庆荷（1934 年生于江苏盐城）

（1）职业进入：我们虞家是盐城的书香门第。我四个爷爷，三个是秀才，一个是举人。大爷爷是举人……父亲年轻时到我妈妈那个村上去教书，那时叫私塾。父亲曾经叫我学医生。盐城有个祖辈就开牙科搞镶牙的医生叫尤洁兰，我父亲跟她讲过让我学医，她也接受，我就去了。那天，有个病人睡在椅子上准备要拔一个牙，我站在旁边，听到"咯嗒"一声，就看到鲜血从那人嘴里流下来了。我一吓，就倒在了地上。我晕血，把尤大姑奶奶吓死了。之后，父亲叫我去学裁缝，也跟人家讲好了。我不愿意学，叫我去，我不去。1951 年，我叔叔叫我到上海去进工厂，但是在那块儿等了好长时间，那个工厂也没招工。我父亲就把我送到崇明岛一个姓高的大地主家。他的女婿在文汇报当总编，生了儿子，叫我去抱。我后来告诉我父亲，我还是回盐城。1952 年 2 月，盐城市教育局招考小学教师，我没有告诉父亲，偷偷地去考了。医生不能做，裁缝不能做，做会计我算账不行，所以我只能做教师，有家庭遗传。

（2）分配到乡村原因：考试后，过了几天，就接到通知，叫我到盐城县大岗区孙英小学去报到。人家都分在城市里，把我分在农村。为什么把我分到那里？因为我父亲有一段在国民党里的历史，但是他是文职人员，没有血债，没有打过仗，没有害过人。

（3）职业流动：孙英小学是一个双校，就是复式教学。一个教室里有几个年级。一年级二年级三年级四年级，你教过一年级再教二年级，教过二年级再教三年级，一个动一个静……后来我们区里教育局的领导叫我去考盐城师范。我去考，考取了。第二次教书是我 1956 年盐城师范毕业，分到曹庙小学。曹庙小学是完小。

（4）职业转变：结婚后，丈夫在南京工作，我要调到南京教育厅，因为我在那个地方教得很好，省教育厅三次公函去调，盐城县都不放。后来因为我已经怀孕，我爱人刘兆年到盐城去，把盐城县县长、教育局局长、盐城市纪委主任一起找来，在盐城市政府招待所请了一桌饭，当场拍板放人。

（六）高春英：（1942 年生于河北省唐山市滦南县）

（1）职业进入：人各有志，人还要有自知之明。三年高中结束了，我为了满足妈妈的心愿，没有再参加高考，而是毅然决然地想回家务农到终生。到家后没过多久，正赶上全国第一次人口普查工作在各地展开，我就被大队安排在队里投入了人口普查的行列之中，在每天紧张而繁忙有序的人口普查期间，在大队里我见到了"河北滦师"招生通知书，条件明确：凡往届、本届高中毕业生均可参加考试，培训时间一年，毕业后即可分配到教育战线工作。当时的我高兴极了，这真是天助我也！我常想"人，不仅做梦，还在追梦、圆梦"。毫不例外的我，从小一直梦想当一名女教师，好永远带给孩子们欢乐、温馨、舒畅。但这梦直到 1964 年 10 月我被河北滦师录取后才变为现实。

（2）职业流动：1969 年，我就回到乡下学校任教，1971 年 1 月，到了女儿一周岁后稍大点了，能吃点东西了，我调到离本村三里地的四贾庄学校任教中学课程——数学。我为了不动老人、孩子，就甘愿自己辛苦了。每天我早五点半就起床去学校备课、写教案，6 点到 7 点，回家吃了早饭，又返回学校教课。中午返回家边吃饭边喂孩子。等下午放学回家吃了晚饭，又返回学校处理学生作业或备课到 9 点钟回家。就这样日复一日地干到 10 月份，工作又变动了——我被调入离婆家三里地的司各庄中学任教高中政治课。由于高中生活紧张，我和女儿就住在学校的宿舍了。1973 年春，爱人部队复员了（当年在部队是连级干部，到 1979 年复员改转业），那时的政策是女方有工作的，男方可给照顾安排工作。因此，爱人被安排到县城交通局工作（后调转新华书店、县统计局），我仍在乡下任教。虽然由部队转回来，但由于两地分居，还是帮不了我生活上的大忙。没办法，还只能在妈妈的帮护下，我的工作才转战南北。在六年里，在本公社范围内，我走遍了五个学校，真可谓"固定的学校，流水的教员"。妈妈跟着我，带着两个年幼无知的孩子东奔西走。1976 年春，我调到司各庄公社的贾林子小学负责任教，全校有教师七人（我在内），学生近 200 人，我本想在本村安家，虽离本村三里地，但每天往返三遍，途中有大沙岗、坟墓。尤其是坟墓，晚上返家时，很是害怕。

（3）职业转变：我在安各庄小学、和尚坨小学、司各庄小学、司各庄中学都教过，母亲帮我照顾孩子……每天回家会路过乱坟岗，每经过此地，头发根就像竖起来似的。我忍受不了惊吓，妈妈干脆决定我们娘四个就由家搬到学校的一间宿舍吃住了。1976年年底，我和老伴儿到一块了，我最初被借调到县委办公室档案馆做文书的分类、归纳、抄写、装订入库的工作。1980年10月，我被调到物资局工作。这时，我的教师生涯才算真正结束，工作从教育战线上调到行政单位了。

（七）江女士（1939 年出生于南京郊区）

（1）职业进入：初中毕业以后就没有条件上高中了，我是1958年初中毕业的，我们没有考取学校的人全部分配工作，当时有好多工作的，好多同学都分到南京，邮电局也叫我去，但是工资只有12块钱一个月，而做代课教师是24块钱一个月，我考虑到家里的经济条件，就当了代课教师。再一个，到邮电局工作要先到南京参加培训。我陪一个同学去邮电局报到的，就是我们六合的邮电局，王局长就把我的名字写上去，非要叫我到南京去培训。我说我真的不能去，因为我家里没有母亲，底下还有一个弟弟、一个妹妹都很小，没有读书，要是我到农村当了小学教师，就可以把弟弟妹妹带出来读书了。

（2）职业流动：我在弥陀庵小学大概待了一年，1958年不是大跃进吗？草塘公社就跟马鞍公社两个合并起来，把中心小学摆在七里。七里就是农村的一个地名，离六合有七里路，现在火车站就在那个地方。公社内部每学期都有调动，有的是为了教师家靠得近些，交通方便些，大部分是农村的老师，他们要靠到自己家（附近）。有时候是根据这学期学生人数，这个学校毕业班的人多，招进来的老师少，那么就要从附近调（老师），因为国家是按（根据）整个公社就给你多少教师的。好像是1959、1960年了，就把我调到中心小学去了。

（3）职业转变：我在钟林小学一直做到1980年，后来我家老头在南京，我就调到南京来了。回南京来还有一个原因，我们家在鼓楼，老大在鼓楼街上学，那里车子多，他一年级放了学跟着人家小孩，看到人家小孩在路上捡牙膏皮什么东西的，鼓楼街有个收破烂的，他也晓得捡了拿去卖，有钱就去摸彩了，摸到就有东西，摸不到就给一个小糖吃。人家说这样要把小孩带坏了，那没办法，我只有来，本来我是想到退休以后才来的。我就在学校里头的附校部搞后勤，这样的转变我也无所谓，又回不去了，就硬着头皮干下去吧，为了两个孩子要上学。反正既来之，则安之了。

（八）姚桂芝（**1941 年出生于内蒙古孤山子乡蒙头沟村**）

（1）职业进入：由于我的记性好，考试时文科全达到七八十分，由于数学不好也没参加高中考试就回到家乡了。大庙学校缺老师，我被录用成代课教师。

（2）职业流动：1963 年，我老伴被调到韩家营小学工作，可当时的校长是他叔伯二舅，却非让他到韩家营不可，原因是我们俩两地生活，最重要的是韩家营是平川，土地肥沃，想让我老伴到韩家营在岳父的帮助下建立一个家。不成想他拿着通知书到韩家营来上班时，却遭到我两个过房哥哥的强烈反对，他们认为我老伴是和他们争夺我家家产的，我爸爸也极力反对他调来，回来后，好的地方已经满了，只有一个地方——铁匠炉学校还没有人。因为这个地方偏僻、荒凉，我丈夫也只好去了。他又来到韩家营子，把这种情况跟我说了，最后他说："你愿意不愿意跟我上铁匠炉？"我当时就毫不犹豫地说："我愿意！"他说："我听人说那个地方又复杂又艰苦！"我说："我宁愿跟你一起吃苦。"我老伴说："可民办老师就丢了。"我说："丢就丢。"我们在铁匠炉待了两年，又把他调回大庙教学，不久大庙学校缺老师，我被录用成代课教师，孩子由我母亲给我看着。直到 1973 年，我父亲的气管炎严重了，学校领导听说这种情况后，才把我调回韩家营，一方面教学，另一方面也可照顾我的父亲。我老伴离我家十几里地，在另一个大队教学。1985 年，我老头调到城里县直属唯一的一所公办小学当校长，我也跟着调进这所学校教学。

（九）李丽华（**1930 年生于颍河**）

（1）职业进入：我父母有文化，对小孩上学比较重视……外祖父是日本东京早稻田大学毕业的……我母亲也愿意子女上学，在三农第二临时中学，我考了第一名……我们这（样的）封建家庭教育就想上大学……高二（时），（正值）四八年解放了，就没有再上学。我的母亲思想很解放，1950年就带着我到乡政府，介绍（我）到区里头去参加教育工作。

（2）职业转变：我在小学教师岗位上历经两个春秋，先后在中江庙小学，江口集完小，翠岗集完小教了两年的书。1951 年的下半年，一次抽调文艺教师汇演，那一次我演了歌剧，还有话剧《母亲的心》，就是（母亲）送儿子参加抗美援朝。那时候我才 20 岁，演了一个老太婆，很形象，后来（在）这个县城（有一定影响），领导就把我从教师岗位上（调出），留在县文化馆工作，在那里搞图书管理，搞广播。

（十）刘春香（1938 年出生在北京房山）

（1）职业进入：我 12 岁上的学，五年级我是在涿州上的，离家特近，五六里地，天天来回跑，还得拿干粮……我数学差，没练起来……五年级以后就得考中学了。我报考的是铁中，因为叔叔家的哥哥在铁路上，就上那考去了……考完试以后也没考上就教书工作了，不过也是自己一直在家里看书。最开始的时候是教幼儿园，就是大队办的那么个班……我们那时候有函授学校，就上函校，后来就上后师，后师就相当于中专吧……那段时间我就一直都是白天给孩子们上课，晚上去函校上课学习……后来学校变成是民办国助，一半民一半国，队上给你记点分，国家再给你发点钱……后来我被调到南卢村教书了……我 1975 年那时候就转正了，整个保定地区教育局给了五个转正的指标，我们学校就给我一个人转正了。

（2）职业转变：我在老家教书，我爱人在北京……放假了我就带着孩子去北京看他。我教书教了 15 年吧，1976 年，我就到北京了。到北京来了以后就不教书了，在医院档案处搞行政，管病历，还有统计。

（十一）胡文荣（20 世纪 30 年代出生）

（1）职业进入：我的第一理想一开始是当一个康拜因（拖拉机）手。然后知道了有列车，我就要当女列车员，后来去看了《董存瑞》，我要像董存瑞一样炸碉堡，我的理想那时候最多，变化最快，但是从四年级我就定下自己的理想了，愿意做一个乡村女教师。那时候有一个苏联《乡村女教师》那个电影，老师带着看过，所以给我的一个启发。再加上我母亲是老师，所以我自己就是特别愿意去做老师。

通过以上口述资料，我们发现女教师的职业进入主要因素有以下几方面。第一，选择进入师范学校学习是因为家庭困难。如口述资料中的崔淑英、郭素琴，她们上师范学校的主要原因是由于家庭困难。第二，乡村女教师在当初选择自己未来的职业时，受家庭的影响非常大。如崔淑英的哥哥和姐姐都是老师，胡文荣的母亲是教师，这对她们的职业选择有一定的影响。章碧云的父亲虽然赞成女孩子读书，却认为女孩子只有在女子师范或职业学校才是最好的选择，而一般的行政工作，类似于"花瓶"。母亲却认为，女性不可以当警察。这些思想都在左右一个刚刚步入青春期的女孩子的选择，另外，这也能窥视出当时社会对女性从业所持有的态度。第三，受社会环境影响。如胡文荣看了苏联《乡村女教师》的电影后，深受启发，在其理想变化最快的阶段最终选择了教师这份职业。第四，受制度政策的影响。如郑素芸女士，本来是上大专班，由于政策的变化，而改变了职业取向。第五，个人的选择也很重要。如虞庆荷女士，在从事教师行业之前，曾尝试学医、学裁缝……但都没有成功，最后自己去报考了小学教师这个职位。第六，生活时机的因素。生活时机指的是在生命历程中变迁所发生的社会时机。如高春英女士，在国家号召回农村的时代，毅然决定要当一辈子农民。但意外发现"河北滦师"招生通知后，如愿以偿考取，并当上一名教师。用她的话来说，"人，不仅做梦，还在追梦、圆梦"。可见，女性个人选择也很重要。

我国是一个农业大国。乡村教师的职业特点是所处环境较差，条件艰苦。而且她们在结婚后，特别是生育之后，由于与爱人长时间两地分居，承担了几乎全部的家庭责任，这使得她们承受更大的社会心理压力。一般而言，通过口述资料我们发现，女教师进入乡村一线教学主要因素有以下几方面。第一，环境因素的影响。如章碧云女士，在那个"极左"的年代，由于没有向队长汇报女同学谈恋爱状况，而被认为是包庇。最终被分配在边远的山区。第二，政策变动。如郑素芸女士，正赶上"精简下放，充实提高"的国家政策，被分到了乡村小学。第三，个体的性格。如章碧云女士，队长说在办公室等她，其实就是要她一个服软的态度。但她在自己没有任何错误的情况下，不愿意低头，最终去了岳西。第四，政治原因。历史时空原理认为，在经受巨大变迁的社会中，对于出生在不同年代的人，呈现在他们面前的社会情景是不同的，因而个体所拥有的社会机会和个体所受到的社会限制也是不同的。如虞庆荷女士，由于她的父亲在国民党有一段工作经历，因此其他同学被分配到城市，她却只能到农村。第五，经济原因。如江女士在初中毕业后，在面临着诸多职业选择的情况下，她选择了工资相对较高的代课教师工作。第六，家庭原因。如江女士选择当乡村教师，希望照顾弟弟妹妹，使他们能受到教育。第七，机遇。如姚桂芝女士，高中毕业后没有参加高考就回农村了，正赶上乡村缺代课老师就上任了。第八，时代原因，新中国成立初期，乡村教师非常匮乏，李丽华由于之前读过高中，有一定的文化知识能够胜任这份工作，所以她被介绍到乡政府后，就走上了教师岗位。

不同学校间的流动已成为乡村女教师职业生涯的一种常态。很少有人会一直待在她们最初进入的学校里工作。由以上口述资料可知，乡村女教师的职业流动，形式分为主动流动和被动流动。前者包括为了获得更高的平台或为了家庭生活等原因。如崔淑英女士，由于夫妻常年分居，从山区乡村小学调到平原乡村小学完全是为了照顾孩子。姚桂芝女士的职业流动原因先是由于随丈夫工作变动，后来职业流动是为了照顾生病的父亲，再后来是由于丈夫工作变动而被调到县直小学。前两次职业流动基本是平级流动，第一次变动还一度失去工作。第三次变动在一定程度上来说是获得了更高的平台。被动职业流动主要是根据教学需要接受组织的安排，可能是获得更高的平台，也可能只是根据需要平级调动。如虞庆荷女士，在复式教学若干年后，考取盐城师范学校，回来后，被分到了一所完小——曹庙小学。从复式教学的学校到完小，在一定程度上来说是获得了更高的平台。江女士被调到中心小学是由于这所学校缺少教师，一定程度上也是获得了更高的平台。郑素芸女士是由工委调整被调到另外一所乡村小学。崔淑英女士在抚养孩子阶段主动申请调动，到1976年之后，是在组织的安排下进行职业流动的。她曾经一度在中学任教，后来又回到小学，完全是根据需要而实现职业流动的。在特定的社会体制下，每个人必须依附于一定的组织才能生存，这也决定了每个人必须依托于一定的组织才能扮演自己的角色。可以说，组织提供了每个人的必要资源，同时也约束与控制着个人行为。无论是女教师的职业流动还是职业转变，我们看到组织因素会影响个人职业生涯的转变，极大地决定个人的命运和前途。

与职业流动只是转变工作单位，在新的平台上继续从事教育工作不同，有些乡村女教师是从乡村女教师的发展生涯中自愿或非自愿地转换工作或者调整工作角色。女教师的职业转变一般而言有以下几种：第一，由于家庭原因。不管这些新中国成立初期从业的乡村女教师选择职业的动机是什么，进入教师岗位后，她们面对的环境基本相似。然而当她们结婚生子后，种种因素带来的"困惑感"会极大地干扰她们对于这份职业的坚持。其实这反映出了农村教师性别结构的失衡，也是制约女教师自身发展的一个重要因素。我们看到，多数乡村女教师不会选择同行业者，而是选择军人、医生等职业群体为配偶。这样造成了两地分居状况。如为了与家人团聚或孩子上学等，主动寻找机会转业。如虞庆荷女士，她是一名出类拔萃的教师，由于丈夫在南京工作，夫妻两地分居，再加上怀孕，而通过多次协调才离开。江女士由于夫妻分居，更主要的是无人照顾孩子，为了孩子，尽管她非常喜欢教师工作，但还是硬着头皮转到了行政岗位。刘春香女士也是由于夫妻两地分居，而调离教师岗位到医院搞行政工作。高春英女士也是由于夫妻分居，在乡村教书的岁月里，孩子都是由她的母亲来照顾，在15年教书生涯后，最后决定到县城与丈夫团聚。第二，由于个人业务能力强，或其他特长而在组织内获得提拔或升迁。如郑素芸女士，虽然刚参加工作，但由于工作业绩大而被调到团县委工作。李丽华女士由于参加教师文艺汇演展示出自己的表演才能后被调到县文化馆。人的主观能动性原理认为，人在社会生活中所做出的选择除了受到情景的影响之外，还受到个人的经历和个性心理与行为特征的影响。个体差异和环境之间的互动产生出个体的行为表现，所以人的能动作用和自我选择过程对于理解生命历程具有重要意义。有的人能够具有追求既定目标的恒心和毅力，在工作和人际交往中都表现杰出。一个人如果能够充分地发挥个人能动作用，在生命历程中更能获得满足感，获得了更高的平台。这些都深刻地说明个人能动作用在生命历程研究中的重要意义。第三，还有环境因素。如郭素琴女士，虽然在教师岗位非常优秀，但在"文化大革命"时期却去工厂当工人。在"文化大革命"期间，教师与工人这两个职位相比，后者的地位较高，郭素琴从教师岗位调到工厂对其个人来说是获得了更高的社会认可度。可见，社会环境对人们职业生涯乃至人生发展都有着重大影响。个体会权衡自己所处的大环境下的政策要求及发展方向，以更好地寻求各种发展机会及道路。

从上述乡村女教师职业生涯的分析可知，乡村女教师职业生涯的影响因素，既包括个人因素，也包括组织因素，还包括环境因素。个人、组织与环境纠结在一起，在乡村女教师的职业生涯中发挥着错综复杂的作用。让乡村女教师能够安居、安心、乐业需要多方面配合。

三　追求大历史与个体生命的融合

我们之所以关注历史时空，是因为我们知道一旦个人置身于一定的历史情景之中，历史事件和环境对人的影响就必须加以考虑。个体出生的年代就决定了他/她基本与某种历史力量联系起来，个体的生命历程被终生的历史所嵌入和塑造。因此，把个人置于一定的历史情境中，由此出发去关注历史事件和环境对人的影响，这是我们进行历史研究的一个共识。

在社会历史发展过程中，个人的生命历程是构成宏大历史事件的片段，这些散落在不同人身上的历史碎片勾勒出历史发展的脉络，大历史就是由个人生命史的"小历史"构成的。一个个个体的生命史传达出特殊历史时期的社会风貌和人的精神，对社会精神与记忆的再现是个人生命史样本对社会历史最鲜活的再现。经由生命历程的研究，理解个人与历史社会脉络的互动关系，我们才能理解个体行动所面对的限制与出路。如江女士选择到乡村教书是因为工资高，弟弟妹妹可以在自己所处的小学上学。而章碧云女士当乡村教师除了环境因素外，还有就是她极强的个性，不服软。即使母亲劝说，还有其他机会也无动于衷。这些可能需要进入个人的生命故事才能得到。如章碧云女士的外公，虽然是个读书人，但不赞成女孩子读书。他的父亲和他的外公进行思想上的博弈之后，她才如愿以偿。高春英女士长期与丈夫两地分居，又忙于教学，这种情况下，只能牺牲另一位女性——她母亲来帮忙照顾孩子。可见，女性在生存和发展空间中处于劣势地位。当然，我们的最终目的并不是要获得这些信息，而是要通过个体的生命历程发现整个事情发生的来龙去脉，从偶然因素中寻求必然因素，从其家庭背景、成长环境、个人际遇去寻求必然结果。如李丽华女士，她的母亲受过良好的教育，有文化，非常支持她接受教育，她说"我的母亲思想很解放"说明两个层面的含义，一方面，说明个体能否受到良好的教育与家庭中的女性长辈有关；另一方面，当时对女性就业人们持有偏见，至少说明从业的女性不是太多。从表面上看个体生命历程的变迁，往往还与特定的生活事件有关。它有可能会改变个体的生命轨迹。如高春英女士，在大队意外发现了"河北滦师"招生通知。在信息比较闭塞的时代，这无疑给其指明了一条新的出路。其实，当时农村人的文化水平普遍低下，由于其文化程度较他人而言较高，所以被大队安排了人口普查工作，在大队的意外发现改变了她的出路。她由于在文化程度上有着充分的优势，即使没有发现这份通知，她还会有比其他人获得更多资源的机会。可见社会时机对个体发展的实时影响这种偶然性其实也是一种必然性。探讨个人赋予意义的空间，可以帮助我们扩大研究的视域，当我们的研究扩展个人赋予意义的空间，便会得知他们的态度和认知的转变。傅衣凌曾强调，"把活材料与死文字结合起来"的研究方法，社会文化史研究者也应该在心智上和情感上回到历史现场，发现更多的真实意涵。通过获得其生命历史的方法来"深入事实内部"，探究其背后的意义，将主观与客观方面的意义挖掘到更深的层次。换句话说，即建立生命模式和社会历史变化之间的互动关系，实现大历史与个体生命的最佳契合。进而，口述历史和个人生命史的史学联系就产生了，即以个人生命史为纵坐标，以历史事件为横坐标，将个人命运与历史变迁交织在一起，构成对历史的整体呈现。口述历史和个人生命史的史学联系是对整体史观的展现，在进行个人生命史样本的采集过程中，将它们结合在一起的第一步就是，去理解口述人的人生，然后从人生里看故事，从故事里看事件，再从事件里看历史。

1948 年，美国历史学者艾伦·内文斯在哥伦比亚大学建立了口述历史研究中心。从那时起，口述历史就成为了现代史学研究的一部分。许多曾经被边缘化的普通人的经历、记忆和思想开始受到关注。而且我们现当代社会文化学就是关注"社会生活[①]与其内在观念形态之间相互关系及其形成新知识体系的学科"[②]，即在关注政治史、精英史和上层社会史的同时，也开始关注民众史、个体史及社会生活史，把真正的民众个体关怀变为史学的一个重要功能，进而体现史学的致用态度和实用价值。但是我们知道，人们的生活是繁杂的、多元的，尽管我们也知道需要运用多学科交叉综合探讨。但是从什么角度去运用这些方法来关注社会生活才能使得我们的研

---

①　社会生活是人们在以生产为前提而形成的各种人际关系的基础上，为了维系生命和不断改善生存质量而进行的一切活动的综合。梁景和主编《社会生活探索——以性别文化等为中心》，首都师范大学出版社，序言，第 2 页。

②　梁景和主编《社会生活探索——以性别文化等为中心》，首都师范大学出版社，序言，第 2 页。

究更为深入？这就成为我思考的重心。在研究中，我试着从生命史的角度来研究社会文化史。

首先，从"人"的角度而言，对个人生命史的采集和研究展现出人文关怀精神。在生命史的采访中，受访者是叙事的中心，叙述以线形结构为主，即受访者一般以自己的经历为线索叙述历史事件的发展脉络。特定历史事件或一段特定历史时间的亲历者是由许多人构成的，而这些人处在其中的不同阶段，又由于个人主观感受等因素的不同，在回忆和叙述时，对历史事件的看法、感受、视角及历史事件对其自身的影响等都呈现差异，这也从受访者"生命史"的角度，再现和重构了个人记忆与集体感情、社群认同之间的关系，具有较高的史学价值。个人生命史被看作社会历史过程的缩影，它不仅是对个人生命历程的再现，更是对涵盖其中的家族、社群、国家等历史记忆的重构与唤醒。

其次，生命史涉及受访者一生，时间跨度大，对受访者个人来说，特定历史事件对其生命的影响不是暂时的，是贯穿整个生命历程的，因此，通过长时间的追踪获取的信息，可以使史实内容更丰富。特别是从感情和思想的接触而获得历史认知。可以说，个体生命史已逐渐外化为对特定历史时期社会精神和记忆的再认识，起到了跨越社会和时代的情感交流的作用。

再次，生命史研究视角虽然让我们能够在特定的情境下去了解个人，但这些是借由个人的主观来描述的个体经验。所以，我们应根据实际研究需要，依据历史事件、受访者个人的人生经历等的不同有所侧重。关于个人生命史样本采集的认识还需要实际采访的充分佐证及丰富，因其是口述历史资料收集和研究的重要方法，对这种方式的基本认识将有助于更充分、更理性地开展研究。

最后，个体生命历程镶嵌于社会结构之中，会受到历史力量和队列效应的影响。每个人在社会上都可归于一定的队列中。如同龄人、相同的职业、相同的地域等。我们在口述资料中看到，口述者虽然初次入职时都是乡村小学，但她们后期的职业生涯并非步伐一致，历史事件和环境对不同个体都会产生社会影响。这样在历史情境中观察个体的行为的纵向分析方法可以帮助我们探讨同一历史阶段，社会事件对不同个体的影响。同样，这种方法也可用于对不同队列之间的相互比较。

总之，社会文化史研究引入生命历程研究方法，关注个体的生存时空、社会决定因素及其动态变化，运用队列的概念将历史、社会以及个人三种因素结合在一起，借助多种统计分析工具对多重指标同时进行分析，构筑一种对宏观、中观和微观三个层面同时进行分析的研究范式。这可以帮助我们更深入地展开研究。

民国时期留日女学生的留学生活

——以奈良女子高等师范学校为例

〔日〕杉本史子*

从 2009 年到 2013 年，奈良女子大学的研究班①进行了一项调查。这项调查叫"帰国留学生のキャリア形成とライフコースに関する調査"（有关归国留学生的职业形成和经历的调查）。2014 年春天，整理调查结果，出版了《奈良女子高等師範学校とアジアの留学生》（奈良女子高等师范学校与亚洲留学生）②。本文的主要目的在于根据这个调查，介绍民国时期留日女学生的具体生活，并加以简单的分析。

奈良女子大学的前身是奈良女子高等师范学校（以下简称为奈良女高师）。奈良女高师的沿革以前已介绍过。为了避免重复，简单地介绍一下学校的历史。该校是 1908 年为了培养中等教育机关的女教师，日本明治政府建立的女子高等师范学校之一。1910 年，奈良女高师首次迎来了五名来自清朝的留学生。但第二年，受到辛亥革命的影响，她们回国后，没有一个人返校。1924 年，奈良女高师再次开始接收中国留学生。1925 年还设置了"特设预科"制度。该制度是针对想上本科的中国留学生而进行一年准备教育的留学生制度。按规定，完成"特设预科"一年课程的留学生都能上本科学习。因此设置该制度以后，中国留学生陆续来到奈良女高师就读。

* 杉本史子，日本立命馆大学非常勤讲师。

① 以奈良女子大学文学院野村鲇子教授为代表的研究班。

② 奈良女子大学アジア・ジェンダー文化学研究センター（亚洲性别文化学研究中心）编《奈良女子高等師範学校とアジアの留学生》（奈良女子高等师范学校与亚洲留学生）2014 年 3 月。

除了"特设预科"制度以外，奈良女高师还具有种种吸引力。首先要考虑到当时日本的教育情况。当时在日本，女子高等教育这方面的发展还比较落后，到 20 世纪 40 年代为止没有女子大学。而女子的最高学府仅限于两所女子高等师范学校，也就是东京女子高等师范学校（现在的御茶水女子大学）和奈良女高师。想要进一步深造的女学生只能选择这两所女高师就读。其次是奖学金的问题。奈良女高师是公立（国立）学校。留学生选择公立学校的话，比较容易得到奖学金。所以想要公费留学日本的女性就选择在奈良女高师就读。奈良的环境也有吸引力。奈良位于日本关西地区的清静的古都。跟东京比起来，环境稳定，人也朴素。因此，不喜欢大城市嘈杂的学生都选择到奈良。1949 年为止有将近 160 名中国留学生①在奈良女高师就读过。下面就她们的留学生活分为三个主题进行介绍。

一　留学生的语言问题

奈良女高师为了培养优秀的女教师，竭尽全力照顾学生。每到学期末，便召开"教官会议"②讨论每个学生的成绩。留学生的成绩也被提到议程上。因此，现在我们能看到各个留学生的成绩、学习状况以及操行等比较详细的情况。

对留学生来说，留学生活中所面临的最大问题是语言问题。她们入学时的日语能力每个人都不同。有的留学生在日本已学过几年日语；有的留学生在中国国内学过日语；有的留学生决定留学后才匆匆忙忙地学几句而已。③这些学生当然在学习上会遇到很多困难。"教官会议"记录上也处处

①　为了保护隐私，本文中除了已被公开的资料外，各个留学生的名字不予公开。
②　奈良女高师的会议分为两种。一种是全体教师都要参加的"教官会议"，主要讨论学生的教学问题等比较琐碎的事情；另一种是只有校长和几个领导人参加的，叫"评议会"。"评议会"主要讨论有关学校管理的重要事情。这两种会议记录都收藏在奈良女子大学图书馆的"校史关系资料"里面。
③　比如说，1927 年入学的钱青女士曾谈自己的经验。（采访者问）钱老师在留学前已学过日语吗？没有，一点也没有。决定留学后，我非常着急，请刚从日本回来的留学生教日语，接受特别训练。但是只有一个月的学习时间，日语没学会，也没什么效果。钱青《かけがえのない日本体験》（无上宝贵的日本体验）小林文男《日中関係への思考》（对日中关系的思考），劲草书房，1993 年，第 85 页。新中国成立后，钱青女士一边在上海同济大学讲日语课，一边从事日本文学的翻译工作。

可以看出她们奋斗的过程。比如说"她自己很努力，但是由于日语能力不行，成绩没长进""成绩不好的原因好像在于日语方面的问题"等。有一个日语教师指出，"她们学日语的弱点就在于助词、助动词的用法。还有一个问题，相当多的学生理解不了肯定句和否定句的区别，我们要注意这一点"①。

选文科的留学生更是困难重重。1924 年 7 月 1 日的"评议会"记录里面有一个文科留学生的例子。由于她的日语有些问题，一个教师专门给她介绍了几本日语书，让她暑假看。

对很多留学生来说，学好日语并不容易。但也有例外，有一个学生通晓日语后便疏忽大意，成绩下降了。这是并不常见的例子，其他留学生一般克服日语问题后，学习会突飞猛进。

无论文科生还是理科生，留学生都爱看日语书。特别爱看古今中外的文学作品，尤其是在中国难以见到的书，她们总是如饥似渴地读。这样一来，她们从日本的文学作品或者翻译成日语的外国作品中吸收了很多知识。从东北来的女作家田琳②就是其中之一。她自己写道：她在留学时喜欢读书。她的散文《角涯》中，到处提到她爱读的文学作品。比如，高尔基、屠格涅夫、雨果、左拉、司汤达、吉屋信子③的作品等，她都爱看。然而，学校方面却警惕她们的读书习惯。在教师看来，爱读书并不等于好习惯。一位老师在会议上提到这个问题说，"她们有些染上了不好的习惯，不认真学习，读无关紧要的小说读得入迷"④。

留学生感到困难的不仅仅是日语。对她们来说，通过日语学英语更困难。总的说来，留学生的英语成绩不能说很优秀。会议记录上可以处处看到这样的句子："英语不行，没有办法""英语能力的提高没有希望""除了英语以外，其他学科都相当好"之类。老师们也为这个问题费了不少的心思。他们在会议上说道，"她们日语说得比较好，但是英语能力很不足。她们是来日本留学的，所以我们应该注重日语教育。但完全排除英语也有问

---

① 特设预科关系教官会议记录《评议会记录》1940 年 4 月 17 日。
② 田琳（1916—1992）1942 年毕业于奈良女高师。她留学前已开始进行创作活动。留学以后使用"但娣"的笔名，发表了很多作品。
③ 当时在日本很受欢迎的女作家。
④ 《教官会议记录》1940 年 12 月 18 日。

题。校长指出，无论日语还是英语，都要提供更多的阅读机会"①。

为了解决英语问题，有些学生通过补课来弥补。受日本同学的帮助来克服困难的留学生也有。钱青女士给《奈良女子大学八十年史》投稿回忆说，"同班同学也很热情。我虽然喜欢学习英语，但觉得相当难。有时请中村静同学帮助我。她很热情地教我英语。木曾幸子同学、松本芳子同学也借给我她们的本子，还讲解了很难理解的地方，给了我很多的帮助。我到现在为止感谢她们"②。她在文章中表达了跨越国境的暖人心怀的友情。

与此相反，有些留学生的英语成绩本来就很好。她们在中国就学过英语，尤其是毕业于教会学校的留学生特别优秀。张京先女士③就是其中一人。她怀念当时说：

> 我上英语课时，教英语的藤井老师总是纠正我的发音。有一天藤井老师纠正得过于仔细，我终于忍不住顶嘴说，"我上教会学校时直接跟美国老师学的英语，我的英语是美式的"。后来想起来，我也许是个有点自大的坏学生。④

当时，日本的英语教育方式基本上都来自英国。英语教师听到她的发言，一定觉得有些尴尬。

还有一个例子。于式玉女士⑤为了升入大学，需要学习更高程度的英语。她的志愿是毕业后升入燕京大学。燕京大学是著名的教会大学，入学时需要相当强的英语运用能力。奈良女高师为她提供了方便，免除她的教育实习，特别允许她跟白俄女教士学习英语。她的努力终于有了收获，她考上了燕京大学。后来她成为了研究西藏的学者。

虽然有一些例外，但对很多留学生来说，英语还是最困难的学科之一。然而随着第二次世界大战激烈化，日本在国际上陷入孤立状态。日本国内

---

① 《会议事项录》1939 年 1 月 10 日。
② 钱青：《奈良の憶い出》（回忆奈良），《奈良女子大学八十年史》，1989，第 304 页。
③ 张京先女士毕业于 1938 年。后在北京大学东方语言系任职，并且跟她先生陈涛一起编辑《日汉辞典》（商务印书馆）、《现代日汉大辞典》。
④ 张京先：《革命家·陳涛に嫁して》（我嫁给革命家陈涛），小林文男《日中関係への思考》（对日中关系的思考），劲草书房，1993，第 113～114 页。
⑤ 于式玉女士毕业于 1930 年。1959 年在四川师范学院当教授。

敌视美国、英国的潮流越演越烈，以至英语被称为"敌性语"，很多学校在课程上删掉了英语课。奈良女高师的英语课也骤减。于是留学生也没有必要为这个问题苦恼了。但是要学英语的留学生只能在校外学习。比如说，1943年入学的王兴荣女士特意到京都去学习英语。她后来在美国大学学了数学，还留在美国执教。现在她在加拿大。

二　学生宿舍里的生活

奈良女高师的学生都要住在学生宿舍里，学校基本上不允许走读和在校外住。留学生也不例外。由于奈良女高师没有留学生宿舍，所以留学生和日本学生住在一起。宿舍的各个房间里面四五个人一起住。为了避免留学生扎堆成群，她们被分散到各房间。

奈良女高师的宿舍有一个明显的特征，就是学校把学生分成十几个人的小组，构成家庭一样的小单位来管理。不仅如此，有关生活的一切事情都要由学生办理。比如，做饭、打扫、烧洗澡水等都要轮流负责。当时，这样的住宿方式在日本也很少见。所以来日本的中国教育家也关注这一点。比如说，1915年来参观奈良女高师的侯鸿鉴曾在《教育杂志》上介绍过该校的教育方针。

> 训练以陶冶生徒高尚人格　振起忠爱志操　修养妇德及勤劳习惯认定宿舍为平时最有关系之地点　故分全寮为二十二舍　以一舍拟一家　休养身体　磨炼德行　实习家事为主要之训练

他还涉及具体的住宿方式：

> 宿舍分寮　拟宿舍为家庭。起居饮食。不以学校编制。纯用家族情意。家庭规则互为联络。炊事及园艺　炊事轮值。园艺实习。绝无家庭学校隔膜之弊。（中间省略）膳食不雇厨役。全由学生任炊事。作法实习。凡妇女家常日用诸端。米盐琐碎之繁。无不躬行实践。①

---

① 侯鸿鉴：《记参观日本奈良高等女子师范及附属高等女校并偕野尻校长之谈话》，《教育杂志》第七卷第四号，1915年4月。

当然，这些"家事"训练的目的主要在于培养贤妻良母式的女教师。但其中也有一些优点。

对留学生来说，要担任这些"家务活"是很辛苦的。钱青女士回忆说：

奈良女高师不管是日本人还是留学生都必须住在学生宿舍。我们宿舍里有十四个日本学生和两个中国学生，一共十六个人同吃同住。这十六个人有时象姐妹一样，有时象家属一样，互相帮助生活。我听说，其他学校的留学生只跟同邦留学生在一起，不敢跟日本人来往。但是我们学校完全没有这回事。因为每天早上一起床就看到日本同学在我旁边睡着（笑）。所有的日常生活都跟日本同学一起做。①

那么，留学生在这样的环境下是怎样度过的？当时，大部分的中国留学生属于中上层阶级的所谓的闺秀。她们的家庭都雇有佣人和保姆，所以她们在国内的时候不用自己做家务。因此，她们入学以后遇到种种困难可想而知。钱青女士接着说：

打扫卫生、做饭轮流负责，值班的两个人一起担任一个星期。刚开始的时候，要用抹布擦洗手间的地板，这我怎么也没想到。可是日本学生却勤勤恳恳地擦，对她们来说，这是应该做的。我很吃惊她们那么喜爱洁净。（中间省略）后来我也习惯了，打扫洗手间也没感到那么痛苦了。（中间省略）当伙食值班员，刚开始的时候，连米饭也煮不好，酱汤更不用说了。于是高年级的同学手把手地教我。不久我也能够自己胜任了。现在，我的拿手菜就是红烧海带。②

下面是张京先女士的回忆：

我是独生女，来日本之前，父母娇惯我，做饭、洗衣服什么的都没做过。因此，伙食值班轮到我时，每次都失败。比如，煮米饭，一

① 钱青：《かけがえのない日本体験》（无上宝贵的日本体验）小林文男《日中関係への思考》（对日中关系的思考），劲草书房，1993，第87页。

② 同上书，第88页。

般都是煮成白色的，而我煮的都变成黑色。失败过好几次后我垂头丧气的。可是同学们一句也没责怪我，反而鼓励我说，"没关系，我以前也跟你一样。下次加油"。她们还默默地吃我煮的黑米饭。我感到很惭愧，忍不住流泪。

　　我自己觉得最辛苦的还是打扫卫生。在中国没有用抹布擦洗手间地板的习惯。因此，刚入学的时候有时很生气，心中暗想"我是来日本学习的，不是来打扫的"。①

　　她在另一处说，"刚开始感到真辛苦，但是我忍着痛苦努力奋斗，跟同学一起做，结果习惯成自然。这个习惯对我一辈子都产生了良好的影响"②。

　　由此可以看出，很多留学生怀念当时的宿舍生活。虽然刚开始的时候觉得很痛苦，她们却耐心地坚持做下去。现在，她们回想当时，重新认识她们学会的家务技术、互相帮助的精神等，这些对她们的后半生也受益颇多。她们回国后，几乎都当了职业女性，在各个领域发挥自己的能力。尽管她们生活忙碌，但是硬挤出时间亲自做家务的人也不少。这当然可以说是受到贤妻良母式教育的负面影响。但是总的说来，她们掌握的家务技术还是很有用的。

　　尽管如此，学生宿舍生活的压力也很大。主要原因在于中日文化上的差异和不同的风俗习惯。比方说，有一天中国留学生提出一个申请，说"我们学习时，有朗读的习惯。我们很担心这样的习惯妨碍其他学生的学习。所以能不能给我们借另一个房间？"③ 在日本默读的习惯于1890年左右普及，到了1900年左右成了读书的主流。④ 这次申请的留学生担心不同的习惯导致文化冲突。但学校方面却冷淡地回答说，"白天可以使用教室，但是夜里不行"。这个回答一定使她们失望。

　　在这样的环境下，有一部分留学生患神经衰弱。在1933年、1934年、

---

① 小林文男：《日中関係への思考》（对日中关系的思考），劲草书房，1993，第115页。
② 张京先：《中日のはざまにて》（我在中国和日本之间）《奈良女子大学八十年史》1989，第310页。
③ 《教官会议记录》1925年12月9日。
④ 永嶺重敏：《雑誌と読者の近代》（杂志和读者的近代）日本エディタースクール出版部，1997年。

1935 年、1936 年、1937 年、1939 年的会议记录上都涉及有关留学生精神状态的报告。有的留学生由于精神上的理由回国了。有的留学生精神状态不好，参加不了期末测验。压力太大的生活对她们的身体也造成不好的影响。有的学生患了慢性肠胃炎，有的学生苦于三叉神经痛。

　　日本独特的生活方式也使她们感到困难。举一个例子，宿舍的房间里面都铺着榻榻米。她们每天都要在榻榻米上生活，吃饭、学习都要在榻榻米上跪着坐。很多留学生不习惯跪着坐，感到很痛苦，甚至患脊椎炎的也有。1933 年、1934 年、1940 年、1942 年都有留学生患脊椎炎的报告。医生劝她们不要过度用功。有一位医生给留学生看病时说，"从用椅子的生活，突然变成在榻榻米上的生活。这就是她患病的原因。学校应该允许她用无腿靠椅什么的"①。

　　对留学生来说，宿舍的生活条件还是相当苛刻的。在这样的情况下，有些留学生想跟同邦留学生一起在校外租房间住。但是到 20 世纪 30 年代初为止，学校规定除了有不得已理由的人以外，基本上都不允许学生走读。1933 年，三个中国留学生想在校外租住，请来助教授做她们的保证人。② 学校不允许在校外住，是担心没有人监督她们的生活。有些老师还认为，为了提高她们的日语能力，还是跟日本学生住在一起好。

　　到了 20 世纪 30 年代后半期，这样的情况有所变化。奈良女高师从那时候开始迎来大量的中国东北留学生。随着留学生人数的增加，学生宿舍的房间越来越紧张了。于是学校不得不允许在校外住。30 年代后半期在校外租住的留学生渐渐增加了。1938 年毕业的张京先女士说，她一二年级时住在学生宿舍，三年级的时候搬到一个日本人家中寄宿。她在那儿跟他家里人一起住。他们很热情，像家人一样对待她。过年的时候跟他们一起舂年糕，把舂好的年糕揉成团。她还跟邻居的插花教师学习插花。她回忆当时说，在日本家庭住宿也是一个很宝贵的经历。1942 年毕业的女作家田琳也跟三个中国留学生一起在校外租房住。她在那儿积极主动地进行创作活动，连续不断发表作品。由此我们可以看出，在校外住也有一定的优点。

---

① 《会议事项录》1934 年 7 月 7 日。
② 《评议会记录》1933 年 9 月 20 日。

三　留学生的恋爱问题

奈良女高师的校规比其他学校更严格，特别是恋爱方面，学校当局严密地监视学生，并且不允许学生的一切恋爱行为。留学生也不例外。但当时的中国留学生并不能说在恋爱问题方面绝缘。有的有男朋友，有的有未婚夫，甚至有已婚的。这样的现象大概归纳于两种原因：一个是受到新文化运动的影响；另一个是包办婚的残余。不管怎样，奈良女高师的老师们总是对这个问题一筹莫展。现在，我们在评议会、教官会议的记录里面能看到她们行为的一部分。下面举例介绍。

20世纪20年代，特设预科的一个学生跟中国男生订婚了。当初，学校当局并没有发觉这个事实。但不久另一个中国男生给学校写信，揭露他们的关系。理由是这个男生原来喜欢她，嫉妒他们的关系。他还在信里提及她的操行，说她品行不好。学校当局收到这封信，很重视，给各个方面写信调查她的动向。调查清楚后，她被开除了。理由是"该学生违背本校的教育宗旨，而且学业成绩不够理想，我们认为她没有完成学业的希望。因此，按本校规则第十六条勒令退学"。奈良女高师的规则第十六条就是"在校期间符合以下各项目的学生将被勒令退学（中间省略）三、违背本校的教育宗旨"。不管理由如何，学校当局都不愿在正式书面上提及有关恋爱的词句。

20世纪20年代末也发生过留学生的恋爱问题。根据《教官会议记录》，一个理科留学生跟一个男生住在同一旅馆。这个男生是在广岛学习的留学生，也是她原来的同事。他们来日本之前在同一所学校当教师。由于男生来日本以后精神不安定，她很同情他，叫到身边好让他休息。被学校发觉后，她解释说"我们并没有不好的关系"。从现在的角度来看，她的行为也很大胆。但当时，学校方面却做出以下判断。"她是外国人，风俗习惯也跟日本不一样，这次不得已从宽处理。"结果，她只是受到警告而已。

留学生的恋爱对象大部分是在日本学习的同邦男生。有的是来到日本以后认识的，有的是留学前在国内认识的，甚至追随自己的男朋友到日本留学的人也有。

举个例子，蔡淑馨女士是著名作家夏衍先生的妻子。1924年，他们在故乡杭州订婚。那时候夏衍先生在九州福冈县的明治专门学校（现在的九州工业大学）学习。订婚后，蔡女士也想赴日。但遭到家人反对，因为他们还没有结婚。尽管如此，他们没有死心，后来终于说服两家的家人。1925年夏天，她得以到日本留学。夏衍先生利用暑假回故乡接她。他离开故乡时，把她和浙江省立女子中学的同学一共六名一起带到日本。他不仅带到奈良女高师，还帮助她们办理入学手续。随后他返回自己的学校。蔡女士她们都上了特别预科（后来改名为特设预科）班。但不久，蔡女士离开奈良女高师，转校到东京的美术学校继续就学。其他同学都完成了特设预科班的课程，上本科继续念书。上研究科课程的学生也有。学校当局并不知道夏衍先生和蔡女士的关系。其实这个问题不仅仅限于他们两个人。夏衍先生带到日本的六个人当中，竟然有已婚、生孩子的人。这位女士的婚姻是包办婚。她本来想去日本留学，但遭到她父亲的反对，逼迫她嫁给陌生男人。不出预料，她的婚后生活很凄惨。夏衍先生和蔡女士觉得她很可怜，于是以让她到杭州养病为借口，把她带去日本。[①] 她结婚的事实与奈良女高师的规则相抵触。但学校当局一直没察觉她的经历，她的同学们也都闭口不言，保守她的秘密。

　　还有一个例子。女作家田琳也是跟着男朋友来日本的留学生之一。田琳的男朋友叫于明仁。他们是在黑龙江一所小学当教师的时候认识的。1935年，于明仁通过公费留学考试去日本留学。田琳也立即决定赴日。1936年末她也通过公费留学考试，第二年春天到奈良女高师就学。虽然她历尽艰辛才到日本，但几年后于明仁却回家跟别人结婚了。他们的关系也到此结束了[②]。

　　也有学校默许的例子。有一个留学生入学时被发觉已有未婚夫。但学校方面如此认为，"L 好象有未婚夫。她虽然不符合特别预科的入学规则，但是因为中华民国的习惯跟我们不同，我们不得不承认她的入学"[③]。

---

① 阿部幸夫：《杭州月明——夏衍日本留学日记一九二五》，研文出版，2008，第209页。她同学钱青女士也提到她的背景，但没有涉及她已婚、生孩子的经历。事前，蔡淑馨的好友，我们同班同学程敩，迫于父命，将与一不相识的男子结婚，不许她远去日本，程敩急得终日哭泣，病卧不起。夏衍知道后深为气愤，他便与淑馨即日赶赴程家，多方规劝交涉，将程敩接到杭州治病，为此程敩才得与我们同行。钱青：《随夏衍赴日》，《文汇报》1995年4月11日。

② 冈田英树：《「满洲国」からの二人の留学生》（从伪满洲国来的两个留学生），《季刊中国》20号，1990年3月。

③ 《评议会记录》1925年4月28日。

那么，她们上奈良女高师以后，是如何跟男朋友联系的？按照奈良女高师的校规，只有学生的亲戚才能跟她们见面、通信。所以很多留学生把自己的男朋友冒称为她们的表兄弟。[①] 有一位留学生回想当时说，到了假日常常跟别校的留学生（包括男生）一起去附近的名胜古迹玩儿，常常去京都。她也把男朋友称为表哥。她怕被发觉，所以很重视宿舍的关门时间。

1930 年初，又发生了留学生的恋爱问题。一位留学生跟她哥哥的同学一起去日本海洗海水浴。她哥哥也是日本留学生。那时候她哥哥暑假回国了，于是，他们趁机一起住在哥哥的房间，还去海边玩儿。根据《评议会记录》，这个男同学不仅是她哥哥的同学，而且是她从小相识的未婚夫。她也把他称为表兄。她还对自己的行为加以说明"我们并没有不正常的关系"。学校当局这次也不得不暂缓处分，所以她没有受到那么严厉的处罚。

也有一些恋爱事件跟留学生的政治活动有关。有一个留学生在校期间一直跟"伯父"通信。有一天她"伯父"给她打电报叫她马上回来。她走了以后，学校收到了她的退学申请书。退学的理由是，家庭经济不好。然而过了一段时间，日本特别高等警察来学校。特别高等警察就是当时专门搜查政治思想方面的警察，简称为"特高"。日本政府设置特高的主要目的在于镇压社会主义者、无政府主义者和共产党员。奈良女高师的老师们看到特高的调查报告，非常吃惊。"伯父"原来是她丈夫。不仅如此，她丈夫还是个共产党员，所以被日本警察盯上了。至此，学校才发现她跟她爱人一起参加政治活动的事实。

另有一个类似事件。有一个留学生假装探表兄弟的病，请假去男人家住了两个星期。其实她偷偷地跟他结婚了。有一天夜里，这个男生到学生宿舍来找她。但宿舍的舍监不允许见面，因为时间太晚了。第二天他又来了，于是校长怀疑他们的关系，严厉询问。结果发现了以下的事实：他的名字是假的，而且他是共产党员。前一年发生了很多日本共产党员和中国共产党员被逮捕的所谓"四·六事件"。他与该事件有牵连，也是被逮捕的

---

① 这样的借口方式，在中国国内也能看到。比如说，须藤瑞代女士告诉我《妇女杂志》上有类似的消息。女学校里会客，大概都有会客单的，会客单上，都要写上会客的理由和会什么人的；你去看看她们会客单上写在那里的；除家属外，年纪轻的男人来会她们，她们都是写着表兄、表弟等字样。哈哈，难道女学生特别多表兄表弟的吗？难道做女学生的表兄表弟的，他的天性，富于爱表妹表姊，不时要去望表妹表姊的吗？黄兆荣：《女学生生活写真（三）》，《妇女杂志》第 11 卷第 6 期，1925 年 6 月。

学生之一。可怜的她即日被开除了。

接连发生了类似的事件，学校方面也渐渐地认识到她们的所谓的"表兄弟"原来不是真正的亲戚。会议记录里面可以看到以下的记载："入学典礼的那一天有一个京都大学的留学生来我们学校参加典礼。虽然他自称为学生的表兄，但是我们要对他们的关系多加留意。"另外有一个例子，"她有很多表兄弟。我们要注意她别脱离学生之路"。

综上所述，学校即使发现她们的恋爱行为，大部分的情况下却没加以追究。老师们认为中国的社会规范跟日本不一样，不得不宽容地对待她们。但是她们的恋爱一旦向校外公开或与政治活动有关的话，学校就不能宽恕，并且立即开除。

虽然奈良女高师的校规很严格，但是很多留学生却依然钻规则的空子跟男同学谈恋爱。我认为她们出乎意料地大胆。谈恋爱也许带给她们活力，也许她们和同邦的男朋友借此互相慰藉以度过苦难重重的留学日子。奈良女高师毕业的留学生当中，有一些人一辈子不结婚，但也有很多人成家了。成家的这些人当中，她们的爱人有很多是从日本回来的留学生。其原因很可能在于她们的亲戚朋友把她们介绍给有共同经验的男生的缘故。

小　结

我们从调查结果得知，奈良女高师的留学生在文化不同的背景下，努力适应环境，认真学习。她们即使遇到困难后，也能灵活地摆脱困境。毕业后，她们有的继续深造，有的回国。虽然选择的路不同，但每个人都在各个方面大显身手。

本文介绍的例子只不过是我们调查的一部分而已。在此并没有言及抗日战争给留学生的留学生活所带来的影响。在日本，从20世纪20年代后半期起开始限制言论自由，对留学生的监视也越来越严格。尤其是1931年"九一八事变"发生后，不仅在民族运动上，而且在日常生活上，留学生也受到各种各样的限制。她们一定感到苦闷。关于这一点，我想作为下次的研究课题，再继续深讨。

气枪与娃娃：民国时期
玩具文化中的性别议题

张　弛[*]

在诸多影响成人为儿童选择何种玩具的因素中，性别差异或许并非首先需要考虑的一项，但绝对是不可忽略的重要环节。当父母为儿子购买一支玩具气枪或送给女儿一个玩具娃娃的时候，其实已经在有意无意间塑造了子女从生理到心理上的男性气概或女性气质。我们在任何文化情境中对这两个概念做出准确界定均非易事，笔者在这里也只能指出其所具有的一些特征。保守主义学者曼斯菲尔德从政治学角度强调政治领导者尤其必须拥有杀伐决断的血性和魄力，即男性气概。换句话说："男性气概是在有风险的情况下的自信，具有男子气概的自信就意味着在那种情况下有能力负起责任或具有权威。"[①] 有当代研究者受到曼氏的启发，引申出更具有东西方普世价值的男性气概所涵盖的三个特征：首先是刚毅雄强，其次是高度的责任感，最后是庇护弱者。[②] 而在人类学者米德眼中，柔弱、被动、敏感、情愿抚育儿童等则被视为女人所特有的气质。[③] 也就是说，建筑在生理性别差异基础上的玩具选择会在相当程度上促使儿童进入并扮演符合主流价值期待的社会性别角色。本文的目的即在通过检视民国时期有关性别议题的玩具话语、广告和真实生活，尤其是着重关注那些似乎和固有的玩具

* 张弛，首都师范大学历史学院博士研究生。

① 〔美〕哈维·曼斯菲尔德：《男性气概》，刘玮译，译林出版社，2008，"译者的话"，第5页。

② 王澄霞：《女性主义与男性气概》，《读书》2012年第12期。

③ 〔美〕米德：《三个原始部落的性别与气质》，宋践等译，浙江人民出版社，1988，第266页。

分配模式相悖的有趣现象，从而研判男性和女性特质是如何透过玩具这一客体影响并建构了儿童主体的生理和心理现实的。当然，作为必要的知识背景，下文会简要回顾"前现代"的中国传统玩具，探究其是否较之现代玩具具有更为明显的性别化倾向。

一　玉圭与纺锤：性别分野模糊的传统玩具

关于根据性别差异，给予男孩和女孩不同玩具的最为悠久也最为经典的论述无疑是《诗经·小雅·斯干》中的"乃生男子，载寝之床，载衣之裳，载弄之璋"和"乃生女子，载寝之地，载衣之裼，载弄之瓦"。按照余冠英先生的注解，其大体含义是说生下了男儿，为他穿上衣服，安放他睡在床上，拿一块玉圭供其玩弄。而对于初生的女孩，则裹上襁褓放在地下，给她玩弄纺线的纺锤。这里的"璋"与"瓦"与其说是玩具，不如说是传统观念对于男女两性未来人生规划的象征。男子自然是仕途经济，甚至南面而君；而女子则要守妇道、主中馈、习针线、侍双亲。[1]　其中重男轻女、厚此薄彼的意味固不待言，而玉圭与纺锤作为呱呱坠地的婴孩手中的玩物也成为中国性别化玩具的鼻祖。尽管其传达的信息是微弱模糊，止于象征层面的。如果说作为华夏文明早期的诗歌典籍——《诗经》中的"弄璋"与"弄瓦"的典故反映的玩具分配方案是男尊女卑的话，那么成书于中华帝国晚期——清朝的小说《儿女英雄传》则以其颠覆性的玩具分配方式为女强男弱的人物塑造做了有力的注脚。小说女主人公侠女十三妹一身武艺正是得益于武官世家的出身环境，她自幼便喜欢刀枪剑戟、兵法阵图等男性化玩具，再加上其父以男儿教养，"不爱红妆爱武装"的结果自然就是她在膂力和胆识上都远超男子。[2]　在这里，看似性别倒错的人物形象其实反证了玩具对于个体性别身份的形成影响之巨。

但是更值得追问的是，在上面的两个例子中玩具除了作为性别差异的表征，是否还有力地传达了包含男/女性特质的性别化知识，进而为差异化的性别身份构建奠定了基础？答案显然是模棱两可的，它们或多或少在性别特征的形成上施加了影响力，却是以一种简单、间接，也谈不上科学的

---

[1]　余冠英选译《诗经选》，人民文学出版社，1979，第200~205页。
[2]　（清）文康：《儿女英雄传》，上海古籍出版社，1991，第83页。

方式。因为显而易见的是，传统中国鲜有涉及玩具的理论哪怕是话语来说明如何通过为男孩女孩提供不同的玩具来形成差异化的性别认同。究其原因，正如笔者在前文所论证过的，游戏在传统中国并非"合法"的教育手段。相应的，玩具也绝非良好的教具，即便偶尔能够派上用场，也大都是为未来的贤妻良母打下一些初步的手艺基础，更何况游戏与玩具很快便被更为正统且具有强制意义的教育机构——私塾和学堂所禁止。所以，不能对在前现代中国的传统玩具身上发现"现代意义"的教育理念，甚至是更进一步地根据两性差异来制定差别化、个性化的培养模式抱有太多的期望。

更确切地说，在人生的最初几年，中国的男孩女孩并没有被刻意地差别对待，他们可以在一起玩耍直到社会化正式开始的七岁。《礼记·内则》有云："七年，男女不同席，不共食。"[1] 易言之，七岁之前的男孩和女孩间的"亲密接触"不为礼法所禁，因而是可能的，而这一时期正是熊秉真称为"一般性童年"（general childhood）的阶段。[2] 在这个阶段中，男女幼童虽然拥有各自的游戏方式，比如女孩喜欢用布料、麦秆和泥土做成的娃娃和偶人，而男孩子更倾向于爬树、游泳、空竹、鞭炮等户外活动。但毽子、风筝、球类、弹子、灯笼和小动物等却是他们可以共享的玩具类型。[3]

以中国古典文学的集大成者，同时亦为描摹封建社会人情世态的百科全书——《红楼梦》为例，大观园中一般小儿女[4]手边的玩意儿也呈现虽有分殊各异，但泾渭并不分明的特征。小丫头们玩的"抓子儿"[5]，宝玉捎给探春的用柳枝编的小篮子、竹子根儿挖的香盒、胶泥垛的风炉子[6]，薛蟠从虎丘特意给宝钗买来的各色耍货，如自行人、水银灌的打筋斗小小子，沙子灯、一出一出的泥人儿的戏[7]以及"斗草"[8]，凡此种种都是女儿家喜欢

---

① 《十三经注疏》，中华书局，1980，第1471页。转引自中国学前教育史编写组编《中国学前教育史资料选》，人民教育出版社，1989，第14页。

② Ping-chen Hsiung, A Tender Voyage, p. 184.

③ Ping-chen Hsiung, A Tender Voyage, p. 190.

④ 据周汝昌先生考证，黛玉初入贾府年方六岁，宝玉、宝钗亦不满十岁，正处于"一般性童年"的人生阶段。见周汝昌《红楼梦新证》，华艺出版社，1998，第145~146页。

⑤ 曹雪芹、高鹗：《红楼梦》，人民文学出版社，1985，第908页。

⑥ 曹雪芹、高鹗：《红楼梦》，人民文学出版社，1964，第322页。

⑦ 这大概就是前文所言的"手捏戏文"。见曹雪芹、高鹗著《红楼梦》，人民文学出版社，1985，第881页。

⑧ 曹雪芹、高鹗：《红楼梦》，人民文学出版社，1985，第881页。

的玩具。而解九连环①、放风筝②却是男孩女孩可以共乐的游戏形式。值得
注意的是，《红楼梦》中涉及的游戏与玩具大都偏向于女性，这一方面是由
于大观园实乃"女儿国"的特殊情况；另一方面，在新儒家文化一统天下
后，游玩嬉戏固然不为正统观念所容，但书香门第更忌讳的是世家子弟混
同社会底层的同龄人进行激烈的户外体力游戏，将之视为低劣粗野、不合
身份之举。蒋梦麟回忆其家塾中根本没有运动或体育这个项目，小孩子也
不许拔步飞奔，必须保持体统一步一步慢慢走，午饭之后就得马上练字，
本来应该朝气蓬勃的幼儿"简直被磨得毫无朝气"③。如果不能对游玩一禁
了之，名门望族也要退而求其次，转而鼓励推崇沉稳安静的室内游戏，如七
巧板、九连环、翻绳、射覆、猜谜及吟诗答对等。如此一来，上层社会的男
孩子身上就慢慢沾染上了"静若处子"的女性气质，主流价值观对这种男子
阴柔化的倾向非但没有质疑，反而加以褒扬。魏源小时候沉默寡言，大门不
出二门不迈，以至偶尔外出连家中豢养的黄狗都将他视为生人，狂吠不止，
而此事在其年谱中竟被引为美谈，④"人生自是有情痴"的贾宝玉不过是更趋
极端的例证罢了。由此观之，在儒家的正统观念中，理想儿童（男孩子）在
道德人格和真实身份上体现的性别界线都趋向于漫漶不清，可以想见，相应
的未被禁绝的有限玩具和游戏类型也必然呈现性别化特征隐而不彰的状态。

　　但需要澄清的是，这决不是说中国传统的游戏和玩具都是去性别化的，
诸如对父辈兄长征战沙场进行模仿与想象的竹马和弓箭，以及女孩最为喜
欢的游戏，也是母亲首先要教会女儿，同时象征着女性心灵手巧的女
红——剪纸，⑤都毋庸置疑传达了明确的性别含义。但更为确凿的是，这种
含义是依附于以成人为榜样，利用玩具来满足儿童对成人世界的想象的前
提上的。易言之，某些具备性别特征的玩具展示的是成为父亲或母亲所应
该掌握的基本技能，却对如何成为一名男性或女性爱莫能助，抑或可以说，
性别议题本就不在传统中国的思考范围之内。但在20世纪之初，利用现代
玩具从小为儿童注入"自然"和"正常"的性别观念已然成为塑造未来国
家主人翁所不可或缺的关键步骤了。

---

① 曹雪芹、高鹗：《红楼梦》，人民文学出版社，1964，第86页。
② 曹雪芹、高鹗：《红楼梦》，人民文学出版社，1985，第997~1000页。
③ 蒋梦麟：《西潮》，辽宁教育出版社，1997，第20~21页。
④ Ping-chen Hsiung, A Tender Voyage, pp.190~191.
⑤ 李露露编著《中国传统玩具与游戏》，世界图书出版公司，2006，第41页。

二 天赋"异"禀：幼教话语提供的
玩具分配方案和理据

　　时钟的钟摆摆荡到 20 世纪初叶，尽管中国的本土玩具仍然是陈陈相因、无所创新，但幼稚教育专家显然是旧瓶装新酒，透过"现代"抑或可称为"西方"的性别视角来发现并肯定了为儿童提供玩具这一行为中理应包括的两性差异化的培养机制。简单地说，他们直言不讳地指出男孩女孩由于性格各异，玩具需求亦不相同，父母理应对此有所体察。[①] 更进一步强调，儿童天然地被赋予了男女相异的禀性，因此具有与生理性别相对应的欲求和本能，而这些都是需要恰当的玩具和游戏来满足和顺应的。易言之，现代幼教观念认为为了使男孩和女孩从生理性别到心理性别的成熟发育能够正常展开，他们必须获得"正确"且"合法"的玩具。可是在米德那里，这种仿如按照模板浇铸"好孩子"的运作手段恰恰是社会文化在性别差异界定方面专断性的表现。她一针见血地指出："文化总是煞费苦心、千方百计地在错综复杂的条件下，使一个新生儿按既定的'文化形象'（cultural image）成长"[②]，而两性的社会人格也是如此这般形成的。单个性别中某些成员表现的特性往往被放大并强加给所有成员，在某个性别成员身上的特性不允许表现在另一个性别成员身上。她接着举例说明，由母亲来照料孩子，看似是既符合母亲的天性又方便可行，且理所当然，被认为是每个女性"天赋"的本性。与此同时，男子从事狩猎所需的冒险精神，以及由此所彰显的勇敢、主动等性别气质，统统都是一种专断型的社会安排。[③]

　　米德所观察到的在原始部落中存在的性别气质方面的规训，不仅没有随着文明的进步得以减弱，反而更趋于强化和固化。"我们对于一个女孩子，总希望她长得姣好，衣服整洁，稍长更希望她帮助母亲在家内操作。但对于一个男孩子，就以为不妨放纵一些，让他到街上去嬉戏，即便把衣服弄脏也是不加深责的。因为父母所希望于他，不过要他有勇气、有冒险

---

① 京容：《儿童之玩物》，《申报》1922 年 2 月 27 日，第 17 版；魏寿镛：《儿童玩具问题》，《妇女杂志》第 3 卷第 8 期，1917。

② 〔美〕米德：《三个原始部落的性别与气质》，第 268 页。

③ 同上书，第 272 页。

性和有独立的精神罢了。如果他的举动野蛮、出言粗暴，正是男子汉的本色，尽可以不必过问。至于男孩子淑静如处女和女孩子粗鲁如莽夫，倒要使父母忧虑，而认为是变态了。"① "变态"这个词形象地反映了社会规范对于颠覆既有二元性别格局的行为的成见与不满，米德称这种"变态"表现为"离轨"。偏离常轨者即天性似乎与社会的要求格格不入，其行为不符合本身的年龄、性别和社会等级的标准模式，这使得他们不能合适地披上社会为其设计的人格外衣。② 为了避免这种"反常"的糟糕情况发生在自己的子女身上，父母总要苦口婆心或疾言厉色地反复申饬儿童的言行："只有女孩子可以哭的，男孩就不许哭的" "姑娘家别干那种事！" "你就不想当一个像你父亲那样的男子汉吗？"③ 此类对孩子经常性的劝说和告诫，使他们心中无形中产生了一种恐惧感，唯恐自己不能被接纳成为自己所属性别的成员。④ 当然如此逆向施压的手段可能会产生难以估量的风险，也不如正面引导激励的方法来得有效安全，而玩具恰恰可以在正向诱导中发挥重要作用。

　　1. 满足男子汉的想象：男孩子的玩具和游戏

　　正如笔者在前文论证过的那样，玩具的两大功能是供儿童利用之展开想象和进行模仿，但这两种活动是建立在满足一定年龄条件的基础上的。对此，幼教专家的意见是，婴儿期（出生至三岁）的男女身心无明了区别，因此玩具不必要男女之别，幼儿期（三岁至十岁）则应渐加注意。⑤ 三四岁时，儿童的想象力开始萌生，例如"女儿每以物为人形，作小儿状态，而己为之母，以保抱之。男儿每以竹竿为马、木片为剑，令他小儿为兵，而己为大将"⑥。虽然都是以想象作为出发点，但显然男孩与女孩的想象力投射到了不同的游戏类型上。"女子既达三岁，言语颇多，感情之表示亦富，神经系统之作用，日以益增"，因此其"游戏皆轻巧可爱，而其动作，亦颇有细腻熨帖之意"。其中最为典型的即为"女子抚一人形之玩具，为之着衣，为之傅粉，轻摇其背，而出抚慰之声，勤勤恳恳，以模仿其母之所

　① 秋宾：《新时代的父母对于男女孩子》，《现代父母》第 1 卷第 8 期，1933，第 3～4 页。
　② 〔美〕米德：《三个原始部落的性别与气质》，第 274～275 页。
　③ 秋宾：《新时代的父母对于男女孩子》，第 5 页。
　④ 〔美〕米德：《三个原始部落的性别与气质》，第 282～283 页。
　⑤ 余寄凡：《玩具与教育》，第 56 页。
　⑥ 顾倬、沈恩孚编纂《幼儿保育法》，第 25 页。

为"①。也就是说，女孩子的游戏多以想象为发轫，以模仿为旨归。而男孩子则相映成趣，"由其身体及精神上之特性，幼即好弄刀鼓气枪等物"，爱好此类玩具的男孩其游戏也必然偏向"活泼粗暴，而其动作，亦颇有浮动豪宕之概"②。除了在游戏形式上侧重外向激烈之外，男童更喜欢发明性或劳动性的玩具，因为这类玩具能发展其建筑的观念，所以木片及无钉的木块最适合于男童心理。③

基于男女幼童在幼儿阶段前期在玩具和游戏方面呈现的倾向性，有论者将其总结归纳为男孩喜欢活动身体的竞技，喜欢建设构造的游玩；而女孩则喜欢摹造事物的游戏④。换句话说，这一时期的儿童娱乐已开始折射出愈发鲜明的性别偏好，男孩钟爱的游戏侧重竞技性、运动性和创造性，这些特性正是男子气质的典型表征，而女童嗜好的情感丰沛的模仿游戏又被打上了深刻的女性特质烙印。到了幼儿阶段中期，确切地说自六岁起，男孩有了男人的气味，女孩也有了女人气了。⑤

为了顺应诱导乃至固化男孩和女孩初萌的性别偏好，成人应该投其所好，提供相应的玩具。有论者罗列了名目繁多的清单：男儿所好者，独乐纸鸢、球、船、喇叭、铁圈、竹马、铁枪等，女儿所好者为小豆囊、泥人、击球。⑥ 女儿喜欢缝纫用的针线、洋娃娃的小车、替洋娃娃做的衣服和被褥等，男儿则喜欢投掷玩的小标枪、小军刀等。⑦ 周作人的建议是："令小儿于娱乐中自长智慧，若绘牌、积木、套环、陀螺、旗帜、纸球……铜鼓、偶人、不倒翁等胥可用。在女儿则予以手鞠或弄偶人为着卸衣服，又陶或木制家具可拟为居家，以及折纸剪花诸戏，皆相适也。"⑧ 日本的儿童学专家则把范围进一步缩小，指出适宜男孩的玩具主要有木塞枪、喇叭、木马等军队游戏的玩具和假面、木刀、木枪等戏曲的玩具，而女儿所好为厨房

---

① 《游戏之卫生上价值》，《教育杂志》第 2 卷第 7 期，1910，第 46 页。

② 《游戏之卫生上价值》，第 46 页。

③ 师蠡：《儿童与玩具之关系》，《妇女杂志》第 6 卷第 3 期，1920。

④ 杨贤江：《男女精神上特征的比较》，《妇女杂志》第 7 卷第 8 期，1921，第 35 页。

⑤ 梦白：《科学化的玩具选择法》，《上海生活》第 4、5 期合刊，1940，第 126 页。

⑥ 〔日〕伊藤米次郎：《小学校男女儿童身心之差别》，《教育杂志》第 2 卷第 12 期，1910，第 152 页。

⑦ 吴靖山：《儿童的"玩"与"玩具"》，《国闻周报》第 13 卷第 21 期，1936，第 40 页。

⑧ 周作人《玩具研究二》，钟叔河编《周作人文类编》，湖南文艺出版社，1998，第 872 页。

用具、小茶壶、茶杯、玩偶等①。"男儿可与以木塞枪、木刀、军帽等，女儿可与以厨房器具的模型、裁缝器具的模型"②。最终，幼教专家将上述琳琅满目的玩具加以分类归纳为男孩多喜欢交通玩具和军用玩具，女孩则喜爱洋囡囡与烹饪玩具。③ 对于成人眼中女孩子喜欢的玩具，我们放在下一节探讨，现在笔者先要集中关注幼教专家心目中男孩子中意的玩具和游戏。

　　如前所述，适合男孩口味的游戏侧重于竞技类的身体活动，而这种活动的主要目的是使他们遗传下的好斗本能获得必要的发泄机会。④ 军事、战争抑或更具时代感的"国防"玩具都是可以供男孩展开关于竞技、打猎和征战等充溢着男子汉气概的想象游戏的绝佳媒介，例如骑上竹马的男孩觉得自己正在纵横驰骋⑤，吹着喇叭、扛着战刀的男孩则自认为能够为祖国守土开疆。⑥ 但较之于一个人玩耍，还是和小伙伴一起嬉笑追逐的打仗游戏更有吸引力。杭州乡下的一群孩子在新年的游戏就是敲打着小锣，燃放着鞭炮，在一片喧闹中开心地头戴假面具，手拿木刀木枪刺来刺去。⑦

　　相比于中国传统的刀枪剑戟之类的冷兵器，西洋气枪无疑是更为先进，也是更富于男性气概的玩具，虽然其会因为可能带来的暴力性和破坏性的后果而招致非议。据一位幼时摆弄过美国气枪的老人回忆，那是他小伙伴的舅舅从缅甸带来的礼物，比步枪小些，但很像真枪且精致光亮，背着端着都非常神气。当时中国的店铺摊贩也有卖锡铸的玩具手枪，虽然样式亦很逼真，但总是假的，也不能实际射击，当然和气枪差之远矣。气枪的玩法是先要把枪管和枪柄连接处折起，把铅弹塞在枪管后面的孔眼里，然后猛力还原，就可以射击了。但是这个操作对于幼童而言稍嫌费力，需要一个人握着枪托，另一个握着枪管，同时猛一用力才能折起或扳直了，可见气枪是供年纪稍长的儿童玩弄的。至于气枪的原理，按这位老人的说法，

————————

① 〔日〕关宽之：《儿童的年龄性质与玩具》，丰子恺译，《教育杂志》第 19 卷第 5 期，1927，第 4 页。

② 余寄凡：《玩具与教育》，第 50 页。

③ 钟富元：《玩具在儿童教育上的价值及其选择》，《机联会刊》第 114 期，1935，第 24 ~ 25 页；《给幼儿选择玩具》，《兴华》第 32 卷第 13 期，第 22 页。

④ 俞艺香、叶锦芳：《女孩子的游戏问题》，《儿童教育》第 7 卷第 8 期，1936，第 69 ~ 72 页。

⑤ 子青：《竹马》，《小朋友》第 440 期，1930，第 2 页。

⑥ 志成：《吹喇叭》，《小朋友》第 574 期，1933，第 1 页。

⑦ 祝才培：《新年里的游戏》，《小朋友》第 444 期，1931，第 69 页。

顾名思义，应该是在折弯和还原的过程中，使枪膛里上足了压缩空气，靠空气的膨胀力来推动子弹。[①]

有一位看到美国气枪广告的男孩子立刻就联想到了《小朋友》杂志上刊载的一则猎人故事，顿时把自己设想成为把鸟兽生命攥在手心的猎手。因此他同伙伴购买了气枪，随即在枪上缚了一条丝带挂在右肩，在左肩上也悬了一只用铁索吊着的枪式电筒。他的小伙伴也如法炮制，手里还拿了一根木棒，当作指挥刀。全副武装、兴高采烈的两个男孩觉得自己已然是威风凛凛、凯旋的军人和枪法如神、满载而归的猎人了。可是好景不长，当这两位被气枪带来的快乐冲昏头脑的"小猎手"想用沙子当子弹射击小鸟时，却打破了窗户玻璃，旋即气枪就遭到了老师的没收。[②] 从这个男孩子乐极生悲的游戏经历中，我们可以发现以气枪为代表的军事战争类的玩具虽然在助长男性气概方面出力良多，却也容易让儿童沾染上残忍无情等不良品性。在另一则故事中，一个男孩真的亲手射杀了一只小鸟，所幸的是他并没有对自己的枪法沾沾自喜，而是为生命的逝去而悲从中来，认为这是在作恶并从此不再玩弄气枪，转而吹起了口琴，知错能改的他也受到了父母的称赞。[③] 正如有研究者指出的，此类玩具召唤的是参与到战争中的行为及其所带来的恐惧，而对于伤害他人所带来的悲恸、情感和责任问题避而不谈。[④] 幼教专家也为此叮嘱成人要留意这类玩具容易养成儿童粗暴的习惯，要尽量避免此一流弊，[⑤] 特别是不应让儿童乱放气枪。[⑥]

但总体而言，在1930年代之后，由于大敌当前，国族面临的生存威胁日益加剧，主流舆论对于玩具气枪还是态度积极，认为其能培养儿童的尚武精神，树立爱国御侮的男子汉气概。男孩子们的擦枪磨剑也不再是为了打猎，而是忙着准备军械，武装起来。[⑦] 为了灌输儿童军事知识，发扬尚武

① 胡伯威：《儿时"民国"》，广西师范大学出版社，2006，第71页。

② 沈庠奎：《气枪的故事》，《嵊县小学教育研究会会刊》第3期，1926，第7～9页。

③ 卓呆：《气枪与口琴》，《儿童世界》第12卷第10期，1924，第3～11页。

④ Wendy Varney, Of Men and Machines: Images of Masculinity in Boy's Toys, *Feminist Studies*, V. 28, No. 1 (Spring, 2002), p. 164.

⑤ 吴靖山：《儿童的"玩"与"玩具"》，《国闻周报》第13卷第21期，第40页。

⑥ 吕伯攸：《五种玩具》，《小朋友》第49期，1923，第19页。

⑦ 伯攸：《武装起来》，《小朋友》第553期，1933，第26页。

精神，上海闵行区民众教育馆还趁儿童节之机，举办儿童气枪打靶比赛会，[1] 并创办了童子义勇队气枪组。[2] 在当时的报纸杂志上，男孩子与气枪也常常联袂出现，其中最为典型的要数《儿童画报》新 111 号的封面画。画面中一个头戴钢盔的男孩，左手拿着气枪，右手挥拳高举过头，似乎在喊着口号，在他的身后跟着一条训练有素的小狗，脚边全是军事和国防玩具，如飞机、坦克、马拉炮车，有趣的是连一个洋娃娃腰间都插上了一柄匕首（参见图一）。

图一　拿气枪的男孩子

（《儿童画报》新 111 号，1937，封面）

除了热衷利用气枪把自己想象成为"万里赴戎机""谈笑凯歌还"的健儿外，男孩们还喜欢含有科学意味的创造建构类游戏，其中入门级别的要算是积木了。一位后来成为科学家的老人回忆儿时经常一个人在桌边玩积

---

① 《县民教馆举行儿童气枪打靶比赛》，《申报》1935 年 4 月 2 日第 13 版；《县民教馆儿童气枪打靶比赛揭晓》，《申报》1935 年 4 月 19 日第 13 版。
② 《童子义勇队气枪组成立》，《申报》1925 年 5 月 21 日第 22 版。

木的情形，他当时有一大一小两套积木，除按图索骥外，还自己想出新花样来搭。由于专心致志地投入游戏之中，一个甲子之后，当年长长短短、形状各异，包括彩绘的门拱窗拱、大笨钟等组件的积木仍旧历历在目，浮现在这位老人眼前。而且因为同一盒小巧玲珑的积木却可以构建出五光十色的大千世界，这种有趣的现象不禁让男孩子陷入了好奇和沉思，虽然被大人嗤笑为"小科学怪人"，但科学的种子却借由积木在其心中发芽萌生。①

尽管积木可以搭建出千变万化的想象空间，但这个空间却是高度性别化的，女孩子在其中虽然勉强可以容身，却更多地充当着看客的角色。在一份儿童刊物的封面画中，一个男孩胸有成竹地在即将完工的积木建筑的顶端搁上最后的塔尖，跪坐在一旁的小女孩双手合实，全神贯注、眼神中满是期待和钦佩（参见图二）。另一则教育玩具广告采用小女孩的口吻夸赞其产品精巧异常，却无意间暗示了积木是特别有助于男孩子养成创造力的玩具，而女孩子只要扮演拍手叫好的观众就足够了。"玩具好，玩具好，商务印书馆的玩具制造最精巧。前天妈妈上街去，买回来一套'积木'两盒'六面画'，哥哥看画盖新房，弟弟看画造小桥，我们大家都快乐！"② 并非女孩不乐于参与积木游戏，更多是她们心有余而力不足，即便是在弟弟搭积木碰到困难时，姐姐也爱莫能助，只能求教于哥哥。张元济的儿子回忆在幼时其父从欧洲带回一套积木，可以搭建成栩栩如生的立体两层小洋房，但他和姐姐都不会搭，最后只能等待表兄的援手。后者当然不负所托，顺利完成，姐弟俩只有钦佩的份。③

既然连入门级别的创造类游戏——搭积木都力有不逮，那么对于科技含量更高、对想象力要求更上层楼的机械类玩具，女孩显然更是束手无策了。米德通过对原始部落的考察发现当地妇女对于初次见到的活人大小的娃娃都感到无比恐惧，认为其是一具尸体，究其原因是她们"从童年起，就对新奇事物持保守态度，压抑了对任何事物的丰富的想象力"。该部落特有的一种仪式也力图"把妇女和女孩子训练成只会被动地接受那些认为对生活是安全的东西，除此之外别无所求"。但小男孩的待遇全然不同，"没

---

① 胡伯威：《儿时"民国"》，第34、74页。
② 《哥哥弟弟都快乐》，商务印书馆教育玩具广告，《妇女杂志》第12卷第10期，1926，页码不详。
③ 张树年：《我的父亲张元济》，百花文艺出版社，2006，第12页。

图二　男孩是建造者，女孩是旁观者

（《小朋友》第 530 期，1932，封面）

有人禁止他们思考……他们能充分自由地施展自己的想象力和表达力"。当那种仪式"迟缓了小女孩的想象力的同时，它却刺激和加速了小男孩的想象力，而且这种加速又在其他一些事情上得到了延伸：他们对丛林中的植物和动物有了更为强烈的兴趣，对日常的生活更为好奇"①。我们当然有理由相信上述对女性的人格成长与心智发育进行严格限制的陋俗会随着文明的进步而遭到摒弃，但如果就此认为这种初民社会的文化遗产所造成的思维定式——男性天然地对新鲜事物抱有好奇心，其想象力也更为丰富活跃；而女性则相对保守胆小，不敢尝试接触新奇事物——就一定能从人们脑海中清除殆尽，那也不免过于乐观。有研究者指出，在 19 世纪中叶的欧洲，男孩和女孩的玩具可谓泾渭分明，前者都是世界上最富哲学意味、引人深

————————

① 〔美〕米德：《三个原始部落的性别与气质》，第 64～65 页。

思的东西；而后者则更多关注并涉及的是内心感受、温柔气质、梦幻爱情和家庭美德。① 从两性玩具的巨大分野上我们可以察觉，即便是近代社会对于男孩女孩的希冀也仍然残存了远古部落的遗风。如果把玩具比作一把钥匙，那么其为男孩打开的是通往广袤和陌生世界的大门，并给予他探索未知的勇气与能力，希望借此把他塑造为大无畏的冒险者和发明家；而这把钥匙为女孩打开的则是一扇通往装潢华丽、陈设精美的玩偶之家的房门，可以供她在里面抒发多愁善感、完善道德修养及掌握持家本领，并最终成为美丽的花瓶和称职的主妇。

　　而机械科技类玩具在配合自古至今一直延续的社会性别文化对理想男孩的塑造方面可谓出力良多。首先，机械和阳刚之气间的紧密关联已经让特定的技能和职业成为专属于男性的领域，人们理所当然地认为机器是由男性设计制造的，无论他是资产阶级的发明家抑或无产阶级的手艺人。而男性为了巩固其在这些势力范围内的既得利益，就必须不断强化和深化此类工种和职业的男性气概界线，直至造就这样一种既成事实：女性为了证明其自身的女性气质就要自觉地和被认为是象征着阳刚之气的机械保持一定距离。换句话说，技术已经渗入人们的性别身份的建构当中：女性气质与技术能力并不相容。② 言下之意，拥有高度阳刚之气的机械科技类工作对于富于阴柔之气的女性产生了强烈排斥。反之，男性利用其所掌握的机械知识为女性解决家务劳动中遇到的困难则显得毫无阻力、顺理成章，并进一步凸显了男强女弱的权力格局。《儿童画报》刊登的一则图画故事就微妙地反映了男孩与机械的亲密关系以及由此彰显的其相较于女性的智力优势，故事的大体情节是一位母亲因为找不到擀面棍而陷入了不能烙饼的困境中，他的儿子拿出了一辆玩具碾路机来帮忙，结果这辆利用发条驱动的机械玩具车顺利地将面粉碾平擀薄，替母亲解决了燃眉之急的男孩也受到了"真是聪明"的表扬。③ 虽然男孩年纪尚小，但在机械玩具的帮助下却克服了成年女性都束手无策的难题，这充分说明即便被认为是专属于女性的家务劳动也仍有赖于掌握技术具有科学头脑的男性来指导，先天与机械和科技绝缘的女性在家庭内部也要被隔离在科技领域之外，而这一"圣域"是被父

---

① Wendy Varney, Of Men and Machines: Images of Masculinity in Boy's Toys, p. 155.

② Wendy Varney, Of Men and Machines: Images of Masculinity in Boy's Toys, p. 168.

③ 《一部碾路机》，《儿童画报》新 88 号，1936，页码不详。

子兄弟等男性家庭成员所垄断的。

　　如果说，儿子可以在机械科技方面为母亲答疑解惑的话，那么儿子最初的老师又是谁呢？答案无疑是父亲，尽管这种教授并不见得是有意为之，但男孩们在摆弄玩具时模仿成年男性的现象却毋庸置疑，父母们也会提供一些小型而安全的成年男性的工具给孩子们玩，使他们能够实习成年生活。但据美国玩具史家考证，玩具的这种模仿特性在19世纪晚期开始发生变化，机器制造的玩具不再仅仅是成年男性工具的微型化，而是有意植入了性别、技术和商业信息，其设计目的是力图传递给男孩对未来的期望。[①] 到了19、20世纪之交，欧美男孩的玩具紧跟着资本主义社会中令人眼花缭乱且目不暇接的工业革命和科技创新浪潮展现了自身在技术上的应用与革新。很多现实生活中的科技发明都在玩具世界中被模仿与微缩，从电车、火车到小汽车、飞机，从照相机、无线电到电视机、电灯泡一应俱全。有趣的是，这些专为男孩设计的玩具都微妙地传达着这样一种信息：在高度工业化、机械化的未来，只有掌握科学技术的男性才能具备令人称羡的阳刚之气进而获得成功，而从小就玩弄机械科技类玩具的男孩无疑是赢在了起跑线上。[②] 当然，前提条件是父亲要为孩子购买这些玩具，如果其还能教会孩子如何去玩，那就更是锦上添花了。

　　事实上，很多幼教专家都鼓励"父母应当做儿童的游戏伴侣：父母应该忘记年龄，来和儿童游戏，做他的伴侣。这样一方面儿童对于父母的感情可以格外浓厚，一方面父母对于儿童的性情、习惯、能力等等，亦可以格外明了"[③]。但具体到机械科技类玩具，显然父亲是更为合适的良师益友，尽管要他们从繁忙的工作中挤出时间来更多地跟儿子相处玩耍，确实有些勉为其难。但对于负有引导孩子走向光明未来的责任的父亲而言，牺牲掉一些工作时间来陪儿子共享小玩意儿的魅力是义不容辞的，更何况这种牺

---

① 〔美〕加里·克罗斯：《小玩意》，郭圣莉译，上海译文出版社，2010，第72页。
② 机械、科技及建筑类玩具制造商的突出代表即为"美国的玩具大王"吉尔伯特，其坚决主张"（男）孩子们所需的玩具必须能助长他们心智的发展"，并认为"在科学时代唯有科学玩具才能适合潮流"，而且美国的玩具应该能够"塑造个性并有助于向男孩展示未来的职业"。参见 Hannibal Coous 著《美国的玩具大王》，邬荣杭译，《新世界月刊》1947年4月，第35页；〔美〕加里·克罗斯：《小玩意》，第88页。
③ 陈秀云、柯小卫选编《陈鹤琴教育思想读本·儿童心理》，南京师范大学出版社，2012，第84页。

牲的回报绝对是物有所值的：它能使两代人之间建立深厚的情谊，父子会在对玩具的机械构造、运动原理的共同探究中成为真正的伙伴。① 天津租界的一个英国男孩时常在他的小伙伴面前拿出一台能动的蒸汽机模型，用大人的口吻和大人才懂的知识，指出每个零件的名称和功能，并让它以令人眼晕的速度运转，甚至发出阵阵汽笛声，以此来向玩伴炫耀。有时他还会把在化学工业公司任职的父亲叫来看看自己发现的玩具蒸汽机的新用途，两个人脑袋对脑袋，说着两个人之间感兴趣的事。② 无疑，玩具蒸汽机增加了父子间的共同语言，而相互交流彼此都感兴趣的机械科学知识，也构筑起了一个充溢着阳刚之气的私密空间。在其中，这对父子更像是志同道合的男性伙伴。

虽然真正的蒸汽机出现之后150年才有了相应玩具，但在摄影术和照相机问世的半个多世纪后，专为儿童设计的玩具照相机就已然进入了玩具公司的销售目录。玩具生产商都试图让玩具与真实物品距离最小化，并声称其产品从本质上说并非玩具而是微型的科学仪器。因此，这些机械装置之所以激动人心是由于它们提供的不是科幻，而是参与到当下的英雄般的、全新且真实的世界中的想象。这种置身其中的想象让20世纪之初的男孩热血沸腾，仿佛觉得自己已经是能够操控现代科技力量的成年男人了。③ 照相机玩具大军中的排头兵就是柯达公司于20世纪之初出品的"布朗尼方形廉价照相机"，该产品也于1920年代进入中国市场，④ 从其在报纸刊登的广告来看，玩具相机的潜在销售对象显然是男孩子。在《申报》的一则广告中，"Kodak"的英文商标下面便是醒目的五个大字："儿童之恩物"。左边绘制的是一个男孩子爱不释手地端详着一架玩具相机，画面下方的广告语则称："儿童欲求有益之游嬉，当于游嬉中寓增进智识，开发思想之机会。摄影为一种游嬉，任人皆知，成人固爱之，而儿童尤爱之。此种游嬉与儿童之心身极有利益，柯达公司为此特别制作白朗尼镜箱，以供儿童拍照……可以

① 〔美〕加里·克罗斯：《小玩意》，第73～75页。
② 〔加拿大〕德斯蒙德·鲍尔：《小洋鬼子——一个英国家族在华生活史》，谢天海译，天津人民出版社，2010，第9页。
③ 〔美〕加里·克罗斯：《小玩意》，第81～82页。
④ 关于照相术被引入中国，以及照相、合影、相机胶卷等西洋事物和风俗被国人逐渐接受理解并喜爱及流行的简史，可参见 Frank Dikötter, *Exotic Commodities*：*Modern Objects and Everyday Life in China*, New York：Columbia University Press, 2006, pp. 242–250。

增添许多乐趣。"① 尽管该广告言之凿凿的是摄影为成人小孩所钟爱的游戏活动，但显然这个技术含量极高的恩物更加适合男孩子玩耍，② 而父亲也有义务为羡慕同学的儿子购买相机，并亲手指导他学习摄影，因为这既是"一桩高尚的游戏，又可以养成他美术的嗜好"③。即便是母亲要使用相机，也是为了替"玉雪可爱的（男）孩儿留一永久纪念"④。在诸多的相机广告中，女孩子始终没能得以露面，这恐怕不是巧合，而是社会主流的性别文化操弄形成的一种思维模式，即只有男性才拥有进入由科技和机械构成的世界之特权，女性是被禁足而无法轻易靠近的。当然，这种赋权是以收入水平和消费能力作为前提的，因为摄影这"一桩高尚的游戏"如果没有预先购置售价高昂的相机，亦是无从谈起。施蛰存幼时对初入国门的手提照相机颇为好奇，尽管一架"柯达"120 号快镜需售 20 元，连同一切冲洗附件，共需 30 余元。但其父仍不忍拂逆宝贝儿子，如数为他买来。但这件"恩物"仅仅被施蛰存把玩了两三个月，不仅成绩全无，兴致亦由浓转淡，最后被同学借走而下落不明。⑤ 易言之，在父亲为儿子购买高科技玩具，并手把手教导其游戏方法时，除了表明他们可以共享充盈着阳刚之气的娱乐空间外，更暗示这个由男性家庭成员所独享的、把女性排除在外的空间的形成是以经济实力为基础的，而显然儿子比女儿更有资质和潜能继承甚至提升此种实力。

综上所述，军事战争类和创造类，特别是机械科技类玩具基本上被男孩子们所垄断，女孩子是无缘享受的。但凡事都有例外，在一则故事诗中，妹妹抄起了弓箭要射死自己的哥哥，让她如此盛怒，言行都跨越了惯有的社会性别边界的原因正是哥哥原本想逞能展示自己的射术，不想却在妹妹喜欢的洋囡囡的脸上射出了一个大洞，后者情急之下，就夺过了弓箭想为洋囡囡报仇。当然故事诗的结尾是哥哥安然无恙，只剩下妹妹抱着破损的洋囡囡哭泣神伤。⑥ 正是由于心爱的娃娃被无端伤害，女孩子才会"因爱生

① "儿童之恩物"，柯达公司广告，《申报》1926 年 12 月 12 日，第 14 版。
② 柯达公司广告，《东方杂志》第 24 卷第 20 期，1927，页码不详。
③ 柯达公司广告，《东方杂志》第 23 卷第 29 期，1926，页码不详。
④ 柯达公司广告，《东方杂志》第 24 卷第 10 期，1927，页码不详。
⑤ 施蛰存：《绕室旅行记》，余之、程新国主编《旧上海风情录》，文汇出版社，1998，第 312～313 页。
⑥ 《射箭》，《小朋友》第 13 期，1922，第 13～16 页。

恨"，爆发出反常的欲手刃仇人的阳刚之气，即便是男孩子也要望风披靡，甘拜下风。但这则故事诗的落脚点显然并非女孩子在特定时刻可以展现出超越男性的潜能，否则也不会在最后陷入无计可施、伤心难过的境地了，而是反映出洋娃娃在女孩子情感世界中的重要地位。

　　2. 发展"管家的天性"：女孩与娃娃

　　如果说气枪、蒸汽机和小汽车向男孩许诺的未来想象是广阔天地大有作为的话，那么洋娃娃则唤起的是小女孩母性的本能。相应的，她们希望从玩具身上得到的也并非力量与速度，而是慈爱与温情。"幼女抚弄之小偶，这小偶对于幼女，非仅为一蜡面石屑小袋而已，乃为其挚爱掬育之对象。"① 幼童对于人形玩具的喜爱是不分中外、古今皆然的。其最早可追溯到纪元之初的罗马，因为合乎孩子们的本能，所以当时的儿童对之的嗜好，就已然非常热烈。② 尤其是小女孩都会把玩具娃娃当作自己的孩子，而她们则扮演妈妈，或者把玩具娃娃当成一个小女孩儿，并按照自己的喜好去打扮她，这种将玩具娃娃纳入真实生活并肯定模仿的真实性正是儿童游戏的特征之一。③ 在米德看来，这种"本能"的动机正是儿童在日常生活中正在寻觅着适合他们的社会角色的"原型"，当然，最方便、最易"成功"的就是在他们双亲（或早期抚养人）身上寻找最明显的范式，④ 而每天忙于煮饭浆洗的母亲成为女孩的娃娃游戏的模仿对象也就成为了顺理成章之事。

　　但恐怕不能就此认为在前近代社会的家庭中女孩会有很多娃娃相伴，事实上，她们有弟弟妹妹这些真正的娃娃需要帮母亲照看。大部分的家务劳动是很小的孩子也能完成的，但人们一般免除男孩干活，而允许甚至要求他的姐妹去做，特别是姐姐经常要做母亲的工作，比如扫地、除尘、择菜、给婴儿洗澡等⑤。而只有当身边活生生的婴儿与一奶同胞消失了的时候，玩具娃娃才开始出现。而这一现象正开始于儿童被承认有其自身显著特征和价值的 18 世纪，父母在孩子身上逐渐投注了前所未有的关爱和精力，

---

① 卢绍稷：《儿童的玩具》，《新儿童教育》第 1 卷第 1 期，1935，第 53 页。

② 青：《人形玩具的小史》，《妇女杂志》第 7 卷第 11 期，1921，第 74 页。

③ 〔法〕让-皮埃尔·内罗杜：《古罗马的儿童》，张鸿、向征译，广西师范大学出版社，2005，第 260 页。

④ 〔美〕米德：《三个原始部落的性别与气质》，第 284 页。

⑤ 〔法〕西蒙娜·德·波伏娃：《第二性·Ⅱ》，郑克鲁译，上海译文出版社，2011，第 29 页。

因此削减子女的数量、增大对少数儿童的投资就成为父母普遍的选择，随之而至的便是节育率的显著提升与儿童玩具市场的形成。[①] 母亲生育的孩子越少，她们认为养育的责任越高，所以她们宁愿小女儿和婴儿娃娃一起玩耍，而不放心让她们照料小弟弟小妹妹了。[②] 由此看来，玩具娃娃在 18 ~ 19 世纪获得暴发性增长绝非巧合，而是出于满足市场日益增长的需求所致。[③]

与玩具娃娃的队伍日渐壮大几乎同步的是，幼教专家也开始注意到女孩对娃娃的偏好，并建议父母和教师抓住这个时机对她们展开常识教育。卢梭曾发现女孩子喜欢好看和用来化妆的东西，尤其是布娃娃，他就此评论道：这种爱好显然是合乎她的使命的，打扮的要点在于她怎样使用化妆品，而这种艺术是孩子们可以学会的。换句话说，女孩子的使命是要学会用化妆品打扮自己的"艺术"。显然，卢梭从他丰富的家庭教师经历中观察到女孩子成天地玩布娃娃，不断地为之梳妆打扮。而家长（显然是母亲）应该趁机教导她如何为娃娃打蝴蝶结、织围脖、扎花边等针线活手艺，相较于几乎所有小女孩都不乐意学习的读书和写字，穿针引线却是她们引以为乐之事。卢梭进而敏锐地指出，女孩子把全部的心思和自身的全部可爱之处都灌注转移到了布娃娃的身上，其实是等待自己成为一个布娃娃的时刻。而她们之所以对针线活学得起劲，是希望能把自己妆份得更为靓丽，终有一天这些技艺会在长大成人的女孩子/娃娃身上派上用场。[④] 毫无疑问，这是一种移情作用，"小姑娘喜爱她的布娃娃，打扮它，就像她梦想自己被打扮和被喜爱那样，反过来她把自己看作一个美妙的布娃娃"[⑤]。对于小女孩很早就透过布娃娃表现出来的这种"自恋"情节，波伏娃与卢梭在一定程度上达成了共识，[⑥] 即这种心理意识将在女人的一生中起到头等重要的作

---

① 〔英〕劳伦斯·斯通：《英国的家庭、性与婚姻（1500-1800）》，刁筱华译，商务印书馆，2011，第 265 ~ 270 页。

② 〔美〕加里·克罗斯：《小玩意》，第 95 页。

③ 关于此一时期玩具娃娃的样式种类、生产工艺等详情，可见蒋风《玩具论》，希望出版社，1996，第 16 ~ 20 页；Deborah Jaffé, *The History of Toys: From Spinning to Robots*, Sutton Publishing Limited, 2006, chap. 9.

④ 〔法〕卢梭：《爱弥儿》，李平沤译，商务印书馆，2009，第 543 ~ 544 页。

⑤ 〔法〕西蒙娜·德·波伏娃：《第二性·Ⅱ》，第 21 ~ 22 页。

⑥ 但是波伏娃的落脚点和卢梭截然不同，她是以之为对象分析社会性别文化从幼时就对女性实行规训的权力运作模式的，详见后文分析。

用，以至很自然地被视作女人神秘本能的流露。

简而言之，从小女孩喜欢抚弄娃娃这一游戏行为中折射出其母性和自恋两种本能，但可以想见的是在中国语境中，更多强调和培育的还是前者。"女子爱玩人形，抚之抱之，俨若真物，谓女子将来爱育女儿之真性发端于此可见也，谓女子气质和平之由来亦发端于此。"① "洋囡因为女儿玩具之主，或以怀抱，或以褓负，一似女儿之本能的。女儿对于洋囡，犹如真正赤子，可谓最适于儿童之趣味者也。"② 有论者指出这种本能即为人类保持种族本能中的养护本能，并进一步阐释到其在"儿童五六岁以后就发生了，而以女子为最著；如保护人形的玩具就是这种本能的一种表现，做女子以后这种本能尤加发达；若没有这种本能，人类就无延续的希望，所以教育上对于这种本能，宜竭力使之发展"③。由于事关国族的繁衍生息，因此对于女性的这种本能决不能等闲视之，应该从娃娃抓起，使之发荣滋长，"一个小女孩子，时常好与洋囡囡游玩，这正是培养她的母性爱的生长"④。

和为男孩子购买气枪、火车模型等玩具的父亲相映成趣的是，为女儿购买娃娃的通常是母亲，⑤ 尽管终日操劳的她们可能没有多少时间陪孩子一起玩耍，但幼教专家还是苦口婆心地提醒母亲关于娃娃游戏的价值："这种模仿游戏于小孩子确有很大的益处，1. 可以发展小孩子的爱情；2. 可以学习缝纫洗濯之事。"⑥ 也有人进一步向母亲们解释为何娃娃是如此紧要时指出"将来你的女孩子一定要做母亲，现在呢，她正可以发展她的管家的天性。所以她必须受到别人的指导和训练，她是要以整个做母亲者的心志去爱她的娃娃的；她是在学习怎样使她更能适应将来的环境"。通过给娃娃梳洗打扮、量体裁衣、做饭喂食，沉浸在育儿想象中的女孩子也模仿并演练了必要的家务技能，这种寓教于乐的游戏形式因此也被幼教专家充分肯定，"试问还有什么玩具能使女孩这样的快乐，并能使她真正为生活而学

---

① 余寄：《教育上玩具之价值》，《中华教育界》第 6 卷第 2 期，1917。
② 贾丰臻：《教育上之玩具观》，《教育杂志》第 1 卷第 5 期，1919，第 31 页。
③ 钱钰孙：《关于儿童本能的教育》，《妇女杂志》第 8 卷第 1 期，1922，第 71 页。
④ 吕同璧：《儿童和玩具》，《现代父母》第 2 卷第 2 期，1934，第 18 页。
⑤ 雷贞敬：《可爱的洋娃娃》，《小朋友》第 528 期，1932，第 42 页；醉云：《洋囡囡的游历》，《小朋友》第 57 期，1923，第 9 页。
⑥ 陈鹤琴：《儿童玩具组报告》，《新教育》第 5 卷第 9 期，1924，第 1056 页。

习呢？"①

　　为了使女孩子更加乐此不疲地投入扮演未来家庭主妇的角色游戏之中，母亲可以为她们提供一些辅助玩具，比如桌椅板凳、茶壶茶碗等，利用这些微型的居家用品与娃娃相配合，女童可以开展丰富多样的过家家和请客游戏。② 爱国玩具制罐厂曾出品金属材质的炉灶玩具，并以小女孩能借以学习烧饭作为卖点（参见图三）。南京鼓楼幼儿园也制造过玩偶床，大小约一寸半，床身木质，四根立柱底端装有铁轮，方便推拉，目的是让儿童学习整床叠被使玩偶安寝。③ 更加高级的是为较大的儿童准备的小屋舍一类的玩具，因为这一年龄段的儿童"不但能折叠物形，且能结构而布置焉。小女子每喜仿效其母之举动，戏理家政，故构造小屋舍以为玩具适满其欲望。其法以纸牌配成居室，附设火炉、门窗及悬挂之图画等，皆须完备。室中又有主母及其小家属之傀儡，并地毯、家具、猫犬等塑像"④。从描述来看，此一"麻雀虽小，五脏俱全"仿真度极高的屋舍玩具应该就是 16 世纪在西方出现的经典玩具——"玩偶之家"⑤。从孤零零的一个娃娃，到多个不同的娃娃，再到陆续为其添置的家居用品，及至最终的整栋住宅，父母不断为与女儿朝夕相处的玩伴娃娃完善生活设施的同时，其实也在为女孩子设定一应俱全、甜蜜梦幻的想象空间，她们可以在其中与娃娃玩耍嬉戏，掌握育儿持家的要领和技能。但这个空间却是有边界的，被限制在家庭范围之内，就像游戏结束后被安置在玩偶之家的娃娃一样，女孩最终的归宿也应该是温暖安逸的家门之内，而非充满危险和不安的外部世界。

　　孩子们也确实热烈地回应着父母的殷殷期待，抑或可以说是顺从地满足了成人的心愿。她们喜欢不哭不啼、总是微笑的娃娃，⑥ 不管其是小泥人，⑦ 还是洋囡囡。⑧ 女孩子总是把自己设想为娃娃的母亲，⑨ 为其缝制冬

①　雷阿梅：《游戏中的学习》，《现代父母》第 5 卷第 5 期，1937，第 17 页。

②　《洋囡囡和其他玩具》，《益世报》1934 年 8 月 2 日第 11 版。

③　陈鹤琴、张宗麟：《幼稚园的设备》，张沪编《张宗麟幼儿教育论集》，湖南教育出版社，1985，第 714 页。

④　宗良译《儿童之玩具教育》，《妇女杂志》第 2 卷第 3 期，1916。

⑤　关于玩偶之家的历史演变，可参见 Deborah Jaffé, *The History of Toys*, chap. 10。

⑥　胡贤：《洋囡囡》，《小朋友》第 398 期，1930，第 12 页。

⑦　张锦：《小泥人》，《儿童世界》第 27 卷第 4 期，1931，第 42 页。

⑧　廖亭芬：《微笑的洋囡囡》，《儿童世界》第 24 卷第 11 期，1929，第 19 页。

⑨　刘湘霖：《泥娃娃》，《儿童世界》第 24 卷第 5 期，1929，第 47 页。

图三　女孩喜欢厨具

（爱国玩具制罐厂广告，《机联会刊》第 26
期，1931，第 42 页）

衣，① 清洗弄脏的裙子，② 梳头打扮（尽管她们有时候没有那么多耐心打理
洋娃娃的头发，干脆一剪了之③），陪其玩耍，甚至天真地希望娃娃能开口
叫自己一声"好妈妈！"④ 有趣的是，在许多儿童文艺作品中，玩具娃娃一
旦走出家门，便会遭遇到各种危险与不幸。一个被女孩当作"小妹妹"的
洋娃娃跌倒在大门口外的石板上，摔得体无完肤。⑤ 被人遗弃在荒郊野外的
泥娃娃让一个小女孩大发恻隐之心，决定带着她们去找妈妈。⑥ 妹妹最喜欢
的洋囡囡被哥哥绑在钓鱼竿上浸在花园的水池中强行学习游泳，多亏妹妹
及时发现才幸免于难。⑦ 在水池中的娃娃还有获救的机会，但被粗心的弟弟

---

① 伯攸：《快乐的工作》，《小朋友》第 447 期，1931，页码不详。
② 戴耘：《三个洋娃娃》，《小朋友》第 224 期，1926，第 25～26 页。
③ 人路：《倒是省得麻烦》，《小朋友》第 56 期，1923，第 27～29 页；镜心：《鹊妹的洋囡
囡》，《小朋友》第 153 期，1925，第 7～8 页。
④ 冯竹鸣：《泥娃娃》，《儿童世界》第 34 卷第 5 期，1935，第 41～42 页。
⑤ 最芸：《给姊姊》，《小朋友》第 216 期，1926，第 23 页。
⑥ 伯攸：《泥娃娃》，《小朋友》第 449 期，1931，页码不详。
⑦ 人路：《洋囡囡学游泳》，《小朋友》第 51 期，1923，第 37～38 页。

掉到河里的洋囡囡就遭到了灭顶之灾，姐姐虽然心急如焚却无计可施，只得给洋囡囡写信道别，望其珍重，只是苦了无从投递的邮递员。[1] 相较于被湍急河水吞没的洋囡囡，小蓉的洋娃娃虽然也不慎落水，且在随波逐流中连遭险情，甚至被一条大鱼吞进了肚子，但无巧不成书，这条鱼被捕获后又被小蓉家的佣人买了回来，差点葬身鱼腹的洋娃娃最终幸运地和小主人在家中重逢。[2]

或许我们可以说在这些寓言、故事诗中玩具娃娃所遭不测是一种巧合，但笔者更倾向于认为其隐隐约约传达了一种观念：娃娃游戏应该在室内进行，而娃娃的"母亲"也因此需要老老实实待在家里学习如何照料它们。在这里，娃娃与女孩的处境和命运巧妙地构成了隐喻和互设，后者之后的人生在很大程度上就不得不围绕着前者而展开了。母亲在送给女儿娃娃并教导她通过游戏熟悉基本家务技能的同时，也潜移默化地把主妇即是女人的职业、家庭就是女人的工作场所、照料"娃娃"即为母亲的本能与天职、娃娃能否安全无忧地健康成长是衡量家庭主妇／母亲是否合格的重要依据等观念灌输到女孩的头脑中。正像波伏娃切中肯綮地指出的那样，对于女人而言，丈夫概括了人类全体，孩子以便携形式给她整个未来，因此"家变成了世界的中心，甚至是它唯一的真实"。家也就成了女人的世俗命运，是她的社会价值和最真实自我的表现，因为她无所事事，于是便贪婪地在自己拥有的东西中寻找自我。而赋予女人主体性的，正是家务劳动，通过乐此不疲地埋头于周而复始、琐碎复杂的家务，女人成功地占有了自己的"巢"。[3]

在很大程度上，照料玩具娃娃就是小女孩今后数十年中所要从事的家务劳动的提前预演，其被固有的社会文化改头换面以游戏的形式哄骗女孩子热切地期待做一位母亲以及安于当一辈子的家庭主妇。[4] 至于所谓的天生的、神秘的"母性本能"压根是子虚乌有，小姑娘耳濡目染的都是照料孩子是归于母亲的职责，她所有的切身感受都在证实这一点。"人们鼓励她迷恋这些未来的财富，人们给她布娃娃，让这些财富从现在起就具有可以触摸到的面貌。"但随着娃娃一齐被传递，甚至可以说下达的是其要背负一生

---

① 何道南：《寄给洋囡囡的话》，《小朋友》第 283 期，1928，第 3～5 页。

② 醉云：《洋囡囡的游历》，《小朋友》第 57 期，1923，第 9～13 页。

③ 〔法〕西蒙娜·德·波伏娃：《第二性·Ⅱ》，第 238～239 页。

④ 〔美〕加里·克罗斯：《小玩意》，第 111 页。

的生儿育女、操持家务的"使命"①。由此可见，因性别而有差别的玩具在相当程度上并非出于儿童自发的选择，而是由于传统观念和社会环境的压迫使然。正像时人观察到的那样，如果到玩具店去购买圣诞节礼物，店员就会依据儿童性别的不同来推荐玩具。因为谁都不会把洋囡囡送给男孩子，也不会把汽车、飞艇以及含有机械意味的玩具送给女孩子。易言之，正如男女职业选择上的差异，男童女童玩具选择的不同也是受到父母期望不同的影响。② 从另一个角度讲，如果玩具的取舍不是全由性别偏好来决定，那么就一定有不符合惯常的情况出现，尽管这种反常的性别越界现象在男孩子身上表现得更为明显。

三 男孩也爱娃娃？——被消费行为模糊的性别界线

上文论及的有关幼教话语提供的男女各异的玩具分配方案更多的是教育界专家及相关人士心目中的理想模式，但正像那句名言所云：理论是灰色的，而生活之树常青。在日常生活中，儿童实际拥有的玩具和专业人士的看法存在很大差异，而且这种出入是由商家的广告营销、成人的消费能力和儿童的个体喜好等多方面因素共同决定的。易言之，专家的观点是男孩女孩"应该"在玩具选择上有所区别，而本节的重点则是考察他们到底有没有完全遵循这种"规定"。

在一次关于儿童拥有何种玩具以及喜欢什么玩具的调查中，教师经统计发现，在调查对象合计为 70 人的一年级小学生中，喜欢小飞机的为最多，达到 59 人，其次为洋娃娃，有 50 人，再次则是小皮球，计有 40 人，均超过了半数。这位教师剖析其原因在于当时抗战的大环境，社会尊崇军人，小朋友盼望长大后驾驶飞机为国效力，因此玩具飞机最受欢迎。而洋娃娃之所以博得儿童欢心，大抵是学习妈妈抱着弟弟妹妹的模样。至于小皮球，"拿在手里很轻灵能滚动、会跳跃，所以不论是男女孩子都喜欢它"③。尽管这次调查最大的遗憾在于调查对象的性别信息的缺失，笔者无从知晓 70 人中男女孩子各自的数量，但可以大致推断的是中意军事玩具和运动玩具的

---

① 〔法〕西蒙娜·德·波伏娃：《第二性·Ⅱ》，第 26 页。
② 秋宾：《新时代的父母对于男女孩子》，《现代父母》第 1 卷第 8 期，1933，第 4 页。
③ 毛仲颐：《调查了一次玩具》，《静安》第 6 期，1939，第 81 ~ 82 页。

绝不仅限于男孩，而对洋娃娃情有独钟的也远非只是女孩儿。但更加耐人寻味的是，实际拥有小飞机和洋娃娃的孩子都远低于喜欢的人数，小飞机只有区区 9 人拥有，洋娃娃稍多，也仅有 23 人，相较于被多达 60 个孩子拥有的皮球而言，可谓差之远矣。对于个中原因，调查者虽然没有展开分析，但其提供的一个没有任何玩具的男孩的个案却解释了一切。当教师百般追问他为何没有玩具时，这个垂头丧气的男孩直到最后才面红耳赤地说明了内情：其父是一个园丁，每月工资只能应付一家五口一日两餐的开销，根本没有余力来购置玩具。面对此情此景，教师也不免感慨："玩具是有钱儿童的恩物，儿童的幸福是何等不平啊！"①

从这次调查来看，现实中男孩与女孩似乎共享着对一些玩具的喜好，比如小飞机、洋娃娃，也同时拥有一些玩具例如小皮球、毽子和玻璃球，而填平愿望与现实之间的鸿沟则仰赖于家庭的消费能力。但笔者显然不能凭此孤证遽下定论，认为儿童玩具的性别界线在实际购买力的影响下趋向模糊。由于欠缺许多关键信息，如调查样本的性别、年龄跨度、地域分布及喜好特定玩具的具体原因等，使得调查结果只能作为参考，无法成为权威的结论。换句话说，我们需要更多的调研和案例来佐证和支撑上述初步的判断。

1. 拍皮球与骑木马：儿童杂志和广告中"反常"的女孩

有西方的玩具史家观察到，在 18 世纪，皮球、羽毛球和陀螺是属于男孩的玩具，成人在教授男孩游戏技巧的同时，也把道德训诫融入其中，告诉他们如何通过玩这些运动机巧类玩具来学习做个男人。可人们费尽九牛二虎之力，也没有找到相应的对女孩子的说教，尽管也没有严加禁止她们进行一些技巧游戏。② 亦有儿童史家指出，在如何引导孩子进入成人世界时，不同的玩具发挥的功能各异，如男孩子骑木马，而女孩子则玩洋娃娃及炊具、餐具。但是同时，孩子们也证明了她们有足够的能力颠覆这些期待。③ 而在中国，目标受众定位为儿童的杂志刊物和玩具广告中，也出现了为数不少"挑战"了呆板机械的玩具分配模式的儿童形象。

---

① 毛仲颐：《调查了一次玩具》，第 82~83 页。
② 〔法〕米歇尔·芒松：《永恒的玩具》，苏启运、王新连译，百花文艺出版社，2004，第 306~307 页。
③ 〔英〕柯林·黑伍德：《孩子的历史》，黄煜文译，台北麦田出版，2004，第 138 页。

虽然很多情况下，女孩子都以洋娃娃的母亲的形象出现，[①] 但在陀螺比赛[②]和拍皮球游戏中[③]亦可发现她们的身影。玩皮球的女孩子甚至出现在永和实业公司的"永"字牌皮球广告中，[④] 成为模范儿童的代表："金宝在学校里，人家都称她为模范生。因为她在课毕的时候，不做剧烈运动，看看书，拍拍永字牌皮球，是她的课外功课"（参见图四）。对于机械交通类玩具，女孩子也不陌生。在商务印书馆的教育玩具广告中，她们要么自己抚

图四　拍皮球的女孩是模范儿童

（永和实业公司广告，《机联会刊》第 69 期，1933，第 12 页）

---

① 《小朋友》第 539 期，1933，封面。
② 含真：《陀螺比赛》，《小朋友》第 539 期，1933，第 14 页。
③ 《拍皮球》，《小朋友》第 539 期，1933，页码不详。
④ 《球话》，永和实业公司广告，《机联会刊》第 79 期，1933，第 23 页；《皮球歌》，永和实业公司广告，《机联会刊》第 12 期，1930，第 25 页。

图五　女孩也爱火车

（商务印书馆广告，《妇女杂志》第 9 卷第 12 期，
1923，页码不详）

弄着小火车（参见图五），要么和男孩子一起玩着坦克车①。即便是最富于
男子气概的军事玩具，女孩子也有份参与，她们骑着木马、挥舞宝剑，一
副巾帼不让须眉的飒爽英姿（参见图六），尽管骑木马在个头和逼真程度上
较男孩逊色不少。这些"反常"女孩之所以能够作为广告和杂志封面的主
角，至少在某种程度上反映出商家和出版社对潜在消费人群和既有文化现
象的迎合与认同。当然，不能否认的是女孩子和军事战争玩具的"亲密接
触"有其特殊原因。例如，冰心的父亲是行伍出身，能骑善射，她小时候
不光穿男装，还常由父亲教授骑马或打枪的技巧，虽然背的只是一杆鸟枪，
子弹亦仅有绿豆大小。由此可见，这位著名女作家幼时从玩具到衣着方面

---

①　《教育玩具》，商务印书馆广告，《儿童世界》第 5 期，1930，页码不详。

图六　骑木马、挥宝剑的女孩

（《儿童世界》第 24 卷第 7 期，1929，封面）

的性别越界现象是被其父"一手惯出来的，一手训练出来的"①，家庭对于儿童性别特征的影响由此可见一斑。除了家庭原因，国家意志也在儿童玩具的选择上施以强力。在 1940 年的重庆，儿童纷纷自制战时教育玩具，如飞机、大炮和木坦克车，连女孩子也在聚精会神地做着各式小武器模型，甚至防毒面具，因为她们知道，"要长期抗战，兵器必须靠自己来生产"。而在时人眼中，这些小技师也许是将来国防利器的发明家。② 我们似乎可以据此推断，喜欢"另类"玩具的女孩或多或少受到了外在环境的干预，她们对于竞技类、机械类，特别是军事类玩具所表现出来的好感，其实并不意味着对固有性别角色分配模式的颠覆，而仍旧是对于消费文化、父辈期望以及国族动员的一种归顺和响应。

---

① 薛原编《童年》，山东画报出版社，2006，第 35～36 页。

② 邝光摄：《小小兵工厂》，《良友》第 153 期，1940，第 31～32 页。

　　那么，男孩子的情况又如何呢？在古罗马，男孩儿不玩玩具娃娃并非因为那是小女孩的童年的象征，但也许是由于人们侮辱性地把玩娃娃的男孩叫作"女孩儿"①。这种对于行为"反常"的男孩子施加的社会压力，首先表现在剥夺其性别资格的恐吓。其次，如果男孩喜欢从事公认的适宜女人的工作，人们就会说他在情感方面沾染了女人气。其实某个男孩子愿意玩娃娃，可能并不是出于喜欢照顾孩子，而是热衷于编导某些戏剧性的情节。② 易言之，尽管娃娃更多地出现在女孩子们的扮演游戏中，但这并不意味着其与男孩子的绝缘。在儿童心理学家看来，幼儿通常认为娃娃是具有自己独立人格的生命体，它有感情和欲望，也具备沟通和理解能力，这其实是儿童的一种心理投射行为。在游戏中，娃娃是"他人"，但又同时是儿童"自己"，是其创造的分身，在儿童创设的社会场景中，其使自己和他人遭遇，这可以说是儿童社会化的开端。但更为重要的是，儿童本质上是游戏的主宰者，娃娃只是一个玩偶，前者赋予后者以生命，但又认为其自有生命，一切游戏情节都是理应如此，儿童将自我主动作为一个客体看待和要求，他安排它，同时又接受它的安排，即接受这种主客体关系的安排，这种自我内部发生的互动导致了主我和客我的分化，是主体性发育历程中的关键性步骤。③ 可以说，玩具娃娃对于儿童心智的成熟发挥了重大作用，也因此得到了普遍的欢迎，而不仅是女孩子的青睐。美国1898年一份调查显示，只有25%的女孩更喜欢娃娃，而男孩子却在玩着这个本该是她们亲近的玩具。④

　　在中国语境中，围绕着男孩子是否喜欢玩具娃娃这个问题，从专家学者到报刊广告其实发出了斑驳复杂、相互矛盾的声音。有论者斩钉截铁地表示男孩"丝毫不爱人形的玩具，倘若有人给他一个，他竟会认作一种切身的侮辱"⑤。但幼教专家陈鹤琴通过观察追踪其子的成长历程，发现小男孩也爱囡囡，还经常把自己喜欢裹的毯了用来裹囡囡，并模仿父母对自己的称呼叫囡囡为"baby"⑥。除了个案观察以外，关于儿童玩具偏好的调查

①　〔法〕让-皮埃尔·内罗杜：《古罗马的儿童》，第262页。
②　〔美〕米德：《三个原始部落的性别与气质》，第283～284页。
③　黄进：《儿童游戏文化引论》，南京师范大学出版社，2012，第218～220页。
④　〔美〕加里·克罗斯：《小玩意》，第111页。
⑤　张碧梧：《玩具对儿童的影响》，《新家庭》第1卷第1期，1931。
⑥　陈秀云、柯小卫选编《陈鹤琴教育思想读本·儿童心理》，第24页。

也证明了男童喜欢娃娃的现象确实存在。在一次玩具展览会后，一些 6～8 岁的儿童被询问其所中意的玩具以及理由，只有男孩子选择了小汽车，原因是能开动。而洋娃娃则因其小巧、好着衣服，同时博得了男女孩子的欢心。① 在另外一次样本数量更多，测验地点涉及江苏省三地的调查中，洋娃娃在南京一女师附小的男孩喜好的玩具排行榜上高居第二，仅次于小轮船。在该校 6～8 岁的儿童中，喜欢洋娃娃的男孩比女孩还多，分别是 20 人和 17 人，具体原因则是"形容像和灵活"，而洋铁炉灶也因为逼真分别获得了 13 个男孩和 8 个女孩的欢心。而在苏州一师附小，玩具家具则在 8～17 岁的男孩喜好排名中位居次席，在女孩喜好排名中则位列靠后。武进县立女师附小平均年龄在 6～12 岁的儿童中，有 51 名男孩和 43 名女孩因为"形容像和灵活好玩"喜欢洋娃娃。尤其值得一提的是，调查者注意到了男孩女孩都最喜欢洋娃娃的现象，却对前者喜爱的原因不着一墨，而大谈特谈"女孩子欢喜人类的洋娃娃，是女子特有的慈母性的表现"。教育者如能合理善用这一特点，施以教化，"可以养成极慈善的女子去从事小学教师、保姆、看护妇、红十字会员、医生等事业"②。这种视而不见、刻意回避的态度是缘于调研者觉得无法合理解释呢？还是其认为男孩无须也不必成为慈爱的父亲呢？

男孩对于娃娃的情有独钟不光体现在调查之中，还在商业广告中有所反映。大中华赛璐珞制造厂的广告就描绘了一个搂抱着洋娃娃的稚龄男童，其广告语也声称洋娃娃是适合所有儿童的玩具，"那一个孩子不爱洋娃娃？"（参见图七）。在爱国玩具制罐厂的广告里，三个年龄相仿、尚在学龄之前的男孩子并肩而立，其中一位倒提着一个洋娃娃（参见图八）。中兴赛璐珞厂的广告中，一个小学生装扮的男孩正在为另一个坐在地上吹小号的男孩递上一个穿花衣服的洋囡囡（参见图九）。这些广告除了表明男孩子也是洋娃娃玩具的消费群体之外，似乎还暗示了男孩子对于娃娃的热情随着年龄增长而递减的趋势。蹒跚学步的男孩对娃娃爱不释手，年纪稍长，已能呼朋唤友的男孩则对娃娃不似之前那般珍视，而身着学生装的男孩子则对军事玩具——小号更感兴趣。但可以肯定的是，幼稚园时期（3～7 岁）的儿

---

① 胡超伦：《一个大单元的教学报告》，《教育杂志》第 16 卷第 6 期，1924，第 11～12 页。

② 张九如：《江苏九师附小儿童玩具测验报告》，《教育杂志》第 14 卷第 8 期，1922，第 1～13 页。

图七　小男孩喜欢洋娃娃

(大中华赛璐珞制造厂广告,《机联会
刊》第 12 期，1930，第 47 页)

童对于娃娃的兴趣最为浓厚，幼稚园的老师也会利用幼儿对抚育娃娃的兴
趣，增进其对衣服被褥与时令变化之间的关系等知识，[1] 运动会上幼稚生的
表演环节也出现了拿着洋娃娃的男孩与女孩。[2]

　　尽管上述玩具调查和广告素材可以作为特定年龄段的男孩钟爱娃娃的
证据，但毕竟都属于以成人视角观察得到的旁证。而一篇由男孩子撰写的
关于他对洋娃娃从挚爱到淡忘的文章则为我们提供了最为直接的证据。这
个小男孩写道："我小时候的玩具，只有一个洋娃娃，是我最喜欢的。它的
眼睛，睡下就会闭，坐起就会开，真是有趣极了。当我睡的时候，就把他

---

[1]　张雪门：《增订幼稚园行为课程》，《张雪门幼儿教育文集》，北京少年儿童出版社，1994，
　　第 1134 页。

[2]　《儿童之页》，《良友》第 72 期，1932，第 72 页。

图八   大一些的男孩也玩娃娃

（爱国玩具制罐厂广告，《机联会刊》第 21 期，
1930，第 22 页）

放在枕头旁，一起身来，就把它抱在怀里，它真是我的无价宝哩！假使我
一失了它，就会急得哭起来的，我是多么的爱它呀！"不幸的是，在男孩五
岁时，这件朝夕相处的无价之宝还是丢了。虽然十分悲伤，但当父亲为他
买了一辆旋紧发条就能飞快前进的小汽车后，男孩还是高兴地跟在后面跑
了起来。到了写作这篇文章的时候，男孩的兴趣已经转移到了学校里的球
类、浪木和家庭中的毽子、跳绳上面，"现在我再也不想那洋娃娃和小汽车
了，因为我已经长大了"①。由此可见，随着年龄的增长，儿童心仪的玩具
性质也由静态向动态转化，而动的玩具又必须使他们也参加活动，才格外

① 沈家跣：《我的玩具》，《小朋友》第 952 期，1949，第 4 页。

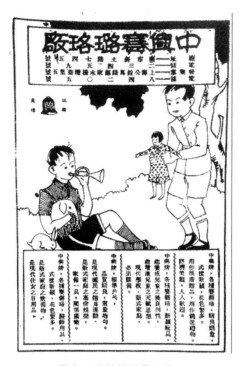

图九　洋娃娃还是小号？

（中兴赛璐珞厂广告，《机联会刊》第 98 期，
1934，页码不详）

感到有趣。易言之，这一时期儿童更热衷于游戏，玩具只是辅助游戏的工具罢了①。虽然终有一天，玩具娃娃不再会是儿童相濡以沫的玩伴，但它对于特定年龄段的男孩子有着"致命的吸引力"也是不争的事实。

　　其实，单就玩具娃娃本身而言，也要依儿童年龄不同，给予不同的娃娃以满足其各异的兴趣点。美国育儿专家指出："幼稚儿童皆以洋囡囡为理想的玩物，而洋囡囡之完备者，须视乎儿童之年龄为断。"最小的儿童适宜玩橡皮及布帛洋囡囡，身穿衣服的洋囡囡尤其为六岁的儿童喜爱，因为其目睹弟弟妹妹常着衣物的缘故。而八九岁的儿童的关注点不仅仅局限在娃娃身上，更在意其附属的衣帽及所居住的小屋是否华丽精美。② 言下之意，

① 钱公侠：《玩具》，《作家》第 3 期，1944。
② 师蠡：《儿童与玩具之关系》，《妇女杂志》第 6 卷第 3 期，1920。

一个玩具娃娃是远远不够的。巧合的是，中国的母亲结合自身的育儿经验也得出了相同的结论，为了解决小孩子玩玩具容易厌倦的毛病，这位母亲建议每次买玩具时不妨多买一点。比如洋囡囡，一次可以买不同的两三个，同时再做几套不同的小衣服，小孩子一见这么多的洋囡囡，还有丰富的服装搭配，一下子就会忙得不亦乐乎、不易生倦了。① 话虽如此，民国时候的普通家庭能否为子女一口气买上好几个洋娃娃，联想到前文那个园丁之家的男孩没有任何玩具的事实，我们在心里画上一个大大的问号。虽然男女孩子都喜欢洋娃娃，但要想成为它的主人，先得问一问父母的荷包。

2. 穷孩子、富孩子——谁才是洋娃娃的主人？

在一家玩具商店的橱窗里陈列着一个十分美丽的洋娃娃，她的脸孔洁白如玉，橘红色的脸颊上有一双比嘴巴还大的眼睛，青白分明、水晶剔透、长长的睫毛上面，棕黄色的卷发一条条直垂到肩上，肩以下娇嫩的两条臂膀被粉绿色的短袖裙覆盖着，更是显出肌肤的雪白润泽。这件绿绸衣一直拖到了脚跟，从腰部以下有一截一截地镶着蓬松的裥褶，裥褶上又缀着如星光闪烁般的波纹。由于外貌如此出众，在其他玩具一片阿谀奉承声中，洋娃娃自视甚高地期盼着有一位高贵可爱的小主人把自己接走。可是时光流转，洋娃娃却始终无人问津，好不容易有一个小男孩望着她站了半天，最后还是恋恋不舍地走掉了，心急如焚的洋娃娃向身边的小绒狗询问情由，后者告诉她，那些穷小子根本不配有她这样好看的洋娃娃，他们连定价的零头都付不起。洋娃娃虽然不清楚自己的价格，但知道那一定是一个可怕的数目，足以让许多小朋友看都不敢看一眼的。遗憾的是，最终"高贵的主人"也没有到来，洋娃娃也因为经年累月的时光冲刷变得不再光彩夺目，被店主移出了橱窗。② 这虽然是一则童话故事，却恰如其分地反映了民国时期，洋娃娃并不是能够走入寻常百姓家的一般玩具。要特别提请注意的是，玩具娃娃在中国古已有之，在洋娃娃未输入中国之前，中国的儿童或以枕头当娃娃，或以街上买来的泥人做囡囡玩弄。③ 尤其是前者，在女孩中很常见。潘学静曾回忆幼时抱着枕头当娃娃，用一些瓶盖、贝壳、小盒子、小

---

① 自强：《洋囡囡和其他玩具》，《益世报》1934 年 7 月 26 日，第 11 版。
② 蒋衡：《一个可爱的洋娃娃》，《小朋友》639 期，1935，第 27～35 页。
③ 陈鹤琴：《儿童玩具组报告》，《新教育》第 9 卷第 5 期，1924，1056 页。

木碗当餐具玩过家家游戏。[①] 本土的这些玩具大都是布制和泥制的，很多还可以自制，即便要买也花不了几个钱。但洋娃娃最初却是明白无误的舶来品，从五官相貌到衣着打扮都是洋味十足，制作材料亦为橡胶、赛璐珞等外国工艺。即便后来国内能够自行仿造，也是造价不菲。正如童话中那个美丽可爱的洋娃娃，她不光等待的是富家子弟，其实她本身就是财富和地位的象征。[②]

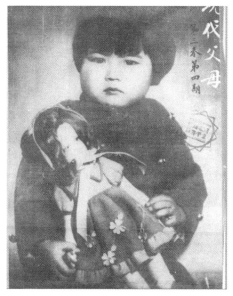

图十　时髦现代的洋娃娃
（《现代父母》第 3 卷第 4 期，1935，封面）

在任何时代，穷孩子和富孩子的玩具都不尽相同。资本主义时代的商品经济人潮来袭后，其分化更为严重，甚至有天壤之别。南京的一个小康之家的孩子的玩具可以装满一大网篮，网篮有农村用的箩筐那么大。[③] 至于会睁眼闭眼的洋娃娃、板羽球、口琴、玩具脚踏车，也是应有尽有。[④] 合肥

---

① 徐潘学静：《九十年的回忆》，上海书店，2012，第 107 页。
② 某期《现代父母》杂志的封面照片中的一位小女孩抱着的一个具有突出西洋特征的洋娃娃即为典型，可见《现代父母》第 3 卷第 4 期，1935，封面。（参见图十）
③ 胡伯威：《儿时“民国”》，第 4 页。
④ 胡伯威：《儿时“民国”》，第 195 页。

当地的望族张家的长女元和有很多罕见的西洋玩具：一只洋铁蝴蝶，一拉翅膀就呼扇，发出咯嗒咯嗒的声音；一辆发条火车，能够沿着椭圆形的轨道跑来跑去。① 与其说玩着这些自动机械玩具的大小姐是跨越了玩具分配的性别界线，不如说她只是煊赫之家的一颗掌上明珠。即便在大都会上海，买一个洋娃娃也是一次奢侈的消费，当时的孩子如果可以在百货公司里挑选一个心爱的洋娃娃，就是一件非常快乐和引以为豪的事情。但对于地产大王周氏家族的女孩子而言，只需以同意拔牙为要挟，就能轻易得到一个洋娃娃作为补偿，到后来她的柜子里已有大大小小不下几十个洋娃娃。② 还有大富之家的小少爷对售价高达 40 元的洋囡囡毫不爱惜，不到几天工夫就拆毁废弃。③ 即便是在逃难当中，高级知识分子家庭也尚有余裕给小女儿买两个小洋娃娃。④

　　反观穷孩子，花钱购买玩具对他们来说，无疑是天方夜谭。他们为一个小小的拨浪鼓伫立在玩具摊前久久不愿离去，囊中羞涩的母亲虽然于心不忍，但还是硬起心肠拉着儿女走开，而孩子仍恋恋不舍地回望着那小小的玩具。⑤ 既然消费不起玩具，有慈爱的长辈肯为孙儿制作玩具也是件幸事。诗人李广田的奶奶就用破纸糊了小风筝、用草叶做了小笛、用秸秆扎了车马，甚至摸来麻雀给孙子当玩意儿。⑥ 童年在黑龙江呼兰县度过的萧红则远没有这么幸运，只能孤身一人在黑暗尘封的贮藏室里"寻宝"，好不容易找到了一把小锯便视若珍宝，开始到处破坏，直到玩坏为止。除此之外，便是"去没有去处，玩没有玩的"，过着非常寂寞的日子。⑦ 眼睛会睁会闭的洋娃娃对于这些身在乡间的孩子恐怕是闻所未闻、见所未见了。很多贫苦出身的儿童"自力更生"，从大自然中取材发明创造"土玩具"，三五成群也玩得不亦乐乎，但在富裕家庭的孩子看来却是莫名其妙。一个放学路上的儿童看到邻家的贫苦孩子玩耍，其玩具既非木马，也不是皮球，是把

---

① 〔英〕金安平：《合肥四姐妹》，凌云岚、杨早译，三联书店，2007，第 12 页。
② 蒋为民编著《时髦外婆——追寻老上海的时尚生活》，上海三联书店，2003，第 265～266 页。
③ 沈紫曼：《洋囡囡》，《新时代月刊》第 2、3 期合刊，1932，第 85～87 页。
④ 杨步伟：《杂记赵家》，辽宁教育出版社，1998，第 126 页。
⑤ 戴雄：《乐在民国》，江苏文艺出版社，2004，第 140 页。
⑥ 薛原编《童年》，第 160～164 页。
⑦ 萧红：《呼兰河传》，人民文学出版社，2001，第 63～66 页。

醒龊的稻草和柴枝连接起来，各人拿着一枝，举起手快乐地摇摆着，玩着"戏青狮"的游戏，其中一个还高喊着："来呀！好玩极！"但这位学童心中却觉得"像这样无意义的游戏，有甚么好玩？但是他们又没有别的东西可玩，那是非常可怜的事"①。但所谓"有意义"的游戏却无疑不是这些贫儿能够负担得起的，而相较于没有像样玩具的儿童更为可怜的是那些饥寒交迫、朝不保夕的社会底层的孩子。1936 年的《时代漫画》杂志将两张照片上下并置在一起刊发，上面一幅拍摄的是玩具商店里比邻而坐的赛璐珞洋娃娃，图边附注："都市里的洋囡囡，起码二元钱。"下面一幅则记录的是一位挽着弟弟的女童，她的身后是一大群衣不蔽体、眼神空洞的贫苦孩子，旁边的文字则注明："豫南商城灾后的六龄女童，作价仅白米二斗。"这篇对比强烈的摄影作品被定名为"我们可爱的小天使"（参见图十一），这种对真娃娃比假娃娃低贱的讽刺达到了空前的程度。穷苦儿童不能拥有可爱的洋娃娃，自己反被商品化，其价格还不够后者"可怕价格"的一个零头。被这"可怜"、"可爱"和"可怕"的三种情感复杂交织并尖锐映射出来的只能是这样一个事实：决定洋娃娃的主人的关键因素，既不是儿童的性别和年龄，也并非个人好恶，而只能是财富与阶层。

结　语

作家丁玲在其短篇小说《过年》中曾描绘拥有不同玩具的姐弟二人，弟弟的玩具包括买来的小手风琴、小叫子、大皮球、一盒积木，而姐姐则有佣人做的小娃娃、绣花的毽子、小型的餐具以及其他一些手工玩意儿。从表面上看，弟弟的玩具更趋现代，姐姐的却仍停留在传统手工艺阶段，双方的玩具也呈现一定的性别差异。但小说清楚表明姐弟俩是共享这些玩具的，经常在一起玩耍。② 如果我们认为作家的描写比较贴近现实的话，那么可以推断在当时物质条件普遍比较匮乏的情况下，从父母到儿童都没有资本依年龄和性别来选择玩具，实际上，有的玩已经很不错了。

从另一个角度讲，在任何时候，玩具对于儿童的吸引力都首先体现

---

① 张先悴：《穷孩子的玩具》，《小朋友》第 868 期，1947，第 14 页。
② 丁玲：《过年》，《丁玲文集》第二卷，湖南人民出版社，1983，第 195 页。

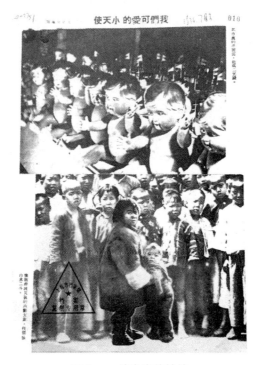

图十一　被出卖的娃娃

（安琪儿摄寄《我们可爱的小天使》，《时代漫
画》第 7 期，1936，页码不详）

在外观的新颖有趣、玩法的丰富多样等元素构成的娱乐性上。易言之，
专家或许认为男孩应该玩气枪，而洋囡囡则是女孩的玩伴，但对于儿童
来说，首先考虑的只是玩具的好玩与否。一个女孩因为听闻社会上的女
学生流行短发，就索性把洋囡囡的头发剪个精光，看看是什么效果。让
她下此"狠手"的原因既不是"管家的天性"，也并非"母性本能"，
只不过是好奇心作祟下的游戏心理罢了。① 另一个在天津租界长大的英国
男孩五岁生日时收到的礼物分别是父亲从上海买来的一套木匠工具和外婆
送来的玩具木汽车，不料这个孩子既没有利用这套工具学着干点木匠活，
也没有推着汽车玩得不亦乐乎，而是用工具中的锯子把崭新的木头汽车锯

---

① 　人路：《倒是省得麻烦》，《小朋友》第 56 期，1923，第 27～29 页。

得只剩下了碎块和锯末。① 这位极不称职的"小木匠"并没能彰显其充满男性气概的创造天赋，反而将儿童固有的破坏本能②暴露无遗。上面两个例子都说明其实儿童无法真正领会成人为其选择的玩具中的性别意涵，也往往没有按照父辈的期望走上男女各异的发展之路，而是把两种性别文化混合在了一起，正如儿童借由游戏开启其社会化进程那样。"社会化"的重要之处在于它是一个集体性的空间，男孩女孩可以透过它构建属于自己的性别认同，儿童加入同性的游戏队伍，其实是经过审慎考量的。正像儿童在公开场合因为觉得会被别人品头论足，所以偏向选择同性的玩伴，但在非正式、较私密的空间里，男孩和女孩就可能亲密无间地玩在一起。③

　　总而言之，民国时期的幼教专家或许一厢情愿但又情有可原地为男孩和女孩设定了各自的成长路径。前者应该成为爱国尚武、勇敢好学的男子汉，而主持家政、教子有方的勤劳主妇则是后者的前进方向。为了达成这一目标，儿童需要从小接受训练培养，而恰当的工具则是以气枪、积木、小汽车为典型的军事、创造和机械科技类玩具，以及洋娃娃、餐具和炊具为代表的模拟家务类的玩具。但实际上，专家的方案被证明是纸上谈兵，儿童所能拥有的玩具其实更多地受制于家庭的经济状况，名门望族的子女也许各种玩具应有尽有、不计其数，没人在意其中的性别因素。而但求一夕温饱的底层儿童只要能免于像洋娃娃一般被卖掉的厄运已算万幸，哪有余暇顾及玩具。或许只有属于中产阶级的普通市民能够部分践行幼教专家的玩具分配指南，但中国单单依靠这些"未来的主人翁"就能够得到拯救吗？

---

①　〔英〕布莱恩·鲍尔：《租界生活——一个英国人在天津的童年（1918—1936）》，刘国强译，天津人民出版社，2007，第30～31页。

②　京容：《儿童之玩物》，《申报》1922年2月27日，第17版。

③　Michael Wyness：《童年与社会——儿童社会学导论》，王瑞贤、张盈堃、王慧兰译，台北心理出版有限公司，2009，第193页。

五四时期知识女性婚姻的"五宗罪"[*]

王栋亮[**]

摘要： 五四时期，知识界虽大力鼓吹婚姻自由，但多数知识女性在婚恋中仍表现出种种弊病，其致病之根由在于五四启蒙运动的局限性，其影响力不仅地域狭小，对知识群体的思想改造成效也微乎其微，故多数知识女性以传统心态来践行新式婚姻理念，使婚姻变革呈现异化，并没有完全按照知识界的理论预设展开。

在五四新文化运动的推动下，中国的思想界掀起了波澜壮阔的思想启蒙运动，"民主""科学"成为社会变革的重要标尺。自清末以来，改革者们认为社会变革应以妇女解放为基础，而妇女解放的根本途径被认为是婚姻自由。[①] 在启蒙运动的感召下，知识界开展了声势浩大的妇女解放运动，并以"婚姻自由"为特征迎来了第一次婚姻变革高潮。婚姻变革实质是人性的解放，男性与女性同样应当受到关照，[②] 但女性在传统氛围中的特殊处境使其受到格外关注，新知识界群策群力努力推动女性的婚姻解放。问题在于，知识女性作为一个特殊群体是否果断顺应了历史潮流，如思想界所

---

* 基于研究的需要，本文并不想从"脑力劳动"的角度去界定知识女性的概念，因为在传统氛围浓厚的民国时期，许多知识女性并不从事脑力劳动，只从事一般意义的家庭劳动，与多数传统女性不同的是她能识字而已。故本文的知识女性只从范围上做大致的圈定，泛指在民国时期进入各类新学堂接受过新式教育的女性，既包括在校女生，又有已经毕业之女性。另外，文中的"罪"并非犯罪，特指女性在婚姻变革过程中存在的各种弊病。

** 王栋亮（1976～），男，汉族，山东诸城人，首都师范大学历史学院 2012 级博士研究生，河北民族师范学院社科部副教授，主要从事中国近现代社会文化史研究。

① 《鲍蕴华女士由神户来函》，上海《女学报》1903 年第 2 期。

② 梁景和、廖喜晨：《女性与男性的双重解放——论清末民初婚姻文化的变革》，《史学月刊》2012 年第 4 期。

期望的那样勇于婚姻变革的实践? 实际情况是, 五四时期并不缺乏勇敢的女性, 但较为精准地理解自由恋爱之意义、理性而又谨慎追求婚姻生活的知识女性却是凤毛麟角,[①] 而除此之外的绝大部分女性对现代婚恋的理解出现了不同程度的偏差, 其心态与表现可谓千差万别。作为主体的知识女性受到了哪些因素的干扰使其婚恋偏离了正常轨道, 这些因素的存在多大程度上削弱了五四启蒙的效能, 这是笔者的兴趣点所在。鉴于学界的研究重点多集中在属于"凤毛麟角"之列的知识女性上, 对于其他普通知识女性的婚恋心态及实践缺少关注, 故本文尝试以这部分普通知识女性的婚恋为切入点, 以剖析社会心理状态, 进而判断思想启蒙对知识群体的影响力度及对婚姻变革产生的影响。

一　"五宗罪"之表现

五四新文化运动高扬民主与科学的旗帜, 揭开了近代中国启蒙运动的新篇章, 其功绩之一就是促使"素来陈腐固陋的思想界, 受了这种新的激荡和灌溉, 也奔向新生的道上"[②], 从而实现了"人的觉醒, 就是人的自我意识的猛烈骚动和确立, 就是将人的解放置于自觉并为之勇敢呐喊"[③]。时人对此曾描述说: "自五四运动的炮声爆裂, 激动了一般少壮青年, 惊醒了一般在地狱里过活的女同胞, 知道世界上还有一半是'人'……也渐渐觉得我是个'人', 都想摆脱'非人'的地位, 达于'人'的地位。摆脱一切'非人'的生活, 而达到'人'的生活, 在此期间, 人人都想预备做人的能力, 做人的条件, 一切人应有的知识, 人应做的事业, 人应享有的权利, 都要真挚坦白的下一番决心, 努力去做, 这五四运动, 可说是女同胞的一朵生命之花, 也就是全人类的幸福之神。"[④] 时人非常坦率地承认了五四新文化运动对于青年思想的激荡, 但材料中"人人""生命之花"等词语显然有夸大之嫌。因为该文的作者马上又质疑了它所涉及的影响力度: "那

① 陆秋心:《勃拉克和新中国底文化》,《新妇女》第4卷第3期, 2006, 第896页。
② 邓颖超:《错误的恋爱》,《中国妇女运动文献资料汇编》(1), 中国妇女出版社, 1987, 第55页。
③ 杨雪聘:《五四精神就是人的觉醒》,《江西大学学报》(社科版) 1989年第2期。
④ 《怎样自觉》,《女学界》(第20号), 2006, 第179页。

些同声相应的女同胞，和那自命觉悟着的人们；叫他们真挚坦白地说一句良心话，真正觉悟了吗？真正是从良心上有了彻底的觉悟了吗？觉悟了，觉悟的是些什么？做人的目标安在？他的生活有没有改变？觉悟后应该向着什么路上走？能不能有个相当的答案？"《新妇女》杂志的主要撰稿人陆秋心则直言不讳地说："我国的妇女识字的，不到总数千分之一，有高深学问的，恐怕离万分之一还远哩！真正能够认识伊们自己底人格的有多少？真正能够了解文化运动底意义的有多少？悲痛呵！自从学生运动以来，这一年半中间，我看站在教育界上的许多女先生们，除了绝少数能够悔悟前非立地变成新妇女而外，大概还是保守着伊们底旧头脑旧眼光。"① 从时人的材料来看，教书育人的女先生们真正领悟妇女解放的意义、倡导婚姻变革的都很少，不难想象由此培养出来的女学生能真正领悟到婚姻自由内涵的能有几人？因此，知识女性除极少数觉悟者能对婚姻有正确认识与处理外，其他人之心态、理解以及实践可谓千奇百怪，具体来说主要有以下五种。

（一）以恋爱为沽名钓誉之手段

恋爱本有其正当之目的，在西方的近代社会本为稀松平常之事，但因中国久无恋爱之氛围，且因环境的压迫致使敢于恋爱者成为青年中的少数，他们成为自由恋爱思潮的弄潮儿。就是这个"弄潮儿"的身份，使得恋爱成了某些人极为荣耀之事，故某些青年人仅为了个人的虚荣去接触异性，谋求恋爱。署名"荷荷"的女学生以当事人的身份揭露了其就读学校青年学生的不正当心态："T校有一种风气：男生以为得与一女生恋爱自豪，女生以得与一男生恋爱为荣。而所谓恋爱，据我所见，又夹着种不纯粹的分子。我虽然也在这群众当中，但我老实说一句，我却不愿随便以'自由恋爱''社交公开'等等名词为标榜，而任性妄为；……我敢大胆声明：我决不愿在闹玩意儿的，无意识的波涛中荡漾。我更轻视随便以'自由恋爱''社交公开'为标榜而行事的人们。因为我知道'恋爱'是人生最重要的事情，决不是任何趋向的冲动所可滥用的。"② 在这种心态之下，"恋爱"的存在已失去了其本真的意义而成为标榜"新式青年"的标签。瞿秋白曾对此

---

① 陆秋心：《勃拉克和新中国底文化》，《新妇女》第 4 卷第 3 期，第 896 页。
② 荷荷：《六个男同学给我的信》，《妇女杂志》第 9 卷第 7 号，2006，第 17065 页。

类心态做过深入的剖析，认为这是传统国人势力主义心态在恋爱、家庭问题上的化身，是典型的病态的表现。[1]

（二）以教育作为婚姻的跳板

清末新政时期，现代女子教育逐步兴起，其办学之初衷在于提高女性文化水平以逐渐实现男女平权。从实质上看，"教育在使个人发展本能，使与社会环境适合，并且同时要培养他，使有改良环境的能力"[2]。但不少女性接受教育的目的则与教育的本义背道而驰，它与婚姻紧密联系并成为女子成就所谓美满姻缘的跳板。时人对此曾总结说："父母之送女入学也，望其受教育后可得一富女婿。"[3] 这是许多父母的普遍心态。进入新学堂的女生，不仅文化水平得到一定提升，有些还能唱歌、跳舞、做蛋糕、织手套等。她们渴望自由，不愿受旧妇女那般苦楚，希望生活安逸而快乐。从其观念上看，这些女性似乎觉悟了，实质却不然。她们憎恶旧制度却不设法革除，她们达到安逸生活的手段是"希望将来遇到一个机会，去嫁给一个名人，学者，或大官阔少。因他们有很大的声望，很多的收入，或本来富有财产；她们在家不必如旧式妇女的执畚帚扫地，不必上灶做菜，只要弹弹钢琴，高兴的时候做做蛋糕，就可以自由自在地做一个快乐的主妇；因为丈夫有名望，她的声名也煊赫起来了"[4]。这类女性在知识界中要占到大多数。她们对于旧家庭的习惯以及为人妻的旧规矩感到不满意，想主宰自由和幸福，从此点来看其貌似新女性。但其矛盾之处在于，她们不甘心受夫权的压制，却希望得到丈夫的供养。对于这点，曾有人形象地说：她们看到鸡吃糠极不满意，以为吃蛋粉是令人羡慕的，殊不知其被人豢养是相同的。更有甚者，有的知识女性竟然降低人格做了妾："她未尝不是带着新人物的面孔，未尝不是挂着知识阶级的招牌。可是一遇着那势力——金钱——的鬼圈套，就把她套住了！做姨太太呀，二太太呀，都不管了！只想着乘凸杆轿，坐洋式房，使勤务兵；前呼后拥，是何等荣耀！锦衣珍食，

① 瞿秋白：《中国知识阶级的家庭》，《瞿秋白文集》政治理论编第 1 卷，人民出版社，1987，第 15 页。
② 蒋梦麟：《为什么要教育》，《蒋梦麟学术文化随笔》，中国青年出版社，2001，第 3 页。
③ 《云裳氏漫谈》，《妇女日报》1924 年 9 月 11 日。
④ 《觉悟和努力》，《妇女杂志》第 10 卷第 9 号，2006，第 19724～19725 页。

是何等快乐！殊不知她所认为荣耀，认为快乐的，就是她的束身绳，就是她的迷魂番了！"① 从本质上讲，这类女性仍把婚姻当作职业看待，没有逃脱旧式女子的范畴，其所追求的婚姻生活表面看不同于传统样式，但实际上是一样的，都摆脱不了被供养的事实。她们希冀以自己的教育资本实现夫荣妻贵的梦想，并以此摆脱旧式妇女被压迫的命运，但只不过由糟糠妻变成了笼中的金丝鸟。

（三）以婚姻为人生第一要事

在新性道德框架之下，婚姻成立与否取决于恋爱的有无，因此婚姻并不是义务的而成为个人的必然归宿。在"婚姻自由"的招牌下，有些女性仍将婚姻作为自己的唯一归宿，"拿婚姻问题像吸铁石似的，紧贴在脑里头"②。陈鹤琴、瑟庐等在 20 世纪 20 年代所做的婚姻调查中，学生的参与度非常高，从侧面也反映了学生包括女学生非常热心于婚姻问题。为了解决自己的终身大事，部分女性特别是大龄青年玩起了"闪婚"。上海 31 岁的马振华女士以恨嫁之身与汪世昌认识不到四个月就订婚并以身相许；③ 江苏泰兴赵姓女子以大龄青年之身急于求婚，通过征婚广告与江苏宝应某姓认识并仓促结婚；④ C 女士向在 H 大学读书，她和一个男同学有了八小时谈话的友谊，就发生了恋爱，几天之后就同居了，不到一年，孩子都出世了⑤。她们很快就尝到了"闪婚"所酿成的苦果。为此，时人对女性进行劝告，不要将婚姻作为人生的第一要事而强行结合，如此玩弄女性之阴险的蟊贼、浮荡的无赖必无可乘之机，这种强迫的恋爱、片面的恋爱则自然消灭了。

（四）缺乏婚姻自决的能力

自由婚姻是男女两性独立人格的结合。独立人格的存在，必有自立的能力和选择、鉴别的眼光。"但幼稚时代的女子，没有遇充分的教育，没遇

---

① 《怎样自觉》，《女学界》（第 20 号），2006，第 180 页。
② 顾娓：《解放初期底杂感》，《新妇女》第 3 卷第 6 期，2006，第 770 页。
③ 《青年女子的"恋爱"与"婚姻"》，天津《大公报》1928 年 4 月 19 日。
④ 陈帮贤撰，王春生整理《自勉斋随笔》，《中华野史》（民国卷），泰山出版社，2000，第 812～813 页。
⑤ 赵颜如：《我的恋爱观》，《妇女杂志》第 14 卷第 7 号，2006，第 28308 页。

着社会的交际，怎能有鉴别的能力，和自决的精神？所以未免出现柔弱苟就的态度，便受人的愚弄，仍旧处于卑下之列。"① 因此，不少知识女性要么所择非人，承受婚姻失败的痛苦；要么步入了包办婚姻的牢笼。对于前者，澹如女士曾在《恋爱结婚的失败》中提到了她的两位同学：一位是王女士因病失明而被丈夫抛弃，遁入了空门；另一位是杨女士遭遇了骗婚，因气愤欲绝而抱病在床。② 为此不少人告诫女性要谨慎择偶，③ 否则一着不慎则可能抱憾终身。自由婚姻失败的亲历者梅笑孝女士曾悔恨地说："我现在的确知道，爱情是盲目的，要由知识学问的判断。如果偶一不慎，就成了千古的恨事。我现在得到澈底的觉悟了，虽是愿意改悔，恐怕没有机会了。"④ 对于后者，即具备新思想的知识女性被圈入包办婚的牢笼中，酿成婚姻悲剧的也不在少数，张嗣婧之死可谓典型案例。张嗣婧，河北安肃人，1919 年加入觉悟社，与周恩来、邓颖超、刘清扬等积极宣传妇女解放、婚姻自由，但她没有勇气摆脱自己的包办婚姻。在张 9 岁时，其母将她许配于表哥刘赓勋；12 岁时到天津进入刘家生活并由其供给一切费用，其后刘赓勋得了"羊癫疯"，在此情况之下她仍听从母命于 1920 年正式嫁入刘家，并生下一男一女。在刘家生活期间，张嗣婧备受虐待，身体状况极差，在生下第二个孩子之后因病情得不到及时治疗而于 1922 年去世。⑤ 张嗣婧以死终结了自己在人间的苦痛，但不少活着的女性却备受旧家庭的煎熬而无法挣脱，见诸当时笔端的可谓比比皆是。⑥

（五）自视甚高，致使婚姻失时而独身

中国传统社会尊崇"女子无才便是德"的理念，故女子受教育的机会微乎其微。女子教育在近代兴起以来，给众多女性提供了受教育的平台，但总体而言，即使五四之后，能步入新学堂受教育的女性仍是极少数。以

---

① 顾娸：《解放初期底杂感》，《新妇女》第 3 卷第 6 期，2006，第 770 页。
② 澹如：《恋爱结婚的失败》，《妇女杂志》第 9 卷第 10 号，2006，第 17562～17565 页。
③ 卢绍稷：《女学生的婚姻问题》，《妇女杂志》第 14 卷第 7 号，2006，第 28270～28272 页；宗威：《自由结婚底我见》（2），《新妇女》第 3 卷第 5 期，2006，第 729～730 页。
④ 秋星：《北京师大附中那女同学纪实》，《妇女杂志》第 9 卷第 12 号，2006，第 17963 页。
⑤ 邓颖超：《张嗣婧传》，《女权运动同盟会直隶支部特刊》第 3 期，1923 年 5 月 23 日。
⑥ 邓颖超：《受了婆婆教训的一个同学》，《女星》第 10 期，1923 年 7 月 25 日；达：《一个自蹈水火的女子》，《女星》第 2 期，1923 年 5 月 5 日；曙梅：《练上杂记》，《新妇女》第 2 卷第 2 期，2006，第 335～3336 页。

1922～1923 学年度为例，当时全国在校的女大学生数为 887 人，而大学生总数是 34880 人，女性只占该学年总人数的 2.5%。[①] 如果将这 2.5% 的女大学生投入社会中，则其所占总人口的比例几乎接近于零。因此，知识女性特别是接受高等教育者在社会上可谓凤毛麟角，从供求关系角度而言，知识女性可谓社会的稀缺物品。物以稀为贵，这种状况助长了一些女性的虚骄心理。陈兰言女士曾总结说："我看见有几位女士，会说了几句外国话，做了几篇本国文，就要趾高气扬，心满意足，不是自命为扫眉才子，就说是巾帼英雄了，瞧着学问比她浅些，或是没有学问的底人，便侧着眼儿，睬也不愿睬人家，搭起架子十足，——自尊自大的样子，好像神圣不可侵犯一般，人家虽然恭恭敬敬的去招呼她，她却一味懒洋洋的回答你几句，还算是尽礼，否则，竟然摇摇头，一声不响，面上现出很不耐烦的样子。"[②] 女性的这种心理必然致使其在婚姻问题要求过高，于是知识女性在求偶过程中形成了不成文的规矩："男人非比她高一层，绝不能和她平等匹配，所以大学毕业生只能娶中学女生，留学生才能娶大学女生，女人留洋得了博士，只有洋人才敢娶她，否则男人至少是双料博士。总之，嫁女必须胜吾家，娶妇必须不若吾家。"[③] 她们抱着这种心理去择偶，使她们很容易错过最佳婚姻年龄而使婚姻失时。《中华新报》曾记载，湖南某女校校长某女士，北京女子师范毕业，"丽质多才，择婿过酷，以故年逾花信，尚赋摽梅"。某君拜见该女士时谈及其婚事，她说："欲予变清洁体为浊秽身，非其人财产在十万元以上，官在荐任以上者，不字。"某君根据其言逐次分析批驳，言明其择偶过于苛刻，如果过于坚持必不得善缘，该女士心悦诚服地点头称是。[④] 应该说，这位女士是幸运的，她有幸得到有识之士的点拨并能幡然醒悟，其人生之幸福不难实现，但如无人点拨则有可能深陷其中而孤苦终生。广东才女冼玉清 1924 年毕业于岭南大学并留校任教，有人形容她"容颜艳丽，才华超卓"，追求者甚众，但她不为所动并赋诗云："香饵自投鱼自远，笑他终日举杆忙。"此诗被传诵一时，虽吓退了追求者但同时

① 乔素玲：《教育与女性——近代中国女子教育与知识女性觉醒》，天津古籍出版社，2005，第 45 页。
② 陈兰言：《我底新希望》，《妇女旬刊汇编》第 1 集，2006，第 29 页。
③ 钱钟书：《围城》，人民文学出版社，1994，第 33 页。
④ 《女校长之择配》，《中华新报》1917 年 4 月 13 日。

也坑了自己，落得独身的下场。后来她对自己年轻时的傲气颇多悔意，并赋诗说："花开花落无人管，惆怅春风又一年。"① 如果女性独身是自己所奉行的某种信仰或主义，那其精神或性格的坚毅让人敬佩；如独身非己所愿，则非人生幸事，须反省自己的失当之举，以警醒后人。

二 "罪"从何来？

上述五方面主要阐述了知识女性在婚恋问题上的种种弊病。这些女性出身于新式学堂，绝大多数都受过五四新文化运动的熏陶或浸染，为什么她们的婚恋观念或行为与思想界宣传倡导的理念相差甚远呢？换句话说，是哪些因素干扰了婚姻自由理念的实践呢？具体分析来可能与以下因素不无关系。

（一）传统"面子"意识的干扰

陈独秀在《敬告青年》中对"新青年"提出了自己的理解。他从新陈代谢的生物机理来看社会的进化，认为新时代的青年必须具有独立自主之精神，积极进取之决心，面向世界之胸怀，崇尚科学之态度。② 因此，"新青年"须具备独立的人格，自主的能力，清晰的头脑以及革新社会的决心，即具备改造社会能力，勇于担当这份责任者才是新青年。但令人尴尬的是，"新青年"的头衔被用作"撑面子"的工具。"面子"意识在国人心中可谓根深蒂固："它存在于太空之间，其声息似可得而闻；且其声崇高而充实；它不负公理上的责任，却服从社会底习俗；它耽搁诉讼，拆散家产，引起谋杀和自尽。但它也常使人经过同乡人辱骂之后，勉力自拔于流浪无赖的恶行，它的被珍视，高于尘世上一切所有。它比之命运、恩典，更有势力，而比之宪法更见重视。它常能决定兵家之胜负而毁坏整个政府机构。就是这空洞的东西，乃为中国人所赖以生活者。"③ 根据心理学的研究，"面子是个体要求别人对其表现出的尊敬和（或）顺从。他之所以有这种要求，是因为他在社会网络中占据一定的地位，并且人们对他

① 刘仰东编《去趟民国：1912-1949 年间的私人生活》，三联书店，2012，第 25～26 页。
② 陈独秀：《敬告青年》，《新青年》第 1 卷第 1 期，1915 年 9 月 15 日。
③ 林语堂：《吾国与吾民》，中国戏剧出版社，1990，第 184 页。

在其位适当发挥作用及做出正常的、一般的、可接受的行动具有一定程度的评价"①。社会赋予"面子"的价值是双重的：一方面，它指正当取得的声望；另一方面，它暗示了自我夸耀的愿望。② 在婚姻变革中，"面子"意识依然在作祟，新式婚姻被看作捞取面子的新资本。瞿秋白曾对知识界的这种恶习进行批判，他说：中国的知识界与家庭制度关系密切，他们的态度能够左右社会的信仰。现在社会对旧家庭制度进行了批判并使其发生了动摇，这是不是一种革新的现象呢？显然不是。因为西方的一夫一妻制传到中国之后并没有变成革新社会的制度，而是变成了一种势力主义。如江浙、两广、福建在外省工作的人，多实行一夫一妻制。这种制度的实行并没有被看作个体独立的标志，而是被他们看作自己能耐的象征。③ 前面提及的不少女学生以恋爱来标榜自己为新妇女，就是面子文化产生的虚荣心在作怪。面子是传统群体主义伦理观的产物，这部分女学生以"恋爱"这种形式来进行自我夸耀，企图以此种形式来获得认可融入知识界倡导的新潮流，其实扭曲了"新青年""新女性"的真正意义，从而产生了变态的心理。

（二）传统女性的经济依赖心理依然在作祟

格里康夫人在其名著《关于妇女的真理》中说：在父系制度下，男子对女子的呼声只在她的性，而她的工作价值，他们是不积极的。然而这样错误观念的罚已降到男子身上了。女子还转来的要求，遂专在要求男子能供养他们的能力，而男子的性的价值，正如女子的工作价值一样不重要了。④ 格里康的话概括了中国传统社会的状况：女性最大的价值在于为父系家庭传宗接代，如不能完成这一神圣使命，则其会失去在父系家庭存在的意义。同时，为保证父系血统的纯正，男性将女性的活动范围基本限定在家庭以内，也使其失去了参与社会劳动的机会，贵族或富裕家庭中的妇女

---

① 何友晖：《论面子》，《中国社会心理学评论》（第 2 辑），社会科学文献出版社，2006，第31 页。
② 胡先晋：《中国人的脸面观》，《中国社会心理学评论》（第 2 辑），社会科学文献出版社，2006，第18 页。
③ 瞿秋白：《中国知识阶级的家庭》，《瞿秋白文集》政治理论编第 1 卷，人民出版社，1987，第15 页。
④ 《两性结合的基础》，《妇女杂志》第 10 卷第 11 号，2006，第20094 页。

尤其如此。女性由于长期的禁锢及文化素养的缺失，使其"眼光如豆""脑汁如泥"，即使极个别女性不甘于被男性摆布的命运也因失去了自立的能力而只能望洋兴叹。因此，传统社会的绝大多数女性基本处于被男性供养的处境，其出嫁的主要目的在于寻得一张能长期使用的饭票，俗语中"嫁汉嫁汉，穿衣吃饭"的描述应是传统女性婚姻目的的最好写照。为了求得自身的生存，出嫁已经成了女性的职业。对于普通的妇女而言，出嫁是为了延续自身的生存；对于知识女性而言其野心已经大大超出了生存的意义，她不仅要夺取饭票，还要夺取日后一切享乐幸福的包票。对于这部分知识女性而言，其自身并非没有生存之能力，其良好的教育就是其自立之本。但长期因袭的依赖心理使其懒得去挣扎或奋斗于社会之间，新式教育的经历使其有资本嫁接于豪门或富贵之家，夫家的资本瞬间就成了自己享乐的源泉。①

（三）现代教育精神的缺失

教育家蒋梦麟先生说："教育在使个人发展本能，使与社会环境适合，并且同时要培养他，使有改良环境的能力。"其意是说，教育体制培养出来的学生应有自立的本能，具备适应社会、改造社会的能力，但当时的教育制度显然达不到如此目的。针对知识女性的婚姻悲剧，时人曾大力质疑当时的教育，谌小岑说："天津女子受教育者虽不乏其人，但因受教育大半为顽固思想的余唾，而能得到机会受教育的女子，又大半为闺阁教育。致伊们虽毕业于学校，尚不知己身为何物者，实占多数。因此伊们对于为一生幸福关键的婚姻问题，亦不知重视，听父母兄弟为之代办。我们因眼见许多受教育女子，因婚姻问题之未得正当解决，以致陷入牢笼式的大家庭，终日处于翁姑、大小姑与丈夫威权折磨之下，终其身为一家庭奴婢者太多。"② 李毅韬在张嗣婧死后说："人的所以贵于有知识，就是由于知识可以帮助他应付环境。而张君受了女师范的教育，得了不少的知识，然结果仍因不能应付环境而死，这实在是一件可怪而必需研究的事情。……往往有许多人走向，或者令人走向一个必死的途径而不自觉。或者有许多人知道别人走的是一条必死的途径，而竟没有一番勇敢心劝其改道。我以为现在

---

① 文索：《谈谈嫁事的本义》，《妇女杂志》第 15 卷第 10 号，2006，第 30805 页。
② 小岑：《本刊第十九期的话》，《女星》第 19 期，1923 年 10 月 25 日。

女子学校，对于中国的旧道德，就处在后面这种情形。"① 如前文陆秋心所言，教育界的保守状况决定了女子教育多是"贤妻良母"教育，断不能培养女性自立、自强之精神。因此，在处理个体与家庭之关系时支配这些女性的仍是传统的孝道。孝是传统国人行为的动机所在，它以顺为特征，实践上表现为"屈己以从人"，故孝子必为顺民。吴虞曾对其消极作用批判说："他们教孝，所以教忠，也就是教一般人恭恭顺顺的听他们一干在上的人愚弄，不要犯上作乱。把中国弄成一个'制造顺民的大工厂'，孝字的大作用，便是如此！"② 孝道对于子女而言可谓柔情与威权并织的迷网，故张嗣婧等女性柔顺的性格必然难以逃脱父母以亲情为饵给其预设的陷阱，更有甚者即使明知陷阱也奋不顾身以保全父母的颜面。如此这般，她们的悲剧性命运自然不能避免。

（四）义务型婚姻观的延续

按照传统意义的审视，婚姻为人伦之始："天地氤氲，万物化淳。男女构精，万物化生。"③ 其目的在于"重人伦，广祭祀也"④。传统社会祖先崇拜的观念，使婚姻成为人生之必然，即要为家族尽到"上以事宗庙，下以继后世"⑤ 之责任，为此婚姻成为传统中国人的义务。"不孝有三，无后为大"，凡是独身或不能为家族延续子嗣者一律被视为忤逆不孝之行为。在传统社会，不孝是让任何人都心惊胆战的罪名，⑥ 故很少有人能逃脱结婚的命运。如果说传统婚姻是个体对于家族的义务，那么在清末知识界眼中婚姻被视为社会性义务，即婚姻要为社会的进化与强化种族来服务，"盖以结婚为对于国种最尊重之义务，以交合为对于国种最要大之事业，以生育对于国种最密接之关系"⑦。婚姻被视为强国保种之基，自然成为国人必须履行的义务。因此，在五四之前的长时段中"义务型婚姻观"在国人心目中可谓根深蒂固，无论出于对祖先的尊崇还是对强国保种的支持，婚姻都是国

---

① 峙山：《张嗣婧与天津女师范》，《女权运动同盟会直隶支部特刊》第 3 期，1923 年 5 月 23 日。
② 吴虞：《说孝》，赵清、郑城编《吴虞集》，四川人民出版社，1985，第 172 页。
③ 《易经·系辞传下》。
④ 《白虎通·嫁娶》。
⑤ 《礼记·昏义》。
⑥ 〔英〕麦高温：《中国人生活的明与暗》，朱涛、倪静译，中华书局，2006，第 231 页。
⑦ 壮公：《自由结婚议》，《女子世界》（第 3 册）第 11 期，2006，第 1022 页。

人的不二之选。五四新文化运动虽确立了新道德框架，强调婚姻的成立以恋爱为基础，没有恋爱就没有婚姻，但这并不能抹掉国人对于婚姻的热情，那些知识女性亦不能例外。于是乎，为了结婚不惜强行恋爱，甚至"闪婚"，结果自己所酿的苦酒终被自己吞下。

（五）恋爱法则的扭曲

民国初年思想界在宣传如何选择配偶时特别强调两性人生观的一致、性情的相合、知识的对等等原则，但在知识女性的择偶过程中这些原则只能部分的实践，而有些则被严重扭曲。以两性知识对等为例，男女文化水平的相似有利于两性的交流和情感的沟通，但知识女性在择偶时显然多要求要高于自己，以至"高处不胜寒"而使其婚姻失败。追求男女平等的知识女性在择偶问题上偏要带着不平等的眼镜？笔者认为，这与中国社会长期以来"男尊女卑"模式有关。"男尊女卑"的格局必然形成了男强女弱的两性关系，在夫妇二人的格局中，无论经济、权力、学识两性都存在落差，男性普遍比女性要强。女性虽然诸多自由受到限制，但同时她在经济上由男人供养，在权力上由男人提供庇护，男性给其提供了保证其生存的诸多安全因素。因此，长期以来在两性间形成了这种两性落差的刻板印象，男性习惯于在"俯视"女性的情况下发生恋爱，女性只有在"仰视"男性的状态才能找到安全感从而发生恋爱。因此，民国初年知识女性在择偶过程中之所以要找到自己"仰视"的男性，其心理即基于此。这是近代中国知识女性个体意识觉醒与男尊女卑观念碰撞后结下的畸形之果。

三　"罪"归何处？

如果说知识女性这些弊病是纯粹的婚姻问题，那么针对婚姻自由之实现知识界早已提出了许多真知灼见，如"经济独立""谨慎择偶""性情相合"等诸如此类的良策，从理论上讲这对于解决民初的婚姻不无裨益。但笔者认为，事实可能并非如此简单。由上文分析我们发现，知识女性在婚恋问题上表现出的种种弊病与其说是婚姻问题，倒不如说是社会心理问题，传统的礼教思想如影随形时刻影响、束缚着这些新女性。传统礼教思想塑造了中国独特的国民性格，即国民性①问题。无论是面子主义还是女性的依赖性，都是国民性反映。知识女性在婚姻问题上的弊病无一例外的都由国民性所致，因此要解决上述弊病必须从其根源入手。

为解决女性自身的弱点，时人提出了改造女性国民性的建议，主要有三方面。

（一）女性要树立自觉的意识

所谓自觉的意识，首先表现在要懂得自我反省。年轻人性格急躁，易于感情用事，凡事纯凭冲动，走入迷途。为此对于自己的一举一动，无论事关精神还是物质的，都要冷静思索，多问为什么。其次，做事要认清目的，合乎道德规范，只有如此才能达于光明而不误入歧途。再次，革除虚荣之心。搞清做事的目的之后，要从点滴开始踏实地去践行，所谓荣耀、虚名等都是人生旅途的障碍物，必须清除干净才能领悟做人的真实意义。最后，要有坚决的意志。青年人意志薄弱，不能支配自己的情感，因此每每意气用事妨碍人生自身的行为，为此青年必须有坚强的意志以控制自己的情感或情绪。②

（二）继续教育，提升女性自身文化素养

知识女性自身的弱点使其某些行为并未脱离传统女性的范畴，之所以如此是因为其新知识结构不足以完全取代传统文化的影响。为此，女性须继续开展教育，增加知识养料使其从新旧结合的状态完全实现现代转向，这样才能无愧于新女性的名头。知识女性只有实现如此的转变，才能有资格去做广大妇女追求幸福与光明的表率，才有能力去扶助其他困苦无依的女性，使其与自己同处于追求幸福的光明之路上。提升自身修养，倡导妇女解放，这是知识女性对人类的第一要务。③

---

① 所谓国民性乃是指中国民众积习中的劣根性，亦即当时中国民众在心理、精神、观念、行为习惯各种方面所存在的带有普遍性的缺点、劣点。中国近代学人将国民劣根性浓缩概括为奴隶性（张锡勤：《近代中国的国民性改造》，《哲学研究》2007 年第 6 期）。

② 《怎样自觉》，《女学界》（第 20 号），2006，第 180 页。

③ 顾嫊：《解放初期底杂感》，《新妇女》第 3 卷第 6 期，2006，第 770 页。

（三） 教育界要针对女性特点因人施教

民初知识界为了切实推动妇女解放做了不少扎实有效的工作，有人就女性的性格及心理特征做了细致的研究。研究者认为，女性的长处在于温和、仁慈、优美、谦逊、绵密，其短处在于虚弱、易于涕泣、虚饰、因循、褊狭。此论虽不见得完全正确，但基本能概括大部分女性的性格及心理特征。从性格平衡的角度而言，妇女的性格如呈现一种特长的特质，就不免有相应缺失的部分。例如，妇女如有缜密的心思、谨慎的行为、温柔的性格，那么相应的，她多数意志薄弱，遇事易于惊慌，做事优柔寡断，缺少当机立断和果敢的能力。女性的这种心理偏向，一方面是性别天赋的，另一方面是妇女被压迫、束缚所致。《新妇女》的撰稿人妙然认为，要克服这种褊狭的、不自然的心理除了女性自身的克制之外，教育界要根据女性的特点扬长避短加以教育引导："女子的根性，有不及男子的地方，中国女子的根性，又有不及西洋各国女子的地方！所以改革社会，一半责任在担任教育女子的人，改革女子的心理做起。应当把现在女子心理的弱点，尽力研究。……固有的美德，应当加以扶导，使她愈加发展；……遗传的劣性，应当加以抑制，使她感化。——总之要铲除旧时妇女的劣根性，发达适宜现在的新思想，这就是破除男女的界限，达到真真'德谟克拉西'的社会底预备。"①

毫无疑问，上述女子国民性改造的建议实际是想用新价值观来替代传统礼教思想，其主要着眼于教育和思想的变动。我们不能否认知识界对于女性改造的良苦用心，但这些自说自话的空洞说教可能根本无法开展下去，这些建议的践行完全需要以时人的高度的道德自觉性为基础，在纷乱芜杂的民国其可行性非常之小。实际上，如无社会结构的根本变化与之相配合，可能会陷入空中楼阁的窘地，女性仍不能摆脱传统的精神依附乃至克服自身的弱点，女性心理改造的重任也就不可能完成。

结　论

本文所阐述的普通知识女性在婚恋中的心态及行为是其婚姻弊病的集

---

① 妙然：《妇女心理的改革》，《新妇女》第 1 卷第 4 期，2006，第 114 页。

中呈现。婚恋的变革自身并没有问题，正是人的心理失常催生了弊病的产生，这些弊病从根源上讲是传统国民性在婚恋上的反映。由此可见，声势浩大的五四新文化运动其局限性不仅在于影响区域的狭小，即使在这有限的影响区域，它对普通知识群体的影响与改造也是初级的、浅层次的。五四新文化运动虽然给青年们送来了新理念，点燃了她们改造社会的激情，但并没有形成一套完整的文化价值体系来替代传统文化体系，因此女性乃至整个社会的心理结构并没有发生多少变化。因此，在五四启蒙的旗帜之下，实现由"旧"到"新"全面转换的只有极少数人，大部分人转换的只是面孔，其内心深处根深蒂固的传统礼教思想依然起着绝对性的支配作用。如果仍以传统文化心理做基础，那么女性的婚姻解放首先从意识上就会被扭曲，知识界所倡导的社交公开、自由恋爱等必然被异化，"橘生淮南则为橘，生于淮北则为枳"的尴尬局面仍会得以延续。

"在西方现代化的冲击下，中国文化并没有改变自己正当性论证的推理结构。"① 进一步说，自清末乃至五四以来的知识界都基于"家—国—天下"的推理结构来变革婚姻，其着眼于婚姻改造的目的都在于革新家庭，打造社会变革的基础，从而逐步达到社会变革之目的。② 实际上，传统社会心理结构的延续首先使得婚姻改良就已呈现异化状态，所谓新家庭只以新的形式结合而并无新的内容，这样就使建设新家庭的目的很难实现，也就从根本上阻断了通过婚姻实现社会全面变革的通道，中国社会的根本性变革必然要实现转向。

---

① 金观涛、刘青峰：《观念史研究》，法律出版社，2009，第69页。
② 初我：《女子家庭革命说》，《女子世界》（第1册）第4期，2006，第281页；瑟庐：《家庭革命新论》，《妇女杂志》第九卷第九号，2006，第17342～17350页。

传统、革命与性别：华北根据地
"妻休夫"现象评析（1941～1949）

江 沛 王 微[*]

离婚即是婚姻关系的解除。民国时期，一些大城市离婚现象较多，华北乡村离婚者极少，经济约束与传统婚姻观念根深蒂固。李景汉的《定县社会概况调查》中，仅有两起离婚记录。1933 年，全国离婚者 2 万余人，且"私行离异不由官断者，尚不在数。但此大半出于通都大邑，而乡里之间，多守旧礼，不稍变移"①。韩丁也有类似描述："在张庄从来没有批准过离婚的事，自古以来，没有一个女人得到社会的允许而离开她的男人。"②

在传统乡村社会中，女性因体能弱势，只能以"女织"的方式参与经济生产，由此导致女性在男权主导社会的被动地位，社会习俗对女性形成种种束缚。买卖婚姻、早婚、换婚、冥婚、纳小蓄妾多有存在，婚内暴力较普遍，女性无力把握婚姻权利。参与家族或乡村政治的可能性更小。从性别维度看，占人口一半的女性，在社会生活中的地位较低，在历史研究中也被有意无意地屏蔽。

抗战爆发后，中共在华北地区陆续建立了晋察冀、晋绥、晋冀鲁豫和山东四个根据地。各地青壮男性陆续大量参战，地方建设、社会秩序、经济生产以及支援战争方面都出现人力不足的问题。各地中共组织意识到："动员占全体农村人口一半的农村妇女的工作，对于开展全国救亡运动，争

---

* 江沛，南开大学历史学院教授；王微，南开大学历史学院博士研究生。

① 王树枬纂《新城县志》，台湾成文出版社，1968，第 831 页。
② 〔美〕韩丁：《翻身——一个中国村庄的革命纪实》，北京出版社，1980，第 536 页。

取抗战最后胜利，是有异常重要的意义的。"① 至 1940 年，陕甘宁边区妇联已有会员 20 万人，晋察冀边区妇救会员也达 23 万人。② 山东省有 50 余县的 31 万余名妇女组织了起来。③

在此背景下，为了实践中共妇女解放理念及让女性走出家门、服务抗战的需要，各根据地自 1940 年初陆续颁布了新的婚姻法规，如《晋西北婚姻暂行条例》（1941 年 4 月 1 日公布）、《晋察冀边区婚姻条例草案》（1941 年 7 月 7 日公布）、《晋冀鲁豫婚姻暂行条例》（1942 年 1 月 5 日公布）、《晋察冀边区婚姻条例》（1943 年 2 月 4 日公布）和《山东省婚姻暂行条例》（1945 年 3 月 16 日施行）、《修正山东省婚姻暂行条例》（1949 年 7 月 19 日公布）等。上述条例均强调婚姻自由，对于解除婚姻关系有明确规定，夫妻均有权向司法机关提出离婚请求，对妇女权益予以重视与保护。这些条例的出台，无疑给各根据地乡村妇女带来了婚姻自由的曙光，也是各地"妻休夫"现象剧增的重要诱因。不管中共倡导解放妇女的初衷是什么，从性别角度看，"妻休夫"现象彰显的女权提升，对于乡村男女关系产生了一定的冲击；从社会角度看，"妻休夫"现象对于乡村家庭结构、社会秩序带来破坏与变革；从政治角度看，"妻休夫"现象的始与终均是出于战时需要。

一　离婚潮中"妻休夫"突出

在民族战争、革命正当性的号召下，中共以法律形态宣示其基于抗战需求及现代婚姻自由的理念，对华北各根据地的传统婚姻观念及家庭模式，形成了巨大冲击力。"一般妇女——特别是青年妇女，大都已经能够依据婚姻条例，自由自主的来提出和解决本身的婚姻问题了"，④ 以至各地短期内离婚案件呈猛增态势。

晋冀豫区一些地方离婚案件每月达 40 多起（见表 1）。据不完全统计，

① 《动员广大农村妇女》，河北省妇女联合会：《河北妇女运动史资料选辑》（第 4 辑），1986，第 35 页。

② 《对于妇救会工作的几点意见》，《中国妇女》第 1 卷第 12 期。

③ 中国全国妇女联合会：《中国妇女运动历史资料（1937—1945）》，中国妇女出版社，1988，第 372 页。

④ 王炜：《阜平的婚姻问题》，载晋察冀北岳区妇女抗日斗争史料编辑组《晋察冀北岳区妇女抗日斗争史料》，中国老年历史研究会，1985，第 666 页。

太行区 1941 年发生离婚案共 971 件，并且许多地方因受压制未提出。[①] 1945 年，晋冀鲁豫边区高等法院的报告显示：“一月以来各县司法部门受理的民事案件中，离婚案件是最多而较难处理的问题。仅以一专来说，全专区共处理民事案件 81 件，离婚案件为 41 件，占总案数的 50%。依据全太行区 40 个县的统计，上半年处理民事案件 1629 件，离婚案件共 536 件，占总数的 30% 强……平顺今年上半年五月所处理的离婚问题达 205 件。如果我们连这一级所解决的数字也统计起来，更是相当大的一个数目。”[②] 1947 年 1—9 月，易县、完县、满城、涞源四县共受理民事案件 192 起，其中婚姻问题达 140 起，涞源是 100%，满城是 84%[③]。冀南区党委妇委会在 1948 年印制的《妇女工作参考材料》中提到：“无论土改前或土改后，各地区法院所受理的婚姻案件占民事案件的 50% 至 90%，其中绝大部分系离婚解约问题。”[④] 1949 年上半年，太行六专署全区共受理民事案件 456 起，婚姻案件 366 起，占全部民事案件的 80%[⑤]。1949 年，在冀中区政府受理案件中，80% 是离婚案，如献县民事案件 60 件中，40 件是有关婚姻的。[⑥]

在这股离婚潮中，与以往基本是“夫休妻”明显不同的是，由女方提出的“妻休夫”离婚案明显增多。自 1941 年下半年开始的近一年内，晋冀豫区妇女要求离婚的占到了 1/4（见表 1）。榆社县共有 108 起离婚案件，其中妇女提出离婚者有 106 件，占 98%（见表 2）。1942 年，阜平县离婚案件中女方提出者约占 90%。[⑦] 1943 年 3 月 30 日《抗战日报》刊登的一篇名为《婚姻案件与妇女解放》一文提道：43 件离婚案中，其中 32 件由女方提出，

---

① 《太行区的婚姻制度》，《新华日报》1942 年 8 月 20 日《华北妇女月刊》第 3 期。

② 晋冀鲁豫边区政府高等法院：《晋冀鲁豫边区政府高等法院通报》（1945 年 10 月 15 日），576-1-82　15，河北省档案馆藏。

③ 北岳五专署妇联会：《关于执行婚姻政策的检查与今后意见》（1948-12-14），86-1-30-1，河北省档案馆藏。

④ 《婚姻政策问题提纲》，载冀南区党委妇委会《妇女工作参考材料第一集》（1948 年 11 月 15 日），25-1-319-1，河北省档案馆藏。

⑤ 太行六专署：《太行第六专署司法科婚姻问题的综合报告》（1949 年 1 月 14 日），106-1-78-1，河北省档案馆藏。

⑥ 《冀中区八年抗战的妇运简史》，载河北省妇女联合会《河北妇女运动史资料选辑》（第 2 辑），第 182 页。

⑦ 王炜：《阜平的婚姻问题》，载晋察冀北岳区妇女抗日斗争史料编辑组《晋察冀北岳区妇女抗日斗争史料》，中国老年历史研究会，1985，第 666 页。

11 件由男方提出。① 在 1947 年晋绥边区"三八"座谈会上，法院一秘书指出农村离婚的很多，十有九是女方主动提出。② 1947 年，北岳第五专区在对婚姻政策进行检查中也提到"由于过去婚姻的不合理，抗战后特别是土改以后，各县的民事案件中，经常以婚姻问题较多，且以女方提出为多"，认为"妻休夫"现象表明女性自主权利意识的觉悟，逐渐视离婚为正当、合法之事，改变了"休妻"丢人的错误看法。③

表 1　1941 年 8 月-1942 年 5 月晋冀豫区妇救会离婚案部分统计

地　名	解决者	案件	结　果	时　间	备　考
赞　皇	妇救	87		去年 11 月到今年 1 月	
昔东	妇救	11		两个月内	
临城	妇救	25		两个月内	
内邱	妇救	11		三个月内	
和西	妇救	28	离婚 7 解决 5		要求离婚占妇女 1/4
三（二）分区	妇救	559	离婚 471	一年内	
三分区	法院	223	离婚 88	一年内	
四分区	政府及妇救	76		一年内	
五分区	多为司法机关	125		一年内	
六分区	多为司法机关	49		三个月内	

资料来源：晋冀豫区妇总会《一年来妇女工作总结报告——1941 年 8 月-1942 年 5 月》（1942 年 7 月 15 日），山西省档案馆，档案号：A1-7-4-13。

表 2　山西省榆社县离婚案件统计

类别	女方提出					男方提出	原　因	备　考
	贫	中	富	地主	总计			
离婚	23	55	5	1	84	2（中农）基干部	感情不好 5，有病的 2，虐待 9，无音讯 1，无能者 2	男方提出只有两个，还是干部
解决	13	11			24			
总计	108							

资料来源：晋冀豫区妇总会《一年来妇女工作总结报告——1941 年 8 月-1942 年 5 月》（1942 年 7 月 15 日），山西省档案馆，档案号：A1-7-4-13。

---

① 《婚姻案件与妇女解放》，《抗战日报》1943 年 3 月 30 日第 4 版。
② 《边区各界妇女代表"三八"座谈会上号召妇女参加土地改革　提倡家庭和睦确保贫苦农民有老婆》，《晋绥日报》1947 年 3 月 11 日第 1 版。
③ 北岳五专署妇联会：《关于执行婚姻政策的检查与今后意见》（1948-12-14），86-1-30-1，河北省档案馆藏。

由女性主张离婚及走出家庭开始，各根据地区域乡村女性逐渐开始在两性关系中凸显一定的独立品格，在男劳力缺乏的乡村，女性不仅经济上唱主角，在社会组织上也要承担重任，作用日益突出，社会地位明显上升。以往诸多分析均认为这一现象突出反映了根据地妇女解放的程度，然而笔者认为，"妻休夫"现象的剧增，并不意味着乡村婚姻变革的顺利实现，也不等同于女性真正获得了婚姻自由权利，婚姻生活也未发生质变。上述统计暗藏的玄机，则是战时婚姻政策变革的功利化短效与弊端。不少地方的乡村干部，"把婚姻问题当作发动妇女的唯一手段，而在婚姻问题中又把离婚问题当作唯一的内容"，有的"脱离其它问题解决婚姻问题"，"不向群众宣传婚姻〈在对〉自主对社会与家庭的好处，离婚是不自主婚的结果"，不综合考虑离婚后女性的生存问题，"未照顾到各阶层的利益"，使人对妇救会没有好感，认为"婚姻条例"对男性没有好处，产生了很多偏见。① 从婚姻变革的过程及效果而言，传统、革命与性别等多种因素在这个场域的激烈博弈，突出表现在诸多情与法的冲突上。

二　情与法冲突频现

中共开辟各根据地之初，不少做妇女工作的干部经历过五四新文化运动的洗礼，他（她）们拥有女性解放的情怀，"将工作的重心放在破除封建的文化观对女性身体与精神的束缚上"②，即妇女应突破父权、夫权束缚，走出习俗藩篱，追寻人格独立。各地颁布的"婚姻条例"正是此种女性解放理念的诠释，它"隐含了一种假定，即'婚姻自由'会让妇女受惠，并受到绝大多数女性的欢迎。它假定所有婚姻都应该基于'感情'和'自由意志'"③。然而事实上，尽管"婚姻条例"强调以感情为基础的现代婚姻理念毋庸置疑，但对于1940年代的华北乡村社会而言，现代婚姻理念却与乡村文化空间与经济环境相抵触。

---

① 晋冀豫区妇救总会：《关于"买卖婚、争取自主婚"的初步总结》（1942年8月31日），A1-7-4-15，山西档案馆藏。
② 刘传霞：《〈灾难的明天〉与抗日根据地农村妇女解放道路》，《济南大学学报》2008年第3期。
③ 丛小平：《左润诉王银锁：20世纪40年代陕甘宁边区的妇女、婚姻与国家建构》，《开放时代》2009年第10期。

传统华北乡村的婚姻多遵循着"父母之命，媒妁之言"的习俗，少有对女性意志的尊重，因经济困难和"男尊女卑"的习俗，性别事实上只具有改善经济、维系家庭、传宗接代的价值，"性别平等"无从谈起。被置于从属地位的女性，只是被私有或物化的对象。"女儿的婚姻都是由父母一手包办，甚至有的瞒着女儿，不叫知道，结婚前才叫知道，许多人结婚后夫妇不和。冀中任邱县一个女子结婚十年未和丈夫同居过，还有的丈夫不在家，用公鸡娶或小姑代娶。冀中交河一带有的二三十年没有见过丈夫，有许多结婚后因为许多原因（长得不好，东西少，不懂封建礼教……）受气挨打的，过着一种痛苦的生活。夫妻不和时，只能男人提离婚，妇女不能提出离婚。农村有几句俗语：'嫁鸡随鸡，嫁狗随狗，嫁个扁担还得拿着走''娶下的媳妇买下的马，打死骂死由人家''好马不配双鞍子，好女不嫁二男子''是猫即毙鼠，是男即做主''活着是人家的人，死了是人家的鬼'。"[1] 乡土习俗视婚姻为男性特权，也应主导离婚，女人无权解除婚姻。"夫休妻""女子从一而终"的观念，内化为一种融入农民生活的性别及婚姻意识。这一认同支撑着传统婚姻制度的垄断性优势，抵御着外来新的婚姻观念及行为的冲击。[2] 在生活方式及认知水平均没有质变的前提下，中共的婚姻政策可以强力推广，却难以迅速普及。女性天然的婚姻自由权利，被视为大逆不道。

婚姻是家庭的构筑前提，经济条件又是婚姻成立的前提。由于农业生产对男性劳力的需求及重男轻女陋习的交互作用，溺死女婴习以为常，生育男孩意识强烈，久之则造成多数乡村出现性别比例长期失调的现象。"一项 1929～1931 年在华北地区所作的调查表明，30～34 岁男性中有近 12% 是单身。另据 1935 年的调查，山东邹平 30 岁以上男性未婚者有 2294 人，占同年龄组的男性人口的 23.13%，30 岁以上女性未婚者极少，有 21 人，占同年龄组的女性人口的 0.21%。"[3] 男女性别的不均衡，女子物化意识形成的索求彩礼的风俗，导致许多乡村男性普遍存在结婚难的问题。从结婚花

---

① 《晋察冀边区妇运发展概况》，载河北省妇女联合会《河北妇女运动史资料选辑》（第 4 辑），第 92 页。

② 傅建成：《论华北抗日根据地对传统婚姻制度的改造》，《抗日战争研究》1996 年第 1 期。

③ 郑全红：《中国家庭史》第 5 卷（民国时期），广东人民出版社，2007，第 85 页。

费来看，"农村讨一个老婆要花费二百元左右，几乎等于中农的全部家产"①。千辛万苦娶来或买来的妻子，如随意离婚的话，农民难以接受，因为再娶极其困难。如磁县二区西光绿一对夫妻感情不好，女方到区上提出离婚，公公说："现在说个媳妇不容易，你要能给我儿指个对像（象）就叫她离了婚。"② 离婚女性还要平分财产，男性农民更感"鸡飞蛋打""人财两空"，③ 对于"妻休夫"现象极为反感或公开抗拒。显然，具有服务抗战和解放女性双重目的的妇女动员，因离婚现象频现，在乡村家庭结构、两性关系及经济诸方面引发了重大震动。

在各地的"妻休夫"婚姻纠纷中，男性农民应对"妻休夫"的方式也是多样的。"要是女方要离，男方坚决不同意。"④ 临县柏塔子村高柏昌的妻子1948年提出离婚，经区公所介绍到县政府处理时，高氏在中途逃走参军做喂马工作，⑤ 利用军婚条例保护军人婚姻规定回绝离婚。有人"认为女人是无论如何不能离婚，就是死了也得托一把"，"所以多采取硬猛的手段，对待女人"⑥。"涉县庄上荣退军人史台廷和女人张玉英感情不好，女方提出离婚，男人不服气，返回途中在河滩卡住女人痛打了一顿，并用石头将女人牙齿打落好几个。南庄村一个退伍军人和女人不好，竟用犁地铧在女人脊背上砍了十几道壕，又用皮带打了个半死。""女方一旦离婚成了事实，男方也要一直上诉村□司，给女方故意找为难，制造痛苦，他们的目的是：一方面幻想这样给她拖来拖去使女方没有办法的时候，万一还可能回来，做自己的老婆。另一方面……认为当然要离了婚也不能给她个痛快，总得调摆调摆女方，不然自己人财两空，女人太便宜。……所以男方明知道不

---

① 高大伦、范勇编译《中国女性史（1851-1958）》，四川人学出版社，1987，第156页。
② 太行第六专署：《太行第六专署司法科婚姻的综合报告》（1949年1月14日），106-1-78-1，河北省档案馆藏。
③ 建屏县委：《关于贯彻婚姻政策中四个死人事件的报告》，520-1-563-13，河北省档案馆藏。
④ 太行第六专署：《太行第六专署司法科婚姻的综合报告》（1949年1月14日），106-1-78-1，河北省档案馆藏。
⑤ 《女方提出离婚后，男方参了军，能不能按革命军人婚姻问题处理?》，《晋绥大众报》1949年6月5日第3版。
⑥ 晋冀鲁豫边区政府高等法院：《晋冀鲁豫边区政府高等法院通报》（1945年10月15日），576-1-82-15，河北省档案馆藏。

行，也要一直上诉打官司。"① 由于偏远乡村普遍贫穷，即便妻子发生婚外性关系，穷苦男性只得忍受，不离婚是无奈选择。如榆社梁山峪村马生元的妻子白圭女 "与贾润堂通奸，嫌丈夫贫穷，不愿同居。有一次因通奸被马捉住，马因一时气愤将白圭女用刀及棍打伤。白即告到妇救会要求离婚，县府即判决离婚。马生元疼（痛）苦不愿，向各机关与政府请愿说：'我以后再不打她了，她要怎样就怎样，她和别人干，我在一边看，我也不干涉，只要她是我的女人就算'。"② 个别农民以死反抗离婚，如 "和西堡下村一妇女告夫坏，与夫离婚，气得丈夫喝大烟死了"③。平山县的梁向道，将提出离婚的妻子杀害后上吊自杀。④

在经济落后、习俗尚未质变的乡村社会，以简单的行政手段推动妇女反抗婚姻的不合理束缚，让男性农民承受离婚造成的经济窘迫、心理失衡和家庭破裂等后果，导致多数家庭和男性均反对婚姻条例。如有人说："毛主席啥政策也好，就是给伢离婚不好，过去社会人家没有离婚，一直过时光来，反正现在提高妇女了，伢不想给过就是离婚条件，当'汗（汉）们'的还能吭啥。"⑤ 有的甚至认为是 "'活生生的就给人家拆散了'……'女的一来就离婚，男人还有保障吗？'"⑥ 有些通情达理的农民认为，双方自愿离婚值得同情，⑦ 在家受压迫者可以离，⑧ 但不同意以年龄差距大、贫穷、有外遇、性情不合为因离婚⑨。如和顺东关赵九元，男人有精神病，夫妻感

---

① 太行第六专署：《太行第六专署司法科婚姻的综合报告》（1949 年 1 月 14 日），106-1-78-1，河北省档案馆藏。

② 晋冀豫区妇总会：《一年来妇女工作总结报告——1941 年 8 月-1942 年 5 月》（1942 年 7 月 15 日），A1-7-4-13，山西省档案馆藏。

③ 晋冀豫区妇总会：《一年来妇女工作总结报告——1941 年 8 月-1942 年 5 月》（1942 年 7 月 15 日），A1-7-4-13，山西省档案馆藏。

④ 中共建屏县委员会：《关于青年、妇联工作的指示、决定、报告》（1949 年 1 月 1 日~1949 年 12 月 20 日），1-1-58，河北省档案馆藏。

⑤ 太行六专署：《太行第六专署司法科婚姻的综合报告》（1949 年 1 月 14 日），106-1-78-1，河北省档案馆藏。

⑥ 晋冀豫区妇总会：《一年来妇女工作总结报告——1941 年 8 月-1942 年 5 月》（1942 年 7 月 15 日），A1-7-4-13，山西省档案馆藏。

⑦ 冀南区党委妇总会：《1942 年妇女工作总结》（1942 年 12 月 22 日），25-1-317-1，河北省档案馆藏。

⑧ 《和顺东关妇女典型材料调查》（1948 年 8 月 15 日），A1-7-8-5，山西省档案馆藏。

⑨ 冀南区党委妇总会：《1942 年妇女工作总结》（1942 年 12 月 22 日），25-1-317-1，河北省档案馆藏。

情不好，赵九元提出离婚，区干部批准，民众很不满意。①

事实上，不少乡村干部对于"妻休夫"也十分反感，有意无意从中阻碍。各地乡村干部多是农民出身，受文化素养、生存环境等因素制约，他们并不真正理解新婚姻条例包含的现代价值意义，对于女性解放、性别平等的认识较模糊，"男尊女卑"意识也是其最根深蒂固的理念，多对女性主诉离婚不满。"涉县一些村干部说真要实行了离婚，光我村就得一大半离。""一个区长说如果这样办我实在想不通，除非我娘重生一回。"② 一些干部同意"夫休妻"，却不批准"妻休夫"，甚至强调双方同意方能离婚。③ 一些司法干部对于离婚诉求多进行调解，调解不成就进行拖延。他们不仅不帮助传案，反而给被告（男性农民）出主意想办法。基层干部利用职权给提出离婚的妇女设置障碍，如不开介绍信，威胁说"不要村上介绍信了，县里能离婚还要区村公所干啥，撤销了吧"④。"灵寿刘家村一妇女经区介绍到县离婚后，村干部强调未经他们证明，县又把离婚判决收回，强使女方又与男方重过起来"⑤；"灵寿二区封家湾李金花，买卖婚姻，整天挨打受气，到区要求离婚，不但不给解决，反把女方押起来"⑥。对提出离婚女性的人身伤害司空见惯。"涉县南塞村，村长□□□和生产主任刘同亭把一个要求离婚的妇女李政荣用绳子缚在板凳上，还要往腰下硬支三个砖，脱去外衣进行毒打。"⑦ 临县四区区公所吊打一个要求离婚的妇女，致使她不敢再提离婚。⑧

在抗战及革命需求的背景下，公权力站在道德制高点，以婚姻自由的

① 《和顺东关妇女典型材料调查》（1948 年 8 月 15 日），A1-7-8-5，山西省档案馆藏。
② 太行六专署：《太行第六专署司法科婚姻的综合报告》（1949 年 1 月 14 日），106-1-78-1，河北省档案馆藏。
③ 《婚姻政策问题提纲》，冀南区党委妇委会：《妇女工作参考材料第一集》（1948 年 11 月 15 日），25-1-319-1，河北省档案馆藏。
④ 太行六专署：《太行第六专署司法科婚姻的综合报告》（1949 年 1 月 14 日），106-1-78-1，河北省档案馆藏。
⑤ 北岳区党委妇联：《更进一步加强全党作妇女工作的报告》，河北省档案馆，档案号：69-1-125-2。
⑥ 北岳区党委：《北岳区妇委会关于目前婚姻政策的检查与今后意见》（1948 年 12 月 16 日），69-1-120-1，河北省档案馆藏。
⑦ 太行六专署：《太行第六专署司法科婚姻的综合报告》（1949 年 1 月 14 日），106-1-78-1，河北省档案馆藏。
⑧ 冀南区党委妇总会：《1942 年妇女工作总结》（1942 年 12 月 22 日），25-1-317-1，河北省档案馆藏。

现代理念切入，形成对婚姻这一私人空间的挤压。然而根深蒂固的习俗及落后经济条件的制约，使得乡村农民、干部对之的各种应对与反弹超出了中共预期。身份与思想意识均是农民的基层干部，对于"妻休夫"现象既要表达乡村习俗立场，又要成为中共政策的代理人，从早期较为积极执行婚姻政策到后期回归乡村习俗压制"妻休夫"，经历了一个让婚姻政策适应社会现实、让女性解放服从稳定社会秩序及军心的政治需求的过程。在情与法的冲突中，中共的婚姻政策无奈向传统习俗靠拢，婚姻条例赋予女性的离婚权利受到诸多阻碍。

三　女性的迷茫与探求

中共战时动员及《婚姻条例》的颁布，在不少女性心中的反应犹如风吹皱一池春水。由于婚姻政策变化、一些村干部较激进的工作方法及女性对"婚姻自由"的理解不当，造成了"妻休夫"现象急增的偏差。尽管面对着习俗、经济利益与基层干部的各方压力，一些身受男权压迫的乡村女性觉悟较早，以各种方式努力追逐着自由婚姻的权利，充分表达着她们的主体性。当离婚屡次受挫时，一些女性选择如发生婚外性关系、不同居、破坏财产甚至以死抗争的多种方式，挑战旧有婚姻与伦理体系。

这一时期，各地"妻休夫"的理由很多，如感情不和、婆媳不合、受虐待、有外遇、生活困难、年纪差距大、丈夫参军且长时间无法联系和政治原因等。据平西县1941年的总结，"妻休夫"者占婚姻案件的45%，因感情不和要求离婚者占60%。在太谷，80%离婚案件的主因是感情不和。[①]多数乡村男女婚前没有交流感情的机会，"婚姻成立时，在夫妇双方感情基础方面通常还是一张白纸"[②]。国人的习俗是"把婚姻关系看作是依赖于配偶之间重大的责任与义务而非依赖于个人的爱情与情感"[③]。因此，经济更多地替代"感情"成为婚姻的基础，是维系婚姻的重要纽带，所谓"有米

---

① 晋冀豫区妇总会：《一年来妇女工作总结报告——1941年8月–1942年5月》（1942年7月15日），A1–7–4–13，山西省档案馆藏。
② 罗苏文：《女性与近代中国社会》，上海人民出版社，1996，第235页。
③ 许烺光：《美国人与中国人：两种生活方式比较》，华夏出版社，1989，第11页。

有面是夫妻，没米没面收拾起"①。提出离婚的农妇，多是"嫌夫家生活不好，藉以婚姻不自主感情不好而离婚"②。1942 年晋冀豫区工作总结指出：嫌贫爱富是提出"妻休夫"的主因。③ 不少"女方看到男方的生活艰难，就灰心失望，以至影响到双方的感情，产生离婚的纠纷"④。"妻休夫"以"感情不和"为由，显然是要利用各地婚姻政策达到离婚目的的借口，与强调以感情为婚姻基础的话语大相径庭，也严重扭曲了中共婚姻观念的根基。

1942～1943 年晋冀鲁豫、晋察冀、晋绥边区公布的婚姻条例都规定，夫妻一方，有下列情形一者，他方得向司法机关请求离婚：充当汉奸者、与他人通奸者、虐待压迫他方者、图谋陷害他方者等。一些女性充分利用关于离婚的法律规定，使用"感情不和""压迫""虐待""包办婚姻"等官方词汇与家庭、政府相抗争。⑤ 如和西某村一位村妇状告外出的丈夫是汉奸，离婚后男人回来了，只好再判她复婚。⑥ 一些女性在诉讼中攻击男人不给吃穿，用经常打骂的理由起诉，用起一回不准、下回再来的死缠手段。有人对丈夫用不理不睬、不同床的办法，试图激怒男人打骂。昔东陈村一位妇女故意以性乱办法来离婚。⑦ 偏城少妇孙雪娥，素与其夫感情不睦，某日乘丈夫熟睡，到偏城县政府诬告其夫欲用厨刀谋害她，提出离婚。⑧ 还有一些女性面对家庭的阻挠，以故意浪费钱财、搞婚外性关系、往外送东西、不和男人同居等手段表示抗争。⑨ 面对相关部门的推脱和不作为，一些女性

---

① 晋冀豫区妇总会：《一年来妇女工作总结报告——1941 年 8 月-1942 年 5 月》（1942 年 7 月 15 日），A1-7-4-13，山西省档案馆藏。
② 《妇女工作总结》（1948 年），69-1-28-1，河北省档案馆藏。
③ 晋冀豫区妇总会：《一年来妇女工作总结报告——1941 年 8 月-1942 年 5 月》（1942 年 7 月 15 日），A1-7-4-13，山西省档案馆藏。
④ 晋冀鲁豫边区高等法院.《晋冀鲁豫边区政府高等法院通报》（1945 年 10 月 15 日），576-1-82-15，河北省档案馆藏。
⑤ 丛小平：《左润诉王银锁：20 世纪 40 年代陕甘宁边区的妇女、婚姻与国家建构》，《开放时代》2009 年第 10 期。
⑥ 晋冀豫区妇总会：《一年来妇女工作总结报告——1941 年 8 月-1942 年 5 月》（1942 年 7 月 15 日），A1-7-4-13，山西省档案馆藏。
⑦ 晋冀鲁豫边区高等法院：《晋冀鲁豫边区政府高等法院通报》（1945 年 10 月 15 日），576-1-82-15，河北省档案馆藏。
⑧ 《偏城少妇孙雪娥　诬告丈夫杀人　姑念初犯判刑两月》，《新华日报》1942 年 5 月 8 日第 4 版。
⑨ 太行六专署：《太行第六专署司法科婚姻的综合报告》（1949 年 1 月 14 日），106-1-78-1，河北省档案馆藏。

"就躺到政府光哭不走或者要行上吊或者一直在外边流浪讨吃来进行抵抗，死也不回男家去，一直斗争到最后离了婚为止"①。

　　婚外性关系是女性应对离婚受阻的常见手段。"如平山、阜平因为军属婚姻问题不能适当解决，有的发生了不正确的男女关系。"② "上关军属李桂花男人十年来无音信，几次不准离婚，□医院×连长搞起男女关系。"③ "四区庄里一个妇女干部，男的是傻子，女方提出离婚，为迁就男方和怕引起更多的离婚到现在还未离，以至女方有了男女关系。"④ 尽管各地乡村因经济破败、婚姻变异等原因，民众对婚外两性关系的认识较宽松，但女性由此所承受的舆论压力与道德谴责也是巨大的。

　　乡村女性提出离婚需要足够勇气，打压女性离婚诉求的现象也比比皆是。一些地区因为村干部迁就男性农民，阻止"妻休夫"式离婚，女性走投无路以死抗争的事时有发生。如涞源二区4个"妻休夫"婚姻案件一个也不解决，造成女性自杀。⑤ 1946年，涉县有37个妇女因婚姻不自由而自杀。⑥ 北岳区史家营村支书史天英妻生孩子，按风俗不给她吃粮食，其妻怒而提出离婚，遭到区里拒绝，该女子上吊而死。⑦ 建屏县的侯改改被迫结婚，与丈夫毫无感情，男人限制其自由。时常挨打受气的她提出离婚，村中民众及干部均反对，看到离婚没有可能，侯改改自杀以示抗议。⑧ 涞水县紫石口的杨宏兰夫妇关系不好，女方提出离婚，村干部不但不允许，还把杨宏兰妻扣押几天，女方极度失望下自杀。⑨ 离婚受阻后，积怨较深的一些女性甚至选择暴力杀夫。"如黎城一个妇女，因三次离婚不准，暗将他丈

---

① 太行六专署：《太行第六专署司法科婚姻的综合报告》（1949年1月14日），106-1-78-1，河北省档案馆藏。
② 北岳区党委妇联：《更进一步加强全党作妇女工作的报告》69-1-125-2，河北省档案馆藏。
③ 北岳区党委：《北岳区妇委会关于目前婚姻政策的检查与今后意见》（1948年12月16日），69-1-120-1，河北省档案馆藏。
④ 冀南三地委：《对妇女工作的检查》（1948年12月30日），33-1-7-2，河北省档案馆藏。
⑤ 北岳区党委：《北岳区妇委会关于目前婚姻政策的检查与今后意见》（1948年12月16日），69-1-120-1，河北省档案馆藏。
⑥ 《婚姻政策问题提纲》，冀南区党委妇委会：《妇女工作参考材料第一集》（1948年11月15日），25-1-319-1，河北省档案馆藏。
⑦ 北岳三地委：《三分区妇女运动概述》（1948年5月25日），78-1-49-2，河北省档案馆藏。
⑧ 建屏县委：《关于贯彻婚姻政策中四个死人事件的报告》，520-1-563-13，河北省档案馆藏。
⑨ 冀南三地委：《对妇女工作的检查》（1948年12月30日），33-1-7-2，河北省档案馆藏。

的手榴弹，把火线拉开，拴在粪筐底下，想让男人在拿筐头时好炸死。"①
一些女性"想法威胁妇救会，如说'不给离婚就不做工作了''不解决只有
上吊、跳河了'"②。

各根据地《婚姻条例》的颁布、民众运动的进行、社会教育的开展，
使不少女性在思想上有所开放和觉悟，逐步意识到买卖婚姻、包办婚姻等
旧婚俗的不合理，认同婚姻恋爱自主、男女平等的理念。限于知识与眼界
的制约，她们并不能准确理解中共的婚姻政策，部分女性甚至产生了婚姻
自主即是妇女解放的错觉，③ 简单地把婚姻自由与离婚画等号。④ 加上一些
地方的确有把解除妇女婚姻视为动员妇女主要手段的倾向，间接造成了
"妻休夫"案件的激增。⑤ 不少妇女并非因婚姻生活难以继续而提出离婚的，
有的是因夫妻偶发小纠纷，有的是随大溜，⑥ 还有些妇女嫌丈夫难看而提出
离婚，⑦ 甚至有些女性把离婚当"儿戏"。如平山县一个村妇，三年中结而
又离五次。左权县一个村妇结婚一个月后又离婚。⑧ 有的女性一个月里竟改
嫁了两次。⑨

限于经济条件及选择范围，乡村女性的婚姻多难以自主，也难以在
男权理念下争得家庭地位的平等。当《婚姻条例》颁布后，一些女性寻
求各种理由以改变婚姻状况，为此甚至不惜以主动发生婚外性关系、自
杀进行抗争，用觉醒的性别意识、平等意识追求自主的感情生活，向传
统婚姻观念甚至性观念发出挑战。然而由于《婚姻条例》而引发的婚姻

---

① 晋冀鲁豫边区政府高等法院：《晋冀鲁豫边区政府高等法院通报》（1945 年 10 月 15 日），
　576-1-82-15，河北省档案馆藏。
② 晋冀豫区妇总会：《一年来妇女工作总结报告——1941 年 8 月–1942 年 5 月》（1942 年 7 月
　15 日），A1-7-4-13，山西省档案馆藏。
③ 晋冀鲁豫边区政府高等法院：《晋冀鲁豫边区政府高等法院通报》（1945 年 10 月 15 日），
　576-1-82-15，河北省档案馆藏。
④ 《离婚问题多是否影响社会秩序》，《晋绥日报》1948 年 12 月 16 日第 4 版。
⑤ 晋冀鲁豫边区政府高等法院：《晋冀鲁豫边区政府高等法院通报》（1945 年 10 月 15 日），
　576-1-82-15，河北省档案馆藏。
⑥ 《离婚问题多是否影响社会秩序》，《晋绥日报》1948 年 12 月 16 日第 4 版。
⑦ 《谈谈临县的婚姻问题》，《晋绥日报》1948 年 11 月 17 日第 4 版。
⑧ 浦安修：《五年来华北抗日民主根据地妇女运动的初步总结》（1943 年 7 月 16 日），载中国
　全国妇女联合会妇女运动历史教研室《中国妇女运动历史资料（1937—1945）》，第 711
　页。
⑨ 路平：《雁北婚姻二三事》，晋察冀北岳区妇女抗日斗争史料编辑组《晋察冀北岳区妇女抗
　日斗争史料》，第 659 页。

变动，虽然有婚姻自由的先行理念支撑，但本质上是抗战与革命前提下政治动员的产物。"妻休夫"的规模呈现，导致乡村不少家庭、社会秩序的摇荡，由此促使中共各级政权被迫调整婚姻政策，以契合乡村习俗与社会需求。

四　婚姻与革命的纠缠

乡村女性是受制于传统习俗的群体，也是性别歧视的受害者。当《婚姻条例》打开自由选择大门后，真正敢于主动走出来的是一些性格刚强、性别意识强又有妇救会组织支持的女性。这些女性后来在各地妇救会、青救会及各基层政权的工作中发挥了积极作用，但多数女性也发现，可供她们选择的再婚对象与前夫的男权理念如出一辙，这种辛酸与无奈的循环，是了解此时女性解放实质必须予以关注的。由于因离婚过多影响家庭、社会秩序甚至影响到战士军心，中共不得不事实上调整婚姻政策。

在《婚姻条例》颁布时，诸多规定不但与华北乡村习俗相冲突，招致以父权为主导的乡村社会不满，此后的工作方式也加剧了双方矛盾。首先，"她们（妇女工作者）是一般的号召，空喊男女平等，空喊解除封建束缚。……和妇女一谈话，又是说什么反对男人压迫女人呀！提高妇女地位呀！婚姻问题呀！结果，弄得有些妇女本不应离婚而离了婚，于是引起群众的反对"[1]。其次，一些妇女工作者将离婚视为妇女工作的重要内容，甚至形成了为离婚而离婚的局面。[2] 1942年河南、山西等省发生特大旱灾时，一些乡村"仍将离婚看成是妇女的进步，把离婚件数当成工作成绩，甚至在某些村造成热潮。如婚姻决议（哪些情况可离婚）传达下来时，青年村妇救会主任传达后便在大会上号召，'我年龄大，男人小，岁数悬殊，感情不和，我起模范作用离婚'。有的妇女也响应号召，'我够某某条件，我也离婚'。冀中在1939年大水灾时，强调年龄悬殊者可离婚，甚至在群众不

---

[1]　高岗：《从生产战线上开展妇女运动——一九四四年三月在延安边区一级"三八"妇女纪念节大会上的讲话》，载冀中区党委妇联会《妇女生产文献》（1947年2月），3-1-364-5，河北省档案馆藏。

[2]　晋冀豫区妇总会：《一年来妇女工作总结报告——1941年8月-1942年5月》（1942年7月15日），A1-7-4-13，山西省档案馆藏。

自愿的情况下鼓动和强制人家离婚"①。再次，将婚姻问题单纯看作妇女本身的问题，忽视男性及家庭等因素，"不调查只听妇女片面的反映"②。只要女方提出就准予离婚，不考虑男方情况和意见。③ 最后，处理婚姻问题方式过于简单，如"某地有一妇女，因为丈夫对她不好，向妇联要求帮助她离婚，妇联同志没有详细调查，就帮助她离婚。当离婚手续办了，该女子和她丈夫抱头痛哭，舍不得分开，致当地妇女对妇联不满，说妇联挑拨人家夫妇，煽动人家离婚，使妇联威信大受影响"④。

妇女工作中对"妻休夫"现象处理的偏差，引发了男性农民强烈不满，加上"提出离婚的多半是贫农妻子，且多半因嫌家贫想嫁更好些，而离婚结果很多贫农受到极大的损失"⑤。他们恨妇救会，敌视婚姻法。⑥ "妻休夫"虽然替部分女性解除了痛苦，获得了一些成绩，但是造成了男女对立、青老年对立、分裂了家庭，⑦ 进而引起家庭结构的动荡，妨碍了乡村农业生产和社会秩序。妇救会强调婚姻自由，农会中的贫雇农因经济条件差、娶妻困难，自然反对离婚自由，妇、农团体间为此也引起摩擦。⑧

乡村现实对婚姻自由以及妇女工作形成的压力，迫使各根据地开始反思婚姻政策，努力缓和两性冲突，以减少婚姻变革的负面影响。1943 年 2月，中共中央发文强调要切实理解妇女生理、生活及家务上的限制，要把握经济工作是妇女最为适宜的工作，认为妇女政治地位、文化水平的提高，

---

① 田秀涓：《1943 年前晋察冀农村妇女工作的初步总结（节录）》（1945 年），中华全国妇女联合会妇女运动历史教研室：《中国妇女运动历史资料（1937-1945）》，第 792 页。
② 北岳三专妇联会：《三个月妇女工作总结》（1948 年 5 月 25 日），78-1-50-1，河北省档案馆藏。
③ 中共中央妇联会：《献县妇女工作简史》（1948 年 9 月），572-1-180-11，河北省档案馆藏。
④ 区梦觉：《怎样在妇女运动中展开调查研究工作》（1941 年 9 月 22 日），中华全国妇女联合会妇女运动历史教研室：《中国妇女运动历史资料（1937-1945）》，第 482～483 页。
⑤ 晋冀豫区妇总会：《一年来妇女工作总结报告——1941 年 8 月-1942 年 5 月》（1942 年 7 月15 日），A1-7-4-13，山西省档案馆藏。
⑥ 晋冀豫区妇总会：《一年来妇女工作总结报告——1941 年 8 月-1942 年 5 月》（1942 年 7 月15 日），A1-7-4-13，山西省档案馆藏。
⑦ 太行区妇委：《妇女工作初步研究》（1945 年 10 月 4 日），A1-17-4-16，山西档案馆藏。
⑧ 刘澜涛：《晋察冀边区的群众工作》（1945 年 1 月），《晋察冀抗日根据地》丛书编审委员会、中央档案馆：《晋察冀抗日根据地》第 1 册，（文献选编·下），中共党史资料出版社，1989，第 989 页。

生活的改善及最终解放的获得，都必须从经济丰裕与经济独立入手。① 1943年4月，彭德怀强调：“必须肯定认识，阶级压迫是主要的、不可调和的矛盾，而男女不平等则是由阶级社会产生的附属矛盾。设若不分轻重，把这两个矛盾平列起来，也会使妇女运动孤立。尤其危险的是将两个矛盾轻重倒置，必然引导妇女运动产生错误倾向，事实上这种错误倾向在某些地区是存在的，要了解男女矛盾基本上是可以调和的，只有阶级矛盾才是不能调和的。”② 妇女运动主席蔡畅女士在会见美国记者斯特朗时称：“我们在农村地区的口号不再是‘婚姻自由’和‘男女平等’，而是‘拯救婴儿’和‘发家致富’了。我们过于强调妇女的权利使我们站在农民的对立面，这是一个错误。男女之间的冲突削弱了反对日寇和地主的联合斗争。此外，在这种情况下妇女平等和婚姻自由是得不到的。”③ 此后，各根据地对“妻休夫”现象逐渐加以控制，以减少乡村家庭矛盾及社会秩序的不安定因素。乡村妇女解放、婚姻变革并非可以无条件出现，需要经济发展、教育等诸多条件的满足，也要依靠广大农民的觉悟和全力支持。然而就抗战与革命的时代主题而言，乡村社会秩序稳定、生产贡献的价值，要远高于女性解放的利益诉求，两者显然是有主次之分的。

此后，各地政权在执行婚姻政策时一变而走向另一极端，不但努力将性别矛盾化解或压制于基层，还偏向保护男性贫雇农。“特别是对于贫雇农的婚姻问题，注意到其结婚之不易。”④ 不少村干部转向了“单纯的贫雇农观点，怕农民失掉老婆，不是照顾男女双方的利益”⑤。一些干部认为：“实行婚姻自主与男女平等，对贫苦农民是不利的。如果坚决实行，那就会脱离贫苦农民。”⑥ 女性利益则被漠视和牺牲。在对贫雇农婚姻采取保护态势

---

① 《中国共产党中央委员会关于各抗日根据地目前妇女工作方针的决定》（1943年2月26日），载中华全国妇女联合会妇女运动历史教研室《中国妇女运动历史资料（1937－1945）》，第648页。

② 《彭德怀在晋冀鲁豫四区党委妇委联席会议闭幕时的讲演》（1943年4月22日），载山西省档案馆《太行党史资料》第6卷，山西人民出版社，1989，第378~379。

③ 〔美〕斯特朗：《中国人征服中国人》，北京出版社，1984，第379页。

④ 北岳五专署妇联会：《关于执行婚姻政策的检查与今后意见》（1948－12－14），86－1－30－1，河北省档案馆藏。

⑤ 北岳区党委妇联：《更进一步加强全党作妇女工作的报告》，69－1－125－2，河北省档案馆藏。

⑥ 《保障妇女合法权利》，载太行区党委《有些妇女仍受虐待参考材料之一》（1946年），90－1－63－3，河北省档案馆藏。

的同时，各地对地富阶层的婚姻破裂明显予以支持。1946 年，冀南行署规定："甲、男大女小者是贫困之家，虽已构成离婚条件，也应尽量动员不离。乙、男小女大多是富贵之家，离婚条件即便勉强些，也可尽量离。"① 这一做法的背后，不仅可能最大孤立、瓦解地富阶层，更有通过离婚将地富女眷分化出来解决贫雇农婚姻的政治意图。出自地富阶层的女性，如果通过再婚更换身份进而获得政治地位的提高，即使生活贫穷也在所不惜。

各地类似的举动，适应了华北偏远乡村女性缺乏、男性婚姻需求多的现实。如在土改后的十里店，"许多新中农单身汉仍无法娶到妻子。由于战争时期牺牲了许多男子，但还是存在妇女短缺现象。为了解决这个问题，一些极度渴望结婚的单身汉竭力主张以前的剥削者应该离婚，以便他们自己能够与离婚的妇女结为夫妻"②。土改斗争中把地富家庭女性作为财产重新分配的事例并非个案，甚至出现了强迫地富家庭女眷改嫁农民的事例。③壶关的董家坡地主张小有的媳妇王喜梅，被村干部圈定只准嫁本村，指定她从全村七个光棍中挑一个。王喜梅不同意，被扣押七天，并威胁其不嫁就会被打死，王氏最终被迫同意。④ 当婚姻被拖进了政治场域，离婚自由不再是单纯的女性权利，更被赋予了浓重的政治色彩。至此，各地告别了构建以感情为基础的婚姻愿景，女性承受着以传统男权和革命需求为名义包办的双重负担，身体在革命名义下不断被重新分配。

为保证军人无后顾之忧，各地政权对军人婚姻实行特殊保护。晋察冀和晋绥的《婚姻条例》都有军婚的规定："抗日军人之配偶，非于抗日军人生死不明逾四年后，不得为离婚之请求"⑤；"抗战军人之夫妻双方，非确知

---

① 《冀南行署关于处理婚姻问题的几个原则》（1946 年 7 月），载韩廷龙、常兆儒《中国新民主主义革命时期根据地法制文献选编（第 4 卷）》，中国社会科学出版社，1984，第 882 页。

② 〔加〕伊莎白·柯鲁克、〔英〕大卫·柯鲁克：《十里店——中国一个村庄的革命》，龚厚军译，上海人民出版社，2007，第 200 页。

③ 《婚姻政策问题提纲》，载冀鲁南区党委妇委会《妇女工作参考材料第一集》（1948 年 11 月 15 日），25-1-319-1，河北省档案馆藏。

④ 《壶关县司法工作在土地改革中一般情况》，A53-2-16-14，山西省档案馆藏。转引自张慧玲《女性主义视角下的婚姻变革——以晋冀鲁豫根据地为例》（硕士学位论文），山西大学，2006。

⑤ 《晋察冀边区婚姻条例》（1943 年 2 月 4 日公布），载中华全国妇女联合会妇女运动历史教研室《中国妇女运动历史资料（1937-1945）》，第 659 页。

一方死亡或对方同意者，不得请求离婚"①。一些地方干部采取"宁左勿右"态度，拒不执行"军属婚姻条例"，致一些军属（包括军人未婚妻）在超过条例规定年限后（有等至十几年）仍不许离婚。②涉县三分区的"聂星顺九岁就被娘家以十六元钱卖给了涉县三区史家庄张廷的为童养媳。不到十七岁结婚圆房，婚后夫妻感情不好。1943 年 2 月张廷的参军，此后五年毫无音信，聂兴顺便提出离婚。史家庄因其是军属，以离婚影响不好为由，阻挠其离婚再嫁。县政府经多方调查，批准聂兴顺与张廷的离婚，但区署仍加以阻挠，不予办理离婚手续"③。倘若政府同意军属离婚，一般必须获得军人同意或军人早已再婚，政府再无干涉军属离婚的理由。"涉县人郝佩兰与李梅溪于 1936 年在父母包办下结婚，双方感情不好。1938 年抗战开始，李梅溪赴陕上抗大，以后音讯渐无，郝佩兰多次写信给李梅溪，都没有回信。1942 年 6 月，郝佩兰向政府提出离婚要求，政府多次劝解并向太行军区去信征求李梅溪意见，但没有回音。后来从李梅溪表兄青田的信中得知，李梅溪已经在当地和别人结婚。政府认为李梅溪已犯重婚罪，同意郝佩兰的离婚请求"④。1948 年，北岳区五专署妇联会甚至提出："军属离婚问题应该再等一年后再准离婚，全国的革命再有一年左右即可胜利，过去与现在战争环境交通不便，以至条件不能畅通，为了照顾军人利益，巩固部队起见，应再等一年左右，如果军人仍无音讯，再准军属离婚，且对军属必须加强教育与照顾。"⑤

　　各地对于退伍军人的权益也十分关注，一般不准许女性与"荣退军人"离婚。⑥如太行一区庄上"荣退军人"史白亭 1946 年结婚后，即经常打骂妻子，其妻子数次请求离婚，但政府总以史是"荣退军人"娶妻不易为由

① 《晋绥边区婚姻暂行条例》（1943 年 4 月 20 日），载中华全国妇女联合会妇女运动历史教研室《中国妇女运动历史资料（1937-1945）》，第 663 页。

② 《婚姻政策问题提纲》，载冀南区党委妇委会《妇女工作参考材料第一集》（1948 年 11 月 15 日），25-1-319-1，河北省档案馆藏。

③ 白潮：《乡村法案——1940 年代太行地区政府断案 63 例》，大象出版社，2011，第 108 页。

④ 白潮：《乡村法案——1940 年代太行地区政府断案 63 例》，第 75 页。

⑤ 北岳五专署妇联会：《关于执行婚姻政策的检查与今后意见》（1948-12-14），河北省档案馆，档案号：86-1-30-1。

⑥ 《婚姻政策问题提纲》，载冀南区党委妇委会《妇女工作参考材料第一集》（1948 年 11 月 15 日），25-1-319-1，河北省档案馆藏。

劝说其回心转意。[①] 此外，"还有荣军回家后硬要已另嫁人的老婆回来，不管女方愿意与否，而干部往往给荣军撑腰"[②]。

乡村妇女的婚姻自由，因抗战需要而被动员，又因革命需要做出了非自主性牺牲，她们的婚姻因人情、奖励、保障的需要被分解于政治体系中。在婚姻与革命的纠缠中，女性的感情诉求与生命体验时被掀起、时被搁置，注定无法脱离工具属性和物化的命运。

结　语

抗战开始后，以妇女动员为目的展开的婚姻制度改革，一定程度上为华北各根据地区域乡村妇女婚姻生活的改变带来了希望，"妻休夫"离婚热潮的呈现也意味着乡村妇女婚姻变革之途的展开，具有里程碑式的意义，过去不少论著多视其为中共推行妇女解放运动的成功例证。然而透过离婚热潮的喧闹，我们看到的是传统、革命、性别等元素的冲突与矛盾。由于革命策略与乡村传统及经济现实差距的存在，各地《婚姻条例》颁布后引发的离婚热潮背后，是各地动员女性走出家庭、参与社会管理、填补男性征兵后留下的乡村政治与生产空缺的政治意图，妇女解放仅仅是一个从属于政治与抗战需求的次级诉求。因此，我们会看到各根据地在动员女性离婚的态度上有一个从积极甚至激进再到消极的变化，中共妇女工作政策调整的根本原因，在于其影响到乡村社会秩序及军心稳定，在这一前提下，妇女权利及利益必须让位于民族、革命的利益。

值得注意的是，无论是革命需求也好，妇女权利的抗争也罢，表面上看，婚姻变革因引发乡村家庭纷争、不利于抗战的民族利益而发生变异，女性的离婚和离婚的女性均为革命所利用，但实际上，婚姻的变革本质上则是受困于久远以来的传统、经济与婚姻习惯，正是经济重压下的传统与婚姻习俗，并没有足够的外来因素去真正消解。维系家庭与农业生产的内在逻辑，仍是农业生产条件下的男权观念体系，众多农民和干部均作如此

---

① 《涉县部分干部群众重男轻女　有些妇女仍受虐待　县政府正积极调查处理》，载太行区党委《有些妇女仍受虐待参考材料之一》（1946 年），90-1-63-3，河北省档案馆藏。
② 《婚姻政策问题提纲》，载冀南区党委妇委会《妇女工作参考材料第一集》（1948 年 11 月 15 日），25-1-319-1，河北省档案馆藏。

思维，具有现代意识的中共组织也不得不调整婚姻政策，事实上放弃了"妇女解放"的口号，传统文化、习俗与现实力量的结合才是历史运转的核心所在。中共的婚姻政策呈现了倡导女性解放的新理念，"妻休夫"的离婚形势也蔚为壮观，一些女性采取了不同床、不回家、发生婚外性关系等方式甚至不惜以死相抗争，展现出了女性权利觉醒后强烈表达、抗争的鲜活场景。但不能否认的是，这种热潮始终由男性控制。华北各根据地自主婚姻的热潮，究竟在多大程度上推动了女性解放观念的普及，并非一个可以轻易回答的问题。

　　婚姻自由是现代女性解放运动的逻辑产物。自晚清特别是新文化运动展开的女性解放潮流，曾深刻地影响了中共的意识形态。在革命与民族战争的时代背景下，中共在根据地推行这一理念时，却受制于经济落后、习俗深重的现实而渐渐异化为政治工具，尤其是各根据地在后期保护农民家庭的婚姻政策调整中，对地富家庭持续进行分化，以弥补乡村女性缺少的困境。女性解放与平等的追求，一变而为阶级利益前提下的歧视。显然，依附于政治的婚姻变革并不能真正赋予妇女权利并推动事实上的解放与平等，经济平等才是女性解放的根本前提。应该说，战时各根据地女性在政治推动下获得了有限的婚姻权利，但争取婚姻自由的道路仍是漫漫征程。

共和国初期的性教育（1949～1966）

廖熹晨*

性教育是传播两性生理、生殖知识（也称为性知识）和性道德观的教育。人类在生命发展的不同时期，性器官的生理机能以及本身的生理需求和生殖需求会发生一定的变化，因此所需要的性知识在不同的生命时期也是不同的，所以性教育应该是一种贯穿生命、因需推进的教育。

对于中华人民共和国的性教育，学界一般认为从中华人民共和国成立到"文化大革命"这一段时间的性教育较为封闭，性知识的读物也普遍较少，无论是学校的性教育、家庭的性教育和性知识的读物都比较匮乏。① 但从现在能够找到的史料来看，这样的看法是不全面的。在 1949～1966 年这段时期内，国内的性教育确有一定的发展。虽然学校和家庭的性教育相对匮乏，但是在 20 世纪 50 年代中期曾经出现过一批性教育的读物，其中有些甚至成为当时的畅销书，这些读物传播了性知识，帮助读者自学，对其起到了性教育的作用。另外，在新中国成立初期开始重视妇幼保健工作，对于计划生育也有了一定的认识，性知识作为宣传妇女保健和计划生育知识的重要部分，在这些工作中得以传播，妇女保健和计划生育的宣传，在实际上起到了性教育的作用。

---

* 廖熹晨，首都师范大学历史学院博士研究生。

① 目前学界还没有对 1949～1966 年性教育的专门论述，但在一些研究新中国性教育的论文中对这段时间的性教育已有涉及。梁景和与李巧玲合著《新中国三十年的性教育（1949－1979）》通过从生理教育、人格教育和性别教育三个方面论述新中国三十年性教育的发展态势，从而进一步论述和理解这一时期的性伦文化，总结了这一时期性教育的特点和历史局限；刘文利在《中国青少年性教育的历史回顾和发展概述》一文中将 1949～1977 年总结为中国青少年性教育的禁闭阶段。

一　共和国初期国人视野内的性教育观点

相对于 20 世纪初期，性话题在中国知识分子群体中的活跃和性教育所受到的广泛关注，中华人民共和国成立后，对于性教育的讨论则十分沉静。1949～1966 年出现在国人视野中的性教育观点，除两位苏联专家的观点较为全面系统外，国内学者的性教育观点则更集中在性教育的具体方法上。

（一）苏联专家的观点

这一时期国内从苏联翻译过来最重要的性教育的观点是苏联教育学家 A.C. 马卡连柯有关性教育的论述。《儿童教育讲座》一书是由马卡连柯在苏联电台所做的一系列关于儿童教育的演讲整理而成，其中专设一讲为"性教育"，对青少年的性教育提出了许多有针对性和建设意义的主张，同时也对一些时人的性教育观点做出了回应。这本儿童教育的书籍至今依然在售，已经成为儿童教育的经典著作。

性教育要教会儿童在将来的性生活中以互爱为基础，通过性生活追求家庭和爱情恒久和谐的关系，实现幸福（身体和情感上的愉快）和生育子女是马卡连柯性教育的核心思想，也是他性教育思想中最有价值的部分。马卡连柯认为父母进行性教育，首先需要明确性教育的目的，他认为人类与其他动物性生活本质的不同在于，动物是为了繁殖，而"人类往往企求性的愉快"，"因此，这种企求有时就会造成乱伦的和道德上的不正当行为，以致对自己对他人都会造成痛苦和不幸"[1]。社会主义社会的男女关系，要符合共产主义道德的要求，即"每个男女的性生活——都能保持对家庭和对爱情两方面的恒久的和谐关系。性生活应以互爱为基础，在家庭里保持男女间坦率的公民的结合，追求人类幸福和生育子女的两种目的"[2]。

马卡连柯认为，性教育的方法是多种多样的，家长应该广泛地寻找性教育的方法，根据实际情况和目的予以采用。[3] 他反对单一和专门的性教

---

[1]　A.C. 马卡连柯：《儿童教育讲座》，人民教育出版社，1955，第 91 页。

[2]　A.C. 马卡连柯：《儿童教育讲座》，第 92 页。

[3]　A.C. 马卡连柯：《儿童教育讲座》，第 93 页。

育，认为性教育应该在所有的教育中进行，尤其是人格品质方面，教育的结果是共享的。[①]

他还提出，在性教育的过程中一定要进行"爱"的情感教育，培养儿童爱的情感，了解幸福的意义，"必须引起儿童注意男女之间这种严肃美好的关系"[②]。

除了马卡连柯的性教育观点，苏联医生扎尔金德的性教育观点也出现在了人们的视野中。1958 年国内出版了一本苏联医生扎尔金德所著，名为《健康的婚姻和健康的家庭》的小册子。这本书中，扎尔金德对苏联两性关系、婚姻和家庭情况、相关法律和道德情况进行了介绍，讲解了一些两性生理知识和性知识，包括性感的发展、性生活的卫生和性病等，其中对性教育的开展提出了非常有益的观点。

扎尔金德是苏联当时非常有名望的医生，他的一些性教育的观点和实验结果得到了后来苏联教育学者的认可。[③]

他认为性教育的执行者对青少年、儿童进行性教育的最终目的，是使他们独立生活时对两性关系有明确的概念，并能保护自己远离性侵害的危险，"每一个青年、每一个姑娘在从学校毕业出来实行独立生活的时候，对两性的相互关系的意义都有明确的概念，要使他们知道那些他们可能遇到而正应该避免的带有危险性的事情"[④]。而父母和教师都应当在性教育的过程中起作用。本来父母的责任应当最大，但由于不够重视，而且自身的性知识也很少，苏联许多家长还不能对自己的孩子进行正确的性教育，因此，教师就需要在青年人的性教养和性教育方面扮演重要的角色。为了对儿童和青少年进行教育，"教师们自己要熟知性生活的各种生理学问题，并且要不仅能够正确地回答少年儿童的问题，还要能够积极地使他们形成正确的性生活的概念和给予他们正确的思想"。同时，医生则需要扮演对家长和教师进行性知识教育的角色，教师也必须承担一些这方面的责任，"所以医生和教师必须对做父母的人进行系统的教育"[⑤]。

---

① A. C. 马卡连柯：《儿童教育讲座》，第 93～94 页。
② A. C. 马卡连柯：《儿童教育讲座》，第 93～94 页。
③ 参见科列索夫《性教育漫谈》，宁波、志高译，国际文化出版公司，1988。
④ 扎尔金德：《健康的婚姻和健康的家庭》，科学普及出版社，1958，第 58 页。
⑤ 扎尔金德：《健康的婚姻和健康的家庭》，第 57 页。

他提出，医生不应该直接对学校低年级的儿童进行性教育，"因为这可能引起儿童对于性的问题过分的和不健康的兴趣，或者使他们产生羞涩和警戒的心理"。只有当青少年达到性生理的成熟时，医生才应该发挥更积极的作用。在这些青年中，"医生应该进行预防的教育，使他们都懂得过早的和不正当的性生活、花柳病等等的危险性"。①

在谈到对儿童进行性教育时要注意教育的方法时，扎尔金德认为应从儿童日常生活的见闻中开始讲解一般动植物的常识，"要使儿童认识性生活的一些问题，应该从儿童周围、从他们可以观察得到的动植物生活中的那些浅近易懂的事物开始"，让儿童认识到性在一般动植物中的基本存在，而不是单刀直入地讲性知识，使儿童把注意力集中到性的问题上。过早和儿童讨论性生活问题，可能引起一些不良的后果，不但不能够正确地满足儿童的求知欲望，反而可能促使他们对性的问题产生过早的不健康的好奇心。为此，他提出了一条儿童性教育的准则："任何时候都不要性急地进行儿童所不能理解的性教育，并且不要把儿童的注意力过早地引向性的问题，而只是限于满足他们自然的好奇心，如实地回答他们提出的问题。所教给儿童的一些知识应该符合于儿童发育的程度，符合于他对周围环境事物的概念，并且只限于一般的基本问题。"②

（二）国内专家的观点

国内专家对性教育的观点在这期间主要体现在性知识具体的传播方法上。

1949～1966 年通过妇女保健和计划生育宣传传播性知识是性教育的主要途径之一，针对我国农村人口占全国人口 2/3 以上的实际情况和农村群众的接受程度，有专家提出了性教育的具体实施意见。

在实际的性教育过程中，采用的教学形式和方法可以多样化，内容最好能便于理解，"用各种各样的方式、方法都可以，这种带有动员性质的宣传材料，要求短小精干，适于反复使用"，"像解剖、生理、受孕现象、避孕法等，最好讲座时用挂图；或用小型展览的形式，这样时间比较长能讲得详细些"。同时要善于寻求党组织的帮助，"在各种会议上党政负责干部

---

① 扎尔金德：《健康的婚姻和健康的家庭》，第 57 页。
② 扎尔金德：《健康的婚姻和健康的家庭》，第 58 页。

简要地插入几句关于避孕意义的宣传，效果极大，能够促使一般干部和群众的重视"[1]。

二　共和国初期性教育的实践

（一）　学校与家庭性教育

学校性教育方面，中学的生物课本中有专门的性教育内容。刘文利在论文中提到，根据国家教育部分别于1952年、1956年、1963年颁布的《中学生物教学大纲》，人民教育出版社出版的教材编写了有关性生理和性卫生的教学内容。"如男女生殖系统的构造、生殖细胞的形态结构、月经和排卵、受精、胚胎在母体内的发育、人体各个发育时期的特点、各发育时期的卫生保健等，占2～3课时。"[2] 而在笔者的研究中发现，根据1959年某些教师反映，初中的生物教材是没有两性生殖的生物基本知识的，"根据初三学生的年龄大多数是14～15岁的青年男女，他们已达到性的成熟时期，对于男女性别的生理卫生知识，必须有正确的认识，在教材里，就缺少了这部分的内容。这不仅有碍人体器官系统知识方面的完整性，而且不能达到打破男女之间的神秘观点和增进身心健康的作用。高一《生物学》里虽然有了这部分教材，但是未能升学的部分学生是需要这种知识的。所以我们认为在教材里有必要简要地介绍男女生殖器的构造、机能和生理以及卫生保健的常识。同时把'妇女的劳动卫生'一节在这里讲授"[3]，也就是说初中生接触不到基本的性生理知识。在当时，高中的升学率并不高，许多人的教育经历都止步于初中，根据这一条史料，尽管性知识在学校中有教授，但能接受到教育的学生数量在青少年学生中的比例并不高，许多有性知识需求的青少年接触不到。笔者通过访谈获得了一些有关新中国成立初期大学、中学性教育的口述史料。从笔者获得的访谈信息来看，新中国成立初期学校教育拥有两性生理的教育，但只局限于两性生理结构和青春期发育的常识，包括大学性教育在内，都缺乏具体性行为和性观念的指导，且成效

---

①　赵义炜：《避孕的宣传工作问题》，《护理杂志》1958年第3号。
②　刘文利：《中国青少年性教育的历史回顾和发展概述》，《中国青年研究》2008年第12期。
③　邓璧毓、辛采霞：《对初中生理卫生教材的一些意见》，《生物学教学》1959年5月号。

似乎不好。"我们念大学的时候，学校是有生理卫生教育的，主要还是讲述一些两性的生理卫生常识，像男女的生殖器官、生理现象，老师都是有讲的。也有正规的课本，但是我们都不怎么认真学，大家都不好意思……"① 而在中学，一般生理卫生课是男女生分别授课，"我们那个时候也是有生理卫生课的，我读中学的时候是 63 年到 66 年嘛，那个时候就有生理卫生课了。我们那时男女分开上课。女生就讲月经什么的，但是其实大家都懂。也有不懂的，有一个女生在上课的时候一直在特大声地问：'什么是睾丸？什么是睾丸？'然后我们都拉着她让她小声点。也有课本的，但是我们都不认真听"。"小学就教过人体构造图，那时候就有图了，什么男人、女人的特殊器官呀……"② 而在一些农村地区，基本的两性生理卫生教育是不存在的，"我上学的时候，你说的什么生理卫生、构造从来没有过，从小学到高中都没有，课本上也没有。月经，我们都是看比我们大的女孩子上厕所，然后就知道了"③。

新中国成立初期的家庭性教育主要还是针对青少年的性观念，笔者的访谈对象多数都表示自己的性观念主要受家庭教育的影响。"至于女孩子应该（自重），应该害羞啥的，主要还是受家庭教育。母亲吧，母亲会说一些。""大人的言谈也会影响到我，他们在说谁生活作风不好的时候，是会潜移默化影响到我……"④ "我妈妈连月经都从来没有跟我讲过，但是大人以前经常讲谁家的孩子不要脸啦，不注意啦，不怕丑啦，我们自己就会觉得性的东西讲不得。"⑤ 从笔者的访谈中看，家庭对子女的性教育，主要是强调个人的自重、自律，培养青少年的羞耻感。何种情况下是羞耻的，何种情况下算生活作风不好，父母都在有意、无意，直接或者间接地教育子女。而具体的性知识教育则受限于父母的文化和知识水平，在大多数家庭中似乎十分贫乏。

（二）社会性教育

1. 以性知识和性道德为内容的专著出版

新中国成立初期，性教育读本曾经一度非常丰富，性知识与性道德的

---

① 笔者访谈。
② 笔者访谈。
③ 笔者访谈。
④ 笔者访谈。
⑤ 笔者访谈。

内容并不少见。如《两性与生殖》①《性的知识》②《工农生活常识遍览——家庭卫生》③《科学的性知识》④《两性卫生知识》⑤《〈大众医学〉性知识专号》⑥《漫谈两性关系中的道德问题》⑦等，按照现在的发现，这一时期性教育的读本远比过去所了解的丰富。

其中最具代表性、最受读者欢迎的是人民卫生出版社出版的《性的知识》。新中国成立后，一直缺乏全面系统的性教育读物，此书出版的原因就是由于当时人民卫生出版社"收到许多读者来信，提出了有关性的各种问题，并迫切地要求出版一本性知识的专书"，所以为了让读者正确地了解性的知识和怎样对待恋爱、婚姻及家庭等问题，邀请了中国协和医院的三位医师编写了这本《性的知识》。对比这一时期类似书籍的内容，该书最大的特点是内容非常全面、细致，不仅详细地介绍了两性生理构造、生理卫生的知识，解答了一些性功能方面的疾患和不育不孕的相关问题，还对性生活的每一个步骤进行了讲解。许多类似的书籍谈生理构造、谈生理卫生，对读者进行性观念和性道德的教育，但一说到性生活的具体实施方法和步骤就一带而过。而1956年版的《性的知识》却大胆突破了这些局限，在缺乏性知识的群众中受到了热烈的追捧。虽然在对性生活的三个阶段具体应该如何进行的描述中，作者刻意回避了性交的具体动作，但对当时来说这样的性知识已经是十分可贵了。在对性生活的指导中，作者还向读者介绍了如何让双方都获得性快感和高潮的方法和技巧。⑧

据学者估算，《性的知识》首印80万册，累计发售了915万册。⑨ 这本书在"文化大革命"时期曾被批为"冠以科学之花的大毒草"，在1980年第二版时，已经将其中"性生活的三个阶段"这部分删去。⑩ 而这一部分也是1956年版《性的知识》中对人们性生活最有实际指导意义的一部分。

---

① 殷文治：《两性与生殖》，中华书局，1951。
② 王文彬等：《性的知识》，人民卫生出版社，1956。
③ 王世伟、杜琴远：《工农生活常识遍览——家庭卫生》，中华书局，1951。
④ 布式克、雅科孙：《科学的性知识》，三联书店，1949。
⑤ 高云汉：《两性卫生知识》，锦章书局，1955。
⑥ 《性知识专号》，《大众医学》1956年2月号。
⑦ 丹復：《漫谈两性关系中的道德问题》，学习生活出版社，1956。
⑧ 王文彬等：《性的知识》，第36～39页。
⑨ 易图强：《新中国畅销书历史嬗变及其与时代变迁关系的研究》，博士学位论文，湖南师范大学历史系，2011，第64页。
⑩ 参见《性的知识》，1980年第二版。

除了以"性知识"为标题的专著，一些妇女健康和计划生育的手册，也设有介绍性知识的章节。如《农村妇女卫生》《计划生育问答》《妇女卫生问答》等。

这些书中指出了当时许多妇女对于生殖卫生存在的错误观念，"很多妇女把月经和生孩子的事，认为是最肮脏和见不得人的事，月经带用过以后，也不敢洗晒，总是偷偷摸摸地塞在又脏又暗的角落里。有的即使得了妇女病，也不敢说，常常随便偷偷找点单方吃，结果小病变成了大病，再治就晚了……这些就是害人不浅的封建迷信思想的影响"①，"一提到月经，尤其是未婚女子，大多避而不谈，认为很神秘、很怕羞，农村中妇女得了月经病，大多不愿看医生"②。妇女应该正确和正面地看待女性的生理现象，"来月经是妇女的正常生理现象，生孩子是延续种族、光明正大的事情，是都不应当隐瞒的"，妇女应当同落后的封建思想做斗争。③

这类有关妇女卫生的小册子在内容上大同小异，对女性生殖系统的构造，女性在生命各个时期（尤其是经期、孕期和产后）应该注意的卫生和健康事项做出了详细的指导，还介绍了性生活的注意事项与计划生育的方法，有些对妇女的常见病也进行了说明并介绍了简单的处理意见。④ 其中影响最大的是1966年由协和医院著名的妇产科专家林巧稚与夏宗馥合编的《农村妇女卫生常识问答》，这本书在1966年首版即印刷了381000册，后又再版印刷多次；陈希夷所编《妇女卫生问答》首版也印刷了10000册，后由上海卫生出版社出版时又印刷了3万多册。可见这些妇女卫生知识的著作的畅销程度，因此它们在性教育方面的影响是不容忽视的。

而有关性道德教育的著作就更多，有的著作是在有关恋爱、婚姻、家庭方面的章节中大篇幅的提及性道德。1956年，上海学习生活出版社专门出版名为《漫谈两性关系中的道德问题》，该书出版的目的就在于"想透过对两性关系和爱情的一些实际问题的分析说明，来帮助读者培养自己

---

① 陈希夷：《妇女卫生问答》，人民卫生出版社，1956，第3~4页。
② 上海第二医院医疗系妇产科：《农村妇女卫生演讲资料》，科技卫生出版社，1959，第1页。
③ 陈希夷：《妇女卫生问答》，第3~4页。
④ 参见陈希夷《妇女卫生问答》；上海第二医院医疗系妇产科：《农村妇女卫生演讲资料》；杨织云：《农村妇女卫生》，科技卫生出版社，1959；李川：《妇女卫生常识问答》，河北人民出版社，1955；林巧稚、夏宗馥：《农村妇女卫生常识问答》，人民卫生出版社，1966。

的共产主义道德品质，并以高尚的道德灌溉自己的爱情，使之更加健康美丽"①，明确地提出两性关系和爱情要以共产主义道德为指导。除了这本专门以两性关系间的道德为主题的小册子，新中国成立初期还出版了不少以两性关系、爱情、婚姻家庭内容为主题的书籍，以培养青年的两性道德观念。如两性基本的社交原则应是大方坦然的，所有人应该摒除"男女授受不亲"的旧思想。一些书中提出了男女社交应坚持的道德原则：两性间的友谊没有性别之分，"我们友谊的基础应该是共产主义的道德观。共产主义道德观就表现为人们在生产过程中的相互关系是同志间的合作和以社会主义精神实行互助的关系"②，朋友之间就应该坚持相互合作、相互帮助的道德原则，大大方方地进行异性接触，这样才能把工作和生产搞好，有利于集体和国家的发展；无论是婚前还是婚后，男女之间都应该有正常的社会交往，"不仅在结婚前，即使在结婚之后，也应有正常的社交关系，如果我们在结婚以后，男女双方对其他同志就少有工作和学习等方面的来往，将男女关系局限在家庭的狭小圈子里，那是一种很不正常的现象"③；在两性自由平等的社交中，还要把握两性交往的分寸，与异性的交往是有限度的。在已婚男女之间、未婚和已婚男女之间，要保持友谊的高尚与纯洁，"他们只能是友谊关系，不应该发展为爱情关系，因为这必然会破坏别人的家庭幸福，这个限度当然是需要的"④。"我们一点也不反对男女之间的相互交往和正当友谊。可是，在男女关系上必须采取十分严肃的态度。这就是说，在男女之间，要相互尊重对方的人格和名誉，尊重对方的夫妻关系和家庭幸福。"⑤ 而未婚男女之间，则应该"要严肃负责，不要轻佻放荡，这是我们青年应有的共产主义道德"。⑥ 不随意与异性发生亲密的举动，更不能随意与异性发生性关系和性行为。不做第三者，不破坏他人的家庭，"此外，我们还必须坚决反对男女关系中的性乱现象。有些青年男女随便发生性的关系，甚至跟有夫之妇或有妇之夫通奸……这是一种道德

① 丹復：《漫谈两性关系中的道德问题》，前言。
② 方璞德：《谈青年的学习、生活和恋爱问题》，中国青年出版社，1956，第26页。
③ 宋廷章：《怎样正确对待恋爱问题》，辽宁人民出版社，1955，第18页。
④ 子音编《女工恋爱、婚姻、家庭问题通信集》，上海人民出版社，1957，第2页。
⑤ 孙青：《怎样建立幸福的家庭——和农村青年谈谈恋爱婚姻问题》，中国青年出版社，1956，第23页。
⑥ 河南省民主妇女联合会宣传部编《如何正确对待恋爱、婚姻和家庭问题》，河南人民出版社，1955，第17页。

堕落的行为"①。

2. 报纸杂志和影像传媒对性知识的宣传

新中国成立前，由于性教育的缺乏，许多妇女都不具备必要的性知识，因此很容易患上妇科疾病，不但影响妇女的健康和正常生产生活，严重者还会影响到下一代。根据《北京日报》的资料显示，1953 年北京市"公私营工矿、企业的女职工中，有月经病的还是很多，女工的出勤率低，影响了生产。如公营北京特种工艺公司第一证章工厂一百四十名女工中，有月经病的竟占了百分之五十"。这说明当时北京女工的性生理和性卫生知识相当匮乏。针对北京市女职工健康状况总体不佳的情况，"北京市总工会女工部号召各工矿、企业向厚生火柴厂学习经验，认真解决女工月经病的问题"②。

《新中国妇女》和《中国青年》中常年有帮助读者树立正确性观念的内容。这些内容主要围绕三个方面展开。

第一，从关怀妇女的生理健康角度出发，长期向读者普及生理和性知识。从 1951 年第 18 期一直到 1951 年第 22 期的《新中国妇女》开设《妇女卫生常识讲话》的专栏，分五讲即《月经的生理和卫生（一）——月经开始的情形》③《月经的生理和卫生（二）——月经断绝期的情形》④《月经的生理和卫生（三）——行经的情形》⑤《月经的生理和卫生（四）——行经的情形（续）》⑥《月经的生理和卫生（五）——行经的情形（续）》⑦，向读者讲授女性月经生理和卫生的知识。1951 年第 23 期至 1952 年七月号，《新中国妇女》分四讲讲授《不规则的月经》⑧。这四讲，对各种月经的异

---

① 孙青:《怎样建立幸福的家庭——和农村青年谈谈恋爱婚姻问题》，第 23 页。
② 市总工会女工部:《学习厚生火柴厂的经验——认真解决女工月经病问题》，《北京日报》1953 年 1 月 28 日。
③ 朱琏:《月经的生理和卫生（一）——月经开始的情形》，《新中国妇女》1951 年第 18 期。
④ 朱琏:《月经的生理和卫生（二）——月经断绝期的情形》，《新中国妇女》1951 年第 19 期。
⑤ 朱琏:《月经的生理和卫生（三）——行经的情形》，《新中国妇女》1951 年第 20 期。
⑥ 朱琏:《月经的生理和卫生（四）——行经的情形（续）》，《新中国妇女》1951 年第 21 期。
⑦ 朱琏:《月经的生理和卫生（五）——行经的情形（续）》，《新中国妇女》1951 年第 22 期。
⑧ 朱琏:《不规则的月经》，（一）～（四）讲分别刊登于《新中国妇女》1951 年第 23 期、1951 年第 24 期、1952 年一月号、1952 年七月号。

常情况，进行了详细的生理和病理分析，并提醒读者应该注意一些不良习惯对生理健康的影响。《新中国妇女》1952年七月号《妇女卫生问题解答》针对月经不调、手淫等问题进行了解答。[①]　1953年三月号：《大家要重视婚前健康检查》提醒读者要重视婚前健康检查，以保证未来家庭的幸福[②]；《痛经是怎么回事》介绍痛经的表现及应该注意的问题。[③]

　　第二，对性生活进行专门的指导和讲解，还不时地介绍生育和避孕的一些知识，帮助读者走出误区。《中国妇女》1956年第八期，《谈性生活》对"怎样认识性生活""性欲到底是怎么一回事""怎样使性生活得到和谐""怎样才是适度的性生活""什么时候要禁止性生活"这五个读者关心的问题进行了解答。[④]《产后为什么不能同房》《经期为什么不能同房》[⑤]　向读者解释了产后和经期同房的危害。《关于性知识的几个问题》就"性生活对于身体是否有妨害""性生活过度为什么不好""月经妊娠和产褥期应怎样合理地处理性生活""患病期间，能否性交""怎样看待处女膜问题""怎样认识避孕问题"等一系列问题进行了解答。[⑥]《怎样认识避孕问题》向读者解释了为什么要公开介绍避孕的方法、节育的目的是什么、实行节育会不会使我国人口减少，从而对节育的观念、节育影响进行了分析。同时介绍了人民卫生出版社即将出版的《避孕常识》。[⑦]《应该怎样看待避孕问题》，帮助读者正确认识了一些有关避孕节育的问题，如"是不是可以避孕""避孕有哪些方法""苏联为什么奖励英雄母亲""避孕是否影响健康"。[⑧]

　　第三，还对读者的性观念进行了指导和纠正，帮助读者树立正确的性观念。《关于"处女膜"问题》，针对读者关于处女问题的苦恼，解释了处女膜的生理构成和特性，指出通过处女膜鉴定处女，首先是方法不科学，其次用"处女膜"鉴定妇女"贞操"的做法是错误的。[⑨]《处女膜与爱情》，

---

① 朱琏：《妇女卫生问题解答》，《新中国妇女》1952年七月号。
② 王实恩：《大家要重视婚前健康检查》，《新中国妇女》1953年三月号。
③ 《痛经是怎么回事》，《新中国妇女》1953年三月号。
④ 王善承：《谈性生活》，《中国妇女》1956年第八期。
⑤ 《产后为什么不能同房》《经期为什么不能同房》，《中国妇女》1960年第二十一期。
⑥ 《关于性知识的几个问题》，《中国青年》1956年第13期。
⑦ 《怎样认识避孕问题》，《新中国妇女》1955年四月号。
⑧ 周尊芬：《应该怎样看待避孕问题》，《中国青年》1955年第3期。
⑨ 严仁英：《关于"处女膜"问题》，《新中国妇女》1955年五月号。

一方面指出用处女膜判断处女的方法是错误的，不科学的；另一方面鼓励读者重视恋爱、婚姻的爱情基础，抛弃处女思想。如果遇到问题，要"从发生问题的形式上、从家庭的长远利益上去考虑寻求解决的办法"，提出"无论男女，在处理爱情和婚姻关系问题上都应该采取严肃的态度，遵守共产主义的道德原则"①。《乳房的发育》介绍了乳房的生理结构和作用，纠正旧社会"束胸""因为乳房发育较大，认为不雅观，怕被别人认为是作风不正派"等错误观念，鼓励女性"从那些旧思想、旧风俗习惯的束缚下解放出来，使自己锻炼成为一个具有健康美丽体格的妇女"②。

值得注意的是，1959 年前后拍摄了名为《避孕》的卫生教育电影片。

3. 妇女保健教育的开展

妇女保健教育是当时群众中常见的一种重要的性教育途径，通过向妇女进行女性生理卫生常识和计划生育常识的普及，实际上传播了性的知识。前文提到在有关妇女卫生和计划生育的读物中，大部分内容基本是性知识，这些读物的出版，主要是用作妇女自学及辅助妇女保健教育的工作。在新中国成立初期，妇女保健教育的开展，也是性教育的具体实践之一。

为了改善妇女儿童的健康状况，新中国成立以后，在县以上政府的卫生部门中普遍设置了妇幼保健机构和专职人员，协同工会、妇联、红十字会等单位，保障妇女儿童的健康，由此对妇女和儿童健康的保障工作在社会中开展起来了。妇女健康工作主要是针对妇女的生殖健康进行，最初这些妇幼站的功能只是助产和推广新的接生方法，以保证产妇和新生儿的健康，降低产妇和新生儿的死亡率。③ 随着妇幼保健机构的发展，一些地区工作人员开始"宣传月经卫生和推广月经带"④，日常的妇女生理卫生教育也成了一些妇幼保健站的常规工作。同时，计划生育的宣传和避孕的指导工作也成为妇幼保健站日常工作的一部分。

1955 年初开始，计划生育的问题开始在国内的报纸杂志上广泛讨论，政府"指令各地妇幼保健机构开展避孕指导工作"⑤。于是，1956 年协和医

---

① 李阳：《处女膜与爱情》，《中国妇女》1956 年第十一期。
② 徐临乐：《乳房的发育》，《中国妇女》1958 年第八期。
③ 张茝芬、刘志琦：《管理北京东单区妇幼保健网的经验介绍》，《护理杂志》1954 年第 2 号。
④ 周尊芬：《农村妇幼卫生工作的两种领导方法》，《中级医刊》1957 年第 2 号。
⑤ 赵志一：《目前在中小城市及农村妇幼保健站中如何开展避孕指导工作》，《中级医刊》1956 年第 5 号。

院妇产科的专家专门撰文对基层妇幼保健站如何开展避孕指导工作进行具体的讲解，以帮助基层妇幼保健站提高知识水平，以进一步开展工作。在具体的避孕指导工作中，妇幼保健站对避孕过程进行示教，"示教内容应利用避孕用品及生理挂图"，除介绍"避孕法的原理、效果、用法与注意事项，以及解答有关避孕的一些疑问"外，"女性生殖器官的构造"和"受孕的原理"也是避孕指导中必须讲解的内容。对于指导避孕时一定要讲解基础的性生理知识，在1958年发表的《避孕的宣传工作问题》中也再一次得到了强调，"要根据接受程度的不同，选择不同的材料帮助她们了解避孕的原理和方法"，"（一）要讲解男女生殖器的解剖和生理，用模型或挂图很好地标明男女生殖器官的构造，同时要把精子排出过程、排卵过程、月经现象等加以详细的解释"，"（二）要说明受孕现象，讲解卵子受精后发育演变成胎儿的过程，打破过去对生育的神秘传说"[①]。在指导避孕的同时，最基本的性生理知识也随之一同教给了群众，而且避孕的指导不但是针对妇女，"实际进行避孕工作时，男用及女用方法应分别教导"[②]，男性也受到了性知识的教育。

除了妇幼保健机构外，工会和妇联都为保障妇女的健康，开展了不同程度的性教育工作。各地为女工发放妇女卫生用品，并指导女工正确使用和清洁方法。[③]而妇联更是将保障妇女的健康作为一项常规的工作进行。

三　对新中国成立初期性教育的评价

通过对新中国成立初期性教育的梳理与研究，我们发现这一时期的性教育并非匮乏与禁闭，对于青少年而言，家庭与学校的性教育确实是相对匮乏，但成年人主动获得性知识的通道是通畅的，无论是通过书籍自学还是向医疗卫生人士咨询都能够得到性知识。性教育开始由民国时期的城市精英教育走向以增强一般民众健康为目的的常识教育，农民通过基层卫生机构也开始有机会接触较为正规的性知识教育，这对于一个农业人口占总

---

① 王义炜：《避孕的宣传工作问题》，《护理杂志》1958年第3号。
② 赵志一：《目前在中小城市及农村妇幼保健站中如何开展避孕指导工作》，《中级医刊》1956年第5号。
③ 《新中国妇女保健工作的成就》，《黑龙江医药》1960年5月。

人口 2/3 以上的国家而言，不仅意味着进步，也对大多数国人的健康起到了积极的作用。

但不能否认，新中国成立初期缺乏系统的、纳入日常教育的性教育体系，学校与家庭性教育的相对缺失，加剧了"性"神秘与禁忌的氛围，导致许多人盲目地回避性方面的问题，从而使一些性犯罪，尤其是对青少年的性犯罪有机可乘。同时，当时所传播的性知识受到科学认知的局限，并不能代表当时的最先进的理论认知；在性道德的教育方面也受到了意识形态的影响，认识的水平有限。

改革开放后中国同性恋生存境况
变迁研究（1979～2001）

董怀良*

1869 年，德国医生贝科特最早提出了"同性恋"一词。① 此后，有诸多学者对同性恋进行阐释，有人把同性恋视为一种性关系，例如印第安纳大学性研究所的保罗·格布哈德把同性恋定义为"相同性别的两个人的身体接触，它一般导致性兴奋"。"具有对同性身体接触的愿望，或想到或看到相同性别的人会产生有意识的性兴奋。"② 再如李银河认为："同性恋这一性取向是指以同性为对象的性爱倾向与行为。"③ 也有人指出它杂糅感情和性关系，"同性人之间产生性感和依恋，进而模仿两性关系的一种行为"④。还有人把同性恋解释为一种恋爱关系，还是一种婚姻关系，如岳庆平指出它是"同性之间发生的恋情，它不仅是一种婚姻问题，而且是一种性的变态"⑤。学者们对同性恋的解释虽不尽相同，但都指出了其共同特点：这种关系发生在同性之间。同性恋在中国历史上始终是一种非主流现象，经历过宽容也遭受过歧视。自 1978 年改革开放至 2001 年是同性恋者自身及所面刘的国家政策、社会环境变化最剧烈的时期，本文尝试梳理此时期同性恋的变迁历程，以分析改革开放后同性恋的时代特征及根源。

---

* 董怀良，聊城大学讲师，首都师范大学 2012 级博士研究生。

① 《关注同性恋》，《法制日报》2004 年 4 月 29 日。
② 转引自〔美〕丽莎·斯冈茨尼、约翰·斯冈茨尼著《角色变迁中的男性与女性》，潘建国、王晴波、潘邦顺译，浙江人民出版社，1988，第 215 页。
③ 李银河：《同性恋亚文化》，今日中国出版社，1998，第 5 页。
④ 陈国强主编、石亦龙副主编《简明文化人类学词典》，浙江人民出版社，1990，第 189 页。
⑤ 岳庆平撰《婚姻志》，上海人民出版社，1999，第 289 页。

一　改革开放前中国同性恋现象变迁溯源

在中国，同性恋的历史源远流长，最早可追溯到华夏始祖黄帝，清代学者纪晓岚在《阅微草堂笔记》卷十二中记载"杂说称娈童始于黄帝"，"娈童"就是指供成年男同性恋作为性行为对象的少年男子。关于"同性恋"的典故如："分桃"（卫灵公和他的男宠弥子瑕）、"安陵"（楚共王和男宠安陵君）、"断袖"（汉哀帝和他的男宠董贤）、"龙阳"（魏王和男宠龙阳君）。潘光旦研究发现，前汉一代几乎每个皇帝都有个把同性恋的对象，或至少有同性恋倾向的嫌疑。① 到了魏晋南北朝，同性恋在民间开始流行，"晋代和六朝是一个十分讲究品性的时代……各种品性之中，记载最多的是姿容，是容仪，男子而亦讲究姿容，中外的历史里似乎只有两个时代，在西洋是希腊，在中国就是两晋南北朝了"②。潘光旦认为"在一个男子也讲究姿容的时代，同性恋现象比较发达，也是可以推论得到的一件事"③。宋徽宗时曾规定："男为娼，杖一百，告者赏钱五十贯。"反映了宋时男妓流行。此后不同时期，同性恋一直未间断，直到清代，"私寓"制度盛行，"官吏和富商蓄养相公成风，这些大户人家买来眉清目秀的小男孩供主人玩赏"④。清初诗词大家陈维崧与名伶徐紫云的同性恋路人皆知，"六年孤馆相偎傍。最难忘，红蕤枕畔，泪花轻飏。了尔一生花烛事，宛转妇随夫唱。只我罗衾寒似铁，拥桃笙难得纱窗亮，休为我，再惆怅"。这是陈专为此事而写的《贺新郎·云郎合卺为赋此词》。郑板桥在《板桥自序》自曝"酷嗜山水，又尤多余桃口齿及椒风弄月之戏……""余桃口齿"及"椒风弄月"之戏指的是同性恋。郑板桥一生养过多个男宠，平生所赚之资，尽倾其上。⑤

在我国数千年历史长河中，中国文化对同性恋的态度是相对宽容的，这不同于西方国家曾出现残酷迫害同性恋甚至判死刑的情况。在中世纪欧

---

① 霭理士：《性心理学》，潘光旦译注，三联书店，1987，第522页。
② 霭理士：《性心理学》，潘光旦译注，第531页。
③ 霭理士：《性心理学》，潘光旦译注，第531页。
④ 李银河：《同性恋亚文化》，第21页。
⑤ 《清代名人的同性恋》，《通辽日报》2013年12月19日。

洲，同性恋者曾受到残酷压迫，甚至被判死刑，例如 1861 年以前的英国，法律规定这种死刑可以强制执行，有的人只是因为"扮异性症"就被当作同性恋者而被处死。1828 年一项新的法案规定"任何与人或动物从事鸡奸行为者，需以重罚处死"。在法国，摒弃了火烧"女巫"的陋俗之后，在很长的时期改为火烧同性恋者。① 中国历史上的同性恋受到的压力主要存在于舆论道德层面，未发展成为仇视同性恋的心态，社会舆论对同性恋也比较温和，文献中未发现残酷迫害同性恋事件，从未有人因同性恋被判死刑，在中国古代历史上同性恋既没有被强烈反对，也没有得到支持，而是以暧昧的状态存在。追溯历史会发现，虽然宋明以来一直有"存天理，灭人欲"的说法，但逛相公堂养戏子之类的行为几乎是合法的。②

在清代，政府对同性犯罪的反感增强，甚至是被迫的同性恋者也不被允许参加科举考试，嘉庆年间，山东德州人张善长参加科举考试，由于他年幼时曾被赵杰鸡奸过，这便影响了其考试资格，当时的礼部向山东巡抚长龄批复："查考试童生为士子进身之始，是以定例首重身家清白，倘有刑伤过犯，即不准予收考。……张善长身已被污，即与身受刑者无异，自未便准其考试。"③ 清代对同性恋犯罪的规定极严厉，如"恶徒伙众将良人子弟抢去强行鸡奸者，为首者拟斩立决。如强奸十二岁以上幼童者，拟斩监候。其强奸未成者，杖一百，流三千里。如和同鸡奸者，照军民相奸例，枷号一个月，杖一百"④。但是"清代有关同性恋活动的已成系统的法律条款，却鲜明的表现为只是对'良家子弟'的人身权益的积极保护，而对'非良家子弟'的'贱民'，如优伶、奴仆，以及从事社会'低贱'职业的当事人，只有明朗的加重惩治的条款，而保护、偿付的条款极为暧昧"⑤。

可以说，1912 年民国建立之前的中国社会并没有全国范围的法律禁止和惩罚同性恋。其所处的社会环境相对宽松，虽然在中国社会中永远得到

---

① 刘达临、鲁龙光：《中国同性恋研究》，中国社会科学出版社，2004，第 1 页。
② 李银河：《中国人的性爱与婚姻》，三联书店，1987，第 540 页。
③ 故宫博物院编《三流道里表·蒙古律例·钦定学政全书》第二册（共二册）（卷四十三），海南出版社，2000，第 77 页。
④ 《大清律例》卷 33 "刑律—犯奸—恶徒伙众例"，张荣铮等点校，天津古籍出版社，1993，第 554 页。
⑤ 童戈编《中国人的男男性行为与自我认同状态调查》，北京纪安德咨询中心，2005，第 68 页。

负面的评价，却享有一定程度的自由。原因如李银河所认为：第一，中国人多无宗教信仰，往往凭世俗的平常心和直觉来评价人与事，人们认为，同性恋既然不会伤害他人，就与他人无关，因此不会对同性恋有太严酷的看法；第二，中国文化强调生育价值，由于同性恋活动不会导致生育，所以容易被人忽视，不以为是什么严重的罪行；第三，这种态度也许同中国人的民族性格有关：中国文化源远流长，根深蒂固，因此中国人对自己的文化从来很有信心，从不担心被异己的或亚文化所同化。①

民国建立后，伶界人士田际云上书请求禁止相公私寓，北京外城巡警总厅批准，并发布告示阐明"现当共和民国初立之际，旧染污俗，允宜咸与维新，本厅有整齐风俗、保障人权之责，断不容此种颓风尚现于首善国度之地。为此出示严禁，仰即痛改前非，各谋正业，尊重完全之人格，同为高尚之国民"②。这个告示"标志着私寓制度的正式结束"，而且是"整个古代同性恋史结束的标志"③。这也是民国政府对同性恋的严厉管控的开始。

新中国成立之初，同性恋曾被认为不存在，④ 20世纪50年代至70年代，官方话语始终对同性恋问题保持沉默，对同性恋只字不提，而沉默并不代表对同性恋没有态度，事实上，新中国成立后三十年的时间内性观念极端保守，严格建立在婚姻基础上，任何非生育性行为都被认为是可耻的。⑤ 凡是被揭露出的同性恋者都受到了严酷的惩罚。有两位女同性恋者一直同住同吃，还过嗣了一个女儿，是二人之一的亲戚，该女孩生长在如此家庭环境中，产生出一种憎恶情绪，"文革"风一吹到，她就参加了红卫兵，还把自己那伙造反派带到家里，揭发两位母亲的勾当。⑥ 北京某中学有一位美术教师，因为与男学生搞同性恋被揭发，被殴打致死。一位男教师，因为与男学生的同性恋行为被揭露，家长告到学校，该教师后被判死刑。⑦ 清代以后，同性恋越来越受到政府和社会的反感，这主要是"19世纪末20

---

① 李银河：《李银河说性》，北方文艺出版社，2006，第118页。
② 张在周：《暧昧的历程：中国古代同性恋史》，中州古籍出版社，2001，第592页。
③ 张在周：《暧昧的历程：中国古代同性恋史》，第592页。
④ 陈凡：《性病在中国》，北京十月文艺出版社，1990，第107页。
⑤ 《中国正经历第三次性革命》，《现代护理报》2004年12月4日。
⑥ 〔美〕弗克斯·巴特菲尔德：《苦海沉浮——挣脱十年浩劫的中国》，张久安等译，四川文艺出版社，1989，第192～193页。
⑦ 李银河：《同性恋亚文化》，今日中国出版社，1998，第382页。

世纪初，西方生物科技传入中国的结果，在此时期，改良主义者受西方科学和技术的影响并接受了新的性道德概念，包括将同性恋指责为一种性病理的道德观"①。关于同性恋是一种"病"的观念从这时出现并一直延续下来，当然新中国成立后对同性恋的严惩还有意识形态上的原因，把它视为资本主义特有的产物。

改革开放后，政府、社会对同性恋的态度发生了缓慢而艰难的转变，逐渐走向了人性化，同性恋者对自身特征、性权利也有了更深刻的认识。恰如中国性学会副理事长朱琪指出："80 年代是一个分水岭，前 30 年，越轨性行为受到社会道德非常严格的约束。改革开放后，这种道德被摧毁。"②改革开放后的 20 年中，中国人首次认为性生活不再是仅仅为了生儿育女。20 世纪 90 年代末出现了第二个分水岭，特征是"强调性是自己的权利"③。

二　改革开放后政府对同性恋政策的变化

（一）政府对待同性恋政策的两个阶段

第一阶段（1979～1997）：多样化的政策。

这个阶段从 1979 年《刑法》生效至 1997 年新《刑法》生效，在该阶段，政府对同性恋的态度多种多样。以 1991～1992 年进行的上海调查为例，据正常生活的同性恋者报告，受过批评的有 22 人，占 11.3%；拘留劳教的有 120人，占 62%；受其他行政处分的有 9 人，占 4.6%；被判过刑的有 3 人，占 1.5%。在在押的同性恋者中，受过批评的有 11 人，占 18.6%；拘留劳教过的有 10 人，占 16.9%；受过其他行政处分的有 7 人，占 11.9%；过去被判过刑的有 2 人，占 3.4%。④ 还有发现同性恋，就会"把他们枪毙掉"⑤。

该时期的案例也反映了政府对待同性恋没有统一的处理政策。

案例一：北京某工厂有位老工人是同性恋者，他密知车间里有个年轻

①　〔英〕艾华：《中国的女性与性相：1949 年以来的性别话语》，施施译，江苏人民出版社，2008，第 191 页。

②　《中国正经历第三次性革命》，《现代护理报》2004 年 12 月 4 日。

③　同上。

④　刘达临、鲁龙光：《中国同性恋研究》，中国社会出版社，2005，第 99 页。

⑤　〔美〕弗克斯·巴特菲尔德：《苦海沉浮——挣脱十年浩劫的中国》，张久安等译，第 191 页。

工人隐瞒了自己一位近亲的地主成分，于是，老工人就用这件事要挟年轻人搞同性恋。后来，那位年轻人权衡再三，认为二者对自己的影响中数同性恋危害大，于是向上做了汇报。结果，老少二人均在工厂大会上受到了严厉批判。① 我们知道，在 20 世纪 70 年代末 80 年代初，人的"成分"仍是社会高度重视的问题，隐瞒地主成分存在政治上的危险，但在当时，同性恋被认为是比这危害更大的事情。

案例二：1984 年冬天，在某大学任教的 P 先生找了一个同性伴侣，事情败露后，学校停止了他的教学工作，取消了出国资格，开除了党籍，调离学校，被临时安排到一个施工工地。②

从以上数据和案例看，政府在这一时期对同性恋的政策是多样化及高压，原因主要有三点。

首先，同性恋被视为是资本主义生活方式的产物。其产生的原因被认为首先在社会制度上，"资本主义制度本身是导致道德堕落的根源……资产阶级个人主义乃是当今资本主义世界支配人们行为的最大动力，是资产阶级世界观的核心，为了追求个人的一切，可以抛弃家庭、孩子，只要自己舒服，可以毫不考虑个人行为所带来的社会后果。这就不可避免地造成性关系上的随便和混乱，同性恋也就适时而生"③。"在现代西方社会，任何企图控制自己的感官，也包括控制自己心灵的人总是被别人认为是落后的没有得到解脱的。这就是说，西方同性恋者人数增多的原因在于这样的事实：奉行享乐主义人生原则的人是越来越多了。而享乐主义又正是资产阶级所奉行的个人主义的具体化及其宗旨的体现。"④ 时至 20 世纪末，仍有学者把同性恋者的增多、从隐秘走向公开归因为"受到西方文化的侵染，泛性理论流行，加之市场经济下色情文化的泛滥，社会风气的败坏，道德的失范与滑坡，以及思想文化领域中的享乐主义、纵欲主义抬头，这些社会因素容易使人精神空虚、思想颓废，萌生'游戏人生'的心理，把追求感官享

---

① 〔美〕弗克斯·巴特菲尔德：《苦海沉浮——挣脱十年浩劫的中国》，张久安等译，第 192 页。

② 房先平：《隐忧与希望——中国社会年报（2001 年版）》，兰州大学出版社，2001，第 296 页。

③ 王延平、王顺安：《西方社会病》，人民日报出版社，1992，第 72~73 页。

④ 王延平、王顺安：《西方社会病》，第 73 页。

受和强烈的性刺激作为人生乐趣"①。改革开放后相当长的时期，与占主要地位的性关系模式相悖的立场都被怀疑，都被否定，被认为是"资产阶级行为"②。"同性恋主要被用作提醒人们与外国人密切接触的危险以及注定道德堕落的命运……一个外部罪恶和腐朽的东西企图进入中国的主要渠道。"③1987 年，当时的中国卫生部长宣布艾滋病在中国可以控制，因为导致艾滋病传播的同性恋和乱交在中国是被禁止的。④

其次，同性恋被认为是一种病，并且与疾病传播和犯罪密切相关。直到 20 世纪 80 年代末，同性恋仍被社会视为"人类性变态之最"⑤，有人根据调查指出 70% 以上的艾滋病患者是男同性恋者……艾滋病甚至与同性恋同义。⑥ 这使人提到同性恋便会想到艾滋病。1989 年底，中国发现首例感染艾滋病病毒的人，就是与多个男子发生性关系的男子。⑦ 据中国卫生部报告，截至 1996 年底，北京市发现的艾滋病病毒携带者中，48% 是发生在男同性恋中。⑧ 1997 年 5 月，北京市某大医院发现的 38 例艾滋病病毒感染者和艾滋病病人中，有 12 例是同性恋者和双性恋者，所占比例高达 31.6%。中国性疾病防治中心对全国统计发现，1994 年性病患者中同性恋者的数目比 1993 年增加了 263%，而性病病人比一般人感染艾滋病病毒的可能性高出 2～5 倍。⑨ 1998 年和 1999 年，张北川医生两次在同性恋群体中调查，地域覆盖了除港、澳、台以外的全国所有省份，第一次调查了 486 人，其中40 人检测过"艾滋"，1 人呈阳性；次年调查 44 人，其中 12 人检测过"艾滋"，11 人呈阳性。⑩ 同性恋也被指传播其他疾病，"同性恋因乱交同性、淋病、梅毒、A 型肝炎、B 型肝炎、生殖器疱疹、细菌性痢疾、犁形虫病、肛门脓肿等，都在同性恋者中间不断增加与恶化，并由同性恋者不断传染给新的同性恋伙伴或被诱惑的未成年人"⑪。另外，同性恋也被认为是其他

①　丁文、徐泰玲：《当代中国家庭巨变》，山东大学出版社，2001，第 333 页。
②　〔英〕艾华：《中国的女性与性相：1949 年以来的性别话语》，施施译，第 195 页。
③　〔英〕艾华：《中国的女性与性相：1949 年以来的性别话语》，施施译，第 194 页。
④　《为了中国，为了世界：直面艾滋》，《学习时报》2005 年 2 月 7 日。
⑤　《同性恋——人类性爱之谜》，《青年一代》1989 年第 1 期。
⑥　王延平、王顺安：《西方社会病》，第 74 页。
⑦　相树华、刘明福：《中国婚恋危机》，中国广播电视出版社，2011，第 199 页。
⑧　房先平：《隐忧与希望——中国社会年报（2001 年版）》，第 293 页。
⑨　房先平：《隐忧与希望——中国社会年报（2001 年版）》，第 293 页。
⑩　房先平：《隐忧与希望——中国社会年报（2001 年版）》，第 301 页。
⑪　王延平、王顺安：《西方社会病》，第 74 页。

犯罪的诱因，如另有新欢或结婚的性对象出于嫉妒或遭到遗弃而产生报复行为，还可出现对少年儿童的拐骗、猥亵、强奸。① 另有报道，女同性恋者也能传染艾滋病毒。②

最后，政府处理同性恋者的方式五花八门，主要源于法律上的模糊。1979 年的《刑法》第 160 条针对"流氓罪"的条款，在人们对同性恋还没有深刻认知的情况下，在法律的"类推"制度下，同性恋被戴上"流氓罪"的帽子似乎合理。1984 年 11 月 2 日，最高人民法院、最高人民检察院《关于当前办理流氓案件中具体应用法律的若干问题的解答》中对"其他流氓活动情节恶劣构成流氓罪的"解释是"勾引男性青少年多人，或者勾引外国人，与之搞两性关系，在社会上影响很坏或造成严重后果的""幼童的；强行鸡奸少年的；或以暴力、胁迫等手段，多次鸡奸，情节严重的"。这也为同性恋被定性为流氓罪提供了法律依据。20 世纪 90 年代，《刑事法律适用手册——刑事办案 551 问》中有"对鸡奸行为如何定罪处刑？答：关于对鸡奸行为如果定罪处刑，刑法没有具体规定"。1994 年 5 月 25 日，大连市政法委就这个问题咨询法制工作委员会，得到的答复是，"这种行为虽然有一定的危害性，但不宜单列罪名。对这种行为一般可由行政处理；情节严重的，可以按流氓罪追究刑事责任。上述意见属内部交换意见，可供执法机关在办案中参考"③。可见，对同性恋的处理没有统一的法律依据必然会导致处理方式的多样化。

第二阶段（1997～2001）：同性恋的"非罪化"与"非病化"。

1."非罪化"与"非病化"

1997 年 10 月 1 日，新《刑法》颁布实施，取消了 1979 年《刑法》中的"流氓罪"条款，其中与同性恋直接相关的"鸡奸"罪也随之消失，也就是说，从法律上讲，同性恋不再是违法犯罪行为。在此之前，尽管法律上没有明确同性恋行为就是"流氓罪"，但大部分地方的司法审判是按"流氓罪"来惩罚同性恋行为的。2001 年 4 月 20 日，第三版的《中国精神障碍分类与诊断标准》将"同性恋"分为自我认同型和自我不和谐型，前者被

---

① 王延平、王顺安：《西方社会病》，第 74 页。

② 《女同性恋者也能传染艾滋病毒》，《人民日报》1987 年 5 月 20 日。

③ 全国人大委员会法制工作委员会刑法室：《刑事法律适用手册——刑事办案 551 问》，人民法院出版社，1994，第 183 页。

从精神疾病名单中剔除，实现了中国同性恋非病理化。这两方面的变化说明政府把同性恋视为正常人。从一位被调查的同性恋者话语中可感受到这种变化，他说 1986 年天津市一次严打中，许多同性恋者被判刑，而 20 世纪 90 年代没听说抓过同性恋者。① 1997 年 12 月 10 日，某地一位年轻漂亮的小伙子，在街上被四个男人鸡奸。但这四人被公安机关抓获后，案件报到最高人民法院，得到的批复是：不宜按犯罪处理。②

中国警方关于同性恋问题的首次正式表态始于一对女同性恋案件。1991年，安徽省无为县政法委和公安局同时收到一封"申诉信"。无为县的林××控告其长女林××与无为县白茆镇的潘××是同性恋，要求政法和公安机关"严惩丑恶现象"。无为县公安局将此案报到巢湖地区行署公安处，公安处因我国法律没有对同性恋处罚的条例，又上报给安徽省公安厅，公安厅也拿不准，最终上报国家公安部。1991 年 11 月 6 日，巢湖地区行署公安处收到了由公安厅转来的公安部批复，全文如下：

> 巢湖地区行署公安处：
> 　　关于你们报的无为县同性恋案件，我们已报公安部，并给予答复如下：什么是同性恋，以及同性恋的责任问题在目前我国法律没有明文规定的情况下，你们所反映的问题，原则上可不予受理，也不宜以流氓行为给予治安处罚。本案具体如何处理，可与检察院、法院等有关部门研究解决。③

这个公安部批示是中国对同性恋问题的第一例司法解释，不仅成为日后警方处理此类问题的参考依据，也表明了中国对同性恋问题的非罪化态度的开始。

2000 年 2 月，北京市第一中级法院在一起涉及同性恋名誉权案件的终审判决中，撤销了一审判决中"同性恋目前在中国被认为是一种性变态行为，不被公众接受"的判词，这从司法审判的角度第一次为同性恋"平反"。④

---

① 方刚：《同性恋在中国》，吉林人民出版社，1995，第 117 页。
② 张捷：《同性婚姻还有多远?》，《新闻周刊》2001 年第 14 期。
③ 方刚：《同性恋在中国》，第 309 页。
④ 《同性恋婚姻能合法化吗》，《检察日报》2013 年 2 月 2 日。

2. 法律层面同性恋道德化的历史终结

1999 年 2 月,《同性恋在中国》的作者方刚受到起诉,方刚和该书出版单位在法庭上均强调同性恋性取向并非道德问题和疾病。法院一审判决"同性恋是性变态"的说法引发社会的强烈议论;二审判决中,法院取消了"同性恋是性变态"的说法,判决书摒弃了把同性恋道德化的倾向。这标志着在法律上同性恋道德化的终结。①

(二) 改革开放后政府对同性恋政策变化的原因

第一,国际上对同性恋政策转变影响了中国。

1973 年美国精神病学会通过决议,将同性恋从"精神障碍"分类中取消。② 1982 年 12 月,美国旧金山市议会通过了一项议案"家庭伙伴共享福利议案",即同居法案,只要缴纳 23 美元登记费并签署一张官方的同居文件,就算是合法的,并且能享受正式结婚的各项福利待遇。③ 1992 年世界卫生组织将同性恋从成人人格与行为障碍的分类上删除。④ 1998 年对同性恋者的人权保护作为一个国家申请加入欧共体的条件;2000 年出台的《欧盟基本权利宪章》第 21 条明确规定反对性倾向的歧视。⑤ 1989 年 10 月 1 日,丹麦成为世界上首个同性恋可以"注册伴侣关系"的国家。⑥ 此后,挪威、瑞典、芬兰、德国、法国等国家陆续出台了对同性伴侣关系宽容的相关法律、法规。性倾向在部分国家日趋成为一种人权。在这种国际环境中,若我国完全不承认同性恋,"将会造成对外国国家法律域外效力的不承认,由于婚姻关系还涉及国家间的友好交往和一个国家的安定和睦及该国的公序良俗,完全不承认在另一法域成立的同性婚姻可能会导致权利保护的落空,不利于国际的和谐,以及国内外关系的交往"⑦。

第二,对同性恋认知的深入。

---

① 何东平:《中国同性恋人权保障研究》,厦门大学出版社,2012,第 128~129 页。
② 《中国进入同性恋认同时代》,《侨报》2013 年 1 月 13 日。
③ 《同性恋——人类性爱之谜》,《青年一代》1989 年第 1 期。
④ 方刚:《多元的性别》,山东人民出版社,2012,第 157 页。
⑤ 何东平:《中国同性恋人权保障研究》,第 86~87 页。
⑥ 苗福翠:《各国同性婚姻立法一览》,《公民与法》2012 年第 12 期。
⑦ 龙倩:《论外国合法同性婚姻与我国公共秩序保留制度的冲突及解决》,《今日南国》2010 年第 7 期。

随着科技的发展，对同性恋产生原因、现实表现的认识日趋科学化，精神病研究专家介绍：如果是性定向稳定的同性恋，利用强迫精神分析、激素治疗到电击休克、睾丸移植，甚至阉割和颅脑手术，从未见过一个"治愈"的病例。① 人们逐渐认识到，同性恋者并非全是道德败坏、流氓成性的人，大多数人一般对社会生活适应良好、工作尽职、个性内向、害羞、文雅，具有正常人的伦理道德观点，对自己的性变态行为触犯社会行为规范多有愧疚之心。② 再如中华精神病学会副主任，参与制定 2001 年《中国精神障碍分类与诊断标准》的主要负责人陈彦方认为："假如一个人在个体的性发育过程中，他的性指向表现是同性恋，在我们这个社会中，我们精神科医生一般是这样看的：只要他不影响日常的工作生活，对别人和社会无妨，我们并不认为他是我们的服务对象，他不一定是异常的，但是假如这些人里边，因为性发育和性定向产生了心理障碍，比如他感到痛苦、焦虑、忧郁，再或者，他希望把自己的性指向跟性发育改变为朝向异性恋，需要我们的帮助，我们认为他是一个同性恋者发生了性心理障碍，这是我们服务的对象。"③ 这说明相关专家已经认识到同性恋具有先天性，并非疾病，被赋予政治和道德的色彩不合理。

第三，认识到对待同性恋的方式与防疾病传染密切相关。

正如一位同性恋者认为如果"能在社会中公开化，那么同性恋者就会自愿去体检，防止自己得病也避免传播疾病，如果社会不给你好的待遇，你就只好反抗社会，把得病的人隔离起来一直到死，从国家考虑是合理的，但从本人来说，与其让人发现还不如多活几年"④。这从同性恋者的角度反映了国家对同性恋的"禁止"并非理想的政策。

总之，国家立法长期以来的重要目的是维持秩序，在改革开放后，尤其是 20 世纪 90 年代中后期，此种立法思想发生了较明显的变化，国家权力不再无限干预个人私生活，而日趋尊重个人的自由和权利。正如洛克所说："法律的目的不是废除和限制自由，而是保护和扩大自由。"⑤ 政府对同性恋的态度

① 房先平：《隐忧与希望——中国社会年报（2001 年版）》，第 295 页。
② 何岑甫：《爱的定位》，成都时代出版社，2003，第 261 页。
③ 张捷：《同性婚姻还有多远?》，《新闻周刊》2001 年第 14 期。
④ 李银河：《北京地区男同性恋社群状况调查》（续），《青年研究》1992 年第 11 期。
⑤ 〔英〕洛克：《政府论》（下篇），叶企芳等译，商务印书馆，1964，第 36 页。

逐渐宽容，但是也要看到，同性恋的法律地位仍然模糊，没有法律条款规定同性恋非法，但也未承认其性特征的合法性，同性婚姻更没有得到法律认可。

三　社会各界对同性恋的态度之变

（一）20 世纪 70 年代末至 80 年代，同性恋者面对的社会舆论是默然与歧视

美国记者弗克斯·巴特菲尔德在其回忆录中记载了他目睹的 20 世纪 70 年代末 80 年代初中国同性恋状况，他指出"同性恋在中国就确如一片未曾开垦的处女地，我从没有在中国新闻媒体上看到有关同性恋的报道，大概是越轨太甚，难以启齿"①。

把同性恋视为变态。例如一位女士认为，同性恋者一般都因孤独、孤僻、压抑、意志薄弱，得不到异性挚爱，而产生变异的性情结。她虽然谈不上憎恨同性恋者，但唾弃这种行为。还有一位女士认为同性恋完全是一种寻求刺激的变态性行为。她说她绝不会理睬这种人，莫说丈夫了，就是亲朋同事中若有这种人，她也会躲得远远的。对同性恋态度比较温和的一些人主张"可以肯定地说这种行为是不正常、不健康的，是违背常伦的，理应排斥和抑制。但是要承认其存在的客观性，社会不能歧视这一类人，在这类人不妨碍社会大局的条件下，要尊重他们的存在，不必打击他们"②。

把同性恋视为有悖性生活基本目的的行为。20 世纪 80 年代，有人指出，性活动的基本目的是进行生命生产，同性恋不可取，就是因为他们违背了这个基本目的而异化成单纯追求感官快乐。动物中就没有同性恋，同性恋是人类文化的畸形结果。为什么不从生命科学的角度对同性恋实行禁忌?③

（二）20 世纪 90 年代，同性恋行为被社会所逐渐宽容

1. 建立同性恋表达诉求的平台

（1）关爱同性恋的媒介。1992 年 4 月 7 日，中国第一条艾滋病求助热

---

① 〔美〕弗克斯·巴特菲尔德：《苦海沉浮——挣脱十年浩劫的中国》，张久安等译，第 191 页。
② 张骅：《同性恋现象探秘》，《民主与法制》1998 年第 17 期。
③ 祖慰：《度：在性禁忌与"性解放"中选择》，《家庭》1988 年第 12 期。

线——"北京—4266958"正式开通，主持人叫万延海，新闻媒体在提及这条热线时，更多地将它与同性恋联系在一起。[①] 不仅同性恋者在电话中谈论同性恋问题，异性恋者也谈论这一问题，以至这条热线电话被称为"同性恋电话"[②]。时至20世纪90年代末，全国的同性恋网站已有十家，[③] 各大城市中同性恋酒吧也纷纷露出水面。[④]

（2）组织同性恋活动。1992年11月22日，中国健康教育研究所举办了一次特别的集会，即"男人的世界"沙龙首次活动，目的是对同性恋群体进行预防艾滋病的宣传教育，35位同性恋者参加。有人讲，这样的活动至少得到了有关部门的默许。中国国际广播电台在对外报道这次活动时称之为"石破天惊"。[⑤] 该沙龙共举办了五次，1993年，第五次沙龙在北京西单的一个小歌舞厅里举办，五家中外新闻单位到场，同性恋者50多人参加，活动主要是唱歌、跳舞。此次活动被西方媒体称为是一个信号，标志着中国政府对同性恋者将采取更加宽容的认可姿态。[⑥] 2000年12月20日，湖南卫视《有话好说》栏目，以"走进同性恋"为题，邀请同性恋者崔子恩、石头和社会学家李银河与观众探讨同性恋问题。[⑦]

2. 学术界的关心

1998年，在"同志社区"人士的大力支持下，张北川教授创办《朋友通讯》，这是中国第一本专家主办、针对"同志人群"的读物，这为同性恋群体表达自己的声音提供了平台。李银河与王小波夫妻二人1992年出版了《他们的世界》，这本书被视为中国第一本承认男同性恋平等权利的著作。《中国青年报》1992年发表文章呼吁对同性恋者理解和帮助，这使同性恋者深受感动，这是中国官方报纸首次向同性恋者"伸出温暖的手"[⑧]。1994年，张北川出版了其同性恋理论研究著作《同性爱》。1997年，邱仁宗出版了《艾滋病、性和伦理学》，在该著作中，他批判了把同性恋道

---

① 方刚：《同性恋在中国》，第29页。
② 方刚：《同性恋在中国》，第33页。
③ 《中国同性恋：春光乍泄20年　国内同性恋社群浮出水面并走向组织化的艰难进程与现实乱象》，《南方都市报》2008年9月19日。
④ 《关注同性恋》，《法制日报》2004年4月29日。
⑤ 方刚：《同性恋在中国》，第47页。
⑥ 方刚：《同性恋在中国》，第51页。
⑦ 何东平：《中国同性恋人权保障研究》，第105页。
⑧ 方刚：《同性恋在中国》，第45页。

德化、疾病化的观点。2000 年 11 月，"同性爱/艾滋病议题暨《朋友》项目研讨会"在北京召开，此次会议实现了中国非政府组织与同性恋者的首次正面交流。2000 年，中国社科院研究员李银河在针对《婚姻法》修改中的热点问题召开的研讨会上，积极推动将"同性婚姻"写入《婚姻法》。①

3. 影视界对同性恋的渲染

20 世纪 90 年代，影视界开始关注同性恋题材，风格迥异的同性恋电影为人们展现了同性恋群体的生活状态，如《霸王别姬》《喜宴》《大红灯笼高高挂》《一江春水向东流》《春光乍泄》《东宫西宫》《今年夏天》等。人们对"同性恋"这个词不再陌生，也逐渐有了从感性到理性的认识，据一位被调查者说："我最早对同性恋有比较深刻的认识是在看了《东宫西宫》等电影之后，之前对这种行为就是感觉恶心和鄙视，认为这种行为道德败坏，通过看电影我改变了这种看法，感觉同性恋就是人和人之间的一种自然的感情，有生理基础，虽不为大部分人所理解，但并不代表没有合理性。"②

（三）社会对同性恋态度变化之局限

1. 领域有限

可以看到，主要是学术界、影视界等领域表达了对同性恋一定的理解与宽容，社会的认可面并不广。H 因同性恋倾向，曾有过长达七年的治疗经历，1991 年，他在某医科大学附属医院治疗，医生随口就说："你是性变态。"医生提出的治疗方案是，在胳膊上套橡胶皮筋，每当他对同性产生好感时，就拉皮筋抽打自己的手腕。H 的手腕被自己抽打得又红又肿。③ 20 世纪 90 年代中期，有人指出所谓同性恋，是一种完全改变了爱情关系对象的特例情爱关系，它将情爱关系的对象从异性之间移置于同性之间，从而造成了一种反常态的情爱关系形式。④

2. 公众对他人的同性恋行为虽表现理解的趋势，但还难以接受与自己有关的同性恋行为

1993 年，一位研究同性恋的学者在某歌厅参加了旨在预防艾滋病的

---

① 张捷：《同性婚姻还有多远？》，《新闻周刊》2001 年第 14 期。
② 被访者：W 先生，男，47 岁，工人，访谈时间：2013 年 11 月 14 日。
③ 房先平：《隐忧与希望——中国社会年报（2001 年版）》，第 295 页。
④ 《芒情的苦果 人性的悲剧》，《民主与法制》1995 年第 1 期。

"男人的世界"的文化沙龙活动，并在其书中记述了此次沙龙活动："这家歌厅的经理是一位 30 多岁的男同性恋者。"举办此活动的经理徐某看后认为，此书对这个同性恋者的描写与自己的身份、职业、年龄、特征一致，因此他起诉了方某和出版社。法院认为：作者没有证据证明徐某为同性恋者，而同性恋目前在中国被认为是一种性变态行为，不被公众接受。因此把徐某写成同性恋者会给他精神带来压抑和痛苦，并会对其工作生活造成影响，因此构成了对徐某名誉权的侵害，法院判决作者及出版社公开道歉并做经济赔偿。[①] 2000 年，一位超级男模因被娱乐报纸报道为同性恋者，其签约公司毁约，女友也负气而走，这使他以割腕自杀表明自己的清白。[②] 即使在 2001 年《中国精神障碍分类与诊断标准》颁布后，并非所有人都能马上接受同性恋不是疾病的结论。例如一家网站当时推出"同性恋的是与非"专题，并在显要位置特设调查问卷，不到一天的时间已有 6000 人参与投票，第一个问题是"你对同性恋的看法"，回答"很别扭"和"觉得恶心"的占了48.6%，超过了回答"可以理解"的 47.63%，但对于一个具有相同意向的问题"如果你发现一个朋友有同性恋倾向，你会怎么跟他相处？"回答"和以前一样"的占 69%。[③] 可见，诊断标准的改变并不等于公众观念的改变。

四　同性恋者自我认知的逐渐深刻

随着政府政策以及社会各界对同性恋群体态度逐渐转变，同性恋者也逐渐对自身有了更深刻的认识。

（一）逐渐认识到同性恋的性倾向并非犯罪，也不是病，而是一种生活方式，它是正常的、自然的、可自由选择的

1. 既然是正常的性倾向，就无罪、没有不道德、不应受歧视、不必治疗

恰如一位被调查的同性恋者说："矫正以后生活就没意思了。"[④] "我们

---

① 《无端被称同性恋　经理状告出版社》，《大河报》1999 年 11 月 3 日。
② 《超级男模索清白：我不是"同性恋"》，《信息日报》2003 年 1 月 26 日。
③ 张捷：《同性婚姻还有多远?》，《新闻周刊》2001 年第 14 期。
④ 李银河：《同性恋亚文化》，第 365 页。

不是神经病，不是道德败坏，这只不过是一种生活方式，这些人都是自愿的。""应当承认这种现象，有公正看法，不应说是不道德，受人指责歧视，认为是流氓。"① "我们的生活方式不侵害任何人，我们也为社会服务，为什么只能过地下生活呢？""对这事我觉得外人没必要干涉，但自己也不要放纵，是正常的。""强迫别人干这种事不应该，如果不是强迫的就应当允许存在。"② 一位大学生同性恋者认为"这不过是一种业余爱好，学习紧张的时候就不出来，学习松了，脑子累了，就出来玩玩，放松一下。人们可以允许别的业余爱好，为什么不对我们的这种业余爱好一视同仁？我毕竟没有伤害别人呀"③。对于同性恋被认为是艾滋病主要传播渠道，有同性恋者反对道："我当然怕艾滋病，但梅毒曾经不也是不治之症吗？为什么没有人因为梅毒而认为异性恋是不正常的呢？再说，就像异性性行为只是梅毒的传播渠道而不是它的病源一样，同性恋行为也只是艾滋病的一种传播渠道，而不是它的病源。"④ 有些同性恋者甚至认为同性恋是"优秀"者的行为，"有艺术家性格的人容易成同性恋，唱歌跳舞的人里很多，因为同性恋的性格接近艺术"，甚至说："同性恋者智商高，容易成功，都是本行工作中的成功者""同性恋是高雅的东西"⑤。

2. 认为同性恋是个人私事及权利

有同性恋者认为"我觉得除了性对象跟常人不一样，没觉得和其他男人有什么不同。正常的男人也会有点女性心理。我有比较敏感、脆弱的一面，我觉得这纯属个人性格，跟同性恋无关"⑥。"同性恋纯粹是个人爱好问题……同性恋与正常人相比，只是某些性方式不一样，性关系的对象不一样，其他一切都没有什么不同……人与人之间的私生活问题，我以为社会全无必要硬性干涉和强制别人，应当的是多些理解和宽容，让人类活得轻松自在点。"⑦ 有同性恋者坚持"人有爱的权利，有爱自己喜欢的人的权利。

---

① 李银河：《同性恋亚文化》，第 352 页。
② 李银河：《同性恋亚文化》，第 353 页。
③ 方刚：《同性恋在中国》，第 187 页。
④ 李银河：《北京地区男同性恋社群状况调查（续）》，《青年研究》1992 年第 11 期。
⑤ 李银河：《同性恋亚文化》，第 363 页。
⑥ 李银河：《同性恋亚文化》，第 354 页。
⑦ 李银河：《同性恋亚文化》，第 355 页。

爱的对象是异性就没有问题，是同性就不能公开，难道这公平吗?"①

3. 同性恋活动由"地下"逐渐转到"地上"

随着同性恋者对自身认识的加深，权利意识的增强，同性恋行为由隐蔽的"地下"状态逐渐转到"地上"，日趋在公开场合表达自己的诉求。20世纪 80 年代之前，同性恋者主要是在公共厕所、公园角落等隐秘场所活动，电影《东宫西宫》就反映了 80 年代的同性恋者在这类场所活动的情况。同性恋者接头也采用"暗号"的形式，如"在宣传橱窗前，手背在背后，有意者会凑上前去"②。情形如搞特务活动。90 年代，同性恋者开始搞些公开聚会，1993 年 2 月 14 日情人节，北京西单海马歌舞厅内，同性恋者举行了一次称为"男人的世界"的公开聚会。1998 年 2 月，"华人同志交流大会"在香港召开，来自 17 个国家和地区的约 200 名同性恋者出席。③ 1998 年 10 月，拉拉们搞了一个女同志大会，地点在海淀区一家酒吧的地下室，来了40 多个拉拉，其中有少量的港台拉拉。那年还成立了北京姐妹小组，成员不超过 10 个，这是北京乃至中国较早的拉拉团体，小组还开始做热线，做杂志《天空》，看香港的《自梳》，看完了好几个人坐在一起哭。④ 90 年代，北京西城的一个迪厅内，同性恋者手持红蜡烛旁若无人地载歌载舞，有点向社会示威的架势。⑤

尽管法律未规定同性恋者可结婚，但仍出现同性恋者结婚和举行"婚礼"的情况。1990 年，福建的一对男同性恋者申请结婚许可，经地方报中央获得批准。1991 年，广西的一对女同性恋者申请结婚许可，经地方报中央也获批准。⑥ 也有同性恋者虽未获得政府批准结婚，但举办了"婚礼"，如 1986 年成都的男同性恋李伦佐和鞠佳仲。⑦

（二）同性恋表达个人诉求之局限

虽然少数同性恋者日趋公开地表达诉求，但绝大部分仍不敢与强大的

---

① 李银河：《同性恋亚文化》，第 358 页。
② 李银河：《同性恋亚文化》，第 259 页。
③ 丁文、徐泰玲：《当代中国家庭巨变》，山东大学出版社，2001，第 330~331 页。
④ 《北京同性恋婚礼：从地下走上街头》，《北方新报》2009 年 3 月 2 日。
⑤ 张骅：《同性恋现象探秘》，《民主与法制》1998 年第 17 期。
⑥ 李银河：《同性恋亚文化》，第 378 页。
⑦ 凤凰卫视《鲁豫有约》栏目组：《绝恋·鲁豫有约》，中国友谊出版公司，2008，第 210页。

社会规范正面冲突，他们隐蔽、不敢暴露，害怕社会压力。一位同性恋者说："有一位家住××的，干这事（同性恋）被逮住了。家里（妻子）一开始要离婚，后来没离成。还有一位四十多岁的干部，在某校和一个三十多岁的男人同居，逮住了按鸡奸算，当即开除公职。"[①] 直到 1995 年前后，同性恋者如果公开活动，仍会受到干涉。1995 年，他们有一次要在公园讨论艾滋病问题，但被通知取消。1995 年世界妇女大会期间，中外女同性恋在北京的莱特曼舞厅举行舞会，当时从世妇会载来了两卡车女同性恋者，北京也有十几个人参加，那天晚上，舞厅里布满了便衣警察。据导演石头回忆：1998 年的时候，北京拉拉同志团体在北京西边的大觉寺搞了一次同志大会，大家都住在里面，但不是公开的，只是内部通知，当时觉得要小心一点，不要被查到，结果很顺利。尽管同性恋者渴望能为社会认同，但直到 20 世纪 90 年代末，同性恋者仍小心翼翼地活动。

大多数同性恋者仍不能自我认同，他们挣扎在苦闷、自卑、自责与掩盖性倾向的生活中。据调查，试图改变自己性取向的同性恋者占被调查者的 31%，[②] 而且大多迫于压力，也与异性结婚，扮演"双面人"角色，大陆 90% 以上的成年男同性恋进入婚姻状态。[③] 20 世纪 80 年代，一位小伙子说："我是地道的男性，但在性的方面追求的却是同性，对女性一点不感兴趣（即使再漂亮的也不动心）；而看见中意的男性，却动了性的欲望，连做梦也是如此……如果此症不能医治，就不想再活下去了。"[④] "最使我痛苦的是经常想找一个健美的小伙子和我做伴……我吃过雄激素，也吃过雌激素，但没有什么效果，我精神折磨很厉害，简直受不了。"[⑤] 甚至出现两个女同性恋者其中一人假冒男性登记结婚的事情。[⑥] 他们试图用"正常人"的生活方式来掩饰自己。例如一名叫林的同性恋者，他在长期保持和欣赏他的生活方式的同时，还拥有家眷，林自嘲是"双面人"，他说："我真的很痛苦，很煎熬啊！我非常厌恶异性，但还得耐着性子面对我的老婆，那女人那方

① 李银河：《北京地区男同性恋社群状况调查（续）》，《青年研究》1992 年第 11 期。

② 房先平：《隐忧与希望——中国社会年报（2001 年版）》，第 295 页。

③ 房先平：《隐忧与希望——中国社会年报（2001 年版）》，第 293 页。

④ 华金玛：《同性恋》，《祝您健康》1985 年第 3 期。

⑤ 华金玛：《同性恋》，《祝您健康》1985 年第 3 期。

⑥ 何岑甫：《爱的定位》，第 259 页。

面的要求还特别强，弄得我一点办法也没有，后来我只好装病，每次做完那事儿我就装病，一装就好几天，几次以后我老婆就成性冷淡了。"①

五 同性恋者及相关政策、社会环境变迁之根源

（一）经济体制改革的推动

政府关于同性恋的政策日趋人性化，社会舆论逐渐宽容，同性恋者个人自我认知度逐渐提高，这有多方面的原因，国家实行开放政策使国外政策对中国的冲击，人们的思想在开放环境中也逐渐开化。但这种变化主要根源于经济体制的改革，即由计划经济体制向社会主义市场经济体制发展。市场经济条件下商品交换普遍化，实现了马克思所说的对"物的依赖关系"②。这取代了计划经济条件下对人的依赖，在非市场经济体制下，"社会秩序的生产主要依赖于政治的强力整合，从而使得经济、政治、文化三大社会活动领域统合为一，而在市场经济条件下，由于分工与交换的高度发达，人们之间由此而建立起了一种互相依赖的经济纽带关系"③。在此条件下，各个领域间从直接的从属关系转向相对地拉开距离，即"领域分离"④。国家干预从婚恋这种私人领域的逐渐退出成为趋势。所以就不难理解，20世纪80年代商品经济刚刚建立时期，政府对同性恋的处理方式是多样化的行政手段，而在90年代，市场经济日趋成熟的条件下，国家在法律上对同性恋的性质做了"非罪"与"非病"的确认。80年代中期开始的商品经济及90年代的市场经济的发展，强烈冲击了人们思想的统一状态，从而促进多元化思想的发展，单一的社会价值观念走向价值多元化，同性恋者在此潮流中也萌发了权利意识，同性恋者的活动在90年代也逐渐活跃。

---

① 张骅：《同性恋现象探秘》，《民主与法制》1998 年第 17 期。
② 《马克思恩格斯全集》（卷 46），人民出版社，1960，第 104 页。
③ 刘悦笛：《"公域交往"与"私域交往"论》，《内蒙古社会科学》（汉文版）2002 年第 3 期。
④ 王南湜：《从领域和一到领域分离》，山西教育出版社，1998，第 58～191 页。

（二）政治生态滞后、文化传统束缚及社会话语的"污名化"导致同性恋变迁之艰难

改革开放后，政府对社会的基调是维持稳定秩序，"维稳"是常态的工作，稳定是政府追求的政治大局，这也体现在婚恋领域。国家对同性恋的管控是维持社会秩序的手段之一，规范婚恋的标准，要求男女都应该按照各自性别表达自己的行为，男有男样，女有女样，男女相恋结婚才符合规范，符合道德，而同性恋这种违反主流规范的现象被认为冲击婚恋领域稳定的秩序，所以它便成为被约束的对象。

文化传统的顽固性也带来束缚。除了来自国家、社会对同性恋者的压力外，同性恋者的压力还源于家庭。中国文化重视家庭的延续，传宗接代是婚姻的主要功能，中国是"家本位"思想，与西方"个人本位"追求自己的快乐相比，中国人的价值观普遍把"家"放在前面，所以，同性恋者大多找异性结婚，这成为中国同性恋者的一个特色，而西方国家的同性恋者有的独身，有的与同性同居，还有的和同性结婚，较少和异性结婚。在中国，同性恋者往往迫于压力，和异性结婚组建一个家庭，暗地里搞同性恋。① 中国"家本位"的文化传统对同性恋者的自由选择产生强有力的束缚，正如李慎之对文化传统的认识，"它支配着中国人的行为、思想以至灵魂。它是不变的，或者是极难变的……文化传统应该是稳定的、恒久单一的"②。这使得同性恋者难以根据自己的意愿选择自己的行为。

其实，成家并传宗接代并不是同性恋者面对的最大压力，他们把此当成抵御社会"污名"的挡箭牌。正如一位同性恋者说："不搞对象怕邻居说我有病，往这边想（怀疑是同性恋者）。"③ 即使他们结婚并生育，如果被发现是同性恋，仍会被贴上"变态""有病"的标签，从而面临巨大的社会压力。所以，社会主流话语对同性恋的歧视才是同性恋者面对的最大障碍。

综上所述，经济体制改革推动了同性恋者获得了一定的自由度及个体化，但政治生态滞后、文化传统束缚，尤其是社会话语的"污名化"仍使同性恋处于生存困境。

---

① 相树华、刘明福：《中国婚恋危机》，中国广播电视出版社，2011，第204页。
② 李慎之：《中国文化传统与现代化》，《战略与管理》2000年第4期。
③ 李银河：《北京地区男同性恋社群状况调查（续）》，《青年研究》1992年第11期。

结　论

　　政府虽在法律及道德上对同性恋的评判在 1990 年代逐渐表现出日趋人性化的趋势，同性恋的"非罪化"与"非病化"，承认了同性恋者为正常人，这是一大进步。但政府并未在法律上承认同性恋与同性婚姻的合法，政府干预虽在同性恋这个领域逐渐退出，但并未积极建设其生存模式，这造成同性恋者追求自由与权利的制度障碍，表明政府对其控制的思维仍未改变。尽管社会舆论已表现出对同性恋的一定的宽容和理解，但大部分人并未改变对同性恋"污名化"的观念，同性恋者常被贴上"有病""变态"的标签，仍为社会伦理和道德规范所不容，同性恋远未成为个人可自由选择的私事，其仍是被人难以接受的边缘化行为。

　　制度与文化传统困境尤其是社会主流话语的歧视加重了同性恋者的自我束缚，从而减弱了其追求自由与权利的勇气。所以，社会充分人性、尊重人权、尊重多元选择氛围的形成是个关键，一旦这种氛围形成，同性恋者会更加自信地认知自身，这也将倒逼政府采取更加人性化的政策。

从北京妙峰山看晚清礼俗教化的变迁

李俊领*

光绪十六年（1890）七月二十九日晚，户部主事那桐梦见病愈 12 天的母亲又生病了，惊醒之后心悸不已，竟彻夜未眠。[①] 第二天一早，他在家中的佛像前许愿，明年再去京西妙峰山烧平安香。而在此前的四月初二日，那桐亲到妙峰山惠济祠，还了其母代为许下的疮病愈后三年朝山进香的心愿。[②]

那桐只是泰山女神碧霞元君的一位较为典型的信徒。在晚清华北众多官民的心中，京西妙峰山是一座治病去灾、进香祈福的灵应圣地，山上奉祀的泰山女神碧霞元君，在精神信仰上已经融入他们的日常生活，成为他们认同、体验并巩固当时社会秩序之心理过程的重要参与者。在朝野上下的共同营构下，妙峰山信仰礼俗在皇权统治、社区自治与个体生命自我塑造的层面上发挥着不同程度的教化作用。这三种教化互联互动，从一个侧面展示出晚清政治与社会嬗变的复杂景象。

京西妙峰山进入学界的视野，始于 1925 年李景汉、顾颉刚等人对该地民俗风情的调查与研究。近 90 年来，民俗学界对妙峰山民俗信仰的调查与讨论越来越多，细致勾勒出该民俗现象自身的元素、构成、功能与流变，并对其文化价值给予了充分肯定。[③] 诚然，民俗学的相关调查与讨论具有重

---

    * 李俊领，中国社会科学院近代史研究所助理研究员。

① 北京档案馆编《那桐日记》上册，新华出版社，2006，第 30~31 页。

② 北京档案馆编《那桐日记》上册，第 20 页。

③ 主要研究论著如下：（1）著作。顾颉刚等：《妙峰山》，上海文艺出版社，1988；刘锡诚主编《妙峰山：世纪之交的中国民俗流变》，中国城市出版社，1999；常华等：《妙峰香道考察记》，北京出版社，1997；隋少甫、王作楫：《京都香会话春秋》，北京燕山出版社，2004；吴效群：《妙峰山：北京民间社会的历史变迁》，人民出版社，2006。 （转下页注）

要学术意义，但它们不能回答历史学者所关心的一些问题，诸如妙峰山信仰礼俗如何参与晚清"神道设教"的政治实践，如何影响民众的日常生活等。换言之，从妙峰山观察晚清区域社会的变迁，需要对其进行历史学的考察。迄今为止，尚未见史学界讨论妙峰山信仰礼俗的问题。本文拟从教化的角度，讨论该信仰礼俗如何影响了晚清朝野上下的日常生活，进而透视晚清官民共营共享的神灵信仰教化与社会生活的互动机制及背后的文化观念。

清廷在妙峰山的"神道设教"与社会管控

道光朝末叶，京西的妙峰山逐渐取代京东的丫髻山，成为京津地区香火最旺的碧霞元君信仰之地。清代丫髻山主祀碧霞元君，一向为朝廷所重，康熙帝在此建筑"泰岱行宫"①，称该山为体现东方主木、"发生万物"观念的"近畿福地"，"神气所感，数有灵应"②。尽管丫髻山不在国家祭祀的山川之列，但在道光末叶之前受到清帝十年一拈香的礼遇。此后，清廷由于财力支绌再无力移驾丫髻山行宫，此"近畿福地"逐渐失去皇家的香火供应。与此相应，京西妙峰山受到皇家更多的青睐，逐渐成为位在京师"五顶"③之上的"金顶"和清廷以神灵信仰教化臣民的典范之地。

妙峰山金顶惠济祠主祀的女神碧霞元君，被清廷列为准国家祭祀对象之列。碧霞元君本不在明清国家祀典之例，但因其出自泰山，系东岳大帝

（接上页注③）（2）学位论文。王晓丽：《碧霞元君信仰与妙峰山香客村落活动的研究——以北京地区与涧沟村的香客活动为个案》，博士学位论文，北京师范大学，2002；李海荣：《北京妙峰山香会组织变迁研究》，博士学位论文，首都师范大学，2005。（3）期刊论文。韩书瑞：《北京妙峰山的进香之旅：宗教组织与圣地》，周福岩、吴效群译，《民俗研究》2003 年第 1 期；张成福：《庙会重建中的文化生产——以妙峰山传说为分析个案》，《民俗研究》2005 年第 3 期。

① 《丫髻山行宫碑文》，《北京东岳庙与北京泰山信仰碑刻辑录》，中国书店，2004，第 316 页。
② 《丫髻山玉皇阁碑记》，《北京东岳庙与北京泰山信仰碑刻辑录》，第 317 页。
③ 五顶即明清北京四郊奉祀碧霞元君的五座庙宇，分别被称为东顶、西顶、南顶、北顶与中顶。东顶位于东直门外，据说即现在的东湖别墅位置；西顶位于海淀区蓝靛厂；南顶位于丰台区大红门外南顶村；北顶位于北京城中轴线北延线的奥运村位置；中顶位于右安门草桥北面。今东顶、南顶已难见踪迹；北顶、中顶有个别殿堂还在；西顶经重修后，现已开放。

之女，体现"坤元""广生"之德，颇受朝廷重视。碧霞元君信仰在明代已遍及大江南北，拥有数量庞大的信众。有清一代，朝廷十分重视"神道设教"，对国家祀典内外的所谓有功劳的神灵广予封赠，尤其对碧霞元君青眼有加。妙峰山奉祀碧霞元君的初始时间尚不得而知，但确是在康熙年间引起朝野的关注与追捧。康熙帝十分赞赏碧霞元君，称"（碧霞）元君初号天妃"①，从宋宣和年间开始出现"灵异"，此后屡次显示神力以御灾捍患；其多次被朝廷封赠，在各地有行宫奉祀。乾隆帝六子永瑢书写了妙峰山《天仙圣母宫碑碣记》，嘉庆帝为该地灵应宫亲书"敕建惠济祠"牌匾。在清帝看来，碧霞元君信仰传统是"神道设教"的有力工具。先秦儒家主流的"神道设教"观是说君主秉持天地自然之大道，从正己开始，施行仁政，以风行草偃的方式教化民众，使之安居乐业，并对祖先与天地心怀感恩。这即所谓"圣人以神道设教"②，天下百姓甘愿归服。自秦汉以降，朝廷的"神道设教"逐渐演变成国家以具有人格意识的鬼神威吓和利诱官民的统治方略。此后历代祀典不断扩大国家所祀神灵的谱系，以世俗的"鬼神设教"代替儒家的"神道设教"。至光绪之时，国家祀典共有大祀 13 项、中祀 12 项、群祀 53 项，其规模之大为历代所仅有。碧霞元君虽未入清廷祀典，但清廷内务府多次派官员前往西顶广仁宫拈香行礼的传统一直延续至清末，而雍正时在圆明园所建专祀碧霞元君的广育宫由皇家每年照例拈香，这意味着碧霞元君享有准国家祭祀的资格。乾隆帝明确说碧霞元君与东岳大帝是两位一体的关系，这更确认了碧霞元君作为国家神灵的身份。尽管主编《四库全书》的大学士纪昀曾以撰著《阅微草堂笔记》的形式委婉批评过清廷以"鬼神设教"的统治方略，但这并未影响信奉萨满教的满族统治者祭祀神灵以求福禳灾的做法及其传统。在清廷朝野的追捧下，妙峰山成为碧霞元君在华北的主要圣地之一，吸引了华北区域的众多民众前来朝顶进香。

　　乾嘉时期，妙峰山庙会的外地香客和杂剧表演引起了朝廷的警惕与查禁。每年四月初一至十五，妙峰山开山迎客，来自北京、天津、河北、山东以及辽宁、内蒙古等地的香客信徒络绎不绝，前来许愿还愿。在进香活动中，北京的信众还组织了多种香会，其中"文会"为香客提供出行便利，"武会"为娱神表演精彩技艺，还有信众演出杂剧与社火。乾隆朝，朝廷对

---

① 《御制西顶广仁宫碑》，《北京东岳庙与北京泰山信仰碑刻辑录》，第 390 页。
② 《周易·观卦·象传》。

妙峰山进香的礼俗与表演虽有担忧，但仍听之任之。乾隆帝认为普通民众知识短浅，往往惑于鬼神之说，为了祀神求福往往耗费大量钱财，最甚者"则莫如越省进香一事"①；这些民众越省进香容易"暗滋事端"，有可能演变成"邪教"。因此，他谕令各省督抚对各地越省进香的民众善为化导，徐徐转移。② 嘉庆帝一改前朝的劝诫与疏导政策，开始查禁京城区域外的民众前往妙峰山、丫髻山等地进香的活动。嘉庆五年（1800）闰四月，谕令京城内外相关大员等对"所有民间一切越境酬神、联群结会等事"严行查禁。③ 不过，嘉庆一朝，国力渐衰，吏治腐败，朝廷对于民间社会的教化与控制越来越力不从心。嘉庆十八年（1813）林清率领天理教攻打紫禁城的民变事件，既证实了清廷对民间借助神灵信仰"联群结会"的担忧，同时也表明民间社会信仰确实有政治化的色彩。对于清廷而言，"鬼神设教"是一把双刃剑，既可以用以威吓民众，但也可能催生民众成立秘密教门以对抗朝廷的潜在威胁。

出于嘉庆朝对民间信仰习俗疏于管控的前车之鉴，道咸两朝对妙峰山的行香走会与社火杂剧严令禁止。道光十九年（1839）六月，清廷以违法乱纪的名义查禁妙峰山的香会活动。当时吏部尚书、步军统领奕经等奏称：近来妙峰山每年四月开庙时，京中男女旗民前往烧香，其中有"匪徒等异服异言，起立会名，称为助善"，他们聚众鸣锣，巧立名目以敛钱煽惑，"殊干法纪"。④ 道光帝因此谕令步军统领与顺天府告示民众不可再着奇装异服前往妙峰山进香，否者严惩不贷。此禁令主要是针对妙峰山的武会而言。妙峰山武会分为会规以里（俗称"井字里"）和会规以外（俗称"井字外"）两种。"井字里"的武会表演用的道具和器械都是从娘娘庙里的器具演化而来，比如太狮会的太狮本是娘娘庙山门前左右大石狮，中幡是庙门的高幡竿。其走会的先后顺序是：开路、五虎棍、秧歌、中幡、太狮、双石头、石锁、杠子、花坛、吵子、杠箱、天平、太平。"井字外"的武会种类更多，如太平鼓、龙灯、旱船、跑驴、霸王鞭、猪八戒背媳妇等。这些

① 《清高宗实录》卷九十二，乾隆四年五月庚申，中华书局，1985，第418页。
② 《清高宗实录》卷九十二，乾隆四年五月庚申，第418页。
③ 《清仁宗实录》卷六十六，嘉庆五年闰四月甲戌，中华书局，1986，第886页。
④ 《清宣宗实录》卷三百二十三，道光十九年六月癸未，中华书局，1986，第37册，第1072页。

武会少则数十人，多则数千人，表演时颇为壮观。他们的服装虽为民间自制的戏服，却被朝廷视为有伤风化的奇装异服。

在清廷眼中，妙峰山的杂剧表演有"诲淫"之嫌。妙峰山当地的杂剧表演始于明代。明永乐年间，一些山西乡民迁徙到京西的涧底沟村等地。他们带来了山西的地方杂剧，每逢上元节、中元节就闹社火，演百戏，以酬碧霞元君。当时的所谓"杂剧"是包括秧歌、花鼓、高跷、太平鼓、莲花落等在内的民间歌舞戏剧。秧歌起源于插秧和耕田的农业劳动生活，最初是一种民间歌舞艺术。后来以秧歌化装而演唱故事，形成了秧歌小戏。其代表剧目为《王小赶脚》《王二姐思夫》与《锯缸》等，多表达不受礼教约束的打情骂俏和男女私情。花鼓、太平鼓、莲花落的一些戏词也有类似的内容。这些杂剧表演在格调与观念上违背了清廷以礼化俗的本意。

对于妙峰山杂剧的"诲盗"嫌疑，清廷更为忌讳和警惕。嘉庆帝谕称：民间演剧"每喜扮演好勇斗狠各杂剧，无知小民，多误以盗劫为英雄，以悖逆为义气，目染耳濡，为害尤甚"①。其所言不识字的民众在清廷的"愚民"政策下处于文化上的弱势地位，较少从礼教上认同清廷统治的正当性，反而更容易受到《水浒传》"替天行道"等观念的影响。道光帝对民间借为碧霞元君进香之名而创立民间宗教的行为颇为警惕。他认为"愚民习教徒传，最为风俗人心之害，自应严行查办"；民间泰山行宫烧香与创立教会虽然不同，但庙会期间聚集人众，难免良莠混淆。一些官员对民间奉祀碧霞元君的香会活动颇有微词。道光十二年（1832）夏，镶蓝旗宗室举人文某奏请朝廷严禁《鼓词》，称杂剧的《鼓词》多演怪力乱神的故事，供人娱乐热闹，但其内容总在宣扬某些不肖之徒拜师学法，"驱役鬼神，啸聚山林，劫夺法场"的所谓英雄事迹；无知民众"信以为真，此邪教必滋事之所由来"。② 文某对《鼓词》催生"邪教"的说辞不无夸大，但从一个侧面表明民间杂剧对民众意识的影响不可忽视。道光十八年（1838），御史步际桐奏称山东淄川县白云山泰山行宫、章邱县权丫山的庙会有会集教徒的情况，后经山东巡抚经额布查核，并无实据。不过，道光帝对此并不放心，仍谕令额布"督饬各州县严加查访，随时饬禁"③。

---

① 《清仁宗实录》卷二百八十一，嘉庆十八年十二月癸丑，第838页。
② 王利器辑录《元明清禁毁小说戏曲史料》（增订本），上海古籍出版社，1981，第71页。
③ 《清宣宗实录》卷三百一十三，道光十八年八月丙戌，第875页。

咸丰二年（1852），妙峰山的杂剧演出活动引起了一些朝廷官员的警惕。是年正月，御史伦惠奏称：每年夏秋二季，京西妙峰山的庙会上，烧香人众，"有无赖之徒装演杂剧，名曰'走会'"，应当"严禁"。① 伦惠所言"走会"包括武会和杂剧表演。② 他所担忧的是"走会"装演杂剧时男女混杂造成的教化与治安问题。咸丰帝认可伦惠所言，因而谕令步军统领衙门、顺天府及西北城各御史通告妙峰山禁止"走会"，同时警示差役人等不得借此机会"扰累"地方。③ 不过，朝廷内外忙于应对太平军与捻军的叛乱，在查禁妙峰山"走会"的问题上心有余而力不足。因此，妙峰山的行香走会几乎不受官方禁令的影响，庙会时每天前往进香者"日约数万人"④。

不过十年之后，因为慈禧太后个人的喜好，妙峰山信仰礼俗一改道咸两朝的衰势。同治朝，慈禧太后很可能有前往妙峰山进香之举。因为当时民间盛传四月初一日妙峰山惠济祠的第一炷香灵验，慈禧太后"先期预诏庙祝"，必须等到宫中进了"头香"之后，才能开庙门。⑤ 当时还有宫词云"昨夜慈宁亲诏下，妙高峰里进头香"⑥，此或指慈禧太后派员前往妙峰山进香的事情。慈禧太后为惠济祠赐匾三方，其匾文分别为"慈光普照""功侔富媪"与"泰云垂荫"。光绪十八年（1892），为方便慈禧太后与朝廷官员前往妙峰山进香，太监刘诚印与安德海出资重修了妙峰山的中北道（从今海淀区北安河上山，经过妙儿洼到达妙峰山娘娘庙）。此道宽七尺，用当地天然石板砌成层蹬，因其工程浩大，耗资甚巨，享有"金阶"之名。⑦ "皇朝倡之于

---

① 《清文宗皇帝实录》卷五十二，咸丰二年正月辛巳，中华书局，1986，第702页。

② 按："走会"也称"过会"，"乃京师游手，扮作开路、中幡、贡箱、官儿、五虎棍、跨鼓、花钹、高跷、秧歌、什不闲、耍坛子、耍狮子之类，如遇城隍出巡及各庙会等，随地演唱，观者如堵，最易生事。如遇金吾之贤者，则出示禁之"。见富察敦崇《燕京岁时记》，北京出版社，1961，第67页。

③ 《清文宗皇帝实录》卷五十二，咸丰二年正月辛巳，中华书局，1986，第702页。按：民间传说咸丰帝将皇家造办处制造的十八枚铁铃赐给海淀镇的狮子会，并赐该会为"万寿无疆钢铃五狮会"（见姚宝苍《海淀区民间花会纵横谈》，中国人民政治协商会议北京市海淀区委员会《文史资料选编》第3辑，1989，第70页）。此说目前尚未见其他史料可以佐证。

④ 金勋编纂《妙峰山志》，李新乐点校整理，燕山出版社，2007，第97页。

⑤ 徐珂编撰《清稗类钞》第1册，时令类，中华书局，1984，第8页。

⑥ 无名氏：《患天花》，刘潞选注《清宫词选》，紫禁城出版社，1985，第30页。

⑦ 金勋记载称："至光绪十八年，太监刘诚印者，号素云道人，俗称'印刘'，捐资修中北道。由北安河往上至涧沟，道宽七尺，砌成层磴。"见金勋编纂《妙峰山志》，第96页。

前，太监势利从之于后"①，妙峰山的香火因而转衰为盛。慈禧太后是否亲到妙峰山进香，迄今未见官方史料记载。以碧霞元君主司生育、治病救灾的信仰而言，慈禧太后很可能因为同治帝与光绪帝的疾病与子嗣问题前往妙峰山乞灵于碧霞元君。在英法联军于咸丰十年（1860）焚毁了圆明园中专祀碧霞元君的广育宫之后，清帝的子嗣问题成为她的一个十分敏感的心结。对于相信狐仙等众多神灵都是真实存在的这位皇太后而言，前往所谓"有求必应"的妙峰山进香许愿，实是合乎情理的做法。只是，数次"头香"都奉上，同治、光绪二帝均因疾病早逝，并未留下子嗣。

慈禧太后垂青妙峰山既有上述私愿，也有个人兴趣。由于慈禧太后对妙峰山走会的欣赏与支持，妙峰山香会重新获得了清廷认可，其中一些武会摇身一变成为所谓"皇会"。慈禧太后一改嘉道咸三朝查禁妙峰山行香走会的政策，欣赏并奖励武会的表演。光绪二十三年（1897），慈禧太后在颐和园中修建了眺远斋，以便于庙会举行时观赏经过颐和园北宫门的各路香会。② 她还特地传旨命一些有特色的香会在北宫门外表演。"光绪二十二、二十三、二十四年，慈禧太后传看各种皇会十二项，表演团体七十余堂，会众近三千人。"③ 此事在当时朝中颇有影响，军机章京许宝蘅在宣统二年七月的日记中写道："眺远斋后，凭宫墙足以眺望宫外。每当农民报赛卿，孝钦时御此殿观之。"④ 被慈禧太后御览或封赐过的武会在民间被称为"皇会"。⑤ 为获得皇会的资格，京津各地的香会苦练技艺，期待得到皇家的垂青。慈禧太后于光绪二十二年（1896）至二十四年（1898）曾传看高跷秧歌会、成府太平秧歌、成府三旗营房太平同乐秧歌、宣武门内西拴马桩长春高跷秧歌圣会、京西香山门头沟万寿无疆吉祥歌唱秧歌会、虎坊桥艺人高跷秧歌圣会、崇文门外大营房公议助善秧歌、正阳门兵部洼助善秧歌、

---

①　金勋编纂《妙峰山志》，第 96 页。

②　马芷庠：《老北京旅行指南》，北京燕山出版社，1997，第 168 页。

③　金勋编纂《妙峰山志》，第 97 页。按：依照马芷庠在《老北京旅行指南》之说，颐和园的眺远斋建于光绪二十三年。

④　许宝蘅：《许宝蘅日记》，北京市政协文史资料委员会编《北京文史资料》第 54 辑，北京出版社，1996，第 106 页。

⑤　按："皇会"起源乾隆年间。乾隆十九年（1754），乾隆帝观看了六郎庄五虎棍会的表演之后非常高兴，赏赐了他们龙旗、红黑龙棍各一根、"回避""肃静"龙牌两面以及銮驾仪仗一堂，并赐名"六郎庄忠孝童子棍会"，从此他们就成了"皇会"。参见姚宝苍《海淀区民间花会纵横谈》，中国人民政治协商会议北京市海淀区委员会编《文史资料选编》第 3 辑，1989，第 69～70 页。

东城禄米仓万年歌唱秧歌圣会、右安门内同庆升平秧歌圣会与正阳门外西河沿五斗斋乐善秧歌会。据说，今北京海淀区"西北旺村的高跷会曾于光绪二十四年（1898）由博家窑村当时在皇宫内当差的马太监介绍，奉慈禧懿旨去颐和园表演《万寿秧歌》一堂，慈禧和光绪看后甚喜，遂赐给了龙旗、黄幌多件，服装十二套，白银千两。后来这档会被称为'天下第一会'"①。另外，蓝靛厂的少林棍会、六里屯的中幡等武会也曾于光绪年间去颐和园为慈禧表演，并获得黄旗和龙旗的赏赐。由于慈禧太后的赞赏，清末北京民间的秧歌风靡一时。在此情势下，妙峰山行香走会的秧歌等杂剧演出的奇装异服、男女混杂等问题很少再受指责。慈禧太后无意借助"皇会"来管控北京民间社会，更没有明显在意和强调妙峰山庙会存的礼教之害与"邪教"隐患。不过，"皇会"作为一种荣誉控制方式，在客观上增进了妙峰山香会对清廷统治正当性的认同与拥护。直至清帝逊位，妙峰山信仰礼俗中也未曾出现所谓"邪教"的现象。

一些官员颇为信仰妙峰山奉祀的碧霞元君。光绪年间，朝廷部院的官员前往妙峰山进香已是常事。前已提及户部主事那桐为治疗自己与母亲的疾病而于光绪十六年（1890）朝山进香。光绪十八年（1892）四月十五日，户部的松寿泉、廖仲山两位侍郎在与那桐一起验收醇亲王园寝的余暇，前往妙峰山进香。② 其他一些部院比如兵部，还成立了兵部引善杠箱圣会，专为妙峰山进香之用。

由于光绪二十六年（1900）庙会时的天降大雪以及随之而来的八国联军侵华，妙峰山信仰礼俗骤然衰落。一位曾奉母亲之命前往妙峰山进香的满族文人奉宽在民国初年回忆说："（妙峰山）庙会自光绪庚子四月六日风雪告警，七月二十一日京师糜烂后，昔年之丰富气象不复可寻。"③ 在某种程度上可以说，庚子国变是晚清"神道设教"招致的最大的国家劫难。表面上看此次劫难在于慈禧太后与载漪、刚毅、赵舒翘等官员对鬼神的迷信，而根源在于鬼神信仰的政治化与制度化，换言之，在于清廷将鬼神信仰与儒家"神道设教"合二为一，通过国家祭祀的方式确认了神

---

① 姚宝苍：《海淀区民间花会纵横谈》，中国人民政治协商会议北京市海淀区委员会编《文史资料选编》第 3 辑，第 69 页。
② 北京市档案馆编《那桐日记》上册，第 81 页。
③ 奉宽：《妙峰山琐记》，国立中山大学民俗学丛书，1929，第 102 页。

灵的存在及其掌管福祸的能力。只是祀神未必得福，却可能反而招祸。奉宽所言"四月六日风雪告警"是指光绪二十六年四月初六日妙峰山庙会上忽降大雪，冻毙了一百多位朝顶的香客。此次的非正常集体死亡事件，无疑是对清廷"神道设教"的严厉警告。庚子国变之后，慈禧太后再无心前往妙峰山烧"头香"。

民间的朝顶进香与自我教化

清廷在妙峰山的"神道设教"主要依托碧霞元君，而京津地区的民众则通过该地以碧霞元君为中心的诸多神灵进行自我教化。晚清妙峰山惠济祠汇祀三教神圣与民间神灵，主要包括道教之神碧霞元君、地藏菩萨、财神、文昌帝君、天王、释迦牟尼、老子、孔子与王三奶奶。[①] 惠济祠下还有庙宇供奉东岳大帝、关帝、关索（关帝之子）以及四大门。[②] 这些神灵组成了庞杂的妙峰山神灵谱系，可以充分应对信众多样的精神需求。著名学者顾颉刚曾感叹说："妙峰山是北平一带的民众信仰中心。自从明代造了碧霞元君庙以来，直到现在约三百年，不知去了多少万人，磕了多少万头，烧了多少万香烛，费了多少万金钱。这着实是社会上的一件大事。"[③] 在这件深刻关联日常生活的"大事"中，虔诚的信众跪拜于妙峰山诸神的脚下，诉说生活的艰难与喜悦，接受行善、尽孝的心理引导与精神激励。

在晚清妙峰山的朝顶进香中，民众自我教化意识的增强得益于天津富商对于茶棚与香会的热情支持。茶棚和香会向进香者施舍粥饭，有力营造了庙会温情友善的氛围，而晚清天津富商对茶棚与香会的慷慨投入是此前

[①] 按：惠济祠奉祀神灵的具体情况如下：正殿主祀碧霞元君，陪祀眼光、子孙、斑疹、送生诸位元君。左耳殿祀地藏菩萨，右耳殿祀药王。东厢广生殿供周文王，西厢财神殿祀财神。广生北之五圣殿，供文昌帝君、天王、库神与增福财神萧升、曹宝。广生殿南之三教堂，供佛祖释迦牟尼、道教始祖老子、儒教至圣先师孔子。西厢财神殿北的王三奶奶殿供奉王三奶奶。

[②] 按：四大门是指四种具有神圣性的灵异动物，即狐门（也称胡门，狐狸）、黄门（黄鼠狼）、白门（刺猬）和柳门（也称常门，蛇）。天津有地方在四大门外增加了兔或鼠，将其并称五大门。在民间信仰的视野中，这些灵异动物不是仙或神，而是处在修仙阶段的妖魅，但通常被称为"仙家"。四大门信仰属于民间的神灵信仰，是华北民间社会具有特色的人与自然互动的奇异现象。

[③] 奉宽：《妙峰山琐记》，顾颉刚序。

不曾出现过的新景象。妙峰山中道、北道、南道、中北道与中南道上各有茶棚若干，光绪二十五年（1899）五条香道上的茶棚不少于65处，由此到宣统三年（1911），又增加了数座茶棚。在这些茶棚中，以新出现的天津商人承办的茶棚施舍最为大方。光绪三十三年（1907）天津西门外信士弟子在北安河创设信意馒首会茶棚，重修了北安河玉皇庙。在中北道设立了瓜打石玉仙台茶棚与妙儿洼茶棚。他们还几乎包揽了北道山上的所有茶棚，比如天津磨镰石河馒首粥茶会、天津公意馒首粥茶会与天津估衣商诚献路灯会等茶棚。民国时期曾在磨镰石河茶棚当过"都眼"（即总管）的刘旺老人介绍说："当时每天均忙忙碌碌，要招呼手下人收拾好棚内桌椅，做好热粥、热茶等，招待来往的香客。好在这里紧靠泉水，用水方便，这是有别于其它茶棚的。对往来香客，不管是敬神请香的，还是歇脚休息的，都眼都热情招待，送吃送喝，绝无'看人下菜碟'之举。所以每位香客一进茶棚，都倍感亲切。"① 由此可想见清末该会慷慨助人、积极行善的场景。天津"公意馒首粥茶会"在北道的双龙岭茶棚施粥及馒头。据涧沟村王姓老人介绍，这个茶棚除供应馒头、粥和茶水外，有时还有炖肉。农村贫苦的孩子一年也吃不上两回肉，所以每到庙会期，小伙伴们都抢着往有炖肉的茶棚跑，揽点活计，既能挣两钱儿花，还能吃上炖肉。② 中北道北安河西的馒首会座香神棚施舍最为慷慨。在入棚的香客在此参驾后，茶棚即向其赠两个大馒头、硬米粥与八宝菜。这种施舍行为昼夜不断，有人因此将馒首会座香神棚赞为妙峰山的"诚献粥茶之香棚冠"。③ 众多茶棚成为这些贫寒信众朝顶的温暖驿站。他们接受茶棚善意馈赠的同时，沐浴着碧霞元君信仰的法雨慈光。

对于信众而言，茶棚的施舍与礼遇是外来的善缘，而其所属的香会团体则是内部的劝诫。妙峰山香会是京津信众的直接组织者，其会规对香会成员具有直接的引导力与规范力。妙峰山香会各有自己的会规，其内容大体相同。"普兴万缘净道圣会"的会帖标明了其内部要求："本把人等不准拥挤喧哗玩戏，亦不准沿途摘取花果。以及食荤饮酒，一概禁止。人多，

---

① 常华等：《妙峰香道考察记》，北京出版社，1997，第17页。
② 常华等：《妙峰香道考察记》，第19页。
③ 痴呆：《妙峰山香会记略》，北京市东城区园林局汇纂《北京庙会史料通考》，北京燕山出版社，2002，第243页。

饮酒不免有乱性妄为、口角淫词等事。……恐其有失善道，不成体制。如不遵约束者除名不算。各宜戒之慎之。"① 香会自我约束的动机一是与神灵交通的善道，二是向外界展示并获得社会尊重的体面。对清末妙峰山香会深有了解的金勋称："各香会组织最完备之会规，虽然不是国家法律，但各会众心存信仰，皆以触犯规则为最耻。"② 大体而言，香会成员多能自觉遵守会规。香会内讲规范，外讲礼让。在妙峰山香道上，上山的香会与下山的香会相逢，两会的"前引"手持会旗互致三鞠躬，然后交换会帖。交换会帖后彼此谦让一番，说贵会承让路等客气话，互请先行。③

香会的善举为信众提供了身边可见可闻的效仿榜样。一些文会为妙峰山信众提供多种方便，诸如修鞋、施药、照明，等等。妙峰山的中北道是晚清信众朝顶的主要道路，不过这条路崎岖不平，在夜间尤其峻险难行。以中北道玉皇庙为公所的天津合郡路灯会，先是在北安河村到金顶的道路上遍设明灯，后于光绪十二年（1886）、十六年（1890）在大觉寺添设了明灯，建造了大雄宝殿。④ 光绪三十二年（1906）四月，该灯会已为中北道添设明灯达 20 年之久。这一善举不仅让夜行此道的信众深感便利，而且感动了北安河村乡民，他们因此承诺将玉皇庙作为天津路灯会的永久性公所。一些武会的表演虽有颠倒礼教的一面，但也有劝善积德的一面。北京宣武门的武斗斋高跷秧歌会名为"万寿无疆随意乐善太平歌唱秧歌老会"，曾为慈禧六十岁寿辰时献演。该会原有十个角色，都依照《水浒传》中的人物打扮，如武松、燕青等。其表演时以唱为主，唱腔用"京腔大韵"，唱词内容多是劝人学好行善之意。⑤ 这些善举与善念的传播在妙峰山上营造了一个温馨、友善而平等的信仰生活世界，对于贫寒而卑微的民间信众而言，这是对他们缺少个体尊严的社会底层生活的暂时性补偿与慰藉。

茶棚和香会所立的碑碣，一再彰显碧霞元君信仰劝人行善尽孝的观念。咸丰四年（1854），松棚茶棚在重修行宫的碑文中称："福乃德之基，善乃

---

① 顾颉刚：《妙峰山》，叶春生主编《典藏民俗学丛书》（中），黑龙江人民出版社，2004，第1025 页。

② 金勋编纂《妙峰山志》，序。

③ 吴效群：《妙峰山：北京民间社会的历史变迁》，人民出版社，2006，第114 页。

④ 金勋编纂《妙峰山志》，第 268 页。

⑤ 胡晶莹、刘晓真：《秧歌》，中国文联出版社，2008，第 19 页。

福之本。夫欲积德累功，修善当为第一造福之门者也。"① 光绪二十二年
（1896），万善长青献鲜圣会在其碑记中称："夫修善为作福之阶，积功乃降
祥之本，善无疆而百福自来。德若广而千祥可获。要在实力奉行，端须寸
心不倦。"② 其他香会在晚清时期立碑者也多倡言修善得福的观念。香会的
这种做法沿袭了康乾时期的传统。乾隆二年（1737），阜成门内朝天宫众善
发起的二人圣会在碑记中云："凡人于事，莫大乎与人为善。好善者，作福
之基，良有以也。……人有善念，天必佑之矣。"③ 此言典型代表了香会将
好善与得福视为因果关系的自我教化观念，他们把"为善"视为人生最快
乐的事情。妙峰山南道上的万善同缘茶棚正殿内山墙嵌"为善最乐"四个
琉璃斗方榜书大字，同治年间《重修寨尔峪茶棚碑文》额题"为善最乐"
表达了同样的意思。

　　众多不识字的信众未必留意这些碑碣，但很可能会在惠济祠的碧霞元
君神像前求签。这里设有《妙峰山圣母灵签》，分为上、中、下三等。其中
第二签为大吉，签词云："心直德厚福无疆，恁意求财定有方，守分自然多
吉庆，名利双全荣与昌。"诗曰："此签详之诸事安然，所求必得。存心向
善，不必再求。婚姻全美，孕产麟儿。行人不过数日，有事大吉。"④ 显然，
此签词、解与诗满是祝愿获得现世安乐的吉利话，但其同时规劝求签者安
分守己，存善心，行善事。

　　比竖立碑碣与灵签更具有教化力的是天津信众塑造的新神——王三奶
奶。在近代妙峰山的进香活动中，天津茶棚的慷慨馈赠不只是因为其财力
丰厚，更在于他们天津人将王三奶奶塑造为碧霞元君的信徒。据李世瑜先
生记述，王三奶奶是道咸年间天津的一位顶着黄三姑（四大门中的黄门）
的香头，也是天津"万缘公议代香圣会"的会首。⑤ 据说王三奶奶是在妙峰
山最早创立茶棚的人之一。咸丰年间的一天，王三奶奶在妙峰山朝顶进香，
不慎于庙儿洼坠崖身亡。第二天，天津来的一位女香客在惠济祠的大殿中
宣称自己是王三奶奶降临，并自言王三奶奶是东岳大帝的第七个女儿，现

---

① 张文大：《松棚茶棚重修行宫碑》，《妙峰山碑石》，团结出版社，2013，第382页。
② 张文大：《万善长青献鲜圣会碑记》，《妙峰山碑石》，第197页。
③ 张文大：《二人圣会碑记》，《妙峰山碑石》，第155页。
④ 李景汉：《妙峰山"朝顶进香"的调查》，北京市东城区园林局汇纂《北京庙会史料通
　　考》，第219页。
⑤ 李世瑜：《社会历史学文集》，天津古籍出版社，2007，第662页。

在功德圆满，被东岳大帝召回宫中。同治二年（1863）夏，信众出资在妙峰山中道关帝庙的东南方为其修建了"王三奶奶之墓"。随后，有天津的信众出资在妙峰山惠济祠塑了王三奶奶像，王三奶奶由此正式成为妙峰山的神灵。以后的数年间，妙峰山每年都会发生王三奶奶降神附体的事情。据满族老香客金勋的记载，妙峰山上的东岳天齐庙（即回香亭）速报司旁为大仙殿及财神殿，大仙殿中有老村妇为人治病，治病时先点三炷香，然后向大仙牌位施礼，礼毕后合目默坐二三分钟，即口呼"哈！哈！哈！"完成这些仪式后，老村妇用手摸病者的头部或胸部，颇似按摩，此之谓"大仙附体"。① 这种现场治病的方式增强了碧霞元君与王三奶奶信仰的一体化及其教化力量。

　　庚子国变前，晚清碧霞元君信仰对于来妙峰山进香的众多信众的教化功用的确不可小看。其一，香会在其碑文中多次表达其对于清廷统治的认同与期待。咸丰七年二顶进香引善圣会的碑文云："（碧霞元君）上辅君国清泰，下拯黎庶疾苦。"② 同治六年《重修寨尔峪茶棚碑》云其进香为"上祝国祚延绵，下祐群生浩荡"③。光绪四年《重修东西配殿碑记》云："（碧霞元君）上护国泰，下佑民安。"④ 从这些碑文看，香会对于国泰民安的希冀，而其中蕴含着安分守己，长做善良之民的自我期许。其二，在庙会期间，妙峰上充满了祥和气氛。光绪四年（1878）有人称："凡朝顶者，目无非礼之视，心无恶念之萌。虽男女不分，各怀秉心，并无恶意，可称一山善人。"⑤ 清末以降连续30余年前往妙峰山的金勋对妙峰山的庙会世界描述称："开山日各路景象一新，香客热烈团结，互相亲爱，欢声载道，虔诚代（戴）福还家之词不绝于耳。真有同作佛国民之概。"⑥ 可见，金勋对妙峰山香会的印象十分好，置身其中如同到了佛经中描绘的充满光明与温暖的西天极乐世界。这种说法虽有夸张成分，但仍大致反映出信众之间的友善与温情。

　　妙峰山庙会时呈现一个不同于世俗社会的讲究平等与温情的信仰世界，

---

① 金勋编纂《妙峰山志》，第 262 页。
② 张文大：《二顶进香引善圣会碑》，《妙峰山碑石》，第 190 页。
③ 张文大：《重修寨尔峪茶棚碑》，《妙峰山碑石》，第 372 页。
④ 张文大：《重修东西配殿碑记》，《妙峰山碑石》，第 196 页。
⑤ 张文大：《重修东西配殿碑记》，《妙峰山碑石》，第 196 页。
⑥ 金勋编纂《妙峰山志》，序。

但这个世界仍不乏世俗的丑恶之行。金勋所言妙峰山上的小偷、乞丐与涧沟村乡民的贪图钱财还在其次，最令人遗憾的是武会"抢洋斗胜，耗财买脸"的江湖陋规。① 清末妙峰山的不同香会及与茶棚，因礼节不周、应对不妥或故意为难而时常发生冲突。这时必须有中间人调停，否则必会造成凶殴，甚至诉诸公堂。香会之间的较量总是从对方没有顾及的失误处着手，如礼节不周、器物缺陷、会规知识的缺乏及错误理解等。香会的较量发生时要由中间人进行调节，调节不下，就会演变成严重的暴力冲突。按香会（包括茶棚）较量的惯例，取胜的一方可以冲散理屈一方的队伍，砸烂其所有的器物与用具，取消其走会资格。最严重的是，违反会规的香会成员被人打死亦为惯例所默许，不受朝廷律法的惩处。可以说，妙峰山香会的公共交往空间是一种相对独立于官方管制之外的明显带有"江湖"色彩的流动性社会。② 光绪时期还有人讥讽信众朝顶进香的孝心不够真诚，其诗《妙峰山》云："还愿西山去进香，人疑孝子为高堂。上前祷告低声语，却是娇妻病在床。"③ 信众为妻之病进香祈祷，与孝心并不冲突，也着实不必将二者对立起来。

　　光绪年间，有妙峰山僧人与旗人置妙峰山信仰礼俗于不顾，竟然利用王三奶奶塑像骗人谋利。咸同时期，妙峰山惠济祠王三奶奶殿中的王三奶奶塑像忽然失踪，竟奇异地落到了北京蓝靛厂西门外花坞村的旗人富延元家中。富延元本为医生，但因医术不精，上门求医者甚少。为聚敛钱财，

---

① 按：吴效群先生解释说，（1）"抢洋"：行为上标新立异，大致可理解为体力上的比赛；（2）"斗胜"："智慧"上的较量；（3）"耗财买脸"：在碧霞元君信仰活动中表现得慷慨与大度。而这些方面的优异者，将得到广大民众英雄般热烈的瞩目和称赞，有可能成为人人敬重的民间权威。主要是希望借助于此类举动让别人了解自己慷慨大方、"公而无私"，了解自己热心于公共活动，了解自己富有能力和魄力，以此建立起良好的社会声誉和社会关系，更有利于自己的社会活动。见吴效群《妙峰山：北京民间社会的历史变迁》，第134、138页。

② 按：这里的"江湖"是指脱离了宗法秩序的游民的谋生场所。王学泰对传统社会的"江湖"有如下解释：我们经常说的江湖有三个意义。第一个是大自然中的江湖。"江湖"作为一个词在先秦就已经出现，最初的意义就是指江河湖海。这是最原始的意义。第二个是文人士大夫的江湖。这个江湖偏重其人文意义，是文人士大夫逃避名利的隐居之所。如果在争名夺利的斗争中，或者失败了，或者厌倦了，他便全身而退，向往一个安静的所在，这个所在往往称之为江湖。第三个是游民的江湖，也是我们现在经常活跃在口头的江湖。这种江湖充满了刀光剑影、阴谋诡计和你死我活的斗争。见王学泰《游民与运动》（上），南方网 http://www.southcn.com，2005-11-24。

③ 李虹若：《都市丛载》卷七，京都松林斋光绪十二年（1886）刊本。

富氏与妙峰山僧人妙静将此像偷运到自己家中，共同制造了妙峰山王三奶奶塑像降临其家的神话，并将其家庙改成妙峰山惠济祠大殿式样的灵感宫。一时间当地民众舆论哗然，惊为奇事。"自是香火极盛，富竟藉此生财，胜达数十年。"[1] 光绪十九年（1893），由于分赃不公，僧人妙静到步军统领衙门控告富延元。该衙门提督荣禄颇疑其情，严训后得知这二人借王三奶奶塑像敛财的密谋，遂将其缉拿入狱，并将其所建灵感宫充公。显然，民众为向碧霞元君供奉香火的信仰习俗容易被个别人利用为谋取不义之财的门道。

礼俗教化的生活基础与观念冲突

妙峰山奉祀的碧霞元君得到京津区域民众的虔诚崇信，与晚清时期这一区域社会民众与四大门交往的日常生活经验密不可分。自清代中期以来，华北民众普遍认为泰山女神碧霞元君是四大门的总管，在四大门与民众交往的过程中负责维护正义、赏善罚恶。可以说，四大门信仰是碧霞元君信仰的一种延伸。二者组合在一起，在华北民间社会中形成了一种深厚的民间集体无意识。[2]

妙峰山上奉祀四大门始于道光末叶。妙峰山中北道的青龙山朝阳院茶棚建于道光三十年（1850），此处正殿奉碧霞元君、眼光娘娘与子孙诸娘娘，北角还有用黄条书写的神位，"奉已故三代宗亲观众都管、柳十大仙静修、黄七大仙静悟、白二真人馨顺、柳四真人长真"[3]。其中"柳十大仙静修"与"柳四真人长真"是四大门中的"柳门"（常门），"黄七大仙静悟"是"黄门"，"白二真人馨顺"是"白门"。光绪年间修建的"瓜打石玉仙台尊义堂茶棚"的正殿奉碧霞元君，山门内正奉灵官，配以江蟒爷、山神

---

① 马芷庠：《老北京旅行指南》，第 213 页。

② 按：学界或认为这是一种民俗宗教，见李慰祖著，周星补编《四大门》，北京大学出版社，2011，第 146 页。或认为这是一种融合了儒释道三教的"北京地方性的民间秘密宗教组织"，见方彪《九门红尘：老北京探微述真》，学苑出版社，2008，第 207 页。或认为具有神秘性的四大门信仰是一种动物崇拜，在"近代北方民间广泛流行"，"人们崇拜的已不再是四种动物的自然属性，而是把它们作为巫教的神来崇拜"。见阴法鲁、许树安《中国古代文化史》，北京大学出版社，1991，第 430 页。

③ 金勋编纂《妙峰山志》，第 270 页。

爷、傻大爷与土地爷。其中"江蟒爷"是柳门。① 四大门都是作为碧霞元君的配角出现，不可入正殿奉祀。这是道光晚期之前妙峰山上未曾出现过的奉祀景象。

作为泰山碧霞元君治下的"仙家"，四大门在城乡民众的日常生活中扮演着十分重要的角色。这些"仙家"不时出没在乡村中，成为民众难以回避，甚至不得不打交道的特殊邻居。四大门的所谓"修功德"，是帮助乡民发家致富，治病救灾，解难决疑。四大门分为"家仙"和"坛仙"。乡民更喜欢作为"家仙"的"四大门"，它们具有生财功能。比如，"黄门"会帮全子修家多收几担瓜，"常门"会帮从山东逃荒到肖家庄的王老三迅速发家成一个大庄园。② 一旦乡民得罪了"家仙"的四大门，就会遭到财产的损失。"坛仙"的四大门会强行选择一些人作为自己的"当差的"，这些人被"拿法"之后，即为"坛仙"四大门代言行道（即医病、除祟、禳解、指示吉凶等方术），并负责供奉四大门。这些"当差的"就叫作"香头"。③ "香头"们在一定意义上担当着社区自我教化的职责，每年他们都要到妙峰山等地去接受碧霞元君的"检验"。

以妙峰山奉祀四大门而言，清廷对此一直持默许态度，未曾查禁。其主要原因在于清廷与满汉旗人有奉祀狐仙的传统。清朝末代皇帝溥仪回忆说：晚清宫中的太监们将"四大家"——蛇、狐狸、黄鼠狼和刺猬说成是"殿神"，对其"一贯异常信仰"。④ 他们还宣称，"殿神"都是曾受过皇帝封为二品顶戴的仙家，因此夜间千万不可到乾清宫的丹墀上去走，否则就会被"殿神爷"给扔到丹墀之下。⑤ 虽然宫廷内的皇室与太监、宫女等人将蛇、狐狸、黄鼠狼和刺猬视为"殿神爷"，但这四大门终究不入国家的祀典。据说努尔哈赤因为胡门对其有救命之恩，向胡门封赠了"二品顶戴"，并于辽宁间山望海寺下的大石棚洞内设胡仙堂，岁时供奉。满汉旗人十分信奉"四大门"，将其视为"保家仙"。⑥ 清代四大门信仰已经渗透到了满

①　金勋编纂《妙峰山志》，第 271 页。
②　李慰祖著，周星补编《四大门》，第 16、17 页。
③　参见李俊领《近代北京的四大门信仰三题》，《民俗研究》2014 年第 1 期。
④　溥仪：《我的前半生》（灰皮本），群众出版社，2011，第 117 页。
⑤　溥仪：《我的前半生》（灰皮本），第 117 页。
⑥　北京市平谷区文化委员会编《畿东泰岱——丫髻山》，第 220 页。

族的萨满教信仰中。① 因此，清廷对民间的四大门信仰并不反对。

慈禧太后一度对四大门信仰表示出支持的态度。据说她的一项珠冠保藏在一座殿内，某天这顶冠上的一颗珠子丢失了。负责此事的太监非常着急，后请来三旗香头（即成府曹香头的师父的婆母）指示，终于在殿中找到了失落的珠子。慈禧太后得知此事后便下旨在三旗营西门外修一座楼，赏与曹香头，当地人都称该楼为曹家大楼。②

清廷不查禁四大门的另一原因在于四大门"香头"是"神道设教"的活教材，具有维护儒家伦理与社会秩序的功能。在晚清京津民间社会中，四大门"香头"具有两种重要的角色：一是巫医。据李慰祖调查，"香头"确能使一些患"虚病"或被"拿法"的乡民恢复常态。在乡民眼中，"香头"这种祛邪驱祟的治疗虽有些神秘，但并不是愚弄人的手段。李慰祖明确说："有人认为，信仰四大门乃是乡民无知的表现，香头乃是欺骗愚人的。此种说法完全不合事实，从许多方面看去，乡民的知识比较我们的绝不为少。他们辨别是非的能力，并不比我们弱。"③ 他的调查虽在 20 世纪 30 年代，但"香头"治病的内容、方式及其传统去晚清不过二三十年，而且二者之间并没有本质性的差异。对于香头治"邪病"的解释，超出了本文的讨论范围。④ 从"神道设教"的角度看，他们无疑是清廷这一政治策略的活教材与代言人。

四大门信仰是尊卑礼教的维护者与乡土社会关系的连接纽带。⑤ 四大门信仰及其活动带有鲜明的讲究尊卑的等级色彩，民众视四大门为高人一等的"爷"。仙家的等级制度与礼教的等级制度一样，注重的是合作，而不是敌对。"每个人各安其位，各尽其所应尽的责任，卑的须要听命于位尊的，这样来使社会得到完整持续的力量。"⑥ 在举行朝拜碧霞元君的神圣礼仪时，香头将数量不等的社区成员召集一堂。这些成员虽然属于官宦、地主、商

---

① 李慰祖著，周星补编《四大门》，第 108 页。
② 李慰祖著，周星补编《四大门》，第 90 页。
③ 李慰祖著，周星补编《四大门》，绪论，第 2 页。按：在 20 世纪 30 年代就读于燕京大学的李慰祖先生进行四大门的调查时，曹家大楼"已颓毁，遗迹不存，成为耕地了"。
④ 据民俗学家周星的调查，当代河北地区的乡民如果患了医院无法治疗的所谓"虚病"或"邪病"，很自然地会请"香头"治疗。这种治疗往往费用少、效率高，并不被看成是迷信。
⑤ 李慰祖著，周星补编《四大门》，第 108 页。
⑥ 李慰祖著，周星补编《四大门》，第 108 页。

号、手工业者等不同的社会阶层，但是在朝圣的礼仪活动中暂时消除了阶层的壁垒，平等协作，团结互助，进入一个形式上平等的调适状态。这无疑有利于消除不同阶层的隔阂，增进社区邻里关系的融洽。因此，以四大门信仰为基础的香头制度确有维持社会秩序的功能。

在碧霞元君与四大门信仰活动的社会空间里，民众增进了对礼教和对"神道设教"的认同。对于民众而言，碧霞元君与四大门信仰活动的神圣性与神秘性有机融合在一起，表明了儒家礼教的天然合理性。由此，民众不自觉地增进了对朝廷统治与社会秩序的认同感。①。

光绪二十六年（1900）是晚清妙峰山信仰礼俗由盛而衰的转折年。是年四月初六日白天妙峰山忽降大雪，冻死了数以百计的香客，仅中北道上就有62位香客因雪丧命。第二年庙会时，仅有一位山东来的香客来到惠济祠，庙中住持对其热情接待，"厚饯以去"。② 此后，妙峰山信仰礼俗急剧衰落。光绪朝常到妙峰山进香的满族老香客奉宽后来回忆说，由庚子年到民国肇兴的十年间，"虽人烟稍集，较之从前则远甚矣"③。在他看来，此次妙峰山大雪是对人心不古的一次"告警"。不过，受西方科学观念熏染的新知识人却以此为例，严厉批评民众迷信鬼神的观念与习俗。当时《醒俗画报》对妙峰山的信仰习俗批评说，"烧香的事毫无好处，不能得福，反倒须得祸"，因而呼吁"同胞亦可以省悟一点，像茶棚、路灯等项的银子，若办理点公差之举，岂不是较比着这迷信妄想求福强的多么？"④ 当时社会媒体开始崇尚科学与理性，将神灵信仰习俗视为"迷信"，积极倡言对其进行改造。

庚子国变造成的国耻强有力地促使朝野上下反思"神道设教"的流弊与隐患。当时新知识人在西方实验科学观念的影响下重新审视中国的鬼神

---

① 按：有学者认为"'四大门'的活动可以说是不带政治色彩，只迎合北京地区下层社会落后民众的心理状态，以神奇、怪诞的愚妄之说宣传迷信内容借以惑众。香头均是下层社会中的'地方人士'，政治上无权势，经济上不富有，大多数兼营他业，借以谋生，可谓半职业性的迷信家。充当香头招摇惑众的目的，是为了加强自己'地方人士'的地位"。见方彪《九门红尘：老北京探微述真》，第208页。这与李慰祖对民国时期"香头"的调查情况差距甚大，不知其所据。

② 奉宽：《妙峰山琐记》，第102页。

③ 奉宽：《妙峰山琐记》，第102页。

④ 侯杰、王昆江编著《醒俗画报精选——清末民初社会风情》，天津人民出版社，2005，第98页。

信仰，掀起了反对迷信的声浪。有人疾呼：义和团"皆以神道惑人，必为世之大害"，因此要查禁扶鸾降神的习俗，将一切不在祀典的祠庙改作别用，而对于在祀典的祠庙"亦可酌改学堂"。① 还有人从破除中国人"奴隶"根性、促进思想进化的角度呼吁打破传统的迷信观念，称清末中国"犹一神权世界"。② 其分析说，中国日渐贫弱的一个重要原因在于"下流社会之迷信鬼神"，民间"岁必有迎神设醮之举，靡巨资而不惜，经大乱而不改"；这种迷信实是"政教人心之蠹，而愈以阻其进化之途"③。在这些新知识人看来，民间的鬼神信仰无一例外地属于"迷信"活动。这固然可见其改造社会、启蒙民众的急迫心情，但因为没有触及民间鬼神信仰的核心问题，而不免使其新式的"教化"之意流于形式。

在新知识人以科学反对"迷信"的声浪中，在华北社会影响巨大的妙峰山信仰礼俗自然成了被批评的社会现象。在新知识人看来，妙峰山上的神灵信仰颇显民众的愚昧，而且与义和团招致八国联军侵华的悲剧有着不可分割的联系。有人在《京话日报》上撰文《妙峰山》，直接批评妙峰山"烧香拜佛"的庙会习俗，并将其与庚子国变联系在一起。他认为，信奉佛教的民众却"丢开真正佛理，专讲究迷信鬼神。中国人受害的地方，都由迷信鬼神起。庚子年的义和团就是个榜样。无奈人民受了那样大害，仍然是痴迷不醒"；妙峰山进香"是劳民伤财，阻碍文明的举动"，想要让民众爱国，就要先开通民智，而开通民智就要"去了人民的迷信心"，禁止朝顶进香。④ 妙峰山的四大门信仰也同样遭到新知识人的批判。有人在《大公报》上撰文称，中国人所信奉的并非佛教，庙宇中供奉的神像"不出一切稗官野史，甚至以狐狸、黄鼠狼、刺猬、蛇、鼠为大仙"；民众对这些神灵顶礼敬奉，由于崇信太杂，使自身更为愚昧，"竟至有义和拳之起，酿成国破家亡之奇祸"⑤。这些批评一味地指责民间鬼神信仰的"迷信"性质，以及由此催生的义和团之害，并未做细致的学理分析。严格而言，这些指责只是一种想当然的文化决定论的论调。退一步讲，即使没有鬼神信仰，义

① 《论妄信鬼神之谬》，《新闻报》1902 年 1 月 18 日。
② 《论革除迷信鬼神之法》，《东方杂志》1905 年第 2 卷第 4 期。
③ 《论革除迷信鬼神之法》，《东方杂志》1905 年第 2 卷第 4 期。
④ 《妙峰山》，《京话日报》（第 255 号，1905 年 5 月 5 日）第 2 册，全国图书馆文献缩微复制中心，2006，第 425~426 页。
⑤ 《说蛮教》，《大公报》1903 年 9 月 15 日第一张。

和团运动也可以借助所谓的"法术"惑于朝野。此外，美国传教士丁义华也认为义和团的兴起与民众信奉四大门有关。他分析称，由于民智未开，义和团迷信鬼神，而其降下来的神"甚么黄鼠狼、草刺猬、兔子、大眼贼，无所不有"；如果民众稍有知识，就不会迷信这些神灵。[1] 丁义华也是将民间的鬼神信仰归于民众无知造成的愚昧，以此为基督教打开一道传播西方新知、宣传基督教义的门。

新知识人批评民智未开，其实当时朝廷官智亦未开。庚子国变后，慈禧太后与光绪帝回到京城后，按照传统礼制祭祀、封赠河神，还到各处坛庙谢罪。虽说礼不可废，但在时人看来是"虚文误世，令人不肯实力于人事"[2]的迷信行为。即使在自上而下改革的清末新政时期，不少地方官员一旦遇到干旱，仍照例举行求雨仪式。鬼神信仰作为一种政治体制化的传统，还牢牢地拴住了一些官员的头脑。像袁世凯等务实的改革派官员忙于应对清末政治改革产生的诸种权力与利益问题，无暇在鬼神信仰问题上做文章。而慈禧太后声明的"典礼不可废"的改革前提，也使得一时间难以从制度上撼动鬼神信仰的传统。

宣统二年（1910）十二月，与"神道设教"密切相关的祠庙改革问题提上了法律修订的日程，此事涉及妙峰山信仰礼俗的合法性问题。主持修订《大清新刑律》的沈家本等人终于开始从法律上回应张之洞等人在戊戌变法时提出的庙产兴学主张与民间改革祠庙的呼声。该刑律草案第257条是关于国家保护坛庙的条款。对此，资政院的议员展开了不同角度的讨论。有人主张祀典内外的坛庙均应由政府保护，有人主张应当将祀典内外的坛庙分开对待，以免以后出现执法时误解此条。议员刘景烈主张，"不能指定哪一种庙轻，哪一种庙重，若说人民信教自由，只可视人民之信仰而已"[3]。议员汪荣宝也主张"庙改学堂，神像仍是应当孝敬的，凡合于习惯者皆不为罪"[4]。议员陆宗舆也认为，不在祀典的小庙，"法律上就应有相当之保护"[5]。议员

① 《天津失城五十一周年纪念》，《大公报》1911年7月31日第三张。
② 《论妄信鬼神之谬》，《新闻报》1902年1月18日。
③ 李启成点校《资政院议场会议速记录——晚清预备国会论辩实录》，上海三联书店，2011，第646页。
④ 李启成点校《资政院议场会议速记录——晚清预备国会论辩实录》，第647页。
⑤ 李启成点校《资政院议场会议速记录——晚清预备国会论辩实录》，第647页。

许鼎霖认为，若任民众随意信仰，迷信邪说之事将日多一日。[①] 尽管经过了反复讨论，当年年底通过的"新刑律草案"规定："对坛庙、寺观、坟墓及其余礼拜所有公然不敬之行为者处五等有期徒刑、拘役或一百圆以下罚金。"[②] 该法律条文无异于在"人民信仰自由"的宪法原则下确立了晚清妙峰山信仰礼俗的正当性。

余　论

在晚清的礼治体系中，"神道设教"是辅助礼乐教化的重要手段。尽管儒家主张"祭如在，祭神如神在"[③]，并不明言神灵是否存在，但奉行理学的清廷确实将"神道设教"转化为世俗的神灵设教，此举有意仿造朱元璋改革城隍信仰祭祀改制的用意，即以城隍神"监察民之善恶而祸福之，俾幽明举，不得侥幸而免"[④]。

在晚清国家的神灵谱系中，碧霞元君虽处于外围地带，但奉祀碧霞元君的妙峰山却处在京师西北部的郊区，而且深得官民的香火供应。在嘉道咸三朝国家对民间社会控制力明显弱化的情势下，这自然会引起朝廷在"有伤风化""滋生邪教"方面的密切关注。由于连绵不断的内忧外患，晚清朝廷更为依赖妙峰山的神灵信仰礼俗及其背后的神灵设教，甚至慈禧太后在庚子国变前几度烧"头香"，以求得神佑。她的开放态度确实催生了同光二朝妙峰山礼俗的兴盛状态。

妙峰山信仰礼俗延续中的起伏兴衰，取决于政局和异质文明对京津社会秩序与生活观念的冲击程度。虽然从鸦片战争到庚子国变的诸多内忧外患对政局产生了重要影响，包括基督教在内的西方文明在中国城乡不断扩大传播范围，但这些仍没有从根本上改变京津社会的基本结构、生活方式及其传统。换言之，晚清京津城中的几座基督教堂并不影响当地社会照旧缓慢地进行着新陈代谢。即使在清末自上而下的政治改革中，妙峰山既没有受到"庙产兴学"潮流的影响，也看不到西方自由、平等观念的传播。

---

① 李启成点校《资政院议场会议速记录——晚清预备国会论辩实录》，第648页。

② 高汉成主编《〈大清新刑律〉立法资料汇编》，社会科学文献出版社，2013，第752页。

③ 《论语·八佾》。

④ 孙承泽：《春明梦余录》卷二二《都城隍神》，北京古籍出版社，1982，第317页。

天津富商为妙峰山中北道添设了汽灯，也不意味着这里的信仰礼俗在伦理观念与教化方式上融入现代文明的气息。

民间的妙峰山信仰习俗，是一种特定时空的社会生活，类似脱离世俗日常生活的宗教生活。相对于晚清政局的骤变，这里的传统得到了最大限度地保留和延续。数以十万计的信众来来去去，却很少留下痕迹。即使是慈禧太后前来进香，也没有引起太多的社会关注，而留给后世的相关史料更是少之又少。政治的"变"与社会的"不变"，给人留下很清晰的错位感。因此，若以十年这样较短的时段来考察妙峰山信仰礼俗之教化的变迁，难免会有"巧妇难为无米之炊"的感叹。当我们将其放在咸同光宣四朝这样一个时段中进行考察时，会发现妙峰山信仰礼俗的新陈代谢虽然缓慢，但仍然出现了难以消解的内在张力。光绪十七年（1891）妙峰山附近的良家元村信众对所谓"近来风俗一变，时不如古"[①] 的新现象深感恐惧，他们通过建造观音庵、竖立全村约规碑的方式，极力维护旧有的生活传统与伦理观念。但这仍不能阻挡一些民众在孝悌、教子、和邻、顾耻诸方面对传统的叛离。香会中的武会以追求成为"皇会"为首要目标，其世俗的功利性在一定程度上消解了碧霞元君信仰劝善劝孝的教化性。

对于晚清朝廷、某些官员与京津民间社会而言，妙峰山信仰礼俗既是政治教化，也是社会教化。其在政治认同、社区和谐与个人品德修行上确有助益。不过，政治教化与社会教化之间并不完全一致。妙峰山信众并不严守朝廷"神道设教"的规矩，而是在碧霞元君的名义下自行增祀王三奶奶与四大门。只是由于庚子国变的牵连，其中的四大门信仰才遭到新知识人的批评，并由此引发了妙峰山信仰礼俗的正当性问题。得益于清末的预备立宪，妙峰山信仰礼俗获得了合法身份，但这并没有触及神灵信仰的政治化传统以及与之密切相关的神权问题。清帝逊位后，妙峰山礼俗信仰迎来了更为复杂的境遇与命运。

---

① 　张文大：《良家元村恭举碑记》，《妙峰山碑石》，第 197 页。

近代旧产婆由取缔到改良的
转变历程述论[*]

朱梅光^{**}

中国几千年的生育传统中，产婆一直充当着重要的角色。近代以来，随着西医新法的输入，公共卫生观念逐渐确立，旧式产婆及其所代表的工作形态日益受到挑战。尤其是民国成立以后，分娩卫生逐渐国家化、医疗化，旧式产婆何去何从，日益成为国人争论的焦点。产婆作为"女性医疗照顾者"的角色，在当代西方史学界日益重视"女性与医学"课题的背景下，逐渐成为学界讨论的热点，成果也较为丰硕。但相比之下，对于中国传统女性医疗照顾者，尤其对近代旧式产婆的研究较为薄弱。^① 有鉴于此，本文以近代国人对旧式产婆的出路之争为切入点，对相关问题做一详细考察。

一 主体身份构成与职业习惯

近代国人认识到，中国古代虽有"胎教之传"，但载录于周秦古籍中的

---

* 基金项目：2014 年度安徽省教育厅人文社会科学一般研究项目"南京国民政府时期农村分娩卫生救助机制研究"（2014SK11）

** 朱梅光，淮北师范大学历史与社会学院副教授。

① 关于学界对产婆群体的关注，其代表性的成果有：蒋竹山：《从产婆到男性助产士：评介三本近代欧洲助产士与妇科医学的专著》，《近代中国妇女史研究》1999 年第 7 期；游鉴明：《日据时期台湾的产婆》，《近代中国妇女史研究》1993 年第 1 期；姚毅：《产婆的"制度化"与近代中国的生育管理——以南京国民政府为中心》，〔韩〕《中国史研究》2002 年第 20 辑；赵婧：《西医产科学与南京国民政府时期的产婆训练》，《史林》2013 年第 4 期；李洪河：《新中国成立初期的旧产婆改造》，《中共党史研究》2014 年第 6 期；等等。

医籍篇章，形如昙花偶现，散漫无序，"实不足以言学"。即使后来日增月盛的妇产科专书，皆以模仿古人陈迹取胜，其理论则与新医术不符。[①] 这种对于"生产一科，历欠讲求，即有一二专著，亦欠明析"的状况，[②] 导致分娩之权，不操之医师，而被"不识不知、无学无术、为鬼为蜮、列于三姑六婆间之产婆"所操持，[③] 相沿日久，遂成不良习惯。此语虽专注于批判，有言过其实之处，但回视传统生育观，向以胎产归之天然，将接生一门，视为卑污下贱之行业，确是不争的事实。综括而言，近代国人对旧式产婆的主体身份构成与职业习惯，已有较为清晰的整体认识。

首先，就其来源与构成而言，旧式产婆是传统礼俗文化的产物。

中国传统的怀孕与生产习俗，体现了男性中心意识和女性的工具地位，以生育为核心的女性价值观，明显地体现着产育不洁和重男轻女的观念。[④] 此种观念，导致"智识界与接生事业早已宣布脱离"，有知识、有能力的人才，对于助产职业，"见而生畏，惟恐自己不得已而入接生事业"。长此以往，普通人耻提接生，只有年纪较长有过生产经验的"一般老姬"，以及"不安分自命胆大的一般妇女"，成为"普通接生婆的出身"。[⑤] 她们大多既无训练所的专业培训，又无学徒式的苦修。据《妇女杂志》调查，民国北京的"姥姥"，安徽绩溪、江西南昌、江苏吴中、福建晋江的接生婆，"多为经产之老妇任之，未受产婆训练"，既无学识，又无技能，对于生殖学、生理学常识以及接生手术一概不知，有的甚至连旧时代生产所奉为指南针的《达生篇》也没有看过。[⑥] 因此"所谓产婆者，乡曲老姥，龙钟可掬，生理不知，解剖莫晓，徒为饥寒所迫，标其门曰收生，曰接胎"。[⑦]

---

① 叶蔚文：《海丰产科学校演说词》，《光华卫生报》第 2 年第 2 期，1919，第 55 页。

② 许修五：《天然之分娩》，《光华卫生报》第 2 年第 4 期，1919，第 10 页。

③ 陈姚樨屏：《中国今日宜养成产婆论》，《妇女杂志》第 2 卷第 4 号，1916 年 4 月，第 8 页（文页）。

④ 高世瑜．《中国传统生育文化与女性》，载北京大学中外妇女问题研究中心《北京大学妇女问题首届国际研讨会论文集》，1992，第 171 页。

⑤ 陈志潜：《接生婆》，丙寅医学社编辑《医学周刊集》第 1 卷，北京世界日报社，1928，第 114 页。

⑥ 《吾乡的生产风俗》，《妇女杂志》，第 11 卷第 7 期，1925 年 7 月，第 1173～1200 页；郁文：《吴中女子生活谈》，《妇女杂志》第 1 卷第 6 号，1915 年 6 月，第 7 页（文页）；尚实：《晋江妇女职业谈》，《妇女杂志》第 1 卷第 11 号，1915 年 11 月，第 3 页（文页）。

⑦ 陈姚樨屏：《中国今日宜养成产婆论》，《妇女杂志》第 2 卷第 4 号，1916 年 4 月，第 8 页（文页）。

其次，旧式产婆是传统的迷信接生习俗的主要代表者和直接实施者。

《妇女杂志》对传统的迷信接生习俗有专门调查。在妇女临盆之际，如河北永清的产婆以手巾蒙上产妇的脸，否则"必见鬼而死"，门后贴张天师像，射杀偷吃诞下的婴孩的"天狗"。福建闽侯产婆将"送子娘娘"和"一尊白色的观音菩萨"置于长方形箱内，默祝祷告，祈求"胎儿速下"。还有浙江鄞县的拜灶君、念"催生经"以及"按阴阳"，广东合浦的产婆附会鬼神"着事"之举等。旧法接生中最突出的问题是难产，为了帮助产妇度过产厄，河南信阳于难产发生时，在家神面前焚香祈祷，或在产妇背上贴上"北斗紫英妇人在此"字样。安徽绩溪的"谢临月"与"祀李王"、云南腾冲的"剪莲花"、绥远新城"挡神像"之举，其目的都是借此大施神力，度过产厄。① 作为传统礼俗文化产物的旧式产婆，自然和这些接生习俗有种天然的亲和力，其中产婆无一例外是其主要代表者和直接实施者。这种迷信外衣，集中反映了原始文化、鬼神文化、祖宗文化以及医药文化等文化的多重叠合。②

最后，旧式产婆的职业习惯、接生手法与近代科学背道而驰，是某些妇婴疾病乃至死亡的原因。

近代有人就旧式产婆收生营业的成效做有专门考察，以对北平的统计而论，产母死亡率约为15‰，婴儿死亡率每千人则高达 250 至 300，两项均为英美三倍之多。死亡率如此之高，其原因不外乎"助产者之缺乏产科知识"。③ 尤以产婆为代表的旧式接生，不明产科生理与病理之别，不知消毒灭菌、饮食卫生之法。陕西华县卫生院于 1934 年对全县 14 名皆有七年以上接生经验的收生婆收生手法做一调查，其接生手续相同者如下——产时位置：立；产后位置：坐三日；洗手情况：不洗手；脐带结扎：同原脐带作结节；剪刀消毒：不消毒；难产时处理法：用秤钩拉出。④ 从中可见，在接生的几个重要环节上，其职业习惯不仅与科学精神背道而驰，有时甚至达到蛮横粗暴的程度。时人就此专门总结出十条旧式接生习惯：（1）不知产

---

① 《吾乡的生产风俗》，《妇女杂志》第 11 卷第 7 期，1925 年 7 月，第 1173～1200 页。

② 徐桂兰：《中国育俗的文化叠合》，广西民族出版社，2002，第 92 页。

③ 杨崇瑞：《专件：产科教育计划（附产科学校章程）》，《中华医学杂志》第 14 卷第 5 期，1928 年 11 月，第 62 页。

④ 《华县卫生院工作报告（1934 年 9 月至 1935 年 12 月）》，《公共卫生月刊》第 1 卷第 11 期，1936 年 5 月，第 58 页。

前检查；（2）产时不知消毒；（3）坐马桶生产；（4）不保护会阴部；（5）随意阴道检查；（6）遇难产时横施蛮力；（7）利用产妇头发置其口中促之呕吐而迫胎盘下降；（8）生后 24 小时产妇必靠背而卧不得安眠；（9）产后产妇尽量食砂糖不吃蔬菜；（10）生产后 40 日内不能吃盐。①

这些非科学的接生手法与不良习惯也成为某些妇婴疾病乃至死亡的原因。"妇女因产丧命者"与"婴儿不能成人者"，每年不可数计，"即使侥幸生存，然中年以上妇人，十之九抱有宿疾。考其致病之源，大都由产而生。儿童不健全者，亦多起因于胎育"。② 据公共卫生学者的调查，产妇死因最重要者有三：产后热（子宫急性炎）、子痫（胎毒）、产后失血。小儿二周内死因最重要者为七日风。这些死因"无一不与接生婆有直接关系"。③ 与新法相比，判若天壤。据上海市高桥区卫生所的调查，用卫生所科学方法接生的乳儿死亡率仅为 40.3‰，而以旧式产婆代接的乳儿死亡率达到210.8‰，后者约为前者的五倍。④

二　医学日昌中的觉醒与反思

时人对旧式产婆的整体观感，是和医学日渐昌明发达密切关联。早在鸦片战争后，西医东渐，福建沿海县份的部分乡镇产妇即由外国教会办的医疗机构及开业助产士施行新法接生。⑤ 可以说，西洋医术输入中国，在社会上下逐渐养成一种新风，"生产一科，人多注重"。⑥ 在其熏染下，时人逐渐认识到旧医产婆选用的"催生丹""外用藏香"及一切"下胎诸药"和"香窜之物"均非科学，那种"刀割钩摘"的蛮横行为，形同"生擒活剥"

① 吴钟瑶：《江宁自治实验县江宁镇调查报告》，《公共卫生月刊》第 1 卷第 8 期，1936 年 2 月，第 47 页。
② 李瑞麟：《产前诊查及其关系之重要》，丙寅医学社编辑《医学周刊集》第 1 卷，北京世界日报社，1928，第 110 页。
③ 陈志潜：《接生婆》，第 114～115 页。
④ 杨子韬：《从乳儿夭折率上所见之家庭卫生与公共卫生的重要性（续）》，《新生路月刊》第 3 卷第 6 期，1938 年 7 月，第 15 页。
⑤ 福建省卫生志编纂委员会编《福建省卫生志》，福建省卫生志编纂委员会，1989，第 387 页。
⑥ 许修五：《天然之分娩》，《光华卫生报》第 2 年第 4 期，1919，第 10 页。

之术，对于母婴的"当时之祸与日后之患有不可胜言者"。①

稳婆操其权柄，即使再有"万应灵方"的辅助，也很难阻挡难产事故的发生。早期虽无准确统计数字，但这种"罹于娩难殇其子嗣者，半误于庸医及稳婆之手"②的情况确是司空见惯。在早期报刊的近事报道中，可窥一斑。如1898年1月《万国公报》刊登了一封"苏州来稿"，作者以自己"内子惨罹是祸"现身说法，痛斥"稳婆之恶"。③《竞业旬报》也以"稳婆可杀"之名报道了上海大东门内一稳婆的荒唐行径导致"母子俱毙"的新闻，并将"稳婆杀婴儿"，视为三桩大害之一。④读来令人触目惊心。

当然这种初步的反思，是和新式接生法的影响成正比的。上文所述"苏州来稿"的作者即大力提倡"请广行西法收生以解产厄"，他呼吁将"西医收生各法能解产厄等说"以及"西医妇科专书"刊印广登，拟请西国善士与中国官绅"推广医院""多延女医"，这一切都是为了让华人耳濡目染西式助产法，以消除成见。⑤到20世纪初，东南沿海一带对新式接生法的推广逐步增加。1903年，广东崔咏秋、李度伟等，联合同志，创设了"接生善社"，"延聘精于产科之西医华女，常川驻局，以备产家延请，不取医资"。⑥1906年，杭州城内的两位绅士高白叔和金月笙认识到，"中国收生一事，素无专门，辄以老妪为之，殊非珍重之道"。遂慨助经费，与英人梅滕更医士商酌组织一"速成产科医学堂"，授以西方收生及产科各种条目方药。⑦1909年有位名叫江绍铨的人以西式之法开办了"产科讲习所"，这种作为"推广之计"的产科学堂，得到了当时民政部的批准。⑧

新式接生法的倡导，推动了中国医药卫生日益昌明，改变了国人对于妇婴卫生的某些陈旧观念。时人逐渐认识到妇婴卫生，为民族保健之先着，有健全之妇婴，才有健全之民族。很多人看到了"旧式接生的非科学与没

---

① 乘槎一士：《杂事近闻：难产万应灵方（并序）》，《教会新报》第247期，1873。
② 史宝安：《河南女子师范学校毕业训词》，《妇女杂志》第2卷第1号，1916年1月，第9～10页（文页）。
③ 《苏州来稿：请广行西法收生以解产厄说》，《万国公报》第108卷（第9年第12号），1898年1月，第1～2页（文页）。
④ 《时闻：稳婆可杀》，《竞业旬报》第16期，1908年5月30日，第22页（文页）。
⑤ 《苏州来稿：请广行西法收生以解产厄说》，第1～2页（文页）。
⑥ 《记事：内国：接生善社》，《女子世界》第12期，1904，第4页。
⑦ 《纪闻：志速成产科医学堂》，《广益丛报》第116期（第4年第20期），1906年9月8日，第6页。
⑧ 《新闻：京外新闻：产科提倡（录国报）》，《四川官报》第17期，1909，第62页。

有前途"，站在"公共卫生与民族健康的立场上主张消灭旧式接生方法"。①
这样一来，在西医潮流的涤荡下，以旧式产婆为代表的传统分娩卫生日益
受到审视和批评。他们认识到近代"产婆学"（即西方近代产科学）是一种
专门的学问，"人不能无母而生，有母必有产，是产婆学亦人生一大问题
也"。泰西各国开设的"产婆学堂"，培养具有专门学识的助产人才，"俾知
若何受胎，若何致病，若何为产之顺逆"。② 因此"产幼两科，自精者言之，
非有专门学识，不能了了"③。产婆须有医学知识，分娩卫生诸环节，"依赖
有新识专门之医者"，乃势之所趋。④

作为医学日渐昌明下觉醒与反思的产物，淘汰旧式产婆的呼声，不时
在近代早期的中国社会上出现。据《白话爱国报》1913 年 4 月 7 日报道，
当时的北京市警察厅因为内外城各处产婆，既无生产上的知识，同时对于
妇婴的生命，又极有关系，因此"拟设法取缔，以维民命"。⑤ 妇婴卫生又
为公共卫生的重要一环，随着公共卫生事业在中国的兴起，时人张孝骞撰
拟了 18 项公共卫生之细目，其中第 18 项即为"干涉庸妄误人之医士稳
婆"。⑥ 此项计划推出不久，1920 年 2 月 21 日在北京由顾影、刘竞明、林耀
琴等 30 余人自动组合而成的"产科研究会"宣告成立，其宗旨是"改良不
合理的收产法"。⑦ 随着视野扩大，时人逐渐认识到，中国旧俗稳婆的收生
法，总归有淘汰的趋势。

虽然如此，但至少到 1930 年初，旧式接生格局并未从根本扭转，当时
在中国施行的接生方法共有六种：旧式收生婆、亲邻、自己、住院医师、
西医来家以及助产女。按其技术归纳，前三种为旧式接生法，后三种为新
式接生法。⑧ 另外，自西法接生传入我国，虽日渐发达，一般知识阶层中
人，对之已有较高的信仰，但民情积重难返，旧式接产的势力，"依然充满

---

① 日昭：《谈新和旧的接生问题》，《科学与生活》第 1 卷第 1、4 期合刊，1946，第 100 页。
② 觉民氏：《杂俎：产婆学宜习》，《安亭旅沪同乡报》第 6 期，1910，第 16 页。
③ 史宝安：《河南女子师范学校毕业训词》，《妇女杂志》第 2 卷第 1 号，1916 年 1 月，第 9 ~ 10 页（文页）。
④ 陈垣：《北京保安产科医院序》，《光华卫生报》第 2 年第 4 期，1919，第 60 页。
⑤ 王康久、刘国柱编《远古 ~ 1948 北京卫生大事记》第 1 卷，北京科学技术出版社，1994，第 634 页。
⑥ 张孝骞：《公共卫生设施之程序》，《新湖南》第 1 卷第 1 期，1919 年 6 月，第 29 页。
⑦ 《特别记事：产科同志的组合》，《通俗医事月刊》第 6 号，1920 年 3 月，第 60 页。
⑧ 高镜朗：《婴儿死亡调查》，《医药学》第 8 卷第 11 期，1931 年 11 月，第 20 页。

在大都会中的中下级社会和乡镇等缺少西法接生的地方"。① 如此一来，对于妇婴卫生的演进，以及新式接产工作的实施，都有莫大的阻碍。时人有鉴于此，对于旧式产婆，逐渐认识到，仅靠时代演进式的自然淘汰远远不够，还需要人为地取缔。早在1916年，有人受到当时中医西医争论的影响，认为当此医学渐兴时代之中国，应将代表落后的产婆取缔，并敕令其改业。② 后来江西妇女界就曾在报刊上大力呼吁"自身应当赶快觉悟而取缔"。③ 而到1928年，"国民政府教育部和卫生部"也适时因应了社会的这种需求，从两个方面着手相关工作：一方面"特设助产教育专门委员会"，以求产科教育之改进；另一方面，内政部又明白宣示"旧式稳婆之应取缔"，特下令禁止，至1931年年底为止，不准再有旧式稳婆存在。④ 至此，旧式产婆的命运似乎已被注定。

三　另一种声音与思路

但事情远非呼吁与设想的那么简单，正如中西医冲突下中医的前路抉择一样，具有悠久历史的产婆及其代表的旧式接生方法，很难遽然退出历史的舞台，因此在一部分西医洋术拥护者的眼中沦为批判与抨击对象的产婆，却在另一部分奉行实用主义哲学的人那里，存在着另一种声音，主张应行"改良"与"养成"，以适应社会的转变，迎合社会急迫的需求。

他们认为国家平日"未施此等正当之教育，一旦执而取缔，所谓不教而杀"，未见取缔之利，反贻人以口实。⑤ 在新法产科医生没有充盈，"不敷应世的当儿，就要使社会人士，把稳婆完全摒弃不用"，这在事实上有极大困难且难于办到。⑥ 当1928年内政部禁令出台之后，瞿绍衡随即对此质疑，"近读国府命令，旧式产婆，限1931年12月31日一律禁绝，在此三年准备

---

① 许世瑾：《绍兴旧式接生的情形》，《医事月刊》第1期，1923年11月，第27页。
② 陈姚榍屏：《中国今日宜养成产婆论》，《妇女杂志》第2卷第4号，1916年4月，第8页（文页）。
③ 朱文辉：《南昌妇女的现状》，《妇女杂志》第14卷第1号，1928年1月，第47页。
④ 谢筼寿：《助产士真过剩了吗》，《社会卫生》第2卷第5期，1946年7月，第10页。
⑤ 陈姚榍屏：《中国今日宜养成产婆论》，《妇女杂志》第2卷第4号，1916年4月，第8页（文页）。
⑥ 俞松筼：《关于上海产婆补习所之事实报告》，《医药评论》第5期，1929年3月，第27页。

期内，若不急图培养科学化之产科女士以代之，则禁令等于具文"。遂在"前中央卫生会"上，对于禁绝旧式产婆之年限，认为"不能一律"，只能"各该地方长官认无必要时得随时取消之"，因为"通商之埠"和"乡僻闭塞之区域"产科教育的发展极不均衡。① 在他们看来，提倡中年妇女的助产妇教育，训练现有的旧式产婆，改善她们的职业地位，使其从下层做到上层来，才是一条适合国情的实用主义路径。

这条路径，首要之点，即是要让旧式产婆也应具备近代的职业资格。外国产婆学堂的学员，经过近代医学的充分培养，具备接产的职业资格，尤其是日本产婆的学习与培训，其程序更为严格。日本法令规定，"非习一年以上之产婆学者"，在产婆检定时，不许应试及登产婆名录。② 在产婆检定试验关，必须经医师试验，以造就熟练产婆之技。也就是说，"产婆技术之优劣，非得医师之确定者，断不可十分信任"③。而中国旧式产婆至多二三人作保，到官署登记即可行业，这样一来，"中国现时所有的接生婆因为没有相当的训练，就没有维持这种职业的资格"④。而这也是造成接生一门在中国不受重视、落后迟滞不能发展的原因。

因此，只有使接生的人具有医学的知识与职业资格，才能让这种职业得到重新的尊重与亲近，而这对于产婆这个庞大群体与传统的接产工作的转型都是非常急需的。早期即使明倡西法接产的"苏州来稿"的作者，也认为让"无知稳婆俱明全体之学"的重要性。后来有人主张设立"稳婆研究会"，"叫现在所有挂牌子的收生姥姥们，都入会研究生产的道理"，其目的是想使世俗的收生姥姥都成为"有学问的人"，以保障安全生产。⑤ 后来另有人主张设立"产科研究所"，以"医的知识"训练产婆，并希望各省各县多办此项研究所，与此有异曲同工之处。⑥ 无论是"稳婆研究会"，还是"产科研究所"，应是后来广泛倡办的产婆训练班的早期雏形，其实质是想成为一种培训机构，使旧式产婆直接接受近代科学产医学知识的熏陶、培养与锻炼，从而赋予这个群体相应的执业资格。

① 瞿绍衡：《产科教育设施方法意见书》，《医药评论》第8期，1929年4月，第6页。
② 沈芳：《妇女卫生谈》，《妇女杂志》第1卷第1号，1915年1月，第5页（文页）。
③ 沙世杰：《育儿法》，《医药学报》第1期，1907，第8页。
④ 陈志潜：《接生婆》，第113页。
⑤ 《稳婆》，《敝帚千金》第23期，1907，第16页。
⑥ 虞诚之：《产婆能没有医的知识吗》，《通俗医事月刊》第2号，1919年11月，第27页。

　　顺着这条思路，时人遂有产婆养成之论、改良之议。"与其取缔产婆，夺人生计种种，何如养成产婆，造福苍生万万。""是养成产婆之论，实中国今日保种之要图，强国之良法也。"①"改良产婆，急不容缓，有志者苟起而提倡之，女界幸甚。"② 与此论呼应，吴葆光拟定了一份"中国卫生改良表"，在第一部分"教育之卫生"下有"专门卫生教育"一目，在此目下有一项"产婆养成所"。其直接目的就是践行合法的培训机关的功能，"是则产婆养成所不可不设立也，凡欲谋生此业者，若非由所毕业领有文凭，概不令其行业"。③

　　现实中，在官方转换思维、积极倡办各地产婆训练班之前，已有人开始落实产婆"养成"之论，探索各种改良培养的模式。著名医师杨崇瑞发表了一份"产科教育计划"，他建议设立产婆"讲习班"。此班"以两个月为期，专为训练旧式产婆而设，宗旨在增高其程度，使明产科之大意"。该班暂拟学额 80 名，取"25 岁以上 65 岁以下之旧式产婆，视听力完全精神灵敏者为合格"，入班就读相关妇产儿科方面的课程。④ 20 世纪 30 年代北京接生婆约有 300 余人，"取缔接生婆，如果一律令其不接停业，势有所不能"，只有采取"釜底抽薪的消极训练办法"，设立"产婆训练班，授以近代接生方法"，以图补救，办理以来并颇有成效。⑤ 后来上海的俞松筠医师也认识到新法产科人才的缺乏，为了暂应社会的需要，遂创办"上海产婆补习所"，其目的是采用"截长补短的计划，以求这个意旨底实现"。⑥ 从中可以看出，虽然新法接产是大势所趋，但在全社会完全确立与普及还需要一个过程，在这过渡期内，对旧式产婆若完全取缔与淘汰，不仅成效甚微，往往还会事与愿违。改良与养成，从某个角度而言，也不失为一条可行的路径。

---

① 陈姚樨屏：《中国今日宜养成产婆论》，《妇女杂志》第 2 卷第 4 号，1916 年 4 月，第 9 页（文页）。

② 沈芳：《妇女卫生谈》，《妇女杂志》第 1 卷第 1 号，1915 年 1 月，第 5 页（文页）。

③ 吴葆光：《论中国卫生之近况及促进改良方法》，《新青年》第 3 卷第 5 号，1917 年 7 月，第 2 页（文页）。

④ 杨崇瑞：《专件：产科教育计划（附产科学校章程）》，《中华医学杂志》第 14 卷第 5 期，1928 年 11 月，第 65~68 页。

⑤ 孟威：《平市的助产事业》，市政问题研究会编印《市政评论》第 1 卷合订本，1934 年 6 月，第 99 页。

⑥ 俞松筠：《关于上海产婆补习所之事实报告》，《医药评论》第 5 期，1929 年 3 月，第 27 页。

四　过渡期改良理念的确立

1928 年内政部颁布的"管理接生婆规则"第 16 条载明，要求各地方官署核发接生婆执照，限于 1931 年 12 月 31 日为止。此处虽有最后期限，但从颁布到截止日期，无疑也预留出一个培养正式助产士的过渡期。换一句话讲，"在助产士尚未普遍各县以前，这种接生婆在需要上还只能允许她们存在"。[1] 现实情况的发展也证明此过渡期太过于短促，根据"卫生署 1937 年 1 月 19 日医字第 369 号咨"内的记载，在最后期限截止以前，卫生署先后接到浙江省民政厅和湖北省政府之呈请，展限四年，将最后日期推迟到 1935 年 12 月 31 日届满。后来又接到江西省政府转省卫生处处长潘骥 1936 年 7 月 22 日的"再予展限二年"的呈请，又批复同意。[2] 这样一来，经过三次展限，原来的三年过渡期延长为九年，充分证明了之前瞿绍衡对该禁令的质疑与担忧所具有的前瞻性。

过渡期延长，不仅过去确定的硬性取缔的政策被搁浅，就连过渡期内消极的"允许她们存在"的想法也不可行，唯有改良一途，才是救急的法子。对不同年龄段的产婆，采取不同政策。对于 60 岁以上的稳婆，"剔除不用，并禁止其营业"，是为取缔与淘汰；而对于年轻的稳婆，改良的最佳模式莫过于"组织旧式产婆训练班"最为有效，即令她们"一律加入训练班，教以重要消毒意义，及各项关系胎产上生理上粗浅常识"，是为训练。训练成功后颁发"接生证章"，加以营业保护。[3] 这样一来，对于旧式稳婆，区别对待，使其有一定范围可守，"如是则治标治本，并行不悖，既可补救过渡之目前，又得坐收实效于将来"，同时又不会影响"旧式稳婆无形绝迹，科学产科应速而生"的最终目标的实现。[4] 如此一来，过渡期内产婆改

---

① 程浩（Dr. H. Cheng）：《本省（浙江）接生事业应当怎样的改进》，《医药学》第 6 卷第 11 期，1929 年 11 月，第 30 页。

② 《令卫生局：为准卫生署咨为关于接生婆登记再展限二年请查照饬知一案令仰知照由》，《上海市政府公报》第 177 期，1937 年 2 月 10 日，第 60～61 页。

③ 姚灿绮：《训练旧式产婆的困难及改善》，《医药学》第 14 卷第 1 期，1937 年 1 月，第 34 页。

④ 龙秀章：《目下旧式稳婆势力尚盛宜如何发展科学产科议》，《广西卫生旬刊》第 1 卷第 23 期，1933 年 12 月，第 4 页。

良理念遂告逐步确立。

如果对促致政策转向的力量作综合深入考量的话，有两大因素居于主导地位。首先，就社会基础与影响而言，在部分地区，旧式产婆及其代表的旧式接生法仍受到一定程度的信仰与推崇。例如在江苏无锡实验卫生模范区内，据调查，1931年1月至7月，采取西式接产数仅有1例，占2.8%，采取旧式接产法者有31例，占到86.1%。[①] 再如20世纪30年代中期南京江宁县的"一般妇人视生产为平常之事，无须有人帮助，即或需要帮助，亦无非假手于婆母及稳婆之类，苟遇危险，以至丧命亦惟委之天命而已"。[②] 这样一来，即使接生婆为普通妇女，没有科学医学的修养，仍旧能施其伎俩。在西北农村，情况尤甚。一般民众对于接生婆素有相当信仰，新式接生，实施更加困难，致使甘肃省卫生实验处在推进妇婴卫生工作时，不得不改弦更张，对于旧式产婆，"加以训练，以冀减少危险"。[③]

其次，由于种种原因，新法产科人才的培养非常迟滞，远不敷社会的需求。据理论上的估算，过渡期内全国大约需要23.5万名助产士和700余所助产学校，[④] 但实际上全国助产士人数，截至1936年12月底总数仅为3285人，[⑤] 即使截至1946年的统计，在卫生署已登记之助产士，也仅为7209人。以此救助全国1200万产妇，实属杯水车薪、无济于事。[⑥] 而助产学校的举办更形简陋与寒碜。中国的助产职业教育，直至1928年始由政府统制，以北平国立第一助产学校、南京中央助产学校为代表的公私立学校等近30所虽先后兴起，但"自七七事变，烽烟遍地，助产学校中，若干沦入战区，若干暂告停顿，若干辗转迁移，其能弦诵不辍，安定工作者，已

---

① 陶炽孙：《卫生模范区工作之一例：无锡实验卫生模范区试办工作报告》，《东南医刊》第3卷第3期，1932年8月，第45～46页。

② 沈元晖：《江宁县乡村卫生护士工作概况》，《公共卫生月刊》第1卷第6期，1935年12月，第35页。

③ 《甘肃省卫生实验处工作概况（1934、1935年度）》，《公共卫生月刊》第2卷第9期，1937年3月，第720页。

④ 王琴：《助产教育的重要》，《浙江省立杭州高级护士助产职业学校校刊》第1期，1940年12月，第15页。注：也有一说为22.5万名。

⑤ 《革新与建设》第1号，1937年3月，第137页。

⑥ 刘正兰：《我国需要二十二万五千助产士》，《中华健康杂志》第9卷第2期，1947年3月，第3页。

属寥寥无几"。①

这直接导致全国范围产科人才严重匮乏。据笔者统计，截至 1935 年，率先兴办的全国重要的几个卫生事务所下辖的乡区分所，以及卫生实验区下辖的县立医院，如南京市卫生事务所下辖的上新河、孝陵卫镇、尧化门、燕子矶、宝塔桥以及西善桥分所，汤山卫生实验区事务所，江苏泰县、山东菏泽、陕西华县和三原等县的县立医院和卫生院，都只有助产士一人，承担着非常繁重的助产工作。② 另据统计，截至 1939 年 2 月，福建全省助产士已领证和未领证虽总计 233 人，占全省医务人员的 13.1%，但还有福安、福鼎、顺昌、将乐、闽清、屏南等 67 个县区没有助产士。③ 又据江苏 32 县医药卫生状况调查报告，32 县新式助产士共 236 人，旧式产婆仅 14 县已有 3857 人。④

这些严峻的现实，促使政策制定者必须认真考量。其实早在 1928 年 10 月，在南京国民政府"训政时期卫生行政方针"中，对于接生婆，虽仍保留"取缔"的总方向，但也较为明确地宣示了改良与训练的必要。在"管理医药"条目下详细区分并规定了各级政府卫生行政的应办事项，特别市和普通市除依例取缔外，还要"授以消毒接生智识"；各省（区）的卫生行政机构也应派员赴各县分班召集接生婆，"授以简要接生学识及消毒大意"；而各县应大力倡办"保健医务"，由县呈请省或特别区政府派员到县召集接生婆并教练之。同时作为配套措施，卫生署又制定了《管理接生婆规则》，且编集《接生方法》一篇，"期于取缔营业杜绝流弊之外，并授以必要之接生智识，以期适用"。并以"接生婆须知"的形式下达各省民政厅，希望"切实遵办，是为至要"。⑤ 1929 年 7 月 24 日又下达训令，督令各省民政厅、特别市卫生局切实遵行。⑥ 到 20 世纪 30 年代末，遵照此精神和理念，特别

---

① 龚旭辉：《助产职业之检讨》，《浙江省立杭州高级护士助产职业学校校刊》第 1 期，1940 年 12 月，第 14 页。

② 见相关各章，《公共卫生月刊》第 1 卷第 1 期，1935 年 7 月，第 15、18、20、21、23、25、65、86、99、102、109、115 页。

③ 《福建省医师登记统计》，《闽政月刊》第 4 卷第 2 期，1939 年 4 月，第 102～104 页。

④ 林竞成：《中国公共卫生行政之症结》，《中华医学杂志》第 22 卷，中华医学会，1936，第 964 页。

⑤ 《专件：训政时期卫生行政方针（附各种规则)》，《中华医学杂志》第 14 卷第 5 期，1928 年 11 月，第 71～77 页。

⑥ 《训令：令各省民政厅、特别市卫生局令饬取缔接生婆并设训练班（7 月 24 日)》，《卫生公报》第 1 卷第 8 期，1929，第 26～27 页。

市及各省（区）以及各地卫生实验区、模范区不仅先后制定出本地区的接生婆注册领照规则，同时以下达的"接生婆规则"和"方法"为参照，制定出适合本地的接生婆训练班章程和办法。如此一来，接生婆训练班在各地先后开办起来，过渡期内产婆改良理念由理论到实践，遂告完全确立。

　　总括而言，前近代的中国，与18世纪前的欧洲相似，分娩只是一种社会行为，而非医疗行为。但随着近代式产科学的输入，传统助产术呈现逐步医疗化的趋势。鸦片战争后伴随这种趋势，对旧式产婆批判之声兴起，至20世纪20年代，达致高峰。但代表先进与科学的新式助产法并没有迅速击败所谓落后而愚昧的旧法接生，助产士也并没有全面顺利地取代旧式产婆。相反，取缔声中，存有改良、养成之议，约于1928年后，在分娩国家化的趋势下，旧式产婆以较为统一的训练班的形式，由理念到实践，被逐步纳入正规的助产职业教育的行列中，成为近代妇婴卫生得以推行的一支重要力量。而这种模式，也一直持续到新中国成立后很长一段时期，被保留和继承下来，并对新中国妇婴卫生的改良，发挥了相当重要的作用。

抗日根据地的医疗卫生展览会研究

李洪河[*]

抗日战争时期，在各敌后抗日根据地举办的主题各异、形式多样的展览会中，医疗卫生展览会是其中的一个重要内容。虽然它与为数众多的工农业生产与建设展览会相比，并非根据地展览会的主流形式，但透过这些医疗卫生展览会，不仅有利于加深对抗日根据地的医疗卫生工作和历史的了解，而且对把握抗日根据地的政治、社会和思想观念也大有裨益。此前学界对抗日根据地生产与建设展览会的研究虽也偶有提及根据地的卫生展览情况，但对根据地医疗卫生展览会的整体研究尚鲜有涉及。本文即拟以抗日根据地的医疗卫生生态为背景，在厘清根据地医疗卫生展览会发展脉络的同时，分析展览会举办中的社会动员及其所带来的较为深刻的社会影响。

一 抗日根据地医疗卫生展览会的举办缘起

抗日战争时期各敌后抗日根据地医疗卫生展览会的举办，主要是基于当时各根据地的医疗卫生生态。由于抗战时期中共控制下的敌后根据地大都位于远离城市的乡村地带，经济落后，民生凋敝，文化教育及医疗卫生条件很差。如陕甘宁边区就是当时"中国最贫瘠、长期落后而且人口稀少的地区之一"[①]，其实际情况如时人所评论的：凡到过边区的人一定可以想

---

* 李洪河，法学博士，河南师范大学政治与公共管理学院教授，研究方向为中国近现代社会史。

① 〔美〕费正清、费维恺：《剑桥中华民国史》下卷，中国社会科学出版社，1998，第723页。

象到"边区人民憔悴的面色,褴褛露体的服装,兵灾,匪患,人民饥寒交迫的疾苦生活"①。这种情况反映在文化教育上,"就是封建、文盲、迷信和不卫生。知识分子缺乏,文盲高达99%;学校教育除城镇外,在分散的农村,方圆几十里找不到一所学校,穷人子弟入学无门;文化设施很缺,人民十分缺乏文化生活;卫生条件极差,缺医少药,人畜死亡率很高,婴儿死亡率达60%,成人达3%"②。医药方面,据1941年4月的《陕甘宁边区政府工作报告》:"边区原来只几个较大市镇有中药店,常常百里内外,没有医生与药店,更说不上西式医疗。"③ 直到1944年12月,曾担任过陕甘宁边区政府副主席的李鼎铭先生在边区参议会上的发言中还指出:"全边区仅有中医好坏合计千余人、兽医50余人,在机关部队的西医200余人,中医铺及保健药社400余个。"④ 在晋察冀边区,全边区100多个县城没有一个像样的医院,有的县城只有几个中药铺,西药房更为奇缺,广大农村地区缺医少药的状况十分严重。⑤

上述情形使得各抗日根据地的巫神称霸,迷信之风大盛。抗战时期,整个陕甘宁边区"共有巫神2000余人,利用迷信,招摇撞骗"⑥。老百姓因文化知识缺乏,"除跳巫拜佛外,从不知道卫生医药为何事"⑦,因此而丧命、倾家荡产者无数。据1944年11月延安县的统计资料,该县共有59个巫神在11年的时间里直接治死279人,因巫神治病耽误性命的有779人,群众的迷信消耗总值达3600万元(边币),可办12个卫生合作社,或药店36个,或学校100个。⑧ 在晋冀鲁豫根据地,广大乡村中只有为数不多的中医和走方郎中向那些出得起费用的病人,提供勉强可以叫作医疗的服务。而和这些人分庭抗礼的却是一个庞大的迷信职业者群——巫婆、端公(男

---

① 郁文:《边区第二届农工业展览会参观记》,《新中华报》1940年3月8日。
② 李维汉:《回忆与研究》,中共党史出版社,1986,第566页。
③ 陕西省档案馆、陕西省社会科学院:《陕甘宁边区政府文件选编》第3辑,档案出版社,1987,第234页。
④ 李鼎铭:《文教工作的方向》,《解放日报》1944年12月10日。
⑤ 叶青山:《白求恩与晋察冀军区卫生学校》,参见北京军区后勤部党史资料征集办公室《晋察冀军区抗战时期后勤工作史料选编》,军事学院出版社,1985,第685页。
⑥ 李鼎铭:《文教工作的方向》,《解放日报》1944年12月10日。
⑦ 陕西省档案馆、陕西省社会科学院:《陕甘宁边区政府文件选编》第3辑,档案出版社,1987,第234页。
⑧ 刘漠冰:《从文教陈列室里看到的边区文教工作的阵容》,《抗战日报》1944年11月26日。

巫）队伍。据 1944 年的调查，河北涉县弹音、七原等四个村每千人中有巫婆 11 人，半数以上的农民感染疾病时将挽救生命的希望寄托于这样一群巫神和他们的骗术。[1]另据调查，涉县的下温村有 18 个巫神；左权县南岐沟村 46 户中有 123 人害病，用巫神治病的就有 74 人，求神者占病人的一半以上。[2]

　　生活的贫困、文化教育的落后、医疗卫生设施的极端缺乏，必然会造成疫病的大量流行。1941 年 4 月《陕甘宁边区政府工作报告》指出："边区旧社会遗给我们的产业，愚昧和贫穷而外，最使我们苦恼的，是不讲卫生。人畜同室，头、脸、身体、衣服，经年不洗，多人同睡一个热炕上，性的乱交，梅毒普遍，各山沟中出柳拐子，流行感冒，猩红热、斑疹、脑脊髓膜炎、天花、白喉，一年中不知夺去多少生命。"[3]曾担任过陕甘宁边区卫生处处长的欧阳竞后来回忆说：那时，"边区总人口约 150 万人，每年死亡成人与婴儿达八九万人，占总人口的千分之六十。当时边区发生的流行病有伤寒、斑疹伤寒、回归热、痢疾等，还有克山病等。由于新法接生导致婴儿四六风（新生儿破伤风）的病死率也很高。以延安市为例，因传染致死的平均每年有 500 多人，占当地年死亡人数的 47%，平均死亡年龄仅 10 岁"[4]。

　　面对抗日根据地落后的经济社会、文化教育与医疗卫生状况，中共中央于 1936 年 7 月初进驻保安后，即指示卫生部门，加强卫生宣传，组织军民开展卫生运动，以改善环境，移风易俗，保障健康，减少疾病。[5]在中共中央的号召下，各敌后抗日根据地通过一系列的组织工作，把党政军民的活动结合在一起，充分调动各种卫生技术力量，指导群众性的卫生防病活动，取得了很大的成绩。从组织工作来看，当年抗日根据地各级政府除了健全卫生组织外，最重要的工作是抓紧组织与动员群众，使群众卫生运动

---

[1] 齐武：《晋冀鲁豫边区史》，当代中国出版社，1995，第 383 页；另见刘松涛《华北抗日根据地的农民教育工作》，参见"人民教育"社《老解放区教育工作经验片段》，上海教育出版社，1958，第 112 页。

[2] 何正清：《刘邓大军卫生史料选编》，成都科技大学出版社，1991，第 420 页。

[3] 陕西省档案馆、陕西省社会科学院：《陕甘宁边区政府文件选编》第 3 辑，档案出版社，1987，第 234 页。

[4] 欧阳竞：《回忆陕甘宁边区的卫生工作》，参见武衡《抗日战争时期解放区科学技术发展史资料》（第 5 辑），中国学术出版社，1986，第 340 页。

[5] 新中国预防医学历史经验编委会：《新中国预防医学历史经验》第 1 卷，人民卫生出版社，1991，第 66 页。

经常化，并能变为群众的自觉行动。这就需要抗日根据地各级政府必须找到一种既能突破传统文化教育和地理的限制，又能为广大民众所接受的通俗易懂、喜闻乐见的宣传动员方式。于是，如当时延安自然科学院院长徐特立先生所说的"最有刺激性"① 的医疗卫生展览会便应运而生。

二　抗日根据地医疗卫生展览会的举办情况

作为一种专题性展览，抗日根据地的医疗卫生展览会与其他工农业生产与建设展览会一样，都是"一个教育群众的良好机会"②，举办的目的是介绍根据地的医疗卫生成就、宣传疫病预防办法、普及卫生常识等。抗日根据地的医疗卫生展览最初出现在 1938 年 11 月的陕甘宁边区农产竞赛展览会上。该展览会尚在筹备时即曾向延安市等征集药材等副业产品，③ 展览会开幕后陈列的药材有数十种，最著名的当属宁夏盐池县送来的珍药铁心甘草④及陕西安塞县送展的大黄、人参⑤等。此后，抗日根据地政府除在各类生产与建设展览会上举办规模或大或小的医疗卫生展览外，还举办有专题性的医疗卫生展览会。其实际举办情况大致经历了三个阶段：

第一阶段从 1937 年 7 月至 1939 年底，医疗卫生展览会从最初散见于各生产建设展览会之中到医药卫生专题展览初步呈现，展览会的数量和规模都比较有限。由于抗战爆发后各抗日根据地的经济与社会发展遇到严重困难，毛泽东向根据地军民发出了"我们一面战斗，一面生产，一定能够战胜敌人"的号召，⑥ 动员广大军民"几万人下一个决心，自己弄饭吃，自己搞衣服穿，衣、食、住、行统统由自己解决"⑦。根据地医疗卫生界也予以配合，以各种卫生展览的形式向广大军民进行了积极的医疗卫生教育宣传与动员。其中影响较大的一次专题展览是 1939 年 7 月抗战两周年之际，八

---

① 徐特立：《卫生展览会的重要意义》，《解放日报》1944 年 8 月 13 日，《卫生》专刊第 58 期。

② 竞展筹委会：《陕甘宁边区农产竞赛展览会宣传大纲》，《新中华报》1938 年 9 月 15 日。

③ 《筹备陕甘宁边区农产竞赛展览会计划纲要》，《新中华报》1939 年 9 月 15 日。

④ 参见刘毅《边区农展会印象记》，《新中华报》1939 年 2 月 7 日；《农展胜利完成　受奖农民二千余名》，《新中华报》1939 年 2 月 25 日。

⑤ 《安塞积极筹备响应农产竞赛会号召》，《新中华报》1938 年 10 月 20 日。

⑥ 参见刘毅《边区农展会印象记》，《新中华报》1939 年 2 月 7 日。

⑦ 《毛泽东年谱（1893–1949）》（中），中央文献出版社，2002，第 99 页。

路军军医处为了加强八路军及陕甘宁边区的保健工作，提高军民卫生常识，发起举办的卫生展览会。① 展览会共展出军医处等精心制作的生理解剖图及其他卫生图标百余幅、八路军卫生材料厂的众多自制品及军医院卫生人员工作生活照片多幅。② 由于该次卫生展览会由八路军卫生学校协办，因此该校还展出了一幅几年前从江西随军经过二万五千里长征的路线图表，③ 说明了该校十分艰苦的办校经历。

　　第二阶段从 1940 年初至 1942 年底，医疗卫生展览会仍多见于各抗日根据地的生产建设展览会之中，但专题性的卫生展览在数量和规模上都有所扩大。1941 年 5 月，延安医药界经与八路军总卫生部、中央总卫生处、边区总卫生处、中央医院、和平医院、学生疗养院、野战医院、光华制药厂门诊部等协商，于 5 月 15 日至 31 日在延安文化俱乐部举办医药卫生展览会，向关心身体健康的延安市居民及机关、部队、团体、学校等展出了多年来的卫生工作成就。④ 1941 年 7 月 24 日，中国医科大学校庆十周年时，该校在延安市北门外军人俱乐部举办了一次规模较大的卫生展览会，计有组织胎生室、解剖室、生理室、病理卫生室、外科室、皮肤花柳室、药物室、医大文献室等，全部挂图 302 件，模型 119 种，标本 168 种，生药标本 200 多种。展览会举办当天即吸引了抗日军政大学、女子大学及延安文化界等近 2000 人参观。⑤ 毛泽东主席也欣然前往，并在留言簿上写了"办得很好"，赞扬这次展览。⑥ 1942 年 11 月 12 日，中央医院也在该院大礼堂举办了三周年纪念展览会，共分公共卫生展览室、外科妇科产科展览室、内科传染科展览室、全院工作情况展览室、手术展览室、解剖图解展览室等六室，向广大参观者展示了该院成立三年间的医疗成绩及如何防御和治疗各种疾病的连环图画等，颇受欢迎。⑦

---

① 《八路军军医处筹备卫生展览》，《新中华报》1939 年 5 月 23 日。
② 叶澜：《抗战两周年纪念展览会》，《新中华报》1939 年 7 月 14 日。
③ 《卫生学校积极筹备参加卫生展览》，《新中华报》1939 年 6 月 30 日。
④ 文天：《延安医药界筹开医药卫生展览会》，《新中华报》1941 年 4 月 13 日；《延安医药界及市联举办医药卫生展览会》，《新中华报》1941 年 5 月 15 日。
⑤ 《医大展览会观众拥挤》，《解放日报》1941 年 7 月 25 日。
⑥ 新中国预防医学历史经验编委会：《新中国预防医学历史经验》第 1 卷，人民卫生出版社，1991，第 68 页。
⑦ 《中央医院三周年举办卫生展览》，《解放日报》1942 年 11 月 12 日；《中央医院纪念三周年展览会同时开幕》，《解放日报》1942 年 11 月 14 日。

　　第三阶段从 1943 年初至 1945 年 5 月，医疗卫生展览会因受到高度重视而达到了新的水平。这一阶段抗日根据地规模最大的一次医疗卫生展览会是 1944 年 7 月陕甘宁边区卫生署在杨家岭大礼堂举办的延安市卫生展览会。毛泽东主席为此次展览会题词"为全体军民服务"①，显示了展览会的精神和方向。展览会陈列的各类展览计有延安市及延安县人口出生及因疾病死亡统计、反巫神斗争、防疫卫生、妇婴卫生、营养、延安各医务机关帮助群众治病统计、边区自造医药及器材代用品、兽医、病理标本、边区药产及显微镜室各部，全部展品皆以实物、图表、连环画、故事及各种统计对比等，反复说明疾病的危害及如何防病的卫生常识等，对边区卫生运动有极大的推动作用。② 对此次卫生展览会，当时《解放日报》的记者张铁夫做了详细的报道。据称，该展览会从 7 月 17 日揭幕后，展期一延再延，直到 7 月 26 日才结束。后在广大群众的强烈要求下，展览又移至延安大学继续举办，从 7 月 31 日起又历时 8 天，参观者近 2 万人，群众反映"空前良好"③。同年 8 月，中央总卫生处也举办了卫生展览会。④

　　上述三个阶段的医疗卫生展览更多地散见于当时抗日根据地举办的规模或大或小的生产与建设展览会中。为了更清晰地梳理其脉络，笔者选取各根据地举办的有代表性的展览会来进行诠释与说明。

附表　抗日根据地举办生产与建设展览会中的相关卫生展览

根据地名称	展览名称	展出时间	相关卫生展览	资料来源
陕甘宁抗日根据地	边区工业展览会	1939 年 5 月 1 日至 12 日	卫生材料厂制造的中西药品如中药大黄丸、上清丸和西药康福强心、鱼肝油等	叶澜：《边区工业展览会参观记》，《新中华报》1939 年 5 月 16 日
	第二届工农展览会	1940 年 1 月 16 日至 2 月 2 日	边区生产的百余种药材，如麻黄、铁心甘草、大黄、党参、关参、知母、车前子等；以及边区印刷厂印制的《国防卫生》杂志数本	郁文：《边区第二届农工业展览会参观记》，《新中华报》1940 年 3 月 8 日

① 《延市卫生展览会揭幕》，《解放日报》1944 年 7 月 18 日。
② 《延市卫生展览会揭幕》，《解放日报》1944 年 7 月 18 日。
③ 参见钟兆云、王盛泽《毛泽东信任的医生傅连暲》，中国青年出版社，2006，第 169 页。
④ 新中国预防医学历史经验编委会：《新中国预防医学历史经验》第 1 卷，人民卫生出版社，1991，第 68 页。

续表

根据地名称	展览名称	展出时间	相关卫生展览	资料来源
	妇女生活展览会	1940 年 3 月 8 日至 3 月底	有关妇女生理、受孕至婴儿产出的 8 幅生理解剖图及 13 幅生理图表,说明婴儿是怎样出生的	郁文:《在妇女生活展览会上》,《新中华报》1940 年 3 月 29 日
	"三八"展览会	1941 年 3 月 8 日	妇女生产孩子过程的连环画 28 张及产妇生产情形图表	《"三八"展览会闭幕》,《新中报》1941 年 3 月 16 日
	第三届边区工展会	1941 年 11 月	国药厂、八路军制药厂制造的千余种药品	田方:《第三届工展参观记》,《解放日报》1941 年 11 月 11 日
	中直军直生产展览会	1943 年 5 月	中央卫生处制作的厨房卫生、环境卫生等公共卫生检查制度表格,及中直军直各单位春季灭蝇捕鼠运动成绩	《中直军直生产展览会纪实》,《解放日报》1943 年 6 月 12 日
	留守兵团直属队生产展览会	1943 年 11 月	中西药如氧化钙、吗啡因等 60 种	《留守兵团直属队举行生产展览会》,《解放日报》1943 年 11 月 20 日
	"三八"纪念展览会	1945 年 2 月 12 日至 28 日	宣传妇孺卫生方面的图画、婴儿标本等,说明新法接生及春季流行病预防办法等	《前昨两日本市三八展览会》,《解放日报》1945 年 2 月 28 日
晋绥根据地	边区展览会	1944 年 12 月 15 日	卫生部自制的 60 多种药品和人体五脏模型及求神不如求医、养娃娃的卫生等连环画,帮助群众了解如何讲究卫生	《战斗生产的光辉成绩 边区展览会开幕》,《抗战日报》1944 年 12 月 19 日
	抗战八周年文化棚	1945 年 7 月 6 日	交城、神府等几个村的婴儿死亡率,及 76 种西药、44 种中药和 33 种标本、图解等	穆欣:《参观文化棚》,《抗战日报》1945 年 7 月 14 日
晋察冀根据地	边区生产展览会	1945 年 1 月 1 日至 22 日	军区伯华制药厂、冀中药材厂及完县医疗合作社的自制药品,以及婴幼儿保健常识	《检阅战斗生产胜利成果 边区举行首届展览会》,《晋察冀日报》1945 年 2 月 17 日
晋冀鲁豫根据地	岳北战争生产展览会	1944 年 12 月 12 日	太纵卫生处自制的柴胡注射液、煅制镁等,以及茯苓、党参、茯参等中药	丁坎:《岳北战争生产展览会展览室介绍》,《岳北英模大会》1944 年 12 月 12 日

续表

根据地名称	展览名称	展出时间	相关卫生展览	资料来源
	太岳战绩、生产展览会	1945 年 1 月	一些中药如麝香、鹿茸、茯苓等 300 多种，以及利用土药精制的药物 87 种	《太岳举行战绩生产展览》，《解放日报》1945 年 1 月 21 日
	文教展览馆	1945 年 4 月	野战卫生部、太行医院等制作的展品 133 件，分社会卫生、疾病与治疗、土产药材和妇婴卫生等四部分，主要批判封建迷信，宣传妇婴卫生及疾病预防办法等	《标志着新民主主义文化道路的文教展览馆》，《新华日报》（太行版）1945 年 4 月 15 日

从所引图表可以看出，抗日根据地生产与建设展览会相关的医疗卫生展览主要集中在中西药品、妇婴卫生、反巫神迷信和疫病预防办法等几个方面。其中尤以妇婴卫生宣传和反巫神宣传等在抗日根据地相关医疗卫生展览中占有较大的比重。另外，从抗日根据地制药厂、药材厂、医疗合作社等展出的为数众多的中西药品、药材来看，根据地的"缺医少药"的状况已得到一定程度的缓解。

三 抗日根据地医疗卫生展览会举办中的社会动员

举办医疗卫生展览会是抗日根据地各级政府促进根据地医疗卫生事业发展的重要举措。对此，根据地各级政府予以高度重视，从最初的展览筹备到展品展出，从展览形式的设计到展览氛围的营造等，都体现了根据地内共产党及各级政府社会动员的强大力量。其中，三个方面的动员工作尤为突出。

（1）展览筹备：根据地政府的大力组织与动员。毛泽东曾经指出："任何工作任务，如果没有一般的普遍的号召，就不能动员广大群众行动起来。"[①] 筹备卫生展览会也同其他生产建设展览会一样，"一切为了战争胜利"，因而在根据地是一件大事，需要动员各方面的力量来完成。如 1939年八路军军医处举办抗战两周年卫生展览会之前，首先召开了有中国红十

---

① 《毛泽东选集》第 3 卷，人民出版社，1991，第 897 页。

字会各队、防疫队及根据地各卫生机关代表 30 余人参加的筹备大会，会议推选边区政府主席高自立等为筹备委员，军委总卫生部部长姜齐贤、军委总卫生部政治部主任王奇才兼任常委会正副主任，下分设秘书处、征集股、设计陈列股、宣传股、总务股等，即日起开始工作，向前后方卫生机关征求陈列品。[①] 八路军卫生学校为了参与此次展览，动员了上至校长下至炊事员的全校工作人员，积极赶制各种卫生展品，"空气极为紧张"。[②]

至于一些全地区性的大型医疗卫生展览会，都是在根据地各级政府负责同志主持下完成的。如 1944 年 7 月，中央总卫生处处长、中央医院院长傅连暲为了办好延安市卫生展览会，特向毛泽东、朱德、刘少奇等中央首长报告和请示，在得到他们的热烈支持和响应后，才召集中央卫生处、边区卫生处、医校、中央医院、和平医院等单位出面，共同筹备这次大型展览会。傅连暲对这个展览非常重视，多次召集有关部门的领导商定整个展览会的设想："必须全面、完整地展现延安的整个卫生状况，宣传我们医务系统所做的努力，对比在此前后的情况。"[③] 傅连暲还要求总卫生处和中央医院积极配合搞好这次展览，抽调人员，利用业余时间，加班加点，把这个任务完成好。7 月 10 日，《解放日报》发表社论，要求以生动的事实做好向群众的宣传，以改变农民群众不讲卫生的习惯，[④] 从而直接为延安卫生展览会造了声势。7 月 17 日，经过两个月的紧张筹备，延安卫生展览会顺利揭幕。毛泽东为此次展览会题词："为全体军民服务"。中央领导同志周恩来、李富春等兴致勃勃地参观了整个卫生展览，给予展览会热情赞扬，并做了重要指示。[⑤] 延安自然科学院院长徐特立参观八次卫生展览会之后，特撰写《卫生展览会的重要意义》一文，在《解放日报》的"卫生"专刊发表，对展览会进行了很好的总结。[⑥]

（2）展览形式：生动鲜明、丰富多样的宣传与动员。抗日根据地的医疗卫生展览会不仅是在战争环境，而且也是在物质条件异常艰苦的情况下

---

① 《八路军军医处筹备卫生展览》，《新中华报》1939 年 5 月 23 日。
② 《卫生学校积极筹备参加卫生展览》，《新中华报》1939 年 6 月 30 日。
③ 钟兆云、王盛泽：《毛泽东信任的医生傅连暲》，中国青年出版社，2006，第 165 页。
④ 《开展全边区卫生运动的三个基本问题》，《解放日报》1944 年 7 月 10 日。
⑤ 《延市卫生展览会揭幕》，《解放日报》1944 年 7 月 18 日。
⑥ 徐特立：《卫生展览会的重要意义》，《解放日报》1944 年 8 月 13 日，"卫生"专刊第 58 期。

举办的，因此一些政府的礼堂、学校的课堂、机关的窑洞，甚至一些临时搭建的席棚或庙会等都成了卫生展览的场所。如1941年7月延安医药界及市联医药卫生展览会就是在该市一个文化俱乐部里举办的①；1945年7月晋绥根据地的一次医疗卫生展览是在兴县完小临时搭建的一个临时"文化棚"里举办的。② 尽管如此，各抗日根据地还是创造了许多生动活泼、丰富多样的展览形式，向广大群众进行卫生宣传和动员。其中，较有代表性的方式有三种。①多种多样的实物展览。这种展览方式较为直观，最容易达到教育和动员民众的效果。如1940年1月陕甘宁边区第二届工农业展览会的卫生展览部分不仅展出了边区生产的百余种药材，如麻黄、铁心甘草、大黄、党参、关参、知母、车前子等，而且还展出了光华制药合作社采取边区丰富的药材、由专家炮制而成的止咳丸、补脑丸、保婴丸、痢疾丸、退热散、痧症丸等10余种药品，以及八路军卫生材料厂出品的各种注射剂、西药和中药膏丸等。③ 1941年抗日军医大学成立10周年纪念展览中的生药、自制牛痘血清、切片机等给观众以极好印象，医大文献室中的文献展览则使观众对于医大发展过程一目了然。④ 这种实物展览的形式向根据地广大军民非常直观地展示了根据地医疗卫生工作的成绩。②生动形象的图表、漫画展览。展览会的各种挂图、表格、生理解剖、漫画等，形象生动，容易被民众接受。如前所述，抗日根据地几乎每一次的医疗卫生展览会都有大量的图表、漫画展览，即使是其他的一些专业展览会或生产建设展览会。如1940年3月的妇女生活展览会，专门陈列了八幅生理解剖图和13幅生理图表，以及许多婴儿死亡比较图表及婴儿死亡原因图等，将妇女生理、受孕、婴儿产出，以及婴儿最易患的病症和预防的办法等⑤，灌输到妇女中去；1944年12月晋绥边区展览会的卫生展览室陈列的人体五脏模型及《求神不如求医》《养娃娃的卫生》等连环画，⑥ 向观众做了通俗简明的教育和宣传。③主题鲜明的新旧对比展览。这种方式很容易让民众了解根据地社会的进步与发展。如1944年11月陕甘宁边区第一次文教会中的卫生展览部分，一

---

① 《延安医药界及市联举办医药卫生展览会》，《新中华报》1941年5月15日。
② 穆欣：《参观文化棚》，《抗战日报》1945年7月14日。
③ 郁文：《边区第二届农工业展览会参观记》，《新中华报》1940年3月8日。
④ 《医大展览会观众拥挤》，《解放日报》1941年7月25日。
⑤ 郁文：《在妇女生活展览会上》，《新中华报》1940年3月29日。
⑥ 《战斗生产的光辉业绩　边区展览会开幕》，《抗战日报》1944年12月19日。

方面是旧社会留下的成人 3%、儿童 60% 的严重死亡率；另一方面是延安市"为减少疾病死亡而斗争"所做出的妇婴卫生、群众卫生和防疫工作的成绩。① 一位参观过延安市展览馆的农民由衷地感叹道："今天会上陈列的东西，以往在延市都是没有的，这说明我们的进步。"② 最典型的是同年 7 月的延安卫生展览会。此次展览会举办前，负责展览会筹备工作的傅连暲就提出，在民众观看延安成为革命根据地前后部分卫生情况的展示内容时，"这部分应该增加一些数字对比，让人一看就有个强烈的印象"③。因此，展览会上婴儿出生率、死亡率的新旧对比，新旧方法接生情况的对比，以及曾当了 15 年巫神的延安市东郊乡白从海的现场坦白等，用当时参观过展览会的一名外国记者的话说，这种展览会"在中国任何其他地方都没有见过"，"很能为群众所接受"④。总之，根据地的医疗卫生展览会以实物及各种挂图、表格、生理解剖、连环画等生动形象的表现形式，激发了广大民众的参观兴趣与热情，使这种喜闻乐见的宣传方式在根据地群众卫生运动经常化方面发挥了独特作用。

（3）展览氛围：根据地民众的积极响应与热情参与。能否调动广大民众积极参加展览工作，是关系到展览会能否办好的一个重要条件。中共中央领导同志就十分重视并鼓励群众参加展览工作的积极性。1941 年 1 月，毛泽东在陕甘宁边区第二届生产展览会开幕式的讲话中指出："老百姓从几百里拿来一包两包面送来展览，这对打日本有大道理，这是老百姓同志的热心。边区政府受老百姓的拥护，作出了许多好事，这也是热心作出来的。我们要发展这个热心。"⑤ 在中央领导同志的鼓励下，广大民众参与展览的热情被调动起来，这次展览会共征集展品 7000 多件，其医药卫生展览部分即展出了民众送来的百余种药材，其中还有"两棵特大的干草，一名干草王，一名下草龙"，以及赤水县送来的珍贵药材独角莲、红花等。⑥ 1944 年 12 月，晋冀鲁豫根据地岳北战争生产展览会的卫生展览室展出了老百姓送

① 刘漠冰：《从文教陈列室里看到的边区文教工作的阵容》，《抗战日报》1944 年 11 月 26 日。
② 曾艾狄：《两年来的延安市　延安市展览会上一瞥》，《解放日报》1944 年 11 月 25 日。
③ 钟兆云、王盛泽：《毛泽东信任的医生傅连暲》，中国青年出版社，2006，第 165 页。
④ 《延市卫生展览会闭幕》，《解放日报》1944 年 7 月 27 日。
⑤ 《毛泽东同志讲演词》，《新中华报》1940 年 2 月 3 日。
⑥ 郁文：《边区第二届农工业展览会参观记》，《新中华报》1940 年 3 月 8 日。

来的沁县 50 年的茯苓、60 年的党参、30 年的猪苓和 20 年的茯参等名贵药材。① 而丰富多样的展览会也吸引了广大民众积极前来参观展览。据 1941年 7 月 25 日《解放日报》报道，中国医科大学校庆十周年时卫生展览当天上午即吸引文化界及群众 800 余人前往参观，下午则在千人以上，观众颇为"拥挤"②。1944 年 7 月延安市卫生展览会揭幕后，前来参观的老百姓"扶老携幼，络绎不绝"，其中杨家岭大礼堂的展览"观众四千收效宏大"，后应各界及民众要求移至延安大学继续展览，参观者有 10097 人，老百姓竟达4303 人，规模甚巨。③ 广大民众积极参与展览会的热情对根据地医疗卫生展览会的成功举办有很大程度的影响。

正是因为抗日根据地各级政府的高度重视，根据地举办的医疗卫生展览会也密切配合当时"一切为了战争胜利"的首要任务，以其丰富多样的宣传与动员方式赢得了上至中央领导下至普通百姓的响应与参与，因此具有广泛的群众基础。

四　抗日根据地医疗卫生展览会的社会影响

展览会作为工业革命的产物，其目的在于汇集各地的产品与技术于一地，通过陈列和评比，奖优汰劣，鼓励竞争，从而促进经济社会的发展和进步。④ 抗日根据地的医疗卫生展览会通过一定规模的中西药品、妇婴卫生、防疫卫生、社会卫生等卫生展览，对抗日根据地的经济社会发展有着较为深刻的影响。

第一，促进了根据地医疗卫生事业的发展。发展医疗卫生事业，满足人民群众最基本的医疗卫生需要是中国共产党的革命目标之一。抗日根据地的医疗卫生展览会在一定程度上刺激并促进了根据地医疗卫生事业的发展。仅以陕甘宁边区及延安市为例，据李维汉回忆，陕甘宁边区"卫生条件极差，缺医少药，人畜死亡率很高，婴儿死亡率达 60%，成人达 3%"，

---

① 丁坎：《岳北战争生产展览会展览室介绍》，《岳北英模大会》1944 年 12 月 12 日。
② 《医大展览会观众拥挤》，《解放日报》1941 年 7 月 25 日。
③ 参见《延市卫生展览会闭幕》，《解放日报》1944 年 7 月 27 日；《卫展移延大继续展览　群众要求卫展下乡》，《解放日报》1944 年 8 月 5 日；《卫生展览会结束　参观者达万余人》，《解放日报》1944 年 8 月 11 日。
④ 马敏：《中国近代博览会事业与科技、文化传播》，《历史研究》2004 年第 2 期。

传染病所致死亡在其中占了很大的比重。① 抗战时期陕甘宁边区为从根本上改变落后面貌，大力发展医疗卫生事业，展览会即反映了这种情况。据1944 年 11 月陕甘宁边区第一次文教会的统计，几年来边区计有医院 12 处，卫生所 75 处，休养所 7 处，西医 270 人；群众中有中医 1074 人，西医 6人，兽医 54 人，药铺 390 家，接生员 61 人，保健药社 26 处；另外各地所办助产人员训练班 15 班，吸收学员 410 人。② 延安市的卫生工作也取得了很大成绩。几年间，延安市创办有 3 个卫生合作社，训练助产士 44 人；新建了 8 个公共厕所，547 个私人厕所；新挖水井 29 眼，垃圾坑 131 个，公共饮水缸 9 所。此外，延安市还出现了 5 个卫生模范村，17 个卫生模范家庭，5 个卫生模范工作者及 5 名模范医生。③ 基本医疗条件的改善对降低各种疾病的发病率、遏止传染病的流行有极大的作用。据刘景范在《陕甘宁边区防疫委员会五个月来的工作报告》（1942 年 6 月至 10 月）中指出：1942 年全延安病人数目比去年中央医院收治的全部病人的一半还要少（1941 年伤寒病人仅中央医院一处就收治 133 例，1942 年全延安共发生 55 例）。1941 年伤寒病人大多数在 5 月及 9、10 月发病，1942 年则是自 4 月起至 8 月，有零散的发现，到 9、10 月反渐趋绝迹。④ 这些都是陕甘宁边区及延安市医药卫生事业发展的一个证明，而卫生展览会在其中起了很大的宣传动员作用。

　　第二，促进了根据地科学的医疗卫生观念传播。1944 年 4 月，傅连暲在《陕甘宁边区群众卫生工作的一些材料》中指出："在群众卫生工作中，先存在着的是妇婴卫生问题。"⑤ 举办医疗卫生展览会，通过各种挂图、表格、生理解剖、连环画等介绍妇幼保健知识很容易被群众接受。1940 年 3月，陕甘宁边区举办了妇女生活展览会。一个老年农妇听过解说员解释后，指着正常产式与不正常产式的挂图很有经验地说："对！对！其他我没见到过，这是对的，女人生小孩时，小孩头向下易产，屁股向下难产，身子横着更难产。"许多群众通过参观卫生展览会明白了"原来小孩子不是老天爷赐给的，是这样生的呀！"⑥ 此后，抗日根据地的各种展览会上一般都有相

---

①　李维汉：《回忆与研究》，中共党史出版社，1986，第 566 页。

②　刘漠冰：《从文教陈列室里看到的边区文教工作的阵容》，《抗战日报》1944 年 11 月 26 日。

③　曾艾狄：《两年来的延安市　延安市展览会上一瞥》，《解放日报》1944 年 11 月 25 日。

④　转引自温金童《抗战时期陕甘宁边区的卫生防疫》，《抗日战争研究》2005 年第 3 期。

⑤　傅连暲：《陕甘宁边区群众卫生工作的一些材料》，《解放日报》1944 年 4 月 30 日。

⑥　郁文：《在妇女生活展览会上》，《新中华报》1940 年 3 月 29 日。

关的妇婴卫生展览，如 1941 年 3 月延安"三八"展览会、1942 年 11 月中央医院纪念三周年展览会、1944 年 7 月延安市卫生展览会、1944 年 12 月陕甘宁边区建设展览会、1944 年 12 月晋绥边区展览会、1945 年 1 月晋察冀根据地首届展览会、1945 年 2 月延安市"三八"纪念展览会、1945 年 4 月晋冀鲁豫根据地的文教展览会，等等。特别是 1945 年 4 月晋冀鲁豫根据地文教展览馆的妇婴卫生展览以山西太谷南庄和河北涉县弹音村的婴儿死亡率挂图及胎儿模型等，向群众宣讲妊娠、分娩及产妇健康等妇婴卫生常识，① 深受群众欢迎，效果很好。

根据地的医疗卫生展览会还在反巫神宣传及破除迷信等方面做出了贡献。如前所述，巫神在缺医少药的根据地乡村广泛活动，以巫术和迷信为人治病，骗人钱财，甚而因此致人死亡。1944 年 4 月 29 日，《解放日报》发表社论，要求边区人民"团结起来，互相帮助，来同巫神作斗争"。② 根据地的医疗卫生展览会也积极响应，对巫神的迷信宣传进行了揭露。如 1944 年 7 月延安市卫生展览会的反巫神斗争除用图表、连环画等标示了巫神的罪恶外，并有三山刀、铃子、麻鞭、升子、斗、神牌位等巫神骗人的实物展览，还有延安市东郊乡已坦白的巫神亲自把自己十余年害人骗人的行为向观众现场报告，更加引起大家对巫神的仇视。③ 1944 年 10 月，陕甘宁边区召开文教工作大会，毛泽东在会上号召全边区 150 万人民群众"自己起来同自己的文盲、迷信和不卫生的习惯作斗争"④；李富春也在医药卫生座谈会上提出新民主主义的卫生建设的首要任务是"卫生运动与反迷信运动，改造群众不卫生习惯"⑤，从而进一步促进了根据地反巫神迷信的宣传与动员。该次大会的陈列室对旧社会统治者捏造的 61 种鬼神和 2029 个巫神及其骗术等进行了揭露和批判。会后，陕甘宁边区各地展开破除迷信运动，并举行巫神坦白大会，努力消灭巫神危害人民的事件发生。⑥ 当然，根据 1945 年 4 月标志着新民主主义文化道路的晋冀鲁豫根据地文教展览馆对

---

① 《标志着新民主主义文化道路的文教展览馆》，《新华日报》（太行版）1945 年 4 月 15 日。
② 《开展反对巫神的斗争》，《解放日报》1944 年 4 月 29 日。
③ 张铁夫：《医务界的创作——记延市卫生展览会》，《解放日报》1944 年 7 月 23 日。
④ 《毛泽东选集》第 3 卷，第 1011 页。
⑤ 《李富春同志在陕甘宁边区文教工作者会议医药卫生座谈会上的讲话》，《抗战日报》1944 年 11 月 10 日。
⑥ 刘漠冰：《从文教陈列室里看到的边区文教工作的阵容》，《抗战日报》1944 年 11 月 26 日。

河北涉县弹音、七原等 4 个村的调查统计，说明根据地迷信落后的遗毒仍然很深，巫婆、神汉还在骗人钱财、祸害性命。① 从中也可以看出，"救命第一"，开展农村中反巫神运动和卫生工作无疑是当时根据地的一个巨大任务。

第三，促进了根据地的中西医交流与团结。抗战时期各根据地西医普遍缺乏，乡村中只有少数中医，因此开展群众医疗卫生工作的一个重要前提就是动员、组织中医。但在当时根据地医药界的门户之见、中西医互不团结和互相歧视的现象颇为严重。② 针对这种现象，陕甘宁边区卫生处、中央民委、民政厅等曾联合召开群众卫生座谈会，一致认为开展卫生工作一定要联合中医。1944 年 5 月，毛泽东提出中医和西医要讲统一战线："不管是中医还是西医，作用都是要治好病，能把娃娃养大，把生病的人治好，中医我们奖励，西医我们也奖励。我们提出这样的口号：这两种医生要合作。"③ 1944 年 7 月，延安市卫生展览会开幕，为根据地的中西医交流与团结提供了平台。该展览会在筹备过程中即有中、西、兽医及制药各业共同参加，说明了边区卫生运动开展中全体医务界的通力合作。展览会开幕后，延安县县委王丕年及县长徐天培亲率 20 多位中医赶来参观，全体中医都表示参观后"对自己帮助很大"。④ 中医研究会的 12 位老先生还在展览会上义务为群众看病，并破除成见，主动公开中医医方，与西医一起研究，互相学习，互相促进。⑤ 1944 年 10 月，陕甘宁边区第一次文教大会通过了《关于开展群众卫生医药工作的决议》，要求西医应主动地和中医亲密合作，用科学方法研究中药，帮助中医科学化，共同反对疾病死亡和改造巫神；中医应努力学习科学与学习西医，公开自己的秘方和经验，技术好的医生尤应帮助教育技术差的医生进步，⑥ 从而对根据地的中西医合作起到了很大的促进作用。这次文教大会陈列室还对边区 1074 名中医扑灭数万人及数千头牛死亡的情况进行了展览，要求中西医打破宗派主义观点，亲密合作，积

---

① 《标志着新民主主义文化道路的文教展览馆》，《新华日报》（太行版）1945 年 4 月 15 日。
② 温金童：《试析抗战时期陕甘宁边区的中西医合作》，《抗日战争研究》2010 年第 4 期。
③ 《毛泽东文集》第 3 卷，人民出版社，1996，第 154 页。
④ 《延县中医参观卫展》，《解放日报》1944 年 7 月 19 日。
⑤ 《卫生展览会结束　参观者达万余人》，《解放日报》1944 年 8 月 11 日。
⑥ 《陕甘宁边区文教大会关于开展群众卫生医药工作的决议》，参见武衡《抗日战争时期解放区科学技术发展史资料》（第 5 辑），中国学术出版社，1986，第 35 页。

极下乡给群众看病。① 1945 年 2 月延安市"三八"纪念展览会上，毕斗光、阮雪华、邵达等中西医生参观了展览会，并现场为妇婴看病达 98 人，② 很好地体现了根据地的中西医交流与团结。

总之，抗日根据地的医疗卫生展览会作为一种别开生面的卫生宣传方式，一方面反映了根据地最基本的医疗卫生状况，另一方面也反映了根据地军民从事卫生工作的成绩，是根据地医疗卫生工作的一个缩影。展览会对当时以及后来根据地的卫生工作都是一个很好的促进，其生动鲜明的办会方式和求真务实的办会经验等，至今仍有一定的借鉴意义。

---

① 刘漠冰：《从文教陈列室里看到的边区文教工作的阵容》，《抗战日报》1944 年 11 月 26 日。
② 《前昨两日本市三八展览会》，《解放日报》1945 年 2 月 28 日。

第三届中国近现代社会文化史
国际学术研讨会综述

武 婵

2014 年 9 月 19~20 日，由中国社会文化研究会和首都师范大学历史学院中国近现代社会文化史研究中心联合主办，首都师范大学社会科学处承办的"第三届中国近现代社会文化史国际学术研讨会"在北京举行，来自中国社会科学院、中国人民大学、中国政法大学、北京师范大学、南开大学、湖北大学、中华女子学院、首都师范大学、日本铃鹿国际大学、日本立命馆大学、中国政协文史馆、光明日报理论部史学版、社会科学文献出版社等 19 个海内外高校和科研机构的学者和代表 60 余人参加会议。会议提交的论文主要围绕"社会文化"这一主题，就社会文化史研究的新理念新方法、社会生活、民俗礼俗、婚姻家庭、性别性伦、医疗卫生与民国时期基层社会转型中的教育、司法等问题展开热烈讨论。

一 社会文化史研究的新理念·新方法

首都师范大学历史学院梁景和教授近年来注重社会文化史研究的理论探索，并发表了相关论文。例如：《社会生活：社会文化史研究中的一个重要概念》（《河北学刊》2009 年第 3 期）、《关于社会文化史的几个问题》（《山西师范大学学报》2010 年第 1 期）、《关于社会文化史的几对概念》（《晋阳学刊》2012 年第 3 期），并主编出版了《中国社会文化史的理论与实践》（社会科学文献出版社，2010），该书是对过去二十余年（1988~2009）中国大陆社会文化史研究的回顾与总结，是史学界第一部有关社会文化史理论研究的著作。他为这次会议提交的《生活质量：社会文化史研究的新维度》，从历史学本体出发，提出了社会文化史理论研究的一个新理念，即把生活质量作为社会文化史研究的一个新维度，进一步探索为什么要从历史学角度来研究生活质量，生活质量主要研究哪些内容和问题，怎样进行研究。梁教授认为：所谓生活质量是指人们客观生活的实际状况以及对生活的满意程度，研究生活质量具有重要的意义和价值。在此基础上，梁教授追溯了生活质量研究的学术承续，探讨了生活质量的研究内容，详细介绍了宏观微观、综合分析、理论命题、史料提炼、相互比较和感受想象六种研究方法，并且指出：这六种研究方法是你中有我、我中有你的辩证关系，在运用上是多维交叉同步进行的，这种辩证关系不但是研究生活质量的一种思维方式，同时也是研究生活质量的一种研究方法，因为如何看待和评价生活质量的本身具有错综的复杂性，生活质量的优劣高低是会发展变化或是彼此相互生发的。本文对于拓展社会文化史研究的新领域和新视角具有重要的理论贡献，可以说是社会文化史理论探索的又一突破。

中华女子学院李慧波老师的《追求大历史与个体生命的融合——社会文化史研究方法探析》一文，聚焦于新中国成立初期乡村女教师的职业生涯，运用生命历程分析框架探究了新中国成立之初乡村女教师群体的职业进入、流动与变化的路径及其影响。作者认为，在乡村女教师的职业生涯中，个人、组织与环境纠结在一起发挥着错综复杂的作用。本文最重要的特征是作者创新性地将生命历程的概念引入社会文化史研究，这种方法将人的主观能动性、历史时空观、生活时机及相互关联的生活与个体的生命历程有机的联系起来，这一方法在研究某些特定团体、人群、个体方面必将发挥重要的作用。

劳动作为人类社会生活最重要的一部分，近年来也引起了学者们的重视。缘起于欧洲的一种新的史学流派——劳动史，渐渐进入国内学者们的视野。湖北大学郭莹教授在本次会议上提交的《简论劳动史研究的新视角》，就是以汉冶萍档案研究为例，从劳动史视角出发对汉冶萍公司的劳动者群体和劳动制度展开深入研究，这是以往政治斗争史和工运史所无法触及的，劳动史不同于传统的生产史或者技术史注重生产过程以及技术分析的路径，劳动史更强调对人的关注，注重对社会层面的分析，这种新的研究视角不仅具有填补以往汉冶萍研究空白的重要作用，更重要的是作为一种新的研究视角，必将进一步拓展社会文化史的研究领域。

二　婚姻·恋爱·性别·性伦的视角

婚姻、恋爱、性别、性伦等问题作为社会文化史研究的重要领域，受到了研究者的广泛关注，是社会文化史中研究最深入、成果最丰富的一个领域，也是本次会议的一个主要议题。

南开大学历史学院江沛教授的《传统、革命与性别：华北根据地"妻休夫"现象评析（1941～1949）》一文，以20世纪40年代在华北根据地出现的"由女性主动提出"为特征的"妻休夫"离婚现象为研究对象，力图跳出传统的"压迫—解放"框架，从传统、革命和性别三个视阈切入，将各根据地的乡村女性存在、婚姻与情感的多重考察与乡村传统、民族战争与革命的时代背景相结合，力求客观阐释华北根据地女性婚姻变革及妇女解放的实态与意义，并进一步探讨了这一婚姻现象的曲折过程及与民族战争、政治变革、进行性别解放等相互纠缠的复杂关系。

首都师范大学历史学院博士生王栋亮的文章是《五四时期知识女性婚姻的"五宗罪"》，作者选择了在五四新文化运动中，相对于顺应潮流、勇于变革婚姻的少数知识女性外，那些大部分的"其他女性"为研究对象，尝试以她们的婚恋状况为切入点，从五个方面剖析其在婚姻问题上的社会心理状态，进而提出：为什么她们的婚恋观念与思想界宣传倡导的理念相差甚远呢？由此判断思想启蒙对社会的影响力度及对婚姻变革产生的影响。文章论点鲜明，条理清晰，最终说明了五四新文化运动虽然给青年们送来了新理念，但并没有形成一套完整的文化价值体系来替代传统文化体系，国民性改造因缺乏操作性而难以完成，女性仍没有摆脱传统的精神依附乃至克服自身的弱点，如果仍以传统文化心理做基础，那么女性的婚姻解放绝不是仅仅靠独立意识觉醒、经济独立就能完成。因为，女性自身的问题不仅仅是女性问题，更是社会问题。

首都师范大学历史学院博士生董怀良的《改革开放后中国同性恋生存境况变迁研究（1979～2001）》一文，详细梳理了1979～2001年同性恋现象的变迁过程，认为这一时期，政府、社会对同性恋的态度发生了缓慢而艰难的解冻过程，逐渐走向了人性化的方向，同性恋者对自身特征、性别权利的认识也更加深刻。尽管如此，政府并未在法律上承认同性恋与同性婚姻的合法性，大部分人也并未改变对同性恋"污名化"的观念，仍为社会伦理和道德规范所不容，二者直接加重了同性恋者的思想束缚。因此，社会充分尊重人性、尊重人权、尊重多元选择氛围的形成是改善同性恋生存状态的关键，一旦这种氛围形成，同性恋者会更加自信地认知自身，也能促进政府采取更加人性化的政策。

首都师范大学历史学院博士生廖熹晨在《共和国初期的性教育（1949～1966）》一文中，具体论述了新中国成立初期的性教育，梳理了1949～1966 年 17 年间国内性教育的特点，对其间性教育的具体实践情况进行了整理和阐述，作者认为，在这 17 年间，尽管家庭和学校中对性教育的关照相对缺失，社会性教育的具体内容受到知识认知和观念的局限，但是性教育开始由民国时期的城市精英教育走向了一般民众的健康常识教育，对于农村群众的性教育关注有所增强，这样的趋势有进步的历史意义。

首都师范大学历史学院博士生张弛的论文《气枪与娃娃：民国时期玩具文化中的性别议题》，文章选题新颖有趣，作者运用形象丰富的图像资料向读者再现了民国时期儿童与玩具的生动画面，并从性别视角出发对民国时期的儿童玩具进行了深入分析，通过检视有关性别议题的玩具话语、广告和真实生活，关注那些似乎和固有的玩具分配模式相悖的有趣现象，对男性和女性特质是如何通过玩具这一客体影响并建构儿童主体的生理和现实的问题进行了研究和判断。

三　社会生活与民俗礼俗

日本立命馆大学杉本史子老师的《民国时期留日女学生的留学生活》一文，以奈良女子高等师范学校研究班对民国时期留日归国女生的职业形成和经历所做的相关社会调查为基础，将民国时期留日女学生的具体生活划分为三个主题，即留学生的语言问题、留学生的宿舍生活、留学生的恋爱问题，分别从这三个方面对奈良女子高等师范学校中国留学生的生活进行了介绍，并加以分析。作者从学生个体入手，运用丰富的史料描绘了留日女学生在异国他乡的生活，展现了一幅丰富多彩的留学生的生活画面。

　　"问君祖籍在何方，胡广麻城孝感乡"，对于移民史专家研究的这个重点问题，湖北大学历史文化学院周积明教授提交的《"麻城孝感乡"历史记忆中的移民心态与策略》一文，试图转换视角，将关注点转到"麻城孝感乡"的历史记忆中，关注"人们以为发生过什么样的事"，其移民心态背后又隐藏有什么样的历史内容，在此过程中，移民们如何运用文化策略，提升自己的社会地位，取得主流文化的标记，建立自己的身份认同。作者认为：只有进入这一层面，有关"麻城孝感乡"的移民史才能真正地丰满和真实起来。

　　庙会和"皇会"作为人类学和民俗学研究的热点问题之一，近年来也引起了社会史学者的诸多关注。首都师范大学历史学院韩晓莉副教授的《被恢复与被改造的传统》一文，以20世纪40年代华北根据地、解放区的乡村庙会为研究对象，考察了革命政权改造下，庙会对乡村社会的意义变化，进而以庙会为中介关注共产党领导的革命政权与乡村社会之间的互动关系。中国社会科学院近代史研究所助理研究员李俊领的《从北京妙峰山看晚清礼俗教化的变迁》，对妙峰山这一民俗学研究领域进行了历史学的考察，从教化的角度，讨论了妙峰山信仰礼俗如何影响晚清朝野上下的日常生活，进而透视了晚清官民共营共享的神灵信仰教化与社会生活的互动机制及背后的文化观念。

四　医疗卫生：社会文化史研究的新领域

　　社会文化史是研究社会生活与其内在观念形态之间相互关系的历史，医疗卫生作为人类社会生活最重要的一个内容，是医疗卫生史研究的对象。目前，从社会文化史角度对医疗卫生问题进行的研究有其独特的学术意义。参加会议的几位青年学者，创新性地从社会文化史角度，对晚清、民国等时期的医疗卫生问题进行了个案研究，不仅开拓了社会文化史研究的新领域，而且深化了医疗卫生史的研究。

　　近代以来，随着西医新法的输入，作为几千年传统中国生育中的主要助产者，旧式产婆及其代表的接生法，在近代受到了西洋医术的冲击和挑战。淮北师范大学历史与社会学院朱梅光副教授的《近代旧产婆由取缔到改良的转变历程述论》，以近代国人对旧式产婆的出路之争为切入点，对近代产婆的主体身份构成与职业习惯、对于产婆取缔和改良的论战等等相关问题进行了考察。鸦片战争后，由于自身的局限与非科学，稳婆日益成为时人批判与取缔的对象。但牢固的社会信仰与新式产科人才培养的迟滞，使得她们的命运又发生了新的转变。由取缔到养成，由淘汰到改良，在分娩医疗化和国家化的趋势下，她们又被逐步纳入正规的助产职业行列中，从而成为近代妇婴卫生得以推行的一支重要力量，并且在新中国成立后很长一段时间内被保留下来，对新中国成立后妇婴卫生的改良，发挥了相当重要的作用。

河南师范大学政治与公共管理学院李洪河教授提交的《抗日根据地的医疗卫生展览会研究》，将目前史学界鲜有涉及的根据地医疗卫生展览会作为一个整体进行个案研究，以抗日根据地的医疗卫生生态为背景，理清了根据地医疗卫生展览会的发展脉络，分析了展览会举办中的社会动员及其所带来的较为深刻的社会影响。

五 民国社会转型中的教育与司法问题

陆军大学是民国时期中国培养军事人才的最高学府，但是，国内学术界在这方面的研究屈指可数。日本铃鹿国际大学细井和彦教授的论文是《试论国民党政权下选拔陆军大学学员制度》，作者在介绍了陆大成立发展的背景和概况之后，从法规和制度方面分析了陆大学员的招生方式，并通过真实的陆大学员回忆录进一步整理了陆大考试情形，填补了以往对陆大研究的不足。

北京师范大学历史学院朱汉国教授的《民国时期华北乡村教育的转型与困境（1912~1937）》，从乡村教育所包含的办学理念、办学机构、课程设置、师资问题、经费问题等方面系统地考察了民国年间华北乡村教育由旧式教育向新式教育转型的表象、内容及困境，指出华北乡村教育由旧式教育真正转向现代意义的新式教育是在民国时期，并对如何发展乡村教育这一重要问题，从思想观念、乡村经济、师资力量等方面做了思考，凸显了乡村教育的重要意义。

中国社会科学院近代史研究所唐仕春副研究员提交的论文《北洋时期基层司法经费的来源、支取与分配》，以基层档案、地方志等为主要资料分析了北洋时期基层司法经费的来源、支取与分配，进而讨论了它与司法制度变迁的关系。作者认为：在北洋时期由于国家财政困难，采取由地方行政机关筹措司法经费，以司法收入补充司法经费，进而维持司法运作，这种选择实属无奈，也带来了许多不良后果。

经过会议紧张的讨论，取得了预期的效果。一些新理念的提出、新方法的运用和新领域的探索，将进一步推进中外学界对中国近现代社会文化史的关注和深入研究。

图书在版编目(CIP)数据

第三届中国近现代社会文化史国际学术研讨会论文集/梁景和
主编. —北京:社会科学文献出版社,2015.9
ISBN 978-7-5097-7886-9

Ⅰ.①第… Ⅱ.①梁… Ⅲ.①中华文化-文化史-近现代-国
际学术会议-文集 Ⅳ.①K270.3-53

中国版本图书馆 CIP 数据核字(2015)第 182524 号

第三届中国近现代社会文化史国际学术研讨会论文集

主　　编 / 梁景和

出 版 人 / 谢寿光
项目统筹 / 宋月华　吴　超
责任编辑 / 刘　丹

出　　版 / 社会科学文献出版社·人文分社 (010) 59367215
　　　　　 地址:北京市北三环中路甲 29 号院华龙大厦　邮编:100029
　　　　　 网址:www.ssap.com.cn
发　　行 / 市场营销中心 (010) 59367081　59367090
　　　　　 读者服务中心 (010) 59367028
印　　装 / 三河市尚艺印装有限公司

规　　格 / 开　本:787mm×1092mm　1/16
　　　　　 印　张:18.75　字　数:309 千字
版　　次 / 2015 年 9 月第 1 版　2015 年 9 月第 1 次印刷
书　　号 / ISBN 978-7-5097-7886-9
定　　价 / 89.00 元